谨以此书
纪念敬爱的导师潘懋元先生！

厦 门 大 学 教 育 研 究 院
厦门南洋职业学院潘懋元教育思想研究所

高山景行

——潘懋元先生纪念文集

鲁加升 主编

厦门大学出版社 XIAMEN UNIVERSITY PRESS　国家一级出版社　全国百佳图书出版单位

图书在版编目（CIP）数据

高山景行：潘懋元先生纪念文集 / 鲁加升主编. --
厦门：厦门大学出版社，2023.11
　　ISBN 978-7-5615-9182-6

　　Ⅰ．①高… Ⅱ．①鲁… Ⅲ．①潘懋元-纪念文集
Ⅳ．①K825.46-53

中国版本图书馆CIP数据核字(2023)第213369号

出 版 人　郑文礼
责任编辑　牛跃天　刘炫圻
美术编辑　李夏凌
技术编辑　朱　楷

出版发行　厦门大学出版社
社　　址　厦门市软件园二期望海路39号
邮政编码　361008
总　　机　0592-2181111　0592-2181406(传真)
营销中心　0592-2184458　0592-2181365
网　　址　http://www.xmupress.com
邮　　箱　xmup@xmupress.com
印　　刷　厦门集大印刷有限公司

开本　787 mm×1 092 mm　1/16
印张　21.75
插页　5
字数　360 千字
版次　2023 年 11 月第 1 版
印次　2023 年 11 月第 1 次印刷
定价　90.00 元

本书如有印装质量问题请直接寄承印厂调换

厦门大学出版社
微信二维码

厦门大学出版社
微博二维码

天之骄, 教师是幸福的职业, 幸福的
人生——如果我有第二次生命, 我的选择
仍然是"教师"!

潘懋元

"中国高等教育学会高等教育研究终身成就奖"颁奖词

板凳敢坐十年冷，文章不写半句空。

他是中国教育界的传奇人物，15岁开始从教，生命不息，奋斗不止，在教育战线辛勤耕耘87个春秋。

他爱党爱国，曾任中国高等教育学会副会长、顾问，全身心投入国家教育现代化事业，是我国高等教育界的一面旗帜。

他是"全国教书育人楷模"。他爱生如子、言传身教，桃李遍天下，培养的五百多位博士、硕士成为教育战线骨干力量。

他开创中国高等教育学科，注重教育内外部规律研究，是中国人文社科自主知识体系建设的探索者、践行者。

他，就是我国高等教育界的学术泰斗、大先生、教育家——潘懋元。

深厚的友谊　永远的怀念（代序）

◎顾明远

潘懋元先生走了！噩耗传来，万分悲痛。教师节前夕，我给厦大教育研究院别敦荣教授打电话，问候潘先生。别教授告诉我，潘老5月初因肺炎住院，神志清楚，正在恢复中。我想，潘老身体底子较好，一直注意锻炼，90多岁还每天做俯卧撑，一定能恢复过来。没想到，这次竟然没能挺过来，使我无限悲伤。

潘老长我9岁。1952年，他在北师大教师进修班研修。如果当时我不是在苏联学习，他就是我的老师了。直到1979年第一次教育科学规划会议期间我们才认识，至今40多年了，我们的交往最多、最频繁、最亲密。如果以10年为人生的一代人，潘老是我的先辈，我们的友谊可谓忘年之交了。

1978年，厦门大学成立高等教育研究室，不久成立研究所。1979年，北师大在外国教育研究室的基础上成立外国教育研究所。20世纪80年代初，我们都开始招收硕士研究生。当时，大家对学位研究生培养都没有经验。在潘老的倡议下，20世纪80年代初，由厦大、北大、北师大参加的如何培养高等教育硕士研究生问题的研讨会在北师大召开。潘老在那次会议上提出了许多宝贵意见。

1

1983 年 9 月，我们共同参加了国务院学位委员会教育学科评议组会议，以后又共同担任了第二、三届教育学科评议组的召集人。从此，我们几乎每年都会见面，研究讨论教育学科的研究生专业目录和研究生培养工作，评议硕士、博士授权点和博士研究生导师的资格等事宜。在教育学科评议组工作期间，我们同住一个房间，共同主持会议，合作得非常愉快。

1986 年秋，国家教委高教司在泉州华侨大学召开高等教育研讨会，潘老和我都参加了。会后，潘老邀请我到厦大讲学，这是我第一次访问厦门大学。潘老热情地招待我，陪我参观了厦大花园般的校园、周边的名胜古迹。因为我是北师大校友会副会长，潘老是北师大厦门校友会会长，潘老还特地安排了一次北师大校友与我的会面，热情的场面至今难忘。

20 世纪 90 年代初，国家酝酿制定高等教育法，成立专家组，我和潘老都参加了。1994 年 1 月，在成都四川大学召开了高等教育法第一次专家咨询会。此后，讨论、起草、修改，开了无数次会议。我记得，修改稿共有 18 稿之多。经过多年打磨，《中华人民共和国高等教育法》终于在 1998 年 8 月 29 日由第九届全国人大常委会第四次会议通过。制定高等教育法，我和潘老参与了全过程。在讨论过程中潘老提出了许多有益的意见。

2000 年，厦门大学以高教所为依托，获批成立高等教育发展研究中心。该中心成为全国普通高等学校人文社会科学重点研究基地，潘老任中心主任。中心成立学术委员会，潘老聘任我为学术委员会主任委员。此后几年，每年毕业季，潘老都邀请我到厦门大学主持博士论文答辩会，与研究生座谈，向研究生讲演。中心举办的多次国际教育论坛和研讨会，我几乎参加了。所以，每年我们都能见面，交流教育工作中的问题。最近一次见面是 2017 年 11 月，我参加厦大高教研究中心举办的高等教育论坛。潘老以 97 岁的高龄参加了两天的会议，倾听各位代表的发言。我着实佩服他的精神。可惜的是，2020 年潘老百岁华诞庆典，我因新冠疫情未能参加，这成为永久的遗憾。

以上是我和潘老的几次重大合作，至于其他交往就更多了。我们都受聘于原教育部教育发展研究中心专家咨询委员会，每年开会都在一起讨论教育发展的战略问题和热点问题。我们还共同参加了许多教育学术会议。1991年6月，我们一起作为中国高等教育代表团成员访问了苏联。那时正是苏联解体前夕，我们亲眼看到苏联的衰败景象，心里十分难过。

同潘老的密切交往中，我学习到许多东西。在学术上，潘老是我国高等教育学的创始人、奠基人。潘老总是站在时代的前沿，高瞻远瞩，放眼世界，在耄耋之年仍出访欧美各地，奔走于中国大江南北，调查研究，发表演讲，推动着教育改革，为我国高等教育的发展做出了重要贡献。

在教学上，潘老严谨治学，诲人不倦。他一直亲自授课，从没有离开过讲台，培养了一大批高等教育研究人才。前年，我的一名学生到厦大教育学院访学，参加了潘老每周六晚上在家里举行的学术沙龙。几十名学生济济一堂，热烈讨论，直到晚上10点钟才结束。我感到十分震惊，十分钦佩，潘老真是一位大先生，教书育人的楷模。

在为人上，潘老真诚朴实，平易近人，一点儿没有学术权威的架子。他喜欢和年轻人在一起，听取他们的意见。他乐于助人，我们在合作交往中，他给予我很大的帮助和支持。我在编纂《教育大辞典》时，请他担任顾问，他欣然答应，并且认真地参加编委会会议，给予了很多指导。

我们的友谊真的说不完。现在他走了，但他的精神永存，我永远怀念他！

2022年12月8日

顾明远，北京师范大学资深教授，中国教育学会原会长。

2008 年，潘先生与顾明远先生交流

CONTENTS | 目 录 |

3

在潘懋元先生告别仪式上的悼词

◎张　荣

同志们，朋友们：

中国共产党优秀党员，我国著名教育家，中国高等教育学学科开拓者与奠基人，全国教书育人楷模，全国优秀教师，厦门大学原副校长、教育研究院名誉院长、文科资深教授潘懋元先生于 2022 年 12 月 6 日 8 时 50 分安详辞世，享年 103 岁。今天，我们满怀崇敬与不舍，在这里举行告别仪式，缅怀潘懋元先生敢为人先、无私奉献、赤诚报国、桃李芬芳的光辉一生。

潘懋元先生 1920 年 8 月 4 日出生于广东汕头。15 岁开始从教，年轻时参加普宁县"青年抗敌同志会"的革命活动。1941 年考入厦门大学教育系，大学期间被选举为厦门大学教育学会（学生组织）主席，并兼任长汀县立中学教务主任。大学毕业后，先后任教于江西省雩都县立中学、南昌市葆龄女子中学。1946 年受聘厦门大学教育系助教，主持厦门大学附属小学复建工作并兼任校长。1951 年起先后在中国人民大学、北京师范大学教育学研究生班进修。1951 年 7 月加入中国民主同盟。1956 年 3 月加入中国共产党。先后任厦门大学教务处教务科科长、教育系教育学教研室主任、教务处副处长、教务处处长。1964 年借调教育部工作，后调入中央教育科学研究所，任马克思主义教育研究小组组长。1972 年调任云南省科教组大学组负责人。1978 年任厦门大学副校长，创立厦门大学高等教育科学研究室并任主任。1982 年兼任厦门大学海外函授学院首任院长。1984 年任厦门大学顾问、厦门大学高等教育科学研究所所长。1992 年任国务院学位委员会教育学科评议组召集人。1993 年任中国高等教育学会副会长，领导创办全国高等教育学研究会并任理事长。1998 年任中国高等教育学会顾问。2000 年任教育部人文社会科学重点研究基地——厦门大学高等教育发展研究中心名誉主任。2004 年任厦门大学教育研究院名誉院长。2010 年任中国高等教育学会高等教育学专业委员会终身名誉理事长。

潘懋元先生的一生，是忠于党的教育事业，敢为人先、勇于拼搏的一生。他将教育强国梦作为毕生不渝的追求，开创了中国高等教育界的众多第一，是我国高等教育学界一代宗师。他创建了中国第一个高等教育研究机构，出版了中国高等教育学科的开山之作《高等教育学讲座》和中国第一部《高等教育学》。在他的领导下，厦门大学获批中国第一批高等教育学硕士点和博士点，第一个高等教育学国家重点学科，第一个以高等教育为研究对象的教育部人文社会科学重点研究基地。他毕生致力于繁荣中国高等教育学科，积极培养高等教育学研究团队，为厦门大学教育学获批一流建设学科作出了重要贡献。他积极倡立和参与筹建中国高等教育学会，领导创建全国高等教育学研究会。他践行"一花独放不是春，百花齐放春满园"，不遗余力扶持兄弟高校建立高等教育学硕士和博士学位点，支持中国高等教育学会分支学会建设，推进全国高等教育科学研究发展，构建高等教育研究的"中国学派"，推动中国高等教育理论走向世界。

潘懋元先生的一生，是坚守立德树人初心，爱生如子、甘为人梯的一生。他从教 87 载，见证了中国近百年教育的发展，始终站在教育教学第一线，倾其一生奉献教育事业。他以独特的人才培养理念和教学方法，培养了一大批优秀学者和教育管理人才，独创的周末家庭学术沙龙持续举办了三十余年，成为宝贵的学术传统。他毕生以教师职业为荣，曾深情地说："我一生最为欣慰的是，我的名字排在教师的行列里，如果再让我选择一次，我还会选择当老师。"他的教育思想与人才培养实践成为厦门大学的宝贵财富，在国内外产生重要影响。他心中始终装着学生，不仅关心学生的学习，对学生的工作、生活同样给予无微不至的关怀。他先后设立"懋元奖""潘懋元高等教育基金""困难学生补助金"并多次慷慨捐资，竭诚奖掖和资助后学，扶持莘莘学子成人成才。

潘懋元先生的一生，是把论文写在祖国大地上，潜心治学、成果丰硕的一生。他秉持"板凳敢坐十年冷，文章不写半句空"的精神，勤奋好学，矢志不移，百岁高龄仍笔耕不辍，发表 600 多篇各类文章，出版著作（含独著、主编、参编等）70 多部。他以一个教育家的卓见提出了"教育内外部关系规律"理论，为中国高等教育理论体系建设奠定了基础。他主张高等教育研究要立足中国实际，与其他学科融合，率先提出了高等教育学从本质来看属于交叉学科的重要论断，并在全国首次撰文加以系统论证。他一生扎根中国大地，始终关注中国高等教育的实践与改革，积极传播中国特色的教育思想，竭尽全力推动构建中国高等教育的学科体系、学术体系、话语体系。他的思想与实践引领了中国高等教育学科建设，推进了中国高等教育改革与发展，促进了政府科学决策，为中国高等教育现代化建设作出了杰出贡献。他持续关注国际学术前沿，推动国际学术交流，在世界舞台上发出中国学者的声音，提升了中国高等教育的国际影响力和竞争力。

学高为师，德高为范。潘懋元先生为我国教育事业发展呕心沥血、鞠躬尽瘁，完美诠释了"自强不息，止于至善"的校训精神，是有理想信念、有道德情操、有扎实学识、有仁爱之心"四有"好老师的光辉典范。他的治学精神和道德风范是厦门大学的一面旗帜和宝贵的精神财富，堪称学生为学、为事、为人的大先生。他多次作为杰出专家、学者代表受到党和国家领导人的肯定和接见，曾享受国务院政府特殊津贴，荣获"全国教书育人楷模"、"全国优秀教师"、"当代教育名家"、"福建省杰出人民教师"、"八闽楷模"和厦门大学最高荣誉——"南强杰出贡献奖"等荣誉称号，入选中国改革开放 40 年"教育人物 40 名"名单。他贡献卓著，荣获国家级教学成果奖一等奖、二等奖；多次获全国教育科学规划优秀成果奖和教育部普通高校人文社会科学研究优秀成果奖一等奖、二等奖及吴玉章奖，荣获中国高等教育学会高等教育研究终身成就奖和高等教育科学研究特别贡献奖，1999 年荣获英国赫尔大学荣誉科学博士学位。

潘懋元先生的辞世，是厦门大学的巨大损失，也是中国教育学界和社会科学界的巨大损失。我们沉痛悼念并深切怀念潘懋元先生！我们将化悲痛为力量，传承和弘扬潘懋元先生的高尚品德和学术精神，深入推进"双一流"建设，不断谱写与时俱进建设世界一流大学新篇章，为全面建设社会主义现代化国家、全面推进中华民族伟大复兴而不懈奋斗！

斯人已逝，风范永存！潘懋元先生，安息吧！

2022 年 12 月 10 日

张荣，厦门大学党委书记、教授。

在父亲告别仪式上的发言

◎潘世墨

尊敬的各位领导、亲朋友好、师生同仁：

我们慈爱的父亲潘懋元先生，因病于 2022 年 12 月 6 日安详辞世，享年 103 岁。今天，我们怀着无比沉痛的心情，为父亲举行告别仪式，寄托我们无限的哀思。

衷心感谢参加告别仪式的各位领导、亲朋友好、老师同学，与老人家做最后的告别，让他平静、安详走完人生的最后一程。在这个诀别的时刻，作为子女、亲属，我们的心情特别地难过，特别地不舍……

我们的父亲是一位有大爱的人。父亲的大爱，属于他就读与任教长达八十年的厦门大学，他熟悉群贤楼的长廊、囊萤楼的教室，熟悉东村小楼的一砖一瓦，熟悉芙蓉湖畔的一草一木。

2023 年 7 月，由潘先生长子潘世墨为潘先生代领"中国高等教育学会高等教育理论研究终身成就奖"

父亲的大爱，属于他投入了毕生精力的教育事业和一生耕耘不息的高等教育领域。他八十多年坚守讲坛、笔耕不辍，即使在住院期间仍然亲自指导博士生论文，通过视频授课，参加重要会议。

父亲的大爱，属于他培养、教导过的众多学生们。他桃李满天下，平时念叨最多的就是学生。百岁高龄还站在讲台上，学生们都亲切地称他"大先生"。三年新冠疫情期间，他最遗憾的事情，不是年关大家庭难以聚会，而是周末的学生沙龙没法继续举行。

父亲，不仅在学校是先生，在家庭也是先生。他对待子女，如同对待学生，既关心爱护，又严格要求。几十年来，他对党对国家的忠诚，对事业的无私奉献，对学术研究的执着追求，对生活待遇的简朴自律……都深刻地影响着我们。在他的教育、影响之下，我们姐弟四人在各自岗位上，努力进取，积极工作，做出自己的贡献。忠诚奉献、严谨自律的家风，也必将传递给我们的后代。

父亲曾深情地说："我这辈子最骄傲的事情，是我的名字在教师行列里。如果有来生，我还是选择当老师。"我们更愿意相信，这是送他去一个新的地方，再站上讲台，执掌教鞭。

最后，再次感谢在父亲治疗、治丧期间，各级领导单位，各兄弟院校，特别是厦门大学领导及各部门的关心和慰问；感谢北京协和医院、上海复旦大学附属中山医院，尤其是厦门大学附属第一医院的医护人员，为父亲竭尽全力的付出。

亲爱的父亲，安息吧！

2022 年 12 月 10 日

潘世墨，潘懋元先生长子，厦门大学教授、博士生导师、原常务副校长。

在潘懋元先生告别仪式上的发言

◎ 张应强

敬爱的先生：

我是学生张应强，此时此刻，我代表您的学生们在这里发言。在厦大教育研究院之前组织的重要会议上，我曾多次作为学生代表发言，向您汇报。今天，虽然您和我们阴阳两隔，但我相信，您一定像以前一样，在静静地听我发言。

自今年5月您生病住院以来，我们大家就一直揪心不下。每每听到您病情有所好转的消息，我们就像小时候过年一样高兴。12月6日上午听到您逝世的噩耗，尽管我们大家有心理准备，但仍不愿相信这是真的，禁不住泣不成声。5天来，各大媒体发布的您逝世的消息，各界人士对您的深刻缅怀，各有关单位发来的唁电唁函，学生们的追忆文章，等等，等等，铺天盖地。您的逝世，是我国教育界和社会科学界的重大损失；您的逝世，使我们失去了敬爱的先生。

潘懋元先生告别会现场

您是中国高等教育学的开创者和奠基人。65年前，您就主张建立一门"高等学校教育学"，并和同事们一起编写了《高等学校教育学讲义》。44年前，您率先垂范，搭建高等教育学学科体系；您不辞劳苦，为建立高等教育学奔走呼号。65年矢志不渝，筚路蓝缕，勇毅前行。今天，您播撒的高等教育学种子，已经长成参天大树，您当年所说的"初生形丑之物"，已成一门显学，您培养的学生，当时的"星星之火"，今天已经"燎原"全国。您属于中国高等教育学，您是中国高等教育学永远的旗帜。

您是中国教育学理论的创新者和集大成者。40多年前，您立足中国国情，运用大教育观、大历史观，实现了教育学理论研究的方法论创新，提出了教育内外部关系规律说。这一创新学说，经历过学术争论，经受了时间考验，经过了实践检验，成为40多年后探索中国特色教育学学术体系、学科体系和话语体系的先声，将永远载入中国特色教育学"三大体系"史册。您秉持"板凳敢坐十年冷，文章不写半句空"的学术信念，成为中国教育学理论的集大成者。这一学术信念，是何其自信，何其坚定，何其坚韧，又是何其自律。

您是具有中国符号意义的大先生。近88年从教生涯，您一直是学生为学、为事、为人的典范。您是新时代中国的大先生，您以坚定的理想信念、高尚的道德情操、扎实的高深学识、宽厚的仁爱之心，切实落实立德树人根本任务，成为"四有好老师"的杰出代表。"全国优秀教师""全国教书育人楷模"，就是对您大先生的最好诠释。

您是具有博大学术胸怀，践行学术使命的学术引领者。您不仅把高等教育学作为自己的学术志业，而且将之作为中国和世界的学术事业。作为学术志业，从事高等教育研究成为您的生命本能，进入了学术研究化境；作为学术事业，您创建了厦大这一高等教育学"学术圣地"，但您始终强调厦大要争第一，但不做唯一，您始终支持全国高等教育学学科建设，致力于高等教育学形成中国学派，走向世界舞台，做出世界贡献。

您是我们共同的父亲。您崇尚墨子兼爱学说，像爱自己的孩子那样爱我们，不仅赋予我们学术生命，还关心我们的求职深造、恋爱婚姻、夫妻和睦、家庭幸福和孩子成长。您几十年如一日举办"周末家庭学术沙龙"，同我们一起品香茶，吃点心，谈时事，论学术，聊风土人情，讲域外见闻……，师生一家，相濡以文，亦庄亦谐，其乐融融。几个月前，您入院治疗，仍惦记着为学生撰写书序，因戴呼吸机不能说话，只能写在您孩子手上，请人记录，念给您听。此情此景，铁石也动容。

103 年人生历程，您立德、立功、立言，入"天地境界"，成"大成至师"，为师之楷模。您虽然离去了，但您的道德人格不朽，学术事业不朽、学术思想不朽。

先生之风，山高水长；德配天地，日月同光；功在当代，青史流芳；言之煌煌，泽被四方；恩荫后世，浩荡绵长。先生已去，痛彻心扉。唯化悲痛为力量，谨记谆谆教诲，光大先生思想，发展高等教育学，做奋发有为"潘门人"，方才是对先生最好的报答。

您说过，如有来世，您希望您的名字仍然写在教师的行列里。此时此刻，我要代表您的学生们告诉您，如有来世，我们再做您的学生！

敬爱的先生，在您的大德大功大言大恩面前，我不知道为何语言竟是如此乏力。千言万语，道不尽我们对您的敬仰、感恩和怀念。

先生走好，先生安息。

先生，我讲完了，请您批改。

2022 年 12 月 10 日

2022 年 12 月 10 日，潘懋元先生告别仪式在厦门天马山举行

张应强，厦门大学 1997 届博士，浙江大学求是特聘教授。

向导师致祭

◎鲁加升

潘懋元大先生是我的学业导师、事业导师，也是我的人生导师、中国民办高等教育的导师。

导师是中国民办教育事业伟大的指引者，一生致力教学工作，一生奉献教育事业，一生探索教育规律、研究教育生态，提出了包括"民办高等教育"在内的许多具有开创性、标志性和历史性的教育主张、教育观点与教育理论。

鲁加升代表学生为导师灵骨安放献花

导师是最早关注民办教育的大专家

世界教育自诞生之日起，就有公立、私立之分，而中国"民办"的说法则始自导师，是导师首创。20世纪80年代改革开放初期，导师身在公办高等学校，放眼全球教育现状，潜心思考我国教育的改革和发展，并在深入研究世界教育发展历史、全面调研各国高校发展状况特别是外国私立学校嬗变的基础上，敢为天下先，合理、合规、合法地率先提出了"民办"的概念，并将其观点、意见写成报告和论文，先后在重要的国际学术会议和1988年6月22日的《光明日报》上发表出来，从此，中华大地有了"民办高等教育"的诞生，有了"民办学校"一说。

导师是研究民办教育最多的大专家

导师是我国高等教育学科的开拓者和奠基人，是中国高等教育的思想引领者和实践推动者，深知发展民办高等教育对于完善我国高等教育体系的重要意义。为此他登高望远，高瞻远瞩，对民办高等教育发展问题进行了许多前瞻性的思考，形成了一整套完整的理论体系，为高等教育的普及化、大众化做出了重要贡献。导师曾单独撰写或发表《精英教育与大众教育》《关于民办高等教育体制的探讨》《关于〈民办教育促进法〉及其实施》《对发展民办高等教育若干问题的认识》《关于民办高校评估的思考及建议》《民办高等教育持续发展问题》《抓住有利时机实现民办高教可持续发展》等多篇有关民办教育的重磅理论文章，与人合作发表《我国民办高等教育发展的第三条道路》《立法——私立高等教育发展的保障》《民办高等教育发展之困境与前瞻》《论民办高校的公益性与营利性》等一篇又一篇的大作论文，都在民办教育界振聋发聩，引起从业者强烈反响，具有划时代意义。

导师是最关心民办教育发展的大专家

导师坐言民办教育理论，起而立即行之，不仅提出和研究民办教育，更关心民办教育的发展，经常深入民办学校指导调研，为民办教育的更好发展把诊号脉、画标指路，提出了规范和提升民办教育发展的、被业界共同称誉的"素质质量观"，即：对于民办高校，只要能够抓住社会实际需要，能够培养出"适销对路"的高级专门人才，培养出来的毕业生比较受欢迎，经过多年努力办出了自己的特色，就应当认定这样的民办高校具有较好、较高的教育质量。他主张："要改变以往给学生灌输多少知识为衡量标准的传统教育质量观，树立高素质的人才观和包括知识、能力在内的素质教育观。"1988年，导师在其《关于民办高等教育体制的探讨》一文中提出："如果没有严格的管理，则有些私立高等学校的质量，可能达不到最低规格……质量偏低不是民办高等学校的必然现象。"他指出，民办高校在"应用型人才"培养方面要有大作为、做好文章、刷新表现，有条件的还要在学术科研方面搭平台、求建树、找突破。1999年，在《对发展民办高等教育若干问题的认识》一文中明确指出，对于民办高等教育质量，应该有一个公正的说法或态度。"从传统的知识观来看，由于民办高校生源较低，设备较差，教师兼职多且流动性较大，当前民办高校总体知识水平，显然不如公办高校。因此，也就不能简单地以公办高校的知识水平为标准来评价一般民办高校的质量。"2010年，导师90岁的时候，还提出"一个地区民办教育的发展是一种政治文明的表现"。2020年，已是百岁高龄的导师在题为"新时代中国高等教育改革与发展的今天、明天与后天"的讲话中进一步指出，要激发高等教育系统的活力，建设"双一流"高校，不应仅仅着眼于传统的研究型或学术型大学，而应激发不同类型的高校争创各种一流，运用多种的质量观，统筹兼顾，多元发展。即使在102岁高龄情况下他仍一如既往地关心、支持民办教育的发展。

导师是愿意关心每一所民办学校的大专家

导师长期关注民办教育事业发展，更愿意尽其所能关心每一所民办学校。正如导师所说，这辈子能够位居教师行列是其最大的幸福。为此，他的足迹遍布全国各地、大江南北的民办学校，为许许多多民办学校的更快更好发展建言献策。厦门南洋职业学院自创办的那天起，就得到了导师的关心、指导与帮助。2000年南洋刚刚开办的时候，导师就在我们那个非常简陋的破旧教室里为我们全校仅有的二十几个师生做讲座、增信心；2010年，导师兴致勃勃参加南洋10周岁庆典，欣然题词并为孔子像揭幕，同年还率厦门老教授协会成员来校调研；2015 年年底临近春节，导师带领他的研究生弟子到南洋指导交流；2020 年，南洋 20 岁时，导师又为南洋校庆庆典致词，坚持到南洋出席"潘懋元教育思想研究所"揭幕式并讲话。

斯人若彩虹，遇见方知有。导师是深孚众望、当之无愧的伟大的中国民办教育事业的指引者！

逝者已矣，生者如斯。长歌当哭，幽思长存！

谨以寥寥数语，敬向导师致祭！

潘先生在他生前捐种的榕树下安息

鲁加升，厦门大学 2014 级博士研究生，厦门南洋学院创办人、校长。

父亲百日祭文

◎潘世墨

维公元二〇二三年三月十五日，是父亲百天祭日。我们怀着无限不舍的心情，缅怀慈爱的父亲。二〇二二年十二月六日八时五十分，我们的父亲，走完了103年的人生旅途，告别了他为之奋斗、奉献终身的教育事业，告别了他挚爱的亲人和学生，永远离开了我们！

父亲啊，您没有离开我们。您的音容宛在眼前，您的笑貌依然如昔。恍惚之中您还在书房伏案疾书，在客厅与学生侃侃而谈，在寝室闭目养神……"生死两茫茫，不思量，自难忘"。父亲的慈爱像一座高山，父亲的关怀像一把大伞，父亲的教诲像一盏明灯！

寥寥数语，难报父亲养育之恩；涟涟泪水，难忘父亲教诲之德。亲爱的父亲，我们永远爱你，永远怀念你！

百日之祭，於乎哀哉，伏惟尚飨。

2021年7月，潘先生与儿女们在一起

一座尚待挖掘的宝藏

——纪念潘懋元先生逝世一周年

◎朱崇实

潘懋元先生一生从教 87 载，研究高等教育 70 年，是中国高等教育学科的开拓者和奠基人。潘先生在从事高等教育的 70 年里，无论是理论上还是实践上都对中国高等教育事业做出了杰出的贡献。在他的一生中，他把自己的学术生涯始终跟国家需求、社会发展紧紧相连。在他学术研究的 70 年里，我个人认为，前 35 年，他的研究重点与精力主要放在如何创建独立的高等教育学科，包括组建独立的高等教育研究机构并培养与之相应的专门人才，而后 35 年，他的研究重点与精力则主要放在高等教育体制机制的改革，包括办学模式、招生制度、学科评价等等，特别是用了很多精力研究如何促进、推动民办高等教育在中国的重生与发展。这是一个对中华民族伟大复兴具有重大意义的事业。要做这样的一件事，在改革开放之初是要有极大勇气的。

1988 年，潘懋元先生在当年《上海高教研究》第三期发表了《关于民办高等教育体制的探讨》一文。文章开宗明义："民办学校，实质上相当于私立学校。中国的私立高等学校，在建国初期，经过接受、调整，全部改为公办或合并于公办院校，30 多年来，中国不复存在民办高等学校体制。随着经济体制的改革，多种所有制经济成份的发展，民办高等学校的出现与发展不是不可能的，事实上也已经出现了。因此，重新探讨民办高等教育的体制问题，在社会主义初级阶段教育体制改革中，是有现实意义的。"在这篇文章中，潘先生从历史与现实、国际与国内、意义与困难、理论与政策等多个方面系统地阐述了他对民办高等教育在中国重生与发展的见解和思考，提出了若干极有远见的意见与建议。其中包括："对民办高等教育，应当适时立法。立法的意义不在于限制，而在于扶持、引导，在政治上要与公立学校一视同仁，在政策上要明确界限。以便将民办高等教育纳入国家教育体系之中，确定其社会性质，确认其社会地位，引导其向正确的方向健康发展。"在1988年就提出这样的见解是相当不容易的。2002年12月28日国家颁布了《民办教育促进法》，2003年9月1日实施。

1988年以后，潘先生怀着强烈的历史责任感，投入极大的热情研究中国的民办高等教育问题。用他自己的话来说，就是"我对民办高等教育是情有独钟"。数十年来，他不仅坚持从理论上为民办高等教育的发展释疑解惑、引导推动（在百度学术上查找他有关民办高等教育的各类文章、讲座达1971篇），更是注重从实践上帮助民办高校的建设与发展。1995至2019年的25年，他在百岁之前，不顾高龄，每年亲自组织教育研究院博士生调研访学团队，在全国各地选择若干民办高校，进行访学、调研、咨询，举办学术讲座，深受受访学校师生干部的欢迎。特别令人钦佩的是，他十分清醒地知道，中国民办高校要能够发展好，关键是要有一批有情怀、讲政治、懂教育、会管理的大学管理者。因此，他积极推动厦门大学高教研究所及后来的教育研究院多为民办高校培养教育管理人才。他的远见卓识，现在已经显现成效。中国诸多民办高校的管理者都毕业于厦门大学高教所或教育研究院，他们无论原来已是民办高校的校长或其他职位的管理者，后面再进厦大深造，或是厦大毕业后，到民办高校工作，逐步成长为校长或其他职位的管理者，他们都为自己学校的发展做出了杰出的贡献，也推动了中国民办高等教育的健康发展。有人说，厦门大学高教所或教育研究院是培养中国民办高校管理人才的"黄埔军校"，我觉得，这一评价言符其实。

厦大的校园很大，两个人特别是两个都很忙的人要想在校园里偶遇是很困难的。这么多年，我在校园里偶遇过潘先生几次，每次见到他，我问他最近都好吗？在忙些什么呢？他都是告诉我：都很好；最近又访问了、考察了哪几所民办高校，了解到一些什么情况或问题；或是到了哪几所学校去演讲，跟这些学校的创办人或校长一起讨论了哪些问题，交流了哪些看法与见解；或对民办高等教育的发展又有了哪些思考，对国家近期出台的有关政策、法律有些什么见解，准备写文章表达自己的观点；……他对中国民办高等教育的关心和热爱，真是溢于言表，确实如他自己所说的"情有独钟"。他深深地知道民办高校在中国消失了几十年之后再重新发展，是有很多困难的。要真正做到立德树人、培养出有理想、有品格、有知识、有本领的社会需要的人才，更是不易。所以，他非常关注民办高校建设发展的点点滴滴，从方方面面去研究民办高校的问题，提出自己的意见和建议，供学校、企业及政府各相关部门做决策时参考。可以说，在中国的教育学家里，潘先生是最熟悉、最了解、最关心民办高等教育的一位。

作为改革开放的一个重大成果，中国的民办高校几十年来为中国的经济社会发展培养了数以千万计的适用型人才，已成为中国高等教育的一支重要力量。但是，整个社会对民办高等教育的看法还是很不一致的，特别是一段时期以来，社会上对民办高等教育各种非议的声浪是一浪高过一浪。作为一个改革开放后重生与发展的新生事物，不可能没有不足和缺陷。正确的态度应该是真心爱护、善意批评、努力帮助完善它，而不是简单地否定它、扼杀它。为此，潘懋元先生有关民办高等教育的思想特别值得我们更加重视、更多研究，这是一座尚待挖掘的宝藏，存有许多有助于民办高等教育健康发展的思想和智慧，这些思想和智慧一定能够帮助我们更好地认识和对待中国的民办高校。

2021 年 12 月 27 日，朱崇实登门看望潘先生，二人交谈甚欢

朱崇实，厦门大学原校长、教授、博士生导师。

大先生的教育智慧与人生风范

——思念潘懋元先生

◎邬大光

2022年12月6日，我们最爱的，也是最爱我们的潘懋元先生走了，去天堂教书了，天南地北的弟子们沉浸在无尽的哀恸中。生老病死是自然规律，102周岁的老人离我们而去，原是"意料之中"。然而，他老人家总是在创造人生的奇迹，带给我们太多"意料之外"，以至于我们无法用"普通人"的逻辑去理解他的"非常人生"。

潘先生一生获得过无数荣誉，但成就与荣誉并非先生的人生追求，他最在意的是高等教育学的学科发展和学生成长。如果让我来概括潘先生的一生，我会说：潘先生是有意识地、自觉地创造生命奇迹的人，也是有意识地、自觉地创造学科历史的人，更是有意识地、自觉地创造教师风范的人。

潘先生在前埔家书房

超越年龄的生命韧性

潘先生年少时体弱多病，而到了耄耋之年，他的生命韧性十足，一次又一次迸发出新的活力，不断突破极限，不断创造奇迹。

2005年5月，潘先生带着2002级博士生到北京进行为期一周的社会实践，这是厦门大学教育研究院培养博士生的"传统节目"，起始于1999年。在京期间，他患上了严重的肺炎，被就近送往京郊的一家医院进行抢救。彼时的他已是85岁高龄，看当时的情形，我们都以为很难挺过来了，可他奇迹般地恢复了。2018年，潘先生被确诊为癌症，家人商议后一致同意采取保守治疗，但在征求他的意见时，老人家毅然决定赴上海进行手术。对于一位98岁的老人而言，这是一场难以想象的考验，然而，他又一次创造了生命奇迹。

病情稳定之后，潘先生依旧躬行于教学与研究第一线，继续准时出现在课堂上，坚持逐一点评博士生的课程汇报，用红笔逐字逐句地批改学生作业——这是他数十年的习惯。前几年，多数学术会议和报告转到了线上，他总是准时地出现在镜头前。有的会议时间很长，一些年轻人都觉得身体吃不消，可是潘先生场场不落，全神贯注地倾听每一位报告人的演讲，并认真做笔记。

2022年5月，病魔又一次来袭，潘先生住进了重症监护室，病榻之上的他仍惦记着给学生的书写序。呼吸机面罩遮住了嘴巴，无法口述，他就用手指一笔一画在他儿子的手上写下修改意见。一位医生感慨："我在重症监护室工作了20多年，从来没有见过这么顽强的老人。潘教授的意志非常顽强，内脏器官也一样顽强，真是令人难以想象！"因此，即便收到了病危通知书，弟子们仍心怀确信，认为先生还能像前几次一样化险为夷。但这次他却出乎意料地离开了，没有留下任何遗言。

潘先生晚年对全国高等教育的许多数据仍烂熟于心，每年度的《中国教育统计年鉴》一到手，他都会在第一时间更新自己大脑里的数据，从不滞后。潘先生不仅有超越年龄的"超人"记忆，更有超越时代的"前瞻之思"。在2019年的一次座谈会上，潘先生说："翻转课堂和慕课等教育技术已经在教学领域炙手可热，但它们在互联网技术深入影响高等教育发展的现实面前，只是冰山一角，还有许多新的问题将陆续出现。目前对教育技术接受度最低的就是一些年龄大的老教师，越是经验丰富、资历深的老教师越需要拥抱新技术。"听到他讲这番话，在座的人会心一笑，因为潘先生就是年龄最长的那位。

2020 年 8 月，在纪念他百岁华诞暨从教 85 周年的学术研讨会上，潘先生呼吁："不仅要让机器人会思考，还要借助脑科学的力量，加强机器人的伦理道德和情感教育。"他预见到了人工智能也会遇到伦理道德问题。

教育技术迅猛发展，潘先生不只是观察、思考，还带头"上网课"。2020年年底，潘先生应邀在线上做了题为"高等学校内涵式发展的内涵与样板"的报告，为全国 3 万多名师生上了一小时的网课。一开始，他坚持要站着上课，在大家的劝说下，总算答应坐下讲。他课后风趣地说："如果这样坐着还累，那我还能干什么？"这让我想起了 2017 年 10 月，我到北京出差，请老人家代我给厦大本科生上一堂通识课，他竟然站着讲了两节课。潘先生用实际行动向"95 后"学生们展示了 97 岁大先生的课堂风采！

超越"常规"的教育智慧

厦门大学的高等教育学学科发展到今天，中国高等教育研究发展到今天，潘先生都是当之无愧的领军者。他以一位教育家的智慧，带领高等教育研究界一路前行。

20 世纪 80 年代，厦大高等教育科学研究所招收第一批和第二批硕士生时，师资严重不足，也没有成体系的课程，这两批硕士生前一年半的学业都是在华东师大完成的。王伟廉师兄是我国第一位高等教育学博士研究生，他入学的第一个学期没有上课，待我在 1987 年秋季入学后，潘先生开始给我们俩一起上课，只上了两天，我们的学习就结束了。此后，潘先生便让我们俩给硕士生上课，每人必须开两门课，以授课效果的好坏来决定我们这门课程的成绩。为解决师资问题，潘先生早期只能在厦大其他学院招人，故高教所早期的教师几乎都是跨学科的背景。在王伟廉读博期间，潘先生就把他调入厦大。自第一批硕士生毕业开始，潘先生不知做了多少学生的工作，希望他们能留校任教。

厦大高教所刚起步时，经费紧张。面对窘境，潘先生提出一个大胆的建议：高教所出国进修的老师，回国之后最好将国家给的出国津贴或对方给的奖学金捐出来四分之一。至今仍有人对此事"耿耿于怀"。

潘先生选拔人才不拘一格，对学生的培养也从不因循守旧。当年，唐德海连续两年报考高教所的博士都没有成功，皆是因为英语成绩不达标，潘先生知道了他读博士的决心后，考察了他的学术潜质，对他的学习和研究能力给予认可，于是专门向学校研究生院申请，特许他第三年不用再考专业课，专心备考英语，第三年终于成功"上岸"。潘先生在培养学生上经常打破常规，能够从学生的角度看待问题，而不是以"规矩"死板地限制学生。这些"超常规"的举措，能触动学生的心灵，起到了"意料之外"的教育效果，这就是潘先生的教育智慧。

超越传统的学科建设路径

高等教育学在中国是一个新学科，也可以说是一个"晚成"的学科。之所以说"晚成"，道理十分简单：该学科从成立至今只有40年的历史。严格说来，潘先生也是一位"晚成"的学者，因为他真正开始投入高等教育研究是在耳顺之年。一位"大器晚成"的学者，创造了一个"晚成"的学科，这本身就是学术界的一个奇迹。

开创一门新的学科究竟有多么艰难，弟子们知道的不是很多，也从没有听潘先生说起过这段历史。但我们知道，如果没有潘先生的努力，高等教育学何时在中国产生还是一个未知数，今天高等教育研究的规模和水平也是一个未知数。

虽然在20世纪50年代，潘先生就结合工作实际与同事们完成了《高等学校教育学讲义》的编写工作，但此书的使用范围仅限于厦门大学，在全国并没有很大的影响力，也没有学科的"合法性"。因时代风雨，这项工作按下了"暂停键"，一拖就是20余年。面对现实的困厄，潘先生发展高等教育学的信心丝毫未受影响，以"蛰伏"的心态等待时机到来，终于在20世纪70年代末抓住改革开放的契机，重提设立高等教育学学科的必要性，强烈呼吁加强高等教育研究，以坚定的自信造就了一个"学科奇迹"。

高等教育学学科自设立伊始，便有学者质疑：高等教育学是不是一门独立的学科，要不要建立高等教育学，高等教育研究到底是学科还是领域。甚至有学者认为，只有普通教育才是教育科学研究的对象，才需要教育理论，高等教育与普通教育在教育基本原理上是一致的，只要研究普通教育，就可以探索出基本的、共同的教育规律；至于高等教育的特殊问题，仅是一些规章制度、办法措施等具体问题，可以让法令、条例来规定，用经验来补充，不必从事专门的研究。

"教育内外部关系规律"是潘先生教育思想体系的核心内容，是他在教育理论方面的重要贡献，也可以说是高等教育学学科起步的"基石"。随着高等教育学学科的设立及研究的开展，关于学科合法性的讨论逐渐少了，但质疑"教育内外部关系规律"的声音开始响起。20世纪80年代中后期，有学者认为"潘懋元的'教育内外部关系规律'划分不科学"，由此引发了对"教育内外部关系规律"的争鸣，甚至连潘先生的挚友黄济先生、长子潘世墨教授都对"教育内外部关系规律"提出了自己的看法。进入新世纪，又有学者对"教育内外部关系规律"的科学性提出了质疑。然而，质疑和商榷仿佛都在潘先生的意料之中。他曾坚定地说："'始生之物，其形必丑'，要建立一门新的学科，不是一件简单的事，必须经过长期的经验积累和高度的理论概括，问题在于必须迈开第一步。"可见，他对学科建设过程中的艰难和曲折早有心理准备，其创建高等教育学的信心从未动摇。拉长历史的焦距回顾这段历史，曾经引起争鸣的"教育内外部关系规律"中的"外部规律"，经过时间和实践的检验，已经成为今日"跳出教育看教育"的理论铺垫。

潘先生在给我们上课时曾介绍了"教育内外部关系规律"提出的动因。他说，改革开放之初，教育界正处于百废待兴的状态，亟待探寻教育规律，尊重教育的基本规律。从潘先生的解读不难理解，关注"教育内外部关系规律"是为了减少高等教育的"折腾"。回过头来看，正是因为"教育内外部关系规律"的提出和讨论，引发了人们对高等教育发展规律的重视，客观上起到了为高等教育学学科建设探明方向的作用。

今日回顾这场时隐时现的理论争鸣，其实并没有"胜负"之分。当年这些争鸣的意义在于，人们开始思考和寻找高等教育活动的客观规律，按教育规律办事成为共识。因此，"教育内外部关系规律"的提出就具有了启蒙意义。潘先生认为："对这个理论的认识要经过一段时间，我们并不需要对他人的质疑进行过度的反驳。学术需要争鸣，争鸣是一件好事，有利于学科建设与发展。"一位当年与他争鸣的晚辈学者到厦门出差，先生在家里接待了他，让这位晚辈深感意外。当时，面对同辈学者乃至后辈的商榷，他的反应是冷静的，回应是理性的，体现了潘先生对不同意见的包容，这也是一种学术生命力所在。反观当下，一些学术领域看似繁荣，却少见争鸣。如此对比，潘先生这种"既坚持又包容"的学术品质更显得弥足珍贵。

超越时空的学术视野

学术刊物是一个学科发展不可或缺的要素。厦大的高等教育学学科建设，既有长处，也有"短板"，没有刊物就是"短板"之一。殊不知，对刊物这个问题，潘先生的想法与他人不同。当时在读硕士的周川回忆："大约是在1986年年底或1987年年初，福建省有关部门考虑到厦大高教所的学术实力和影响，建议所里办一份高等教育的学术期刊，并答应给公开刊号。潘先生权衡之后并没有接受这个任务，因为博士点刚刚批下来，他在全所会议上说：'我们所里的老师应该有信心在国内其他的学术期刊上发表文章，尤其要在国内最好的专业期刊上发文章。以为自己办一份期刊便于发文章，那就没出息。如果要办这个期刊，你们谁愿意投入全部精力办？'"在这个问题上，潘先生仿佛是一位时代潮流的"逆行者"。

潘先生对高等教育学的学科情结，伴随着他的一生。在晚年，潘先生也有自己的遗憾。他不止一次在公开场合提出，虽然目前高等教育学学科的发展已经取得了一定成绩，但是高等教育学仍是二级学科，而国家有关政策以一级学科为建设单位，一些研究机构只能顶着教育学一级学科的"帽子"来进行高等教育研究，当务之急是将高等教育学升为一级学科，否则不利于高等教育学学科的长远发展。

所谓"父母之爱子，则为之计深远"，他像庇护自己的孩子一般，为高等教育学的学科发展"殚精竭虑，死而后已"。潘先生做到了"致广大而尽精微"，特别能从超越时空的角度，去思考、判断和决断高等教育研究的重大问题。

超越"经师"的为师之道

潘先生超越"经师"的为师之道值得回味。他遴选人才的眼光常常让人出乎意料，他培养学生的方法也常常让人出乎意料，体现了一位伯乐的眼光与追求。他对学生的"严"时常令人出乎意料，他对学生的"好"则常常令学生们习以为常。无论是这份"严"还是那份"好"，弟子们都逐渐适应、理解了，并且已经开始传承和发扬。

潘先生一生做教师，他总是带着极其庄严肃穆的神情，孜孜以求于教书育人的事业。他的教育管理工作总是彰显着一种格外严肃的精神，他的教育研究实践总是表现出一种格外严谨的态度，他的教书育人活动总是表现出一种格外严格的作风。

他曾超常规地直接把"老高三"樊安群录取为博士生。为了让樊安群尽快熟悉高等教育研究，潘先生要求他一年写20本书的读书笔记，并亲自批改了这些读书笔记。还有一位博士生，在二年级时到国外联合培养，回国后拜见潘先生，先生问的第一件事是"是否完成了6篇作业"。那位同学没想到，联合培养回来之后还要交作业，直到交了作业才算了事。

我也有被严格要求的经历。记得是2005年的一次硕士生毕业答辩，因为忙于本科教学评估，答辩时我迟到了几分钟，老人家不仅当众严厉批评了我，并且当即取消了我的答辩委员资格，最后只有四位委员参加答辩。

每位弟子在与潘先生相处过程中，都已经习惯了他的爱生如子和严格要求。在他的严格要求下，我们习得的不仅是做学问的态度，还有一位"好教师"的行为准则。

潘先生对学生的严格要求其实是一种爱，而且是"大爱"。1987年，我去厦大考博，提前一周到了厦门，之前没有见过潘先生，到了之后就给老人家打电话，希望可以见老师一面，真实的想法是想通过见面摸到一点儿考试的信息。可老人家却说，你先安心备考，待考试之后再说。考试结束，我想没有必要再与老人家见面了，故利用下午的半天时间去了鼓浪屿，等我回到厦大招待所，看到房间的门上有一张小纸条，上面写道：

  大光同志好！考试结束了，我来宾馆看你，想必你出去了，等了一会儿不见你回来，只好给你留下这个纸条，希望能在厦大再次见面。

潘懋元

卢晓中回忆："1999年冬，潘先生带博士生去长沙参加学术活动，他执意退掉了接待方购买的机票，一定要和学生们一起坐绿皮火车，他说可以在火车上给学生上课。我陪潘先生在软卧车厢，学生在硬卧车厢，到了晚上，他让我将随身带的大衣给硬卧车厢的同学们送去，因为硬卧车厢的毯子太薄。"1996年，华中科技大学拿到了高等教育学博士点，学校举行专家咨询会，安排张应强照顾潘先生。会后，潘先生送他一把黄杨木的梳子，并说："谢谢你的照顾，这份礼物送给你的父母。"1998年，中国高等教育学会高等教育学专业委员会在兰州开会，会务组安排赵婷婷照顾潘先生，活动结束时，潘先生也拿出一份礼物赠予赵婷婷，使她享受了与张应强同样的"礼遇"。

2021年年底，潘先生收到蔡映辉的专著《高校服务性劳动教育：理论与探索》，阅读后，给她打了两次电话，探讨书里的观点和案例，还"责怪"蔡映辉没有请他写序。2022年，潘先生在病榻上收到张祥云的专著《道理与功夫——人文教育学论纲》，也是打电话给张祥云，鼓励他继续在此领域深耕。平时，潘先生收到全国各地寄来的各种高等教育杂志，看到学生（包括已经毕业的学生）的文章，时常会打电话与作者讨论，鼓励他们继续深耕。

胡建华回忆："1998年，潘先生去日本参加国际会议，会后专程去我在名古屋的家，鼓励我取得博士学位后回国工作。"听到校友们讲的故事，回想起来，我也曾陪着先生去过胡建华在南京的家、何云坤在湘潭的家。在北京工作的叶之红对先生馈赠的"嫁妆"记忆犹新。1989年，潘先生从英、法两国考察归来，先到了北京，得知她准备结婚，就把免税的家电指标送给她，让她凑足了当时成家必备的"三大件"。叶之红浑然不知，潘先生的几个子女都在等待着当时十分稀缺的家电指标。

在潘先生这里，子女与学生没有亲疏之分。他刚开始招收研究生不久，春节时听说有几位学生没回家过年，就邀请他们到自己家里一起吃年夜饭。几个子女难免有些情绪，认为除夕应该家人团聚，不应该有"外人"。潘先生听了之后告诉子女："20世纪40年代初，我在内迁闽西长汀的厦大求学，家乡汕头沦陷，孤身一人，有家难归，因此特别理解年轻人过年不能回家与亲人团聚的心情。"听了父亲的故事，子女们也就理解了他的做法。

后来，潘先生请过年留校的学生吃团圆饭成了常态，只不过把这顿饭改在了除夕的前一天，饭后还会给学生发压岁钱。我调回厦大工作的第一年，没有回东北老家过年，他又把我们一家三口、另外两位留校过年的学生和他们的家人叫到家里吃年夜饭。

比吃年夜饭更惯常的，自然是先生的保留节目——"周末沙龙"。每次沙龙结束后，他都会坚持挪着缓慢的脚步，在学生们的簇拥下走到电梯口，目送大家离去。电梯门徐徐关闭，先生的笑容定格在每个人心里……从潘先生的身上，你可以看到他对教师职业的爱和敬重，乃至敬畏。久而久之，你也会感觉到当教师的幸福和教师职业的神圣，会自觉不自觉地模仿先生的做法。

潘先生逝世后，2023年7月30日，中国高等教育学会举办的"纪念中国高等教育学会成立40周年大会"授予他"中国高等教育学会高等教育研究终身成就奖"，颁奖词如是说：

板凳敢坐十年冷，文章不写半句空。他是中国教育界的传奇人物，15岁开始从教，生命不息，奋斗不止，在教育战线辛勤耕耘87个春秋。他爱党爱国，曾任中国高等教育学会副会长、顾问，全身心投入国家教育现代化事业，是我国高等教育界的一面旗帜。他是"全国教书育人楷模"。他爱生如子、言传身教，桃李遍天下，培养的五百多位博士、硕士成为教育战线骨干力量。他开创中国高等教育学科，注重教育内外部规律研究，是中国人文社科自主知识体系建设的探索者、践行者。他，就是我国高等教育界的学术泰斗、大先生、教育家——潘懋元。

这是对潘先生一生最好的概括。毫不夸张地说，在高等教育学领域，潘先生是一个"现象级"的存在。在时代发展的潮流中，你看不出他"落伍"，尽管他常说自己老了；在面对苦难的时候，你看不出他有任何畏难的迹象，尽管他前行艰难；在重大的时间节点上，他往往能做出理性的判断，你看不出他的彷徨；面对新现象、新问题，他能敏锐地反应，你看不出他的保守。他的思考与研究不仅与时代同步，甚至常常是超越了时代、超越了年龄、超越了常规。潘先生犹如一支永不熄灭的火炬，照亮了我国高等教育学的漫漫前路，指引着研究高等教育的学者与学子不断前行。

今人不见古时月，今月曾经照古人。于人的生命历程而言，百年很长。潘先生将他的一生贡献给了高等教育学，他是走在前面为我们开路的人，也是殚思竭虑为我们未来铺路的人。于中国高等教育学学科史而言，40年不长，然而中国高等教育学界的学人一定会记住为他们开创这个研究领域的潘先生。回想与潘先生的交往，我们还参不透他的精神世界，因为我们跟他还有距离——格局的、境界的、视野的、信心的、意志的。作为弟子，我们唯有恳恳切切、兢兢业业地为新时代的高等教育学作出一些实际的贡献，才能给为我们开路、指路的潘先生一个像样的交代。作为弟子，我们何其有幸遇到了潘先生，才让我们懂得了什么是"大先生"，才体悟到"大先生"的价值和珍贵。

人生朝露，先生千古！

邬大光，厦门大学1990届博士，教授、博士生导师，厦门大学原副校长。

百岁老教育家潘懋元的精神世界

◎杨德广

一、潘懋元先生是我敬仰的老教育家

　　潘懋元先生长我 20 岁。2020 年正值他百岁华诞。我十分敬仰这位老教育家，他迄今仍在带研究生，在上课，在从事高等教育研究，在为我国教育事业的发展、人才的培养，辛勤耕耘，从未停息。2020 年 2 月 10 日上午，我从上海家中打电话给家居厦门的潘先生，向他致以期颐之年的祝福。我还没报名字，他就知道我是谁，而且他声音洪亮，思维敏捷，向我问好后立即嘱咐我，现在是非常时期，不要出门，注意安全，他总是时刻在关心他人。当我得悉他每天还在忙于审读研究生论文，还在看书学习时，感动不已，我无语了，眼睛湿润了！一位百岁老人，至今还在默默地工作、学习、奉献。这是一种什么精神？是什么力量在支撑着他？我一直在思索、在探索他的精神世界、精神动力。

　　我认识潘先生已整整 40 年了，从 20 世纪 80 年代初，我就跟随他开展高等教育研究，参加他编写的中国第一本《高等教育学》，参与中国高等教育学会筹建工作，参与全国高等教育学研究会创建工作。后来我又受聘于国家人文社科重点研究基地厦门大学高等教育发展研究中心学术委员会委员，几乎每年都有机会和潘先生一起参加学术研讨会和研究生论文答辩会，经常聆听他思想深邃、观点新颖的讲座、报告，亲眼所见、亲身感受他高尚的人格、作为大师的风范。

　　2008 年，我写过一篇文章：《潘懋元教授与我国第一本〈高等教育学〉》。

我在文中写道："潘懋元教授是我步入高等教育研究领域的引领人，是我从事高等教育研究的导师。他为人正直，一身正气，豁达谦逊，待人热忱，思维敏捷，教育观念超前，一直激励着我，是我学习的楷模。"① 当时潘先生是88岁高龄，12年过去了，这位"中国奇人、世界达人"仍然健康地、满腔热情地坚守在高等教育第一线。我深感12年前我对潘先生的评价不足以表达他的为人，不足以表达我对他的崇敬之情。所以，在潘先生百岁华诞之际，我很想写一篇《潘先生的精神世界》。但我没有深厚功底和能力写好这篇文章，我想起了"借东风"的典故，即可以借用他人的智慧来撰写这篇文章。数十年来，潘先生培养了200多名博士生，师从潘先生的"高足"就更多了。我先后请教和咨询了教育部原副部长林蕙青，时任教育部高教司司长吴岩，厦门大学原副校长邬大光，临沂大学原校长韩延明，汕头大学原副校长王伟廉，深圳市教育局副局长许建领，厦门大学教育研究院原院长刘海峰、现任院长别敦荣，著名学者张应强、周川、胡建华、卢晓中、余晓波、田建荣、王洪才等，建立了一个此文的"后援团"，每遇到什么问题就向他们求教。我向他们请教了同一个问题："我心目中的潘先生"，并用最简练的语言表述出来，不超过100字。

潘先生的弟子们热情洋溢、发自内心的肺腑之言，深深感动了我，教育了我，不仅丰富了这篇文章的内容，而且还进一步使我了解到百岁老人潘先生的精神世界。潘先生的为人为学博得了教育界同仁乃至社会各界人士、每一个学生、外国友人的至诚敬仰、高度评价。下面，就让我首先引用几位高足对潘先生的评价。

林蕙青说："师从潘先生使我终身受益，他是我做人做事做学问的楷模。"吴岩用三句话评价潘先生："对国家来讲，他是一位杰出的当代社会科学家；对教育来讲，他是一位享誉世界的当代教育家；对我本人来讲，他是影响我一生的经师人师恩师！"韩延明说："潘先生是当之无愧的中国高教泰斗，是一位贡献卓著的人民教育家，他用热血浇铸文字，用心雨滋养学生，他心心念念的都是教育，他是一座奇崛的高等教育研究巅峰。"许建领说："潘先生是大家、楷模，令人高山仰止。先生之学问、品性和精神，如高远明灯，引我辈前行，潘先生在每一位弟子心中，是神一般的存在，尤其对我来说，是影响我一生的大师，做先生的学生，受益终身。"

我琢磨后，将潘先生的精神世界概括为四条：创建新学科、奋斗不息的

精神；勇立潮头、与时俱进的精神；把事业当生命、无私奉献的精神；以生为本、大爱无疆的精神。

二、创建新学科、奋斗不息的精神

潘先生是国内公认的，也是国际公认的中国高等教育学学科的奠基者和创始人，毕生致力于高等教育学学科建设，为建立中国特色高等教育学孜孜不倦，锲而不舍，奉献出毕生精力。早在 20 世纪 50 年代，潘先生就开始从事高等教育的教学和理论研究，编写了《高等学校教育学讲义》。他亲自授课，在教学中，不断充实教材内容，丰富教学理念，为高等教育学学科形成奠定了基础。但在当时的环境下，该学科没有发展的空间。1978 年改革开放后，潘先生敏锐地看到教育的春天来了，当年 5 月，他在《厦门大学学报》发表了《必须开展高等教育的理论研究——建立高等教育学刍议》一文。同年 11 月，《光明日报》摘要刊登了这篇文章，在高教界引起了热烈反响。从此便在中国拉开了系统地进行高等教育研究的序幕，潘先生的名字也随之被高教界所熟知。

学科是相对独立的知识体系。如何通过高等教育理论研究推动高等教育学科建设，形成一门独立学科，并非一件轻而易举的事，而是相当艰难的。学科的社会创建，除了要有系统的理论建构外，还必须具备五个条件：一是有学会，二是有专门研究机构，三是有大学的学系，四是有图书资料中心，五是有专门出版社。但潘先生不怕困难，迎难而上。对此，王洪才谈道："潘先生是勇者，勇者不惧，他敢于担当大任。"他运筹帷幄，精心设计，一方面潜心研究高等教育理论，从 1981 年就编写了我国第一本《高等教育学》大纲，组织了编写团队，另一方面积极筹建专门机构、学会和学系。1978 年 5 月，他在厦门大学创建了我国第一个高等教育研究机构，接着又马不停蹄地帮助上海、北京、湖北、江苏等地高校建立了高等教育研究机构。1980 年，他发起并与华东师大校长刘佛年、上海市高教局副局长余力共同提出，创建中国高等教育学会。经过三年努力，1983 年 5 月，中国高等教育学会正式成立。当时我代表上海市高教局参加了筹建工作，见证了潘先生作为中国高等教育学会的发起人和实际操作者，组织起草学会筹建计划书，制定章程，起草大会报告。他为了建立更多的高等教育研究机构和学会，到处奔走，投入了大量精力和时间。他说："一花独放不是春，百花齐放春满园"。正是因为他的这种战略眼光以及辛勤付出，在短短的十多年里，中国高等教育研究机构、高等教育学会（分会）、高等教育学专业，像雨后春笋一样破土而出，茁壮成长，为高等教育学学科建设铺平了道路，奠定了坚实基础。1992年中国高教学会有团体会员72多个，专业委员会32个，到2009年团体会员达到700多个，专业委员会50多个。如果没有这些铺垫工程，建立高等教育学学科是不可能的。

创建高等教育学科，最重要的是要有系统的、独立的理论体系，潘先生为此做了艰苦探索。首先，这种探索体现在他主持编写了我国第一本《高等教育学》。我有幸参加了这本书的编写工作，亲身体会到潘先生付出的艰辛劳动，以及他的博大胸怀和渊博知识。这本书从开始编写就遇到了阻力，如教育界有人认为没有必要建立高等教育学，完全可以由教育学代替，"门户之见""文人相轻"很严重。潘先生以他多年来对高等教育研究的成果以及深厚的理论功底，据理力争，深刻分析了高等教育与普通教育的区别："高等教育是教育的一个特殊组成部分，具有矛盾的特殊性、特殊规律，比普通教育更复杂，不是普通教育一般原理所能直接解决的。"[①] 他列举了高等学校面临的10大问题，包括"高等教育事业与国民经济建设的关系、社会结构与高等教育事业发展的关系"[②] 等，他说这些问题是我国高等教育大发展、大提高后必然产生的，这就必须通过建立高等教育学学科来研究、探索和解决，普通教育学回答和解决不了这些问题。该书初稿完成后的1983年11月，在华中工学院（现华中科技大学）召开了审稿会，由该校党委书记、著名教育家朱九思主持。潘先生吸取了专家们的修改意见，又阐述了几个重要问题，如高等教育学的研究范围、高等教育学的体系、内部规律与外部规律问题等。潘先生主编的中国第一本《高等教育学》的问世，标志中国高等教育学理论体系的建立、高等教育学学科地位的确立。在潘先生殚精竭虑的努力下，1983年国务院学位委员会正式把高等教育学列为教育学的二级学科。这无论是在中国教育史上还是在世界教育史上都是首次，都是最早的。从此，高等教育学学科在中国诞生了。潘先生此时已经63岁，到了退休年龄了，但他没有退休，而是继续为高等教育学学科发展倾尽全力，不断前行，帮助其他地区、

---

① 潘懋元.必须开展高等教育的理论研究［M］//潘懋元高等教育文集.北京：新华出版社，1991：18.

② 潘懋元.必须开展高等教育的理论研究［M］//潘懋元高等教育文集.北京：新华出版社，1991：18.

其他高校建立和发展高等教育研究机构和高等教育学学科。1993年他又创建了中国高教学会高等教育学专业委员会，担任了两任理事长。第三、四届理事长由我担任，第五、六届理事长由张应强教授担任。专业委员会每年都召开一次研讨会，讨论和研究高等教育学相关问题，潘先生每次都参加，每次都发言、做主题报告，从60多岁到90多岁从未间断。凡是各地、各高校对高等教育研究、对高教改革发展中的相关问题，要请教潘先生的，他总是有求必应，亲临其境，悉心指导。他的足迹遍布中国，他还应邀访问过欧美、亚太地区十多个国家，将中国高等教育研究成果向国外推广，促进了中外高等教育学术交流。别敦荣说："潘先生用毕生精力致力于建立高等教育学这门新学科，把高等教育学看作自己的生命，他是用生命在推动高等教育学的发展，维护高等教育学的地位。"邬大光说："潘先生似乎就是一个为高等教育学而生的学者，在创建学科的进程中，他始终坚信学科的存在价值和生命力，他用自己的生命在维护和拯救高等教育学的生命。"

四十多年来，潘先生这棵我国高等教育学学科建设的常青树，绽放出艳丽奇葩，结出了丰富成果，对推动我国高等教育事业的发展，对高等教育人才的培养彰显出了强大的生命力。这是潘先生用自己的生命力推动高等教育学的生命力。正如周川所说："就我师从潘先生三十多年的记忆所及，中国高等教育改革发展历程中的每一重要篇章，几乎都留下他思考的记录，留下他思考的成果。他实际上是把这样一种持之以恒的理论思考，当作自己的生活方式，也当作自己的生命方式和生命的组成部分，因而他能永葆学术青春而不知老之将至。潘先生用旺盛的生命力助长了高等教育学科的生命力，旺盛的学科生命力，又助长了潘先生的生命力。"

陶行知先生说过："人生天地间，各自有禀赋，为一大事来，做一大事去。"潘先生的最大贡献就是创建中国的高等教育学科，他就是为这一大事而来，为此终生奋斗不止。潘先生的生命如同高等教育学科一样青春常在，熠熠生辉。

三、勇立潮头、与时俱进的精神

潘先生是棵老而不老的"不老松"。第一个"老"是指他的年龄大了，早就超过了古稀之年、耄耋之年，已进入期颐之年。但是他的头脑未老，心理未老，他至今还精神矍铄，思维敏捷。直到2017年7月，97岁高龄的潘先生还到北京参加中国高等教育学会学术年会暨高等教育国际论坛，并在会上做了精彩演讲。

40多年来，他在高等教育理论方面，一直勇立潮头，以超前的思想起着引领作用，建立了中国特色高等教育理论体系。他系统地论述了高等教育学的历史、内容、原理、教学、科研、教师、学生。在中国高等教育研究方面，我可以罗列出许多新的理念观点，都是潘先生最先提出来的。他最早提出高等教育的外部和内部规律，最早提出高等教育要主动迎接高新技术的冲击，最早提出高等教育要主动适应商品（市场）经济的冲击，最早提出中国高等教育大众化要"适度超前"，最早提出高等教育多学科研究方法论，最早提出高等教育要走多样化的发展道路，要加强高等教育法制建设、重视高等教育公平发展，要大力发展和保护精英教育，要大力发展民办高等教育和应用型本科院校等等。潘先生在高等教育理论研究方面的新颖观念及丰硕成果，有力地推动了我国高等教育的改革和发展，反过来又促进了高等教育理论的发展，同时也为教育主管部门制定教育规划、重大决策政策，提供了重要的智囊作用。

老人，往往给人的印象是年迈、落后、保守，但是在高教界提到"潘老"，总是给人以"有新思想、新见解、新观念的大师"的感受。每次召开全国性的高等教育研讨会、论坛，许多人都是冲着潘先生去的。只要听说潘先生到会，很多人争先恐后，专门去聆听他的报告，因为每次都有新的收获，都能从他那里寻找新的理念、新的研究成果来指导工作。对此，别敦荣说："潘先生年龄虽大，但始终站在教育最前沿思考问题，有新观念、新思想，从不保守，每次开会、报告、讲话，都有新的内容、新的理念，给人以启迪和教育。"

在这方面我有切身的体会，我就是潘先生新教育理念的受益者。我先后在5所高校工作过，担任了10多年的行政管理工作。我经常从潘先生的教育理念中寻找答案，排除疑难，开展工作。印象最深的是，20世纪90年代中期，我在上海师大担任校长期间，当时教育经费不足，学校办学十分困难，教师待遇不高，人心不稳。我根据潘先生提出的高等教育外部规律，即"教育必须与社会发展相适应"，"一方面教育要受一定社会的经济、政治、文化科学所制约；另一方面教育必须为一定社会的经济、政治、文化科学（的发展）服务"[①]，积极主张高校要在为社会服务中发展自己，要发展教育产业、

---

① 潘懋元.教育外部规律辨析[M]//潘懋元论高等教育.福州：福建教育出版社，2000：128.

建立教育市场。但正当我开始大力发展教育产业时，教育界刮起了一股"教育人本论"的片面观点。有人认为：教育是为培养人服务的，不是为社会服务的；"教育就是教育"；教育必须与社会保持张力，保持距离。他们打着"教育不能成为政治工具、经济工具"的口号，反对教育为社会服务。我当时写了好几篇文章，如《关于建立教育市场的思考》、《高等学校要走进市场才能走出困境》等，就受到不少人的批评，压力很大。难道我错了吗？我又认真学习了潘先生的教育理念。潘先生说："在市场经济条件下，必须运用市场这个手段。"[①]1993 年潘先生在《求是》杂志上发文提出的"高等教育必须主动适应市场经济"的观点，解除了我的疑虑。我还当面向潘先生请教过，潘先生说："高等教育不适应市场经济，难道还要适应计划经济吗？"这句话坚定了我"发展教育产业、建立教育市场"的信心。后来，我根据上海基础教育和人才市场的需求，充分利用学校丰富的教育资源，拓展中、小、幼师资培训市场，开发成人教育市场，发展大专自学考试辅导班，开设非学历大专课程班和研究生课程班，创办老年大学等，并运用市场机制、利用社会资源开发新校区，扩大办学规模，提高办学效益。当时，上海师大每年发展教育产业的收入有 2 亿元，接近政府一年给我校的教育拨款。经过 7 年的努力，学校办学条件改善了，教职工住房改善了，教师待遇提高了，队伍稳定了。1995 年全校在校大学生为 8200 人，研究生 170 人，夜大学学生 950 人，外国留学生 150 人，到 2003 年分别发展到了 2.3 万人、1500 人、1.5 万人、500 人。本科招生人数每年从 1000 多人发展到 6000 多人。7 年时间里校园建筑面积也从 20 万平方米发展到 50 万平方米，1000 多户教职工搬进了新房。

以上这一事例也表明，理论一旦被掌握并应用到实践之中，便会产生巨大的物质力量。这些成果的取得，与潘先生的先进的教育理念的影响和指导分不开的。

之所以说潘先生是一棵老而不老的"不老松"，是指他一直在思考问题、研究问题，而且观点超前。周川说："潘先生给我印象最深刻的，就是有非凡的思考力，这是一种始终旺盛而敏锐的理论思考力，这种思考力来自他渊博的知识、扎实的理论功底。"

潘先生是一棵勇立潮头的"不老松"，这不仅体现在理论观点上，而且

---

① 潘懋元.中国当代教育家文存：潘懋元卷［M］.上海：华东师范大学出版社，2006：7.

还体现在将理论观点用于解决现实问题。下面举一例证明。高等职业教育的快速发展，是我国高等教育发展和经济大发展的必然产物，但社会认可度不高。原因之一是教育主管部门把高职院校定位于专科层次，把高职与专科画等号，断绝了高职学生升本的梦想。不少学校使用的"专升本"方式或"立交桥"方式，虽然满足一些学生升本愿望，但也冲击了高等职业教育，使其难以办出特色，也不能稳定人心。针对这一严重的状况，潘先生于2005年提出高等职业教育"类型论"的观念，批评了高等教育"立交桥"方式并非高等教育大众化的最佳选择。他明确提出高等职业教育不是一种教育层次，而是教育类型，应建立高等职业教育体系。高职也应该有专科、本科、研究生教育，潘先生的高等教育"类型论"，对稳定和推动高等职业教育起了重要作用。

对此，别敦荣说："潘先生在中国高等教育学科发展的40多年里，一直勇立潮头、率领学界同仁闯出一片广阔的天地，为高等教育屹立于世立下了不朽的功勋。"肖海涛说："潘先生性格坚强、乐观、敢为天下先，闯出了一条高等教育研究新路，闯出一门'中国制造'的新的高等教育学科。"

40多年来，潘先生在高等教育研究领域，始终是勇立潮头，与时俱进，这源于他刻苦学习的精神。王伟廉说："潘先生理念新颖、观点超前，来自他坚持不懈，持之以恒的学习、学习、再学习。"他从不落后，总是与时偕行，站立于时代前沿发表自己的真知灼见。我这里再举一个我亲历的例子。我们生活在信息化时代和高科技时代，"互联网+"渗透到各个领域，智能机器人不仅广泛运用在工业、农业、国防等各个领域，而且运用到教育部门、中小学和高等学校。正当人们忙碌于智能化教学，推进教育现代化时，潘先生却站在时代前沿，发表自己与众不同的独特见解，引领我们前行。2017年，在厦门大学高等教育发展研究中心举办的研讨会上，潘先生在主旨报告中提出一个震撼全场的新观念。他提出，高等教育既要培养自然人，还要培养机器人，使之成为专门人才，首次提出"机器人伦理学"观念。他认为，机器人向智能方面发展需要伦理的制约，机器人的培养要用法律控制，要有伦理的制约。机器人同自然人共同生存在新的社会中，如何和谐相处还必须具有新的伦理道德以及生活能力。这需要通过设计者对"机器人"进行道德教育、情感教育、美育等，使之与自然人和谐共处，共同推动未来社会的发展。他强调，如何把机器人培养为未来人才，将是高等教育所面临的艰巨任务，为此也需要各方面专家通力合作。这是一个全新领域，也是一个新问题。[①]

潘先生就是这样一位理念新颖、观念超前的教育学家，他将我国高等教育引向一个又一个新的领域。他活到老学到老，年已100岁仍坚持学习，因而始终能勇立潮头，与时俱进。

四、把事业当生命，无私奉献的精神

潘先生一生最大的理想是做一名教师，最喜欢的职业是教师。他从15岁当小学教师起，做了一辈子教师，成为一名优秀的教师、杰出的教师、全国教师楷模。他之所以如此出色，并取得巨大成功，是由于他不仅把教师当作一般的工作，一般的职业，而是当作一生追求的事业，当作自己生命的组成部分。数十年来，潘先生一直把教师职业当作事业，当作生命。他把全部精力、整个生命都献给了教育事业，正是他毫不利己、专门利人的无私奉献精神，塑造他崇高的人格，成就他丰硕的成果。潘先生就是有为国家、为民族、为社会的发展，为教育事业的发展而奋斗的志向。

其一，职业是有特定任务的。作为教师，完成教学、科研任务，上好课，教育好学生，承担一定的科研项目，担当一定的社会兼职，完成领导交办的事情，经考核合格，组织满意，学生满意就很好了，就是一名称职的教师了。但事业却不局限于这些分内工作的完成，而是从国家利益、人民利益出发，从教育事业的改革和发展的高度出发，主动地去关注、担当，去努力学习，艰苦探索。长期以来，潘先生所从事的工作远远地超出了自己承担的任务范畴，大多数是分外之事。如他创建中国特色高等教育学学科，建立高等教育学研究基地以及硕士点、博士点，创建中国高等教育学会、高等教育学研究会；他花了大量精力，付出了艰辛劳动，探索高等教育大众化途径；他关注和探索高等教育与政治经济、文化的关系，高等教育的体制建设、质量保障；他关注和探索中国民办教育的发展、高等职业教育的发展、中国高考制度的改革等等。如果仅把工作当职业，完成分内之事就满足了，万事大吉了，遇到困难曲折就绕道而行，或一推了之。但要把工作当作事业，就必须迎难而上，披荆斩棘，完成使命。正因为他把教育工作当作党和国家的事业，故而把办好

---

① 潘懋元. 主动适应新时代新形势 发展高等教育中国学派：在厦门大学教育研究院40周年庆祝大会上的讲话[J]. 高等教育研究，2018，39（6）.

教育、育好人才这一党之大计、国之大计，看成是一个老共产党员、老教育工作者分内之事，是自己的使命和责任所在，必须倾其全力，为之奋斗。

其二，职业是有特定空间的。教师职业的空间在学校、院系、教研室（所），在这特定的教育空间里，完成特定的任务就可以了，而事业不局限于某一特定的空间。潘先生作为厦门大学副校长、厦门大学高等教育研究所所长，本可以在厦门大学、在高教所完成本职工作就很好了，但他却踏遍了中国并访问十多个国家。因为高等教育事业是跨越学校、地域、跨越国家的，局限于一所学校或一个地区不可能完成。比如，创建高等教育学科，必须有一个团队，要在多所高校试点，要建立全国性的学会。又如，高等教育的改革和发展，需要调研、交流、合作，那就不能局限在狭小的空间里。潘先生从黑龙江的黑河到海南岛的三亚，从长三角到珠三角，从云贵高原到青藏高原，从重点大学到地方高校和民办高校。凡是哪个地区、哪所学校需要，他都义不容辞去指导工作，贡献出自己的智慧。潘先生 96 岁高龄时，他应邀来我们上海师范大学讲学，研究生们近距离地与这位仰慕已久的、学富五车、幽默睿智的高教泰斗在一起，欢声笑语，深受教育和鼓舞。潘先生数十年来，扎根中国大地，走遍大江南北，不辞辛苦，到处奔波，就是为事业在奋斗，发挥无私奉献精神。

其三，职业是有特定时间的。职业有固定的上下班时间，有固定的节假日，教师还有固定的寒暑假，而事业不局限于一定的时间。对于把事业当生命的潘先生来说，他工作的时间大大超越了规定的时间。数十年来，他只有上班时间，没有下班时间，没有节假日、双休日，他像珍惜生命一样珍惜时间，几乎把所有生命时间都用于教学、科研、培养学生和参加社会活动之中。他从 20 多岁一直奋斗到 100 岁，生命不息，奋斗不止。他珍惜时间就像珍惜生命一样，他从不把时间用于个人享乐上，而是花在他钟爱的教育事业上。他站在国家教育事业发展的战略高度、为国家培养优秀人才的高度，奉献出自己最宝贵的财富——时间。生命是用时间计量的，时间就是生命，他一心一意地把生命献给了党和国家的教育事业。如果把工作仅当作职业，斤斤计较上下班时间、退休的时间，那么到时就下班，到龄就退休，就可以回家休息、回家安度晚年了。而潘先生从青壮年到古稀之年，再到耄耋之年都没有休息，直到100 岁还坚持上班，坚持工作，以伟大的家国情怀、无私奉献的精神投身于教育事业。对此，胡建华说："潘先生精神具体表现在崇高的事业心和强烈的责任心，潘先生不仅仅把职业当作工作，而是看作毕生奋斗的事业，为之奋斗。"

潘先生的责任心、事业心，不仅体现在创建高等教育学学科上、进行高等教育研究上，而且具体体现在努力上好每一节课上，体现在他对工作的高度热忱、高度负责。对此，朱乐平举了两个例子，我听了后很感动。2016年9月，厦门遭强台风肆虐，厦大校园一片狼藉，车辆不通，学生们劝潘先生不要来上课了。潘先生说："不能耽误学生的学习，已经商定好的上课时间、地点，不得改动，必须按照原计划进行。"当他艰难地迈着蹒跚的步履准时到达教室时，在场学生无不动容，教室里响起热烈掌声。他就是这样把事业放在第一位，把工作放在第一位，把学生放在第一位。2018年夏天，潘先生98岁，因患病住院，并动了手术，家人和学生们非常担忧，他却很淡定，很坚强，只要身体稍有好转，就抓紧时间学习工作。一般常人，包括年轻人，住院打点滴、动手术、做放疗等，情绪会十分沮丧、消沉，而这位"奔百"老人，在病榻上仍然在阅读教育方面的文章，审读教育部征询他意见的文件。每一个到医院去探望他的学生，看到这位身体瘦弱的导师，如此坚强的毅力和高度的社会责任感，都深受感动，不禁潸然泪下。

潘先生总是把握时局潮流，时刻关注我国高等教育政策的变化，当他发现教育主管部门出现偏差或有不同看法时，总是挺身而出，仗义执言。正如王洪才所说："他是勇者，勇者不惧，他敢于担当，敢为天下先，敢于主持正义。"卢晓中也说："潘先生的高度责任感和事业心，不仅体现在他对高等教育学科的创建和发展，而且体现在对国家高等教育重大政策的建言献策上。"

此外，潘先生还总是用事实说话，体现出他对我国教育事业高度的事业心和责任感，体现出他高瞻远瞩的战略眼光。例如，教育部在继1995年提出"211工程"、1998年提出"985工程"以后，2017年又提出加快"双一流"建设方案。全国有137所高校进入"重点高校"、"重点学科"建设的行列，这对于推动高等教育的发展起到了一定的激励作用，但也产生不同反响和后果。被列入"双一流"的学校欢欣鼓舞、奔走相告；一些没有列入"双一流"的高校，"烧钱"花巨资"买人才"、"买学科"，拼一流；有些没有希望进入"双一流"的高校，悲观失望，丧失信心；还有的学校内部相互指责，埋怨校领导无能。针对这一现状，潘先生从全国高等教育发展战略的高度出发，深刻地指出，我国目前有2000多所高等学校，每所院校都应有其自身的特点和各自需要承担的任务，不应为了追求排名或头衔就放弃自己的特色，向统一的衡量标准看齐。他强烈呼吁将"双一流"精神泛化到各类高校，让其各自争取属于自己的一流，从而达到高校多元化发展的目的，避免高校被逐渐"同化"，丢失原本的特色。潘先生的这一呼吁，犹如给所有高校注射了"强心剂"，激励每所高校从本校、本地实际出发，创办自己的一流，发展自己的特色。潘先生就是这样一位对党对国家和人民赤胆忠心，把职业作为终身奋斗事业的人。虽然他并不"在其位"，但始终在关注教育的变革和发展，始终在贡献自己的智慧。正是这种无私奉献精神，为他博得了学界和社会的高度赞扬与人们心中的崇高威望。

五、以生为本，大爱无疆的精神

潘先生用他毕生精力创建中国特色高等教育学，投身于高等教育研究和实践，勇立潮头，与时俱进，把职业当事业、当生命，毫不为己，无私奉献，充分体现他爱党、爱国、爱人民、爱教育的家国情怀，他不忘初心和使命，为实现理想信念，奋斗不息，矢志不移。正是因为这种大爱精神，潘先生赢得了教育界和全社会的崇高敬意。

潘先生的大爱精神还体现在他对学生的爱、对教师的爱、对周围所有人的爱，他是一位大爱无疆的人。对此，韩延明说："潘先生的教育理念是以生为本，他热爱学生、心系学生、潜心培育学生，育学生成长和成熟，授学生知识和智慧，教学生成长和成人，引学生创业和创新。"他爱院如家，爱生如子。王伟廉对此谈道："潘先生爱院胜于爱家，爱生胜于爱子。"刘海峰也说："潘先生十分关爱学生，关心研究生的学习，对学生的作业或期末小论文都是一丝不苟的而加以批改。"潘先生积极为学生创造良好的学术环境，每周六晚上在他家举行周末沙龙，20多年从没有间断，让学生在轻松的氛围中获得各种信息。此外，他还创办了每周学术例会制度，即每周一上午不排课，留给学生、教师做学术报告，开展学术讨论，让学生在其中深受熏陶。

在撰写此文前我打电话给别敦荣，请他谈谈"你心目中的潘先生"。他脱口就说："潘先生对人太好、太好了，不管什么人，只要找到他，有求必应，无论是不是他的学生，无论认识还是不认识，无论是硕士生还是博士生，都关爱备至。"对此，吴岩曾经说："先生从教85年，教过的学生成千上万，每一位学生都从心底崇敬他，敬仰他。除了学问、学术外，更多的是因为在朝夕相处的日子里，先生的人格和精神的光辉深深地感染着每一个人，感动着每一个人，也潜移默化地改变着每一个人。"卢晓中也说："潘先生的大爱包括对人，尤其是对学生的爱，不仅是生活上的关心，而是对人生的方方面面的关爱。每一个学生对潘先生都是有口皆碑，赞不绝口。"

潘先生对学生的爱可以从一些研究生的口述中得到证明。如西南交大的闫月勤说："在我心目中，潘先生是一位全方位育人的典范，他不仅是课堂育人，传播知识育人，不仅是以身作则，高风亮节，而且在日常生活中，对研究生高标准、严要求，随时纠正我们身上的不足和偏差。当年，我在厦门大学做博士论文时，工作量大，很艰苦，我就自费住在招待所里。先生知道以后，批评我不该搞特殊化，坚持要我搬到校外租房，并发动师弟师妹帮我租到房子，他亲自帮我准备好生活用品，严慈有加，我感动不已，深受教育。"从东北黑河市来厦门大学攻读博士的青年教师宋丽丽也感慨地说："我虽然不是潘先生直接指导的博士生，但潘先生是爱生如子、最温暖的人。先生听说我是来自东北黑河，关怀备至，问我生活习惯吗？表扬我跨越千里来南方求学不容易，嘱咐我南北温差大，要照顾好自己。先生在我心中，一直是教科书上才能看到的泰斗级人物，此刻对我如此关爱，句句话语暖入心扉。"宋丽丽回忆潘先生周末沙龙，激动不已，她滔滔不绝道："先生家的沙龙活动，特色而温馨，每周六晚上七点半开始，师生间漫谈，遨游在学术前沿。我们在享受学术大餐的同时，还有各种特色美食品尝。先生总是让大家吃完再走，吃不完就让大家打包带走，还不忘叮咛我们一句：'年轻人肚子饿得快，要多吃一些！'每次都是饱享脑福和口福，依依不舍地离开先生家。参加先生家的沙龙成为我每周最幸福的事儿。"每年春节，潘先生都邀请留校学生到他家吃饭，共度除夕之夜，让大家感受家的温暖。他的学生们说："先生家的晚餐是世界上最美味的食物，有家的味道。"

潘先生关爱学生的事例不胜枚举，我曾经亲身经历了一件事。我熟悉的一位青年教师罗志敏博士，写了一本关于大学校友问题的专著，要我请潘先生给他写序。他说，让潘先生给他写序不好意思，为了减轻潘先生的负担，他起草了一个初稿，请潘先生修改后签上字。我抱着试试看的心理，把书稿和序的草稿，一并托人交给了潘先生。让我意想不到的是，潘先生不仅欣然答应，而且没有用那篇帮他拟好的草稿，亲自为罗博士的专著写了序。罗博士对此很激动："潘先生这种对学界后辈的提携和关爱之情，让我感慨万分，终生难忘。不仅帮我的书稿写好了序，更重要的是教会了我做人做事的道理。"

潘先生大爱无疆的精神，感动了每一个人，感染了每一个人，温暖了每一个人。在厦门大学教育研究院形成了一个十分温馨的、团结和谐、积极向上的集体，激励每一个人奋发努力，成才成人，并且带到各自的工作岗位上，在全国各地开花结果。凡是潘先生弟子所在的地方，都折射出一种潘先生精神。对此，田建荣说："潘先生把教书育人作为自己全部的生活，在他的启示下，形成了一个和谐融洽、师生有爱、互动频繁、教学相长、开拓进取的学术共同体。无论在教育教学、学术研究，还是日常生活中，潘先生始终是我们的学术灵魂，教育教学的伟大导师和日常生活最贴心的知心人。"他还说："在厦门大学高教所，潘先生就像一个大家长一样，关心、呵护、指导、体恤每一个学生。在潘先生的影响下，厦大高教研究所形成的独特的氛围，是一种让人有归属感，永远不愿离去的家的味道，是许多毕业生已经离别多年后，却永远牵挂着的第二故乡的情怀。"

潘先生的大爱精神，还体现在他慷慨解囊，创建了潘懋元高等教育基金会，以激励师生们在高教研究方面取得更多更好的成果。潘先生把他在汕头大学兼职和在日本广岛大学合作研究所得的酬金全部拿出来，后来不断注入，个人的捐款达60多万元，共筹集200多万元的基金。每年发放一次"懋元奖"奖教奖学金，旨在激励高等教育研究者秉承厦门大学"自强不息，止于至善"的校训精神，秉承潘先生几十年来积极倡导并率先垂范的"板凳敢坐十年冷，文章不写半句空"的学术精神和"敢为天下先"的创新精神。截至2020年，已有120多位优秀师生获此殊荣。对此别敦荣谈道："潘先生贡献突出，得到各种奖励无数。每获大奖，他总是把奖金全部拿出来拿给全院教职工，或捐给奖教基金。他平时过着俭朴的生活，用节省下来的钱帮助贫困学生、奖励优秀学生。"

六、未竟的结语

以上四个方面的精神，并不足以反映潘先生整个精神世界，只能说反映他一部分精神世界。数十年来，潘先生之所以始终在学习、研究、工作，直到期颐之年，他的生命一直在绽放光和热，这与他的纯洁的、崇高的精神世界在支撑着他密切相关。然而，精神再崇高，如果没有健康的身体，手不能写，脚不能走，整天躺在病床上，则不可能释放精神的能量。潘先生的精神世界之所以能大放光彩，与他有一个健康的身体密切相关。潘先生健康长寿的秘诀是什么？这也是我探索的内容。

科学证明，人的健康长寿，取决于三大因素：一是遗传基因，二是坚持锻炼，三是良好的心态。潘先生遗传基因我没有考证过，但后两条我亲有所见，亲有所闻。我每次跟他外出开会，都可以看到他早晨起床后坚持打太极拳，中午都有休息片刻的习惯，从不暴饮暴食，起居很有规律。前几年，我请教过潘先生，他的长寿诀窍是什么。他回答我两个字：动脑。我也请教过他的多位高足，潘先生健康长寿的秘诀在哪里。张艳辉总结道："潘先生健康长寿有两大因素：一是多动脑，潘先生认为身体是受大脑指挥的，大脑运动比身体运动更重要；二是开朗的心态，潘先生有过坎坷曲折，夫人长期生病，'文革'期间下放劳动，工作中压力大，学科建设遇到阻力，但他始终开朗乐观，以坚忍不拔的精神面对现实，克服困难，从不消极忧愁。"肖海涛总结了潘先生健康长寿的因素，共有五条："一是精诚开拓赤诚守望的事业；二是持之以恒受益终身的锻炼；三是立足理论观照现实的思考；四是乐观平易开放通达的心态；五是热爱祖国积极进取的精神。"张应强也说："潘先生是一位视学术为生命的人，学术就是他的生命本质，不断开拓创新，学术常青，生命常青，这是他永葆青春的奥秘。"

美国科学家跟踪研究了 700 多名百岁老人长寿的秘诀，结论是"拥有良好的心态"[1]。精神的力量和物质的力量是相辅相成的、相互转换的。潘先生强大的精神力量、浩瀚的精神世界，促成他成为健康的百岁老人，而健康的身体又促进他的精神世界绽放出灿烂的光芒。

杨德广，教授、博士生导师，上海大学原校长、上海师范大学原校长。

---

[1] 山东农业工程学院离退休工作处.【健康生活】1420 名百岁寿星大调查：长寿的共性竟然不是饮食和运动！而是容易被忽略的…[EB/OL]. (2021-04-28)[2023-11-10].https://www.sdaeu.edu.cn/ltxc/info/1008/1610.htm.

心 事

◎汪毅夫

　　2004 年，我曾协助省长做"福建省首届杰出人民教师"评选表彰工作。该项活动结束后，我到厦门大学邀请多位老师餐叙。他们在教学、科研都有杰出的成就。席间，我向获得表彰的老师表示祝贺，又向其他老师表示歉意，并谓："表彰名额的限制，是评选活动无法令人满意的原因。这是我的一桩心事。"潘懋元老师闻言便说："我们有代表获得表彰，我们很满意了。"其他老师纷纷附议，记得邓子基老师说："有省领导如此诚恳的表态，我们很满意。"老师们如此诚恳的表态，让我的心事更重：多好的老师，个个是杰出人民教师！

2021 年 12 月 27 日，汪毅夫教授看望潘先生

2008 年，我调离福建，在外地也读《福建日报》。2010 年，从报上看到潘懋元老师获评"福建省杰出人民教师"，我的心事稍释。

2021 年 12 月 27 日，我随方晓博士到潘家看望潘懋元老师。时已 101 岁的潘懋元老师依然谈锋颇健。听潘老师谈教育改革、学校发展，念兹在兹，不离教育。好不容易逮着一个停顿的机会，我便说起评奖的往事和我的心事。潘老师听后呵呵一笑，又接着谈他最感兴趣的教育话题。

国学大师饶宗颐先生为厦门大学建校 85 周年题词

汪毅夫，教授，全国台湾研究会会长，福建省原副省长。

循序渐进　步步暖心

——忆恩师潘懋元教授二三事

◎卢善庆

厦门大学是大师云集、道德文章的高地，又是我晚生后辈转益多师、勤奋治学的园地。近七十年里，我在校园转益多师、勤奋治学，百岁潘懋元教授（以下称之为潘老）则是跨度最大、指导最实的一位恩师。说其二三事，以缅怀和纪念。

嘱写书评的起步

狂读爱写是我从高中养成的学习定势，大学毕业留校，仍予以保持。1962年4月底，我由中文系助教调校部机关。《厦门大学学报（社会科学版）》（以下简称《学报》）主编王亚南校长在群贤楼布告栏里贴了一张任命我为《学报》秘书的通告。可是，那时王校长长期在上海编书，《学报》副主编、教务处长潘老受命处理日常工作，成为我的第一位领导。人归校党委宣传部，在校刊室坐班，对内对外的宣传找到我，宣传部正副部长也成了我的领导。我很快适应了布置下来的各项工作，顺风顺水。

与潘老接触，我感受他的沉稳和大气：言语不多，条理清晰，交代事之前，先立规矩，再提具体要求、如何办理一一到位。公务再忙，他开设逻辑学课程、撰写逻辑学论文，真正的"双肩挑"。有一次，因明学研究大师虞愚教授返厦过年，要我陪同他家访。"尊师重道"无疑在我心中增加分量，方有"高山仰止"的叹赏。

《学报》是季刊，一年四本。从组稿、审稿、编辑、印刷、校对到发行全过程中，审稿最耗时间。这些编委多为教授、副教授，家中有电话，可预约。我在食堂第一个吃中饭，骑公家自行车，划片，挨家挨户收取审稿意见，不需要在上班时间找人满校跑。作为《学报》秘书，我动笔不多，即使一年一度的总结报告，几乎是潘老作口述，记录整理，再添加感受和事例，即可。也许我的听话、肯干，得到了潘老的认可。

在一次编委会结束后，潘老单独留下我，说："写论文，要求过高。你先写一些书评，在《学报》上开个专栏。"于是，我开始约稿，有杨仁敬、李如龙、庄瑞澄、林其泉、林师默等，我也写了两本书的书评，共八则。构成了《厦门大学文财科教师编、写、译、校著作简介》专栏，刊于《学报》1963年第3期。这个专栏，此后又发了三期，全是我撰写的。在写之前，要读书，写之后成文了，又要与作者面对面地交流，修改、定稿，从而提高了自己的阅读能力、思辨能力和表达能力。

大约在1964年底，潘老赴京调教育部，从事高等教育学的研究。这时，我才想到，我为潘老写的书评《新教育大纲》是杨贤江著作。潘老对杨著校订、注释和删节。撰写《杨贤江教育思想简介》附后，又担任学校教育学教研室主任有关。用当时话说，服从组织的安排。《学报》换了另一位领导，不到一年，我去上杭社教，很少与潘老联系了。

撰讲美育的交集

如果说我与潘老在上世纪60年代的关系，是工作关系。到了上世纪90年代，我与潘老的关系，是学术互动的关系。关系不同，但潘老对我仍是指导最实的恩师。

在改革开放的年代里，厦门大学也发生了翻天覆地的大变化。作为一所综合大学，院系林立，学科丛生，学派争鸣，入列于"985工程"和"211工程"，誉称"南方之强"。潘老认定了建立中国高等教育学科重任，苦心经营，招兵买马，构建梯队，培养硕博，扎下营盘，由所成院，风生水起，竖起了大旗，功勋卓著。

1978年秋，我响应邓小平同志的号召，先中文后哲学，开设了"美学"等课程，在教学、科研上取得一定的成绩。在学科建设上，我的《美学基本理论》先后由厦门大学出版社（1996年）、科学出版社（1999年）出版，列入

"厦门大学面向 21 世纪系列教材""高等院校选用教材系列"。谁也没有想到，高等教育学作为教育学的二级学科，与作为哲学的二级学科的美学，竟然在彼此不同学术体系中，找到"美育"作为交集，完全可以互通有无，共同提高。于是，我在潘老悉心的指导、帮助下，从事了撰讲美育的工作，是极大的荣幸！

除了我对潘老招收的博士生、硕士生，多次在囊萤楼资料室中讲授美育外，1995 年 2 月，潘老给我布置作业，题目为"高等学校的美育"，分以下四节：

第一节　美育的性质和任务
第二节　高等学校美育的特点
第三节　美育的过程
第四节　美育的原则

稿子按时交出后，经过文字校改和修正，由厦门大学高等教育研究所打印成单行本。做了封面，其右上方有个标识"高等教育学第十二章"，署上我的大名，晚辈后生松了一口气。这本打印单行本，我至今珍藏着。潘老主编的《新编高等教育学》，由北京师范大学出版社 1976 年 3 月出版第一版，2009 年 8 月出版第二版。这本纪念碑式的书的出版和研究所（院）的所作所为，为厦门大学高等教育学跻身中国国家重点学科和成为中国唯一的高等教育学研究重点研究基地，奠定了坚实的基础。可谓"笔下千秋业，胸无一点尘"。

"你讲我写"的承诺

进入新世纪，我是通过石慧霞，重新与潘老联系上的。她是我教过的哲学 1993 级学生，留校工作后又成了潘老的博士生。我一有新著，托她转给潘老，带回关心我的话。2017 年 6 月，我的《善庆八秩（纪念集）征稿启事》也由她送达。潘老家中有一个"周末博士沙龙"，邀我去先讲，他老人家后写。于是，2017 年 10 月 28 日晚，我讲了题为"学做学问四十载"的讲座，分三个问题：

第一问题　时段与先前引路

第二问题　三个选题

第三问题　学做学问

　　主持这次讲座的潘老不老，耳聪目明，精神抖擞。当我说到第三问题时，提及我刊登《美学》第三辑上的《王国维的美学观》，是李泽厚交给陈元晖审阅的。陈元晖来厦大讲学说："《王国维的美学观》作者卢善庆是个老头子。"他点名要见我，由听讲的哲学系学生黄秀泉通知我。这时，潘老插话："这次是我邀请陈元晖来校讲学的。"这句话成为亮点。这是因为文中引用的《海宁王静安先生遗书》为石印本（商务印书馆1940年版），没有断句，没有标点符号。可我做了，那时我还不到40岁呢！

　　讲了一个多小时，听讲博士生们纷纷要求我，建个网站，把讲稿弄上去，与更多人交流。潘老一诺千金，讲座不到十天，将他写的《美育的本质是情感教育》，惠寄给我。这篇美文，鞭辟入里，情真意切，标志着恩师激励晚生后辈再一次最实的大手笔！

　　2022年12月6日，百岁潘老仙逝。我焚香祭拜，万分悲痛，拟就了挽联一副：

懋冶厦门大学学报，嘱发书评上位，登堂入室。

元创高等教育学科，命撰美育入座，借光喝彩。

　　卢善庆，厦门大学哲学系教授，福建省美学学会创会会长。

慈祥仁爱的长者

◎詹心丽

　　我没有研究潘先生的教育思想，此文谨记述与潘先生交往的二三事，以感恩先生对我的关爱，寄托对先生的缅怀。

　　与先生相识还是在大学时候。家父与先生曾是上世纪五六十年代福建省教育学学界的同行和朋友。记得从大一起，就常收到先生手写的小字条，放在小信封里，寄到7701信箱。先生召集他在厦大读书的朋友的孩子们，到他东村的家吃饭。我们边吃边聊大学的学习和生活，先生不时提问，了解各系的教学情况。先生时任分管教学的副校长，他通过与我们的交谈，一方面关心我们的学习生活，同时也更深入具体地了解教学第一线的情况和存在的问题。当然，他也通过此方式，为我们改善了伙食。要知道那时学校食堂的膳食基本没油水。

20世纪80年代，潘先生在厦门大学东村9号楼家门口

先生曾于80年代初兼任海外函授学院院长。机缘巧合，我因工作需要于1987年从校团委调至海外函授学院（后改名海外教育学院）任职，并于1999年担任海外教育学院院长。任职期间，我多次拜访先生，得到他诸多的教诲。先生多次谈到，我校是全国最早也是当时全国唯一开展海外远程教育的高校。1956年，当时的中侨委和国家高教部选择在陈嘉庚先生创办的厦门大学面向广大海外华侨华人开展函授教育。改革开放后又开始接收来华留学生。几十年来培养了数万名海外人才。我们在培养海外函授生时，在教学上以"精批细改""教学相长"为特色，深受海外学生好评。他恳切希望，我校独有的海外办学与教学特色一定要很好地传承下去。同时，他也殷切期望，新时期的海外教育要不断与时俱进，要开阔视野，拓展海外办学渠道，探讨新的教育教学模式，在教育国际化的挑战中获得更多的发展机遇。

2010年，詹心丽参加潘先生从教75周年暨九十大寿庆典活动时与潘先生合影

1991 年是海外学院成立 35 周年，先生作为学校和学院的老领导应邀参加庆典活动。我在学术研讨会上做了《从"中国概况"课程探讨对外国留学生进行中国国情教育》的发言，会后先生即给予了充分肯定，并推荐此文发表在先生主编的《福建高等教育》1992 年第 3 期。先生的肯定和鼓励给予我莫大的信心，此后我在工作的基础上不断提升理论素养，撰写并发表了 20 多篇有关海外教育的文章。

先生生命不息，奋斗不止，为高等教育学科的研究与人才培养呕心沥血。我不忍打扰，但每年都会安排去先生家探望。说是探望，其实是难得的学习领悟与感受关爱的良机。先生总是关切地询问我的工作和生活。对我从事的海外教育、高校招生、校友联络等工作，先生不仅甚是了解，更有不少真知灼见，令我受益匪浅。对我生活的关心，每每让我感动，有种父爱的感觉。记得好几次先生跟我谈起家父。他感慨道："你父亲是个人才，如果当年能到厦大，一定能为厦大的心理学学科发展发挥很好的作用。可惜走得太早了，太突然了！当时我在出差，否则一定会去参加他的告别式……"每次听到先生谈父亲，我的泪水都会在眼眶里打转。先生还常问起我母亲，让我转达对母亲的问候。先生以他特有的慈爱，关爱着他朋友的家人和后代，我从内心深处充满感激！

2016 年厦门遭受超强台风"莫兰蒂"的袭击，厦大损失惨重。新上任的教育部部长陈宝生专程来厦大看望师生。陈部长行程中一项重要活动，就是探望时年 96 岁高龄、著名的中国高等教育学创始人潘懋元先生。学校安排我作为校领导陪同。据说陈部长原以为安排在先生家探望，结果却是在教育研究院四楼的会议室，原以为先生高龄体弱，看到的却是体态安详、步履稳健的先生。陈部长关心地询问先生的健康状况，听到的回答却是："我很好，我更关心的是 30 年后的中国教育……"声如洪钟，掷地有声。一位毕生为中国教育事业鞠躬尽瘁的长者，让陈部长和在座的每一位感动！

先生以 103 岁高龄告别了我们，他的思想财富，他的人格魅力永存！先生永远活在我们心中！

詹心丽，厦门大学原副校长。

难忘瞬间忆先生

◎ 都继微

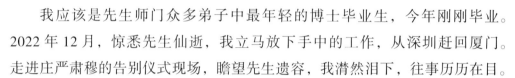

　　我应该是先生师门众多弟子中最年轻的博士毕业生，今年刚刚毕业。2022 年 12 月，惊悉先生仙逝，我立马放下手中的工作，从深圳赶回厦门。走进庄严肃穆的告别仪式现场，瞻望先生遗容，我潸然泪下，往事历历在目。

　　我第一次与先生见面是在我的博士复试现场。一位老人坐在中间，气氛很严肃，我也很紧张，所有的老师我都不认识。一轮提问结束，老人问："你是厦大引进的护理人才，为啥考教育学博士？"我说，厦大有位潘先生在推跨学科教育，目前交叉学科已经涉猎 11 个领域方向，但还没有医学。老人笑了，其他人也跟着笑了。气氛轻松下来后，我也有了自信，出来才知道他就是潘先生。就这样，我幸运地成了潘门弟子。

　　再次见到先生，是在先生家周末学术沙龙上。先生传授知识，点拨做人，当学生临走时，先生扶门而立，送学生进电梯，目送学生离开……一幕幕画面映入眼帘。先生说：导师对学生在专业知识方面的具体帮助不是最重要的，重要的是方向上的指引、方法上的点拨及人格上的影响。一份特别珍贵的缘分，一个拥有教师"魂"的真正师者，让每一个接触他的人油然而生敬意。一个待生如子的真正师者，真正把教育播种在每个学生心中，深深影响着大家。

　　2022 年 2 月 4 日，大年初四，我带着女儿来给先生拜年。看到先生一家人其乐融融、父慈子孝的美好画面，我这个在外的游子深受感染，就带女儿留下跟先生全家共聚晚餐。在吃饭的过程中，先生颤颤巍巍地从棉服的里面拿出一个大红包给女儿，孩子不敢要，先生的长子潘世墨先生告诉孩子："拿下吧，他每年都要在春节给学生发红包的，何况你是学生的孩子。"回来的路上，女儿喋喋不休地问我关于先生的事情，我知道先生不仅温暖了我，也触动了女儿的心灵。

2022 年春节，都继微携女儿给潘先生拜年

2021 年，我曾收到先生的一套赠书。2022 年先生住院期间，我再回厦大，看到焕然一新的研究院，特意去了先生的办公室，我看到挂在墙上的字，突然发现这几年下来从没有请先生签过名，就拜托保姆请先生在赠书上签个名再给我寄来。收到先生签名的赠书后，保姆发来视频，我看到住院的先生戴着氧气面罩努力地在赠书上为我签名，一遍又一遍，就是没有签全，我知道他已经尽力了。这份最有纪念意义的礼物我一定好好收藏。

我再含泪唤一声"先生"，他配得起师者的称谓！他得到那么多人的爱戴，在迎接他的站台上站满故人，那是团圆，在送别他的站台上站满后辈，那是祝福他开启另一段漫长的旅程。

愿这温柔而坚定的力量，永远陪伴着我们！

都继微，厦门大学 2023 届博士，香港大学深圳医院主任护师、护理部高级经理。

师道尊严　培育英才

——潘懋元先生的教导特色与治学风范

◎ 刘海峰

　　潘先生驾鹤西去，2022 年 12 月 10 日，我回厦门参加潘先生的告别会，缅怀一起工作近 40 年的老先生，感触良多。今欲出潘先生纪念文集，特以此旧文，作为纪念。

　　一千多年前，唐代大教育家韩愈因犯颜直谏被贬至潮州，在当地置乡校、祭鳄鱼，使潮州吏民向化、笃于文行。在宋朝苏东坡称潮州为"易治"之地，至近代仍号为文化之乡。一千多年后，生于潮州（揭阳）、长于潮州的潘懋元先生常喜引用韩愈的名言，进行传道、授业、解惑，"业精于勤荒于嬉，行成于思毁于随"，教导弟子循此，领导治学也循此。

　　在《选才·培养·指引——我对博士生培养的一些看法和做法》一文中，潘懋元教授说："不论是硕士生或博士生入学，我的第一次报告，总要提韩愈的《师说》：'弟子不必不如师，师不必贤于弟子，闻道有先后，术业有专攻，如是而已。'事实也是如此。"潘懋元先生常称"师不必贤于弟子"，但闻道有先后，他作为高教研究的先行者和中国高等教育学科的倡建者，对研究生是可以起重大的指导作用的。

　　潘懋元先生培养研究生的教导特色与从事研究工作的治学风范，可以概括为一个字：严。具体而言，所谓严，是指严格、严肃、严谨、严密。

　　严格，主要体现在研究生招生和学位论文写作等方面。每次出招考硕士生的试题，都注重考查基础知识和各方面的能力素养，以求选拔出优秀人才。他认为"秧好谷一半"，选才很重要。对招收博士生要求更为严格，提出三方面的条件：

（一）具有宽厚的理论基础和一定的业务知识，更重要的是有深厚的思维能力、活跃的学术思想和敢于创新的精神；（二）要踏实苦干，实事求是，对繁荣社会主义祖国的科学事业有强烈的探求欲望和献身精神；（三）对本门学科已有一定的认识并有浓厚的兴趣，对本门学科的发展前途有信心，有理想，愿意终身为这一学科的发展做出贡献。

并不是每个具有一般思想与业务水平的大学毕业生经过有限的几年努力就能达到这种要求的，因此，"严格选拔人才，便显得格外重要"。招收入校后，对研究生的培养也较严格，特别是对学位论文，要求更是严格。许多弟子都有同感。潘懋元教授从论文的选题开始，便要求认真准备，做好开题报告，此后对论文的初稿还会一再提出详细的修改意见，若达不到学位论文要求，那是过不了关的。

1990年12月6日，厦门大学高等教育学首届博士论文答辩现场。左一为答辩博士生王伟廉。
答辩委员（从左到右）：张燮、李明德、潘懋元、王承绪、郑学檬、李放、吴丽卿

严肃，主要体现在科研态度和对有缺点的同志进行教导方面。潘懋元教授历来反对学习、工作责任感不强、敷衍草率的习惯，认为"一个科学态度不严肃，治学不严谨的人，是难以攀登科学高峰的"。做学问要严肃认真，不要以为马马虎虎过得去，若论文写得太草率、抄写太潦草，他会退回叫其修改重抄后再送去审阅。若是在学习、工作、生活中犯了过失，他会严肃地加以批评，有时还会严肃到近乎严厉的程度。过了一段时间后，被批评者回头一想，才体会出这些批评乃是出自爱护学生之心。当然，另一方面，他平易

近人，平时是一位可敬可亲的长者，严肃并非不可靠近。

严谨，主要体现在治学作风和工作习惯方面。潘懋元教授在学术研究上严谨而求实，常强调做学问既要打好坚实的基础，又要有创造性。他认为，没有宽厚的基础知识，就无法在研究中发挥创造性。能力培养须与知识积累并重，否则便会成为无本之木、无源之水，创造会流于空谈。有的研究生入学前并非教育专业毕业，或为同等学力，他要求他们进行补课，认真学习教育学和心理学基础知识，即使延长培养年限也在所不惜。对建所前期所留的外系毕业生，也要求制订个人读书自学计划，并正规进修高等教育学等硕士学位课程。他对近年来一些理论工作者文章写得架势很大却空洞无物，硬造许多新名词的现象甚为反感，认为既要不断汲取"三论"等新兴学科知识，又应保持严谨求实的治学作风。在工作学习中，他保持着一种严谨科学的习惯，最为著名的是不少文章所谈到的严谨合理地安排时间，或称"安排脑袋"的"弹钢琴"法。他曾说："'弹钢琴'不只是安排好时间，更重要的是控制自己的脑袋。读书时不想办公，自学时不想备课，干什么就专注什么，靠长期训练，形成习惯。多年来，教书、科研、行政，社会活动，多面作战，就是靠这个安排脑袋的习惯。人的生活是多种多样的，工作也是多方面的，不可能也不应该'单打一'"。

严密，主要体现在论著的逻辑体系和遣词造句等方面。潘懋元教授以前系统地学过哲学并主讲过形式逻辑等课程，年轻时爱好文学，曾发表过许多短篇小说和散文、影评等文学作品，还名列《中国现代文学家辞典》，这些哲学、文学素养对他早先进行的中国教育史研究及后来进行的高等教育研究皆有颇大的助益。他的许多论著，讲究遣词造句的准确性，逻辑严密，鞭辟入里，水泼不进。为了使论证有据，言之成理，他写文章事先都作好充分的准备。如在撰写《关于民办高等教育体制的探讨》一文时，为了引用清末私立大学"无庸立案"事，还专门花了不少时间查阅核对史实。因此，论著严密和治学严谨是密切相关的。

此外，潘懋元教授的严，还更具体地体现在对学生论文细到每一个标点符号的认真更正中，体现在临近放假时其他系所研究生纷纷走离，而对他的弟子把守不放中，体现在每周六政治学习时间一些单位三周打鱼两周晒网，而本单位长年坚持不断中，体现在对教师晋升填报工作量的认真核算、如实计较中，体现在在任副校长时为坚持质量而对全校职称评定学术标准超过一般院校要求之中……

在汕头读初中时，潘懋元遇到了一位格外关心他的杨雪立校长，潘懋元后来在《理想与追求》一文中回忆，这位杨校长非常严厉，同学们都怕他。"他一出现，教室里立即鸦雀无声，我尤其怕他。有一回我在教室里和同学们打闹，让他看见了，他把我叫到办公室，拍着我的肩膀说：'你怎么和他们一样呢，他们少学点不要紧，将来照样当老板；你将来是要靠本领赚钱养家的。'以后我再也不敢在学校里玩耍了。"他知道杨校长严格要求是为了他好。后来进了师范学校，一面读书，一面到夜校教书，还挤出时间写写小说。考上厦门大学之后，也是既读书又教书，以解决生活问题。在大学中，还当过级会主席、教育学会主席和社会服务处主任等。因此，是环境逼他学会"弹钢琴"，从青少年时代已养成了严谨的学习、工作习惯。

孟子说君子有三乐，其中之一便是"得天下英才而教育之"，这种快乐的程度是连当国王都达不到的。潘懋元教授在培养学生、奖掖后进方面，可以说是乐育英才、有教无类。这从他历届招考的研究生来源中可以明显地看出来。

从专业结构上说，只要认真修习过教育学、心理学，考试合格，那么，原来是学教育的，可以，学中文的、学历史的、学哲学的、学外语的、学数学的、学物理的、学化学的及学电脑的，也可以。在头几届的招生考试目录中，为了鼓励非教育专业毕业生报考，争取吸收各专业毕业生从事高教研究，还专门在综合考试中，要求考查其原学习专业两门主干课程，因此，在他的研究生中，以上各类专业出身者皆有，前期尤以外语专业毕业生为多，后期则大部分为教育专业科班出身。

从学历层次来说，招收硕士生不拘一格，既有本科毕业者，也有专科毕业者。招收博士生，若具备科研能力和造就成学术带头人的前途，教育系本科、教育系硕士毕业，可以，政治专业专科、高教专业硕士毕业，可以，外语系本科、教育系硕士毕业，可以，外语系本科、教育系二年研究生提前攻博，可以，工程本科、在职教育专业硕士毕业，可以，既未读过硕士也没读过大学的同等学力大破格，也可以。从学校类别来说，师范、文、理皆有。

在中国教育史上被奉为经典的《礼记·学记》说："凡学之道，严师为难。师严然后道尊，道尊然后民知敬学。"正是因为有教无类、讲求师道、要求严格，所以四方向慕、前来投考。弟子入学都敬业乐学，孜孜不倦。严师出高徒，研究生在校期间，或连年获得嘉庚奖学金等校级奖励，或获得校中青年社会科学优秀论文奖，连校研究生篮球比赛也七战七捷，夺得桂冠。毕业之后，有的已破格评上副研究员，有的担任系所领导工作，有的成为学术带头人，有的到国外继续攻读博士学位，更多的是继续严格要求自己，薪传高等教育学的火种，在高等教育教学、科研、管理实际中发挥出光和热，促使高教研究从一星小小的闪光演化成一片灿烂辉煌的景观。

《新唐书·韩愈传》记载韩愈"成就后进士，往往知名。经愈指授，皆称'韩门弟子'"。这些韩门弟子往往并非他在国子监当博士或祭酒所教的学生，而大多是投贽其门下的私淑弟子。笔者虽非潘懋元教授之及门弟子，然跟随其任助教，兼职研究生秘书、副所长协助及合作科研，接触甚多，耳濡目染之益在在皆有，耳提面命之处不在少数。六年来，受其教时间甚至不亚于两三年研究生的学习，对先生的教导特色和治学风范感受尤深，故谨自以私淑弟子身份草就此篇。

厦门大学教育研究院外景

刘海峰，厦门大学 1988 届博士，浙江大学文科资深教授，厦门大学教育研究院原院长。

英伦之缘：潘懋元教授与英国赫尔大学

◎方　晓

2022 年 12 月 6 日，全国举哀的长鸣刚停息不久，我收到了潘先生的长子、厦门大学原副校长潘世墨教授通过微信传来的噩耗：

各位领导，老师同学，亲朋好友：

　　我们敬爱的父亲潘懋元先生，因多脏器功能衰竭，抢救无效，不幸于 2022 年 12 月 6 日 08 时 50 分逝世，享年 103 岁。特此泣告。

潘先生的家属衔哀谨启

惊闻噩耗，我第一时间想到授予潘先生荣誉博士学位的英国赫尔大学。时值英国半夜，我忍着心痛泪奔，立即发电子邮件给三任新老校长，包括赫尔大学现任校长大福·培特雷教授、原校长大卫·迪克斯教授（任期 1991—1999 年）和原校长大卫·朱鲁瑞教授（任期 1999—2009 年）。当天就收到赫尔大学校长助理黑索和迪克斯老校长的回电，迪克斯教授在回电中说："我和夫人吉尔听到噩耗感到非常悲伤。谢谢您第一时间告诉我们。请您在合适的时候，向潘先生的家人表示我们的哀悼。我们有机会认识如此卓越的学者，并欢迎他加入赫尔大学，这是我们的莫大荣幸。"随后，我又先后收到大福·培特雷校长于 12 月 6 日亲自签名的赫尔大学唁电、迪克斯教授亲自写给潘世墨的信，以及朱鲁瑞教授的回电。我将收到校长们的问候和来信译成中文，并通过微信将中英文信件转发给潘世墨。

培特雷校长在给潘世墨教授的信中说：

尊敬的潘教授：

　　请允许我代表赫尔大学向您和您的家人为您父亲潘懋元教授的辞世致以诚挚的慰问。

　　我虽未与您父亲潘教授谋面，但我知道他是中国高等教育的泰斗，是赫尔大学荣誉校友。他留下巨大的精神财富，深受众人怀念。

　　谨致以深切的哀悼。

迪克斯教授在给潘世墨教授的信中说：

尊敬的潘教授：

　　我夫人和我惊悉您父亲辞世的噩耗，深感悲痛。

　　多年前，我作为赫尔大学校长授予他荣誉博士学位。他接受大学的荣誉学位是赫尔大学的殊荣。我很高兴在他100岁华诞的吉日里有机会与他书信往来向他祝寿。

　　请允许我向您和您所有的家人致以诚挚的慰问。

那日，我彻夜未眠，一边与潘先生的英国朋友们保持联系，一边以泪为墨，与天国的潘先生对话沟通，重忆英伦之缘，云游赫尔大学校园……

荣获赫尔大学荣誉博士学位

作为中国高等教育学学科奠基人，潘懋元先生以其高瞻远瞩的国际视野，关注着国际高等教育的发展动向与趋势。与此同时，他也得到世界高等教育界的关注。

1997年9月我接受英国赫尔大学聘请，准备出任赫尔大学助理教务长和高级国际顾问。此时，我想做的第一件事，就是把中国高等教育学学科奠基人和开拓者潘懋元教授介绍给世界，以推动国际高等教育交流。根据英国当时的政策，海外人士必须先获得英国内政部的工作许可，方可在英国正式就业。在等候工作许可审批期间，我收到赫尔大学时任常务副校长罗伯特·哈利斯教授发来的电子邮件，邀请我陪同他访问中国。按其原计划，他准备访问成都、西安和广东的几所大学。我回电接受他的邀请，并建议他在行程中加上访问厦门大学高等教育研究所潘懋元教授。与此同时，我与潘先生联系，建议他邀请哈利斯教授访问厦门大学高等教育研究所。

10月底，应潘先生邀请，我陪同哈利斯教授访问厦门大学高等教育研究所。访问期间，哈利斯教授为师生做了一场题为《试论高等教育政治的当代问题》的学术报告。作为国际刊物《高等教育教学》的编辑，哈利斯教授与潘先生就高等教育的许多问题进行认真的交流与探讨。回赫尔后，哈利斯教授在给时任校长大卫·迪克斯教授的访问报告中，对潘先生在中国高等教育理论与实践的研究所作的贡献予以很高的评价。这是赫尔大学对潘先生的第一次关注。

1998年1月，我正式到赫尔大学报到上任，负责国际招生和中国事务，成为当时最早正式应聘英国高校高管的华人。从此，我有了一个全新的平台，可以进一步实现我的促进国际高等教育交流的梦想，回馈母校，回馈潘先生的教诲。3月20日，在向迪克斯校长汇报的会议中，在哈利斯教授和时任代理教务长兼国际部主任德里克·纽汉姆的支持下，我们第一次与校长讨论了授予潘懋元教授赫尔大学荣誉博士的相关提议。

不久，我应赫尔大学校长办公室邀请，协助筹备在北京举办一场赫尔大学学位授予仪式。按学校规定，我可以向赫尔大学推荐一名在某一领域有突出贡献的人物，在学位庆典上授予其荣誉博士学位。此后，我与潘先生密切配合，加紧收集准备相关材料。当时电子通信手段不如现在这么发达，为了方便与潘先生之间的沟通，我特意为潘先生在家里准备了一台传真机，以便他随时可以与我在英国和中国的办公室联系。

9月18日，我将事先准备好的潘先生的主要贡献草稿和其个人简历，以及主要研究成果等相关材料，传真给当时正在香港浸会大学访问的哈利斯教授，邀请他与我联名举荐潘懋元教授为赫尔大学荣誉博士，得到他的大力支持。10月13日，我和哈利斯教授联名，正式向赫尔大学荣誉学位提名委员会秘书提交了填好的《赫尔大学荣誉学位推荐表》和相关材料，包括潘懋元教授在教育领域的主要贡献和个人简历、主要著作和论文目录，以及在英国、美国和澳大利亚出版的《国际名人录》中关于潘懋元教授的简介复印件。在推荐报告中，我们全面地阐述了潘先生高等教育思想，以及潘先生作为中国高等教育学科的奠基人和先行者对中国高等教育领域的贡献。推荐表与相关材料经学校学术委员会和大学董事会讨论通过，赫尔大学决定授予潘懋元教授荣誉科学博士学位。

1999 年 2 月 22 日，在教育部逸夫会议中心，成功举办了赫尔大学学位授予仪式。
左起：罗伯特·哈利斯教授、方晓博士、潘懋元教授、大卫·迪克斯校长

　　1999 年 2 月 22 日，在中国留学基金委员会支持下，在北京复兴门内大街 160 号教育部逸夫会议中心，成功地举办了赫尔大学学位授予仪式。79 岁的潘先生身着赫尔大学玫瑰红博士袍，头戴黑色圆边博士帽，显得格外精神。下午 4 点，随着音乐声响起，全场起立。方晓博士、罗伯特·哈利斯教授、潘懋元教授、弗迪兰德·凡·普让辛斯基教授、大卫·迪克斯校长等依次列队入场，登上主席台。校长宣布庆典开始，请大家就座。

　　首先由哈利斯教授向迪克斯校长介绍了潘懋元教授在中国高等教育领域所作的贡献。哈利斯教授说："长者，智也。""如同在中国长者到处受人尊重一样，在英国，长者同样受人尊重。按英格兰的说法，潘懋元教授堪称高等教育的'泰斗'。"接着，他介绍了潘先生的生平及其对高等教育的重要贡献。他说："潘教授的确是中国高等教育理论的奠基者。从 20 世纪 50 年代起，他就开始提倡建立高等教育学学科，并为之不遗余力地工作"。他强调，当中国进入改革开放时期，"潘教授再次倡议建立高等教育学学科，得到了同行们的广泛接受和热烈支持"。

　　哈利斯教授指出："潘教授的信念和理想终于让他的国家获得大丰收。

1978 年，潘教授创建了中国第一个高等教育研究机构，并于 1981 年开始招收中国第一批高等教育硕士研究生。1984 年，潘教授的倡议被国家采纳，国务院学位委员会将高等教育学列为独立的二级学科。潘教授被授权成为中国第一位在这一新学科的博士生导师。而他的学术研究也同样受到国家的赞誉，早期的两部关于高等教育理论的著作荣获国家教委颁发的一等奖。"哈利斯教授对校长说："可以毫不夸张地说，中国的高等教育学科的成熟与今天的荣誉毕业生的汗马功劳与智慧是分不开的。如今的高等教育学科有多成熟啊！目前有 700 多所高等教育研究机构，其中有四个——厦门大学是第一个——被授为博士点，200 个被授为硕士点，全国有 500 多种高等教育刊物。由此可见一位充满活力的学者所经受的挑战以及潘教授的卓越。"

哈利斯教授强调："我经过深思熟虑用了'活力'一词。在过去 20 年中，潘教授带了 100 多位研究生，其中三分之一是博士生，他在全国做了数以百计场的报告。77 岁的他，在 10 个月中，到 5 个省做了 50 场的报告，听众多达 6000 人，包括 500 多位高校正、副校长和地方教委主任，足见他的活动量有多大。潘教授是 10 所中国大学的荣誉教授，但今天您授予他荣誉博士学位却是首次西方大学对他的天才的正式认可。而只有赫尔大学才是最适合授予他这个荣誉学位的大学。潘教授与赫尔大学有着密切的联系：他是我们的助理教务长方晓博士的老师、同事和朋友，他总是给予她真诚的帮助与支持。如果允许的话，我还补充一点我个人的感受：16 个月前，我非常荣幸地应邀访问了潘教授的厦门大学高等教育科学研究所。我发现，在我所做的数以百计场的对公众报告中，他对我的报告的提问，是最为敏锐并激发思想火花的。每当提问时，他的眼里总是闪烁着迷人而坚定的光。"

哈利斯教授最后说："校长，在北京举行的盛大典礼上授予中国高等教育学之父荣誉学位，是赫尔大学的骄傲，潘教授同意接受它，是我们的荣幸。无论从专业还是个人角度，我都为介绍潘懋元教授，授予他荣誉科学博士学位而感到自豪和荣幸。"

校长欣然接受哈利斯教授的介绍，当场授予潘懋元教授赫尔大学荣誉科学博士学位。他对站在身旁的潘懋元教授说："为认可您的杰出学术生涯，以及您作为中国高等教育理论的奠基者，我授予您荣誉科学博士学位。"说完，他脱下帽，与潘先生握手，向潘懋元教授颁发了赫尔大学荣誉科学博士学位证书。

1999年2月22日，英国赫尔大学时任校长大卫·迪克斯教授授予潘懋元教授荣誉科学博士学位，潘先生成为第一位荣获赫尔大学荣誉科学博士学位的中国大陆学者

接着，校长向赫尔大学4位应届毕业生颁发了硕士学位证书，同时还请20位往届毕业生和12位学成回国的中国访问学者依次上台，与他们一一握手，对他们表示祝贺，并合影留念。

校长在庆典致辞中，代表赫尔大学董事会和到会的来自赫尔大学的方晓博士、哈利斯教授、社科院院长、校长办公室主任、校长夫人，以及他本人，向所有毕业生和家长们表示祝贺，向大力支持和帮助赫尔大学在教育部大礼堂成功地举办学位授予仪式的教育部和中国留学基金委员会，以及其他合作伙伴表示衷心的感谢。校长说："我们最热烈地欢迎潘教授如此杰出的学者加入我们的团队。""潘先生是最杰出、最合适不过的人选。"校长指出，赫尔大学新近授予香港中文大学原校长、物理学家高琨教授和香港大学原校长王庚武教授荣誉博士学位，再过几天，将授予香港中文大学校长李国章教授荣誉博士学位。他说："潘教授的加入，将为此增添光彩。"

接着，校长邀请赫尔大学荣誉科学博士潘懋元教授致辞。站在这新的世界舞台上，潘先生声音特别洪亮，他热情洋溢地向国内外高等教育同行介绍了中国高等教育学科的发展与高等教育所取得的成就。他感谢赫尔大学授予他荣誉博士学位，强调这是对中国高等教育学这一新学科的认可和支持。他说：

尊敬的迪克斯（Dilks）校长阁下、尊敬的来宾、女士们、先生们：

今天，我非常荣幸地接受英国赫尔大学颁发的荣誉博士学位。同时，我也对赫尔大学在中国培养的在座各位毕业生表示祝贺，并对赫尔大学多年来关心和支持中国高等教育事业以及在这方面所作的努力和贡献表示衷心的感谢！

高等教育是一个有别于基础教育的领域，它有许多一般教育学所未涉及的理论和实践问题需要研究。1873 年，英国教育家纽曼（John Henry Newman）出版了《大学的理想》（The Idea of University）一书，首先对这一领域进行哲学的研究，其后各国教育家又有许多研究专著问世。我所做的工作仅仅是在前人的研究基础上，根据世界高等教育发展的新趋势，结合中国国情，提倡在中国建立一门高等教育学新学科，并主编了中国第一部《高等教育学》，论述了高等教育的基本原理，并运用教育基本规律以研究中国高等教育实践问题。这一学科建立以来，得到高等教育界广泛支持，并在政府制定高等教育政策和战略上发挥了作用。由于高等教育改革与发展的需要，20 年来，中国高等教育学已经发展成为一个庞大的学科群，拥有一支由数千名成员组成的从事高等教育研究的专业队伍，有四所大学培养博士生和近三十所大学培养硕士生。更多的大学为青年教师和干部开设高等教育学、高等教育管理学等课程，以提高他们的教学水平和管理能力。如果说我对高等教育学科在中国的创立和发展作出了一些贡献的话，应该完全归功于国家的改革开放的政策和广大高等教育界的支持。今天赫尔大学授给我荣誉博士学位，这是对中国高等教育学这一新学科的认可与支持。为此，我谨代表中国高等教育理论界的同仁再一次对赫尔大学表示衷心的感谢。

中国高等教育在过去的 20 年中，取得了瞩目的成就，规模有了很大的扩展，结构与布局更加合理，多种形式办学取得了很大的成绩，留学教育和国际交流也有了迅速的发展。为了满足当前和未来的进一步发展，还有许多理论和实践的问题需要解决。为此，我正同一批青年学者和研究生，从多学科的角度研究高等教育的理论；研究知识经济时代高等教育的地位与作用；研究可持续发展的高等教育发展战略，包括私立高等教育的发展和高等教育通向农村的问题；研究以素质教育为中心的教学改革等问题。

我工作的厦门大学和赫尔大学有不少相似之处。两校都创办于本世纪 20 年代，都位于国家东部著名的海滨城市并以该城市命名，学科齐全，环境优美，都属于国家重点大学。更为重要的是厦门大学和赫尔大学都非常重视海外留学生教育，并拥有大量的海外的大学生。我希望通过这次集会，加强两校、两国的文化交流与合作。

最后，让我对精心安排这次集会的所有中外有关人员表示诚挚的谢意。谢谢大家！①

最后，校长宣布学位授予仪式闭幕。在音乐声和热烈的掌声中，赫尔大学代表团在校长的引领下，从主席台左侧走下台阶，慢步穿过礼堂过道，步出会场。在教育部和中国留学基金委员会及其他合作院校的支持下，一场具有历史意义的赫尔大学学位庆典在北京圆满结束了。自 1949 年以来，赫尔大学是在中国正式举办学位授予仪式的第一所外国大学。它标志着中国高等教育界对西方高等教育的进一步开放与包容，也标志着西方高等教育界对潘懋元教授所倡导创立的中国高等教育学科的认可。它开启了中国高等教育界领军人物走向世界的新舞台，翻开了中国高等教育走向世界的新篇章，为高等教育国际交流增添了新的光彩。时任英国副首相的赫尔大学优秀校友约翰·普雷斯科特（John Prescott）阁下为学位庆典发来贺信："请允许我祝贺赫尔大学在北京举办学位授予仪式，特别要祝贺如此杰出的学者潘懋元教授被授予荣誉学位。"

教育部和中国留学基金会的有关领导、英国文化委员会的官员、部分中国高校的校长，以及赫尔大学毕业生和亲友代表等 100 多人，出席并见证了这场具有历史意义的学位庆典。庆典前后，大卫·迪克斯校长代表赫尔大学，先后与中国留学基金委员会、厦门大学、西南交通大学等合作机构和院校签订了友好合作备忘录，进一步推动了中英高等教育的交流。

此后，作为英国赫尔大学荣誉博士，潘先生又先后三次登上主席台，见证赫尔大学毕业季。其中两次在中国，包括 2004 年 10 月 9 日在北京和 2007 年 4 月 11 日在厦门举办的赫尔大学学位庆典。还有一次在英国，2006 年 7 月，潘先生应邀以荣誉校友的身份访问赫尔，参加赫尔大学本部的夏季学位庆典。

---

① 潘懋元："在接受荣誉博士仪式上的发言稿（1999，2，22）"，见 1999 年 2 月 9 日，潘懋元教授发给英国赫尔大学时任助理教务长方晓博士的传真。

造访赫尔大学

为了让先生比较深入地体验英国大学生活，我希望有机会安排潘先生以荣誉校友的身份访问赫尔大学。考虑到潘先生年岁已高，我事先征求了他的意见，他笑着说："我现在的身体很好，没问题，今年还安排了几次出差。"于是我向时任校长大卫·朱鲁瑞教授提议，请校长发邀请函邀请潘先生于2006年7月访问赫尔，参加赫尔大学本部的夏季学位庆典，得到校长的大力支持。为了确保潘先生安全，我特地安排赫尔大学厦门办公室的周海明全程陪同潘先生访问英国。

2006年7月9日，周日，应朱鲁瑞校长邀请，86岁高龄的潘先生在周海明陪同下，从厦门出发，途经北京和荷兰阿姆斯特丹，到达赫尔市的汉伯塞机场。我和我先生周海亮一起到机场欢迎远方贵客。飞机降落时，虽已晚上9点半，天边还挂着夕阳的余晖。一会儿，只见海关大门打开，在周海明的陪同下，潘先生迈着稳健的步伐向我们走来。我们以热烈的拥抱欢迎潘先生。7月在国内已是大暑季节，可是在英国还有点凉意，晚上气温不到15摄氏度。担心潘先生着凉，我请他穿上随身带的毛背心和外套。潘先生一边笑着说没事，一边还是穿上了。此时，国内已近早上7点，潘先生没有一丝倦意，一路上有说有笑。他说："我在飞机上睡了一觉，不困。"

为了让潘先生能更好地体验英国大学生生活，我们特意包房，把潘先生和周海明安排到紧挨校园的科兰布鲁克大街上的一幢双层连体别墅。这是典型的英国学生公寓，楼上楼下五房两卫，可住5人。时值暑假，学生回家了，学校住房部将宿舍改为临时宾馆。为了方便潘先生，特安排他住楼下朝南带有大凸窗的最大房间，房间配有双人床、衣柜、书架、书桌和椅子以及带水龙头的洗手盆。房间斜对面就是带淋浴房的卫生间，中间走廊通往朝北的活动室和设备齐全的开放式的厨房。厨房边上有一后门，通往后院。院内可晾衣服，也可喝茶开派对。在这里，潘先生可以重温大学时光，自由地享受大学生的生活。

2006年7月10日，周一，潘先生一早就起床，精神抖擞。上午九点，我陪潘先生沿着校园小路步行几分钟，来到校长办公室，会见朱鲁瑞校长。校长办公室位于学校主楼文恩楼的二楼东南侧，这是一栋三层回形红砖建筑，建于1927年，由乔治六世，即后来英女王的父亲奠基。

2006 年 7 月，潘先生应邀以荣誉校友的身份访问赫尔大学

　　校长和潘先生已是老朋友了，从 2002 年起，校长每年至少访问中国一次，每次必访厦门大学，每次必会见潘先生。这至少是他们第 7 次正式会面了。最近的一次是 3 个月前，应厦门大学时任校长朱崇实教授的邀请，朱鲁瑞校长到厦门参加厦大 85 周年校庆。访问期间，朱鲁瑞教授应潘先生邀请，为厦门大学教育研究院的师生做了一场报告，并与潘先生就高等教育的热门话题进行探讨。校长曾对潘先生说："每次访问厦门，我总是很乐意寻找机会与您会面。在这些最为友好的时刻，了解您对高等教育的最新想法和最新课题，对我来说是一种享受。"

　　见到老朋友，校长热情地伸出双手，热烈欢迎潘先生到访。他用中文说："欢迎回家！"朱鲁瑞教授是一位杰出的极地研究专家，曾是剑桥冰川研究所所长，曾任世界冰川研究协会主席，曾带领英国和多国冰川考察队先后在北极和零下 90 摄氏度的南极实地科考 5 年。他办公室的茶几上摆着一块从南极地下 3000 米处采集的圆柱形的岩芯。与往常一样，两人一见面，校长就关心地询问潘先生身体健康状况。紧接着，作为欧洲大学协会副主席，校长三句不离本行，开门见山地问道："潘教授，请您告诉我，最近您对所关注的高等教育问题的研究有什么新的进展吗？"

潘先生接过话题，开始滔滔不绝地阐述他的看法。两位世界级的高等教育专家，就他们所关注的当代高等教育的共同话题——包括在重视教育质量的同时如何看待市场在高等教育中的角色等——进行了热烈的讨论。校长对潘先生说："您之前所关注的问题已经成为当代的问题。我记得，我们曾经探讨

潘先生与大卫·朱鲁瑞校长在校长办公室合影

过高等教育大众化的问题以及您对中国教育政策的影响。"时间飞快，半小时的会见很快结束了。两位朋友只好中断热烈的讨论，待中午校长设宴为潘先生接风时再继续探讨。

离开校长办公室，我领潘先生到主楼的另一侧，参观我所在的国际办公室。在走廊尽头一拐弯，先到我的办公室，我请潘先生坐下休息，品尝用中国茶具泡的家乡茶和各式小点心。喝完茶，我陪着潘先生，来到国际办的其他办公室，把潘先生一一介绍给同事们。赫尔大学很重视国际招生，早在1927年学校刚成立时，就开始招收海外学生。国际办的主要任务是负责国际招生，除了我和周海亮负责中国和东亚招生外，还有其他同事负责东南亚、南亚、中东、南美、欧美的招生，以及学生交流和学生顾问等事务。2006年，在赫尔大学本部的在校生中，除了1000多名来自欧共体的学生外，还有2000多名来自其他国家的国际学生。接着，我陪着潘先生与几乎同时到访的厦门大学管理学院代表团会合，参观赫尔大学伯莱恩摩·琼斯图书馆。它建于20世纪50年代，以时任校长、著名化学家伯莱恩摩·琼斯的名字命名，曾号称英国第三大大学图书馆。英国著名诗人菲利普·纳德金曾在此担任图书馆员，并接待过玛丽王后等皇家代表。图书馆由新旧两部分巧妙组合而成，新楼连地下室共9层，钢架结构，四面落地窗。我们陪潘先生坐电梯直上八楼。这一层是社会科学馆和开放学习区，中间是排列整齐的书架，靠窗是学习区。我们陪潘先生步出北侧电梯，来到东侧窗前。只见所有玻璃窗自下而上往外倾斜，采光好，又晒不到太阳。窗边排着几组配有椅子的组合长桌，一部分桌上放着电脑，供师生使用。另一部分长桌仅配椅子，桌上是空的，

师生们可在此使用自带的电脑或阅读。南侧和西侧的落地窗旁，同样是排着组合长桌的学习区，有的配有电脑，有的没有。站在窗前，透过外斜的落地玻璃窗，不仅可以俯览校园，还可一览无余地眺望汉伯河畔方圆数百平方公里的赫尔市和汉伯塞风光。

赫尔市是英国第十大城市，位于英国东部汉伯河的出海口，曾是英国最大的渔港，13 世纪中叶就已发展成为英国重要港口城市。它东临北海，对岸就是荷兰的鹿特丹大港口。凭其地理优势，与欧洲大陆保持着密切的联系，其港口吞吐量几乎占全英港口吞吐量的四分之一。这是一座典型的欧洲沿海城市，绝大部分房子是 2 ~ 3 层楼的楼房，很少有高楼。赫尔大学图书馆算是赫尔市第二高楼，位于赫尔的东西与南北中轴线的交会点上。坐在窗边看书，疲劳时纵览窗外美景，无限风光尽收眼底，心旷神怡，浮想联翩。潘先生非常喜欢这儿，时不时拿起相机，连拍几张窗外画卷般的风景。

离开八楼，我们自上而下依次参观。从七楼到三楼的楼层格局大同小异，主要是不同分类的藏书和靠窗的配有电脑的学习区。二楼是阅览室和重要资料库，藏有不外借的工具书和重要刊物。一楼除了借书处外，还有学校档案馆，旧楼二楼还有学生学习中心和培训中心等办公室，管理人员向潘先生一一介绍了这些部门的功能。

潘先生对学生学习中心特别感兴趣。学习中心的大厅摆有不同资料架，上面插满各种小册子，供学生领取参考，可帮助学生解答各种学习上的问题。四周有几间独立的小会议室，可预约使用。学习中心配有 8 位辅导老师，他们独立于各个院系，面向全校学生，主要服务性工作是帮助学习上有困难的学生解决学习方法和写作等基础问题。学生如遇到学习上的问题可以通过预约，请辅导老师帮助他们解决非专业的问题，一次半小时。学习中心特别受新生和国际学生的欢迎。赫尔大学的国际学生，来自 100 多个国家。由于拥有不同的文化背景，有些国际学生初来乍到时，不太适应英国的教学和学习方法。如，有的中国留学生不太熟悉英文论文格式，写好论文初稿后，可请学习中心的辅导老师帮他们指点，这对他们帮助很大。潘先生对学习中心的老师认真为学生服务的态度予以充分肯定。离开图书馆前，他把随身带的小礼物送给为他耐心讲解的管理员做纪念，并应邀在图书馆访客签名簿上签名留念。

接着，我们陪潘先生参观了计算机系的 3D 实验室和著名的赫尔大学化学系实验室——液晶材料的发明地。1979 年，赫尔大学因化学系的乔治教授发明了液晶，荣获英女王颁发的第一个高等教育科技奖。如今，最早诞生在赫尔大学的液晶已被广泛地运用在各种现代通信设备上，包括火星上的探测器，家中的电视、电脑和手机的屏幕等，造福全人类。为表彰发明液晶的乔治教授，从赫尔直达伦敦的赫尔火车被命名为"乔治号"。

潘先生兴致勃勃地和年轻人一起参观校园，仿佛回到他的大学年代，他不甘示弱，迈着轻快的脚步，走在前面。

参观完化学系，已是上午 11 点出头，校长午宴 1 点才开始，中间还有 1 个多小时。从早上离开家开始算起，潘先生已经马不停蹄地连续活动了 2 个多小时。我怕潘先生累了，请他到我们家稍微休息一下。

我们家离学校不远，从学校北门出发，开车不到 5 分钟即可到家，半路上经过圣玛丽中学和恩斯雷小学。小区很安静，带有围墙，原为汉伯塞大学的一个小校园。2000 年，院校调整，汉伯塞大学与林肯大学合并，搬到林肯市去了。开发商拍下地，建成了几十幢单门独户的双层小别墅，边建边卖。小区离大学和中小学非常近，步行只需几分钟，自然成了老师和其他专业人士所青睐的学区房。我们于 2002 年 5 月住进新房，房子方方正正，自带车库和两个停车位，以及前后小花园，后花园还筑有一人高的红砖围墙。或许因房子外观与潘先生原先在厦大东村住了几十年的小别墅有点相似，潘先生特别喜欢。他绕着房前屋后转了一圈，夸说："这房子非常漂亮，后院还可以种菜。"我们先请潘先生在楼下客厅用了茶点，再上楼到客房稍微休息一会儿。估计他心里惦记着校长的午宴，不敢睡着，没躺半小时，就起身了。

校长在大学教师之家的宴会厅举行专场欢迎午宴，大厅地面上铺着带有大学标志图案的玫瑰紫地毯，四周墙上挂着历任校长的油画肖像，东墙正中挂的是赫尔大学校主福伦斯（Ferens）的肖像。福伦斯曾是赫尔市商会主席，和厦门大学的校主陈嘉庚一样，他于 20 世纪 20 年代出资办学，得到各方支持，成为赫尔大学第一任董事会主席。拉丁语 Ferens 是火炬的意思，所以，在四处可见的大学标志物中，第一个图案是火炬，既是福伦斯家族的象征，也象征着知识是火炬。第二个图案是白玫瑰，象征约克郡。第三个是皇冠，象征赫尔市。第四个是兰花，象征林肯郡。第五个是和平鸽，象征着知识为了和平的理念。

2006 年 7 月 10 日，大卫·朱鲁瑞校长（前排右四）设午宴为潘先生（前排左四）接风并合影留念

交换礼物的时刻到了，校长送每位客人一件大学纪念品。潘先生有备而来，他把早就准备好的一幅三米多长的《清明上河图》摹本送给校长。潘先生打开画卷，将其一端交到校长手中，自己拉开画卷的另一端，一边往外走，一边向校长解释画卷的时代背景。曾经担任过英国文化委员会主任的校长，对传统的文化艺术精品特别感兴趣。两位老朋友一见面，又开始聊了起来，一下子从上午的教育话题，转到了文化和历史。午餐后，在历任校长的"见证"下，大家合影留念。

这一天，从上午 9 点到下午 3 点，潘先生已经参加各种活动六个小时。此时，已经是北京时间晚上 10 点，虽然潘先生精力充沛，我们还是送潘先生回去休息，以养精蓄锐，准备次日参加赫尔大学本部的学位庆典。

2006 年 7 月 11 日，周二，一大早，潘先生就洗漱好，穿上正装。我们陪他一起来到位于市中心的市政厅大礼堂，参加赫尔大学学位庆典。

在英国，大学机构必须首先获得女王或国王的特许状（Charter），一次性被授权开设与教育和培训相关的任何课程，方可成为独立的大学，其学位才可获得皇家的认可。赫尔大学成立于 1927 年，刚成立时，属于伦敦大学的一部分。1954 年，赫尔大学获得英女王的特许状，成为英国第 14 所独立的大学。赫尔大学一年举办两次学位典礼，分夏季和冬季。冬季为研究生的学位庆典，通常是 1 月份在赫尔大学礼堂举行。夏季主要是本科生的毕业季，也有部分博士生毕业。夏季的庆典一般是 7 月份在赫尔市政厅的大礼堂举行，因每年夏季有数千名学生毕业，通常要接连几天分场举行。这是赫尔市一年中最热闹的时候，一路上可以看到身穿学位袍的毕业生，手捧鲜花，由家长和朋友陪着，昂首挺胸地穿梭在从校园到市中心的路上。

我们先来到市政厅衣帽间，只见桌上放着上百套不同颜色的学位袍和帽子，每件都标有人名和尺寸号码，按姓名顺序摆好，专供当天参加庆典的教师穿用。我先帮潘先生换上他的博士袍，他穿的赫尔大学的博士袍主色为玫瑰红，袖子和边为淡蓝色，配上带红穗的黑色圆形博士帽。我穿的谢菲尔德大学的博士袍为大红色，边为草绿色，配上带黑穗的黑色方形博士帽。尽管各大学的学位袍款式与色泽不同，不同学位的学位袍式样也不同，却全部由英国皇家学位袍公司统一专供。参加庆典的师生需提前两个月填表，向皇家公司租用学位袍。表中要注明所毕业的大学、院系，所获得的最高学位，以及身高与头围尺寸，以便皇家公司提前一天把所定的学位袍运来。

此前，潘先生曾两次应邀参加赫尔大学在中国举办的学位庆典，这是他第一次在赫尔参加赫尔大学本部的学位庆典。与在中国举行的学位授予仪式相比，程序大同小异，所不同的是，赫尔大学本部的学位庆典规模更大，仪式感更强些。

上午八点，所有毕业生和家长们全部入场完毕。八点半，我陪潘先生来到市政厅大礼堂二楼，身穿不同颜色学位袍的老师们正在会场的左右入口处等候。我和潘先生按事先排好的座位，加入了右侧的队伍，准备入场。

九点整，随着庄严的管风琴奏乐响起，全场起立。在手持仪仗、身着黑袍的仪仗员引领下，两队身穿各式学位袍的教师们从大礼堂的左右两侧通道，慢慢步入会场。在家长和毕业生们的目光护送下，分别从主席台左右两侧上台。在工作人员的引领下，我们按顺序从后排到前排，逐一对号就座。我和潘先生并排坐在主席台北侧第二排。紧接着，在另一仪仗队的引领下，赫尔市市长、赫尔大学学联会代表、董事长、教务长、副校长、校长等，穿过礼堂的中间通道，慢步进入会场，登上主席台。随后，时任名誉校长巴洛丽丝·波汤姆磊阁下在两名花童和手持银色权杖的仪仗员陪同下，来到主席台正中央。她的两旁是市长、大学董事长、校长、副校长、教务长等。她的身后是三位赫尔大学学联代表，象征着大学以学生为中心的理念。名誉校长向两名花童致谢后，手持

权杖的仪仗员，向名誉校长鞠躬，慢慢将权杖平放在她座位前方的桌面上，向她再次鞠躬后，转身离开。名誉校长宣布庆典开始，并请大家坐下。

校长首先发言，向到场的毕业生和家长们表示祝贺，并汇报大学所取得的成就和毕业生的情况。接着，由商学院院长和教育学院院长分别宣读各院系的应届毕业生名单，请他们逐一上台，接受名誉校长和大家的祝贺。毕业生们事先按名单顺序在主席台的南侧排好队，依次上台。听到院长念自己的名字后，毕业生先向名誉校长致礼，穿过台前，让台下的亲友团抢镜头拍照，再从主席台的北侧台阶走下，领取学位证书，回到各自的座位。嘉宾代表发言后，名誉校长宣布典礼结束。整个学位授予仪式进行了将近 2 个小时。

庆典结束后，我们来到市政厅门前的维多利亚女王雕像前，与来自中国的留学生合影，祝贺他们毕业并取得好成绩。

接下来几天，潘先生还是希望多走走看看，不肯休息。我们先后安排潘先生访问了大学的教务部门、教育学院、商学院、学生公寓园和斯卡布罗校园等。潘先生对大学的培训中心特别感兴趣，7 月 13 日，我们陪同潘先生再次访问了坐落于图书馆二楼的培训中心。培训中心除了负责新上任的教师培训之外，还不定期地针对不断更新的 IT 技术，为师生举办各种培训。潘先生一边听取主管人员的介绍，一边认真做笔记。

从培训中心出来，我们陪潘先生散步到学联的户外酒吧休息。赫尔大学学联是一个独立于赫尔大学的实体，曾荣获英女王嘉奖。学联有正副主席 7 人，每年 10 月通过竞选，由学生投票选举而产生。按大学规定，本科生在第三年通常可选择间歇一年，或参加国际交流项目到外国学习，或保留学籍工作、实习一年。因而，参加学联竞选的人选多半为本科二年级的学生，这样，当选的学联正副主席可利用本科第三年的时间，选择在学联脱产任职一年。学联有上百名雇员，经营学联的产业，包括小超市、书店、酒吧、旅游公司、体育中心等实业，还有为学生提供免费咨询服务的各种顾问，如学习顾问、法律顾问、心理咨询顾问，以及上百个学生社团等。学联楼是学生们云集的地方，每到周末，由不同团体举办的丰富多彩的活动（包括音乐会或舞会）更是吸引了数百学生来排长队等候入场。学生们在学联学会了许多书本上学不到的东西，他们学会了如何参加竞选，学会自己当家作主，学会管理和经营各项服务，提高自己的组织能力。赫尔大学学联还培养了不少杰出的政治活动家，在英国议会的下议院和上议院各有 10 多名议员是赫尔大学的校友。为方便学生，大学正逐步把一些服务部门，如住房部、就业指导部、移民顾问、心理咨询等办公室搬到学联楼的顶楼。潘先生深有感触地说："这真正体现了以学生为中心的办学理念。"

7月15日，周六，我们陪潘先生旧地重游，访问了牛津。1989年6月，应英国文化委员会邀请，受中国国家教委和全国高等教育自学考试委员会的委托，潘先生率领中国高等教育自学考试考察团访问英国，曾到访过伦敦、牛津、爱丁堡和格拉斯哥等地。

7月16日，周日，国际办主任詹姆斯·理查森邀请潘先生到他家做客，让潘先生和他家的孩子们一起度过了一个愉快的周末。

当天晚上，我们邀请几位来自厦门的公派留学生一起，陪潘先生来到当地华人朱先生开的赫尔最大的中餐馆——"中国皇宫"为潘先生和周海明送行。

这一批公派留学生由厦门市组织部和人事局从厦门市各级机关精心挑选，经过选拔考试，派到赫尔大学攻读硕士学位。其中大部分在赫尔大学商学院学习MBA课程，也有个别在人文社科院学习政治学等课程。潘先生关心地询问了留学生们的学习和生活近况，为他们努力克服各方面困难、顺利通过了各门考试喝彩。他鼓励留学生们结合自己的工作经验，理论联系实际，写好硕士毕业论文，早日学成回国，将来更好地为厦门特区建设作出更大贡献。托潘先生的福，这批留学生全部顺利完成学业，于2006年9月份按时回国。2007年4月11日，在厦门市政府的支持下，赫尔大学在厦门宾馆举办了赫尔大学学位授予典礼。潘先生应邀参加典礼，祝贺毕业生们荣获硕士学位。在学位庆典上，赫尔大学授予时任福建省副省长汪毅夫教授荣誉文学博士学位，由时任厦门大学常务副校长潘世墨教授代表汪毅夫教授出席学位授予典礼并致辞。

2006年7月17日，周一，清晨，我们依依不舍地把潘先生和周海明送到汉伯塞机场，经阿姆斯特丹机场飞北京，再转回厦门。潘先生短短的一周访问虽已结束，但他充沛的精力、敏锐的观察力、乐观的精神，以及谦虚谨慎、友善待人的作风，给赫尔大学的同事和朋友们留下了深刻的印象，至今还深深地印在我的脑海中。

如今，潘先生功德圆满，完成了他的人生使命。正如赫尔大学校长大福·培特雷教授所说："他留下巨大的精神财富，深受众人怀念。"

潘先生永远活在我们的心中！

方晓，英国谢菲尔德大学哲学博士，赫尔大学原助理教务长兼国际办公室副主任。

牢记潘老师的恩情

◎何吉利

今天（2020 年 8 月 1 日）是我九十岁的农历生日，孩子们要给我做寿，我说简单过个生日就行了。因为我前不久在微信里看到，我的老师潘懋元先生今年已是期颐之寿，还在带博士生，7 月 6 日还在网络上做一小时的公开讲座，有三万多人同步观看。这令我大为惊叹与感动。与恩师相比，我还差得远呢！

潘先生七十多年前就是我的老师。1944 年初，我在长汀县立中学读初二时，潘先生在厦大读书，同时又兼任我们中学的教务主任和公民课教员，当时我就认识他。

1948 年我考入厦门大学化学系，大二时转到教育系读书，潘先生又成为我们的教育学教师，组织我们学习新中国的教育文件资料和苏联的教育学资料，使我们受益匪浅。1950 年教育系毕业生毕业时全系师生合影，潘老师坐在前排左起第五位，前排左三是我，当时我大二刚结束。

1950 年，厦门大学教育系毕业生毕业时，全系师生合影
第一排左五：潘先生，第一排左三：何吉利

后排左五是与我同班的钟毅同学，后来他成为我的丈夫。我俩于大四上学期结婚，1952年夏天毕业后双双被分配到抗美援朝前线的安东市中学任教。当时我刚生长子满月，就与钟毅一起奔赴东北工作，途中孩子生病发高烧，不得已在江西上饶医院住院治疗。此时适逢潘老师从北方进修结束后回厦大，途经上饶转车，听说我们夫妇俩与孩子在当地医院，非常关心，特地到医院探望，看到我们带孩子不便，孩子才满月这么小，马上就冬天了，怕孩子到东北受不了，就建议我俩回厦大工作，不要去东北。我们因为响应党的号召，到东北前线工作决心已定，但还是十分感谢他的关爱。

我俩到东北后，先被分配在安东市（今丹东市）的中学任教，过几年调到安东中等师范任教。1960年，我从安东师范调到安东市教师进修学院从教，潘老师得知后专门写信向我表示祝贺和鼓励。

在东北工作十八年后，1970年我们下放并调回钟毅老家福建长汀任教，潘老师知道了仍然惦记着我们。"文革"后潘先生担任厦大副校长，在厦大建立了高教研究所，需要教研人员，就让厦大向长汀县教育局发函，商调我们夫妇俩到厦大工作。我俩当时是长汀县的优秀名师，长汀县教育局不肯放我们走，我们也服从组织没有再去多说，但是潘老师的这份心意我们永远记在心里，非常感谢他对我们的重视支持。

我们退休后，上世纪90年代常在厦大照顾我的高龄父母，常去探望潘老师或听到他的消息。他年长我十岁，仍然坚持教学研究，令我们十分佩服，自愧不如。他也一如既往地关心我们。有一次他到长汀重访厦大抗战期间旧址，听说我们在长汀县城自建了房子，特地请人带路去看，当时我俩不在家，不能亲自接待他，留下一份遗憾。他看到我们有能力在家乡盖房子，为我们高兴，并说这事办得好。

我们的孩子都定居福州，所以我们晚年也住在福州。去年我写了一篇游览福州栈道"福道"的文章，被《福建老年报》刊载。我发给潘老师看，他十分认真地发微信说："吉利同学，你游'福道'的文章我已经读过了。"他对我很关心，还想跟我在电话上多聊天，我担心影响他老人家身体健康，就婉言谢绝了。

每年元旦，我们都会向潘老师祝贺新年，潘老师也每年亲笔给我们写贺年片，给我们很大的鞭策和鼓励。我们收到他的贺年片时感到异常幸福，这是我们老师的温暖问候，别人见了都说："你们在耄耋之年还与老师保持联系，太难得了！"他还请我们到厦门玩，与他见面。我因腿脚不便，外出要坐轮椅，怕打扰他，谢绝了他的邀请。

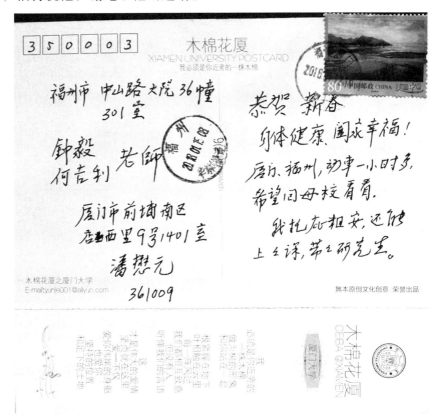

2018 年春节潘先生寄给我们的贺年明信片

我今年九十岁，潘老师说现在我是他最老的学生。我永远珍惜与潘老师的师生之情。潘老师说："我的许多学生都退休了，可我还没有退休。"他的语气是多么有精、气、神，多么自豪！我们要向潘老师学习！祝潘老师健康长寿！

何吉利，厦门大学教育系 1952 届校友。

能不追思大先生！

——记我与潘懋元先生的交往

◎谭南周

何谓大先生？只有人格、品德、学业上能为人表率者，才能称为大先生。在中国高等教育界，潘懋元是公认的大先生。记得 2021 年 9 月 10 日《中国教育报》推出《百年大先生》特别图鉴，从革命先驱李大钊到抗疫人物张文宏，中间就有潘懋元先生的形象。对这位大先生在高教界的杰出贡献与重要影响，各类文章评述甚多。我只想谈些与他的交往，记下一些岁月的痕迹。

一

由于工作关系，我与潘老相识近 40 年，交往甚多，受益满满，追思绵绵，真是有幸识得大先生呀。

一是我担任过厦门市教科所所长。为了搞好科研工作，推动全市教育科研的发展，便"近水楼台先得月"，经常与潘老探讨一些教育问题，向他请教教育科研的思想与方法，邀请他与厦大高教所的教授们为厦门市中小学骨干教师培训教育科研。

1991 年，全国部分地区教科所所长在厦门召开协作年会。我请他亲临会议现场指导，作了题为"高校教育科研与中小学教育科研的关系"的精彩发言，竭力主张中小学应该开展教育科研。这对提升各地教科所地位，推进中小学蓬勃开展教育科研产生了积极影响，我也萌发了经常敦请潘老指导本所与我市教育科研的热望。

厦门市教科所与市教育科学研究规划办办过几期中小学骨干教师教育科

研培训班，一开始就放在厦大高教所举行。每一期他都来上第一课，讲有关科研方法，举的实例都是在基层中小学调研所得。接受培训的老师说："以前都是从报刊上知道潘教授的名字，今天能面对面地接受他的教诲，太荣幸了。想不到潘教授是那样的慈祥可亲、平易近人。"

他还在我主编的《来自基层教育科学研究的报告（第二册）》一书中题词："发展贵创新，科研应先行。教师是主力，基层见水平。"再一次表现出鼓励中小学教师从事教育科研的热情。由于工作缘故，我常被厦门市一些中小学、职业学校请去参加教育科研的活动，有时与他同堂而谈，有时听学校校长说："潘先生到过我校。"潘懋元就是这样以自身的行为，鼓励、教育、培养一批又一批教育科研工作者。

二是我受一些刊物的委托，对他做过几次专访。上世纪 90 年代初，深圳《特区教育》约我写一篇介绍潘老的文章。我登门与其在书房详谈了半天，写下字数 5000 的《潘懋元：高教研究的回顾与展望》拙文并在该杂志发表。据厦大高教所编写的《潘懋元高等教育思想研究》一书所载，这是全国最早介绍其科研生涯与学术成就的文章之一。

近十来年，我为潘老撰写并发表了两篇大块文章。2013 年，应《未来教育家》之约，我写了 11000 字的《从小学教师到高等教育学家》，发表在该杂志当年第 7、8 期合刊，该文后被《新华文摘》当年第 20 期转载 8000 字。2020 年 8 月，潘老百岁寿诞，我做贺诗并书成条幅相赠，同时我又做详谈，随后在《未来教育家》这一年第 8 期发表字数 9000 的拙文《百年名校百龄人》。这两篇大稿，都力求从"新""我"的角度来观察这位老教育家。

因为我兼任过《中国教育报》记者，经常就高教改革的一些重要议题（如怎样看待高校教学改革、高校创新、民办高校发展、高校教学质量等问题）采访过他，在报纸上发表他的高见，产生较大影响。

三是我与潘老一起参加过一些课题研究、教育会议，对厦门教育改革发展，以及其他的问题进行研讨，提出可行性的对策。

80 年代后期，厦门、漳州、泉州三市联合组织"闽南厦漳泉三角地区教育发展战略研究"，潘老为总顾问。两年多的研究时间里，我作为课题组的一名成员，多次与他一起探讨，聆听他的指导。这项研究在厦门结题时，得到以原国家教委专职委员郝克明为组长的评审专家组的充分肯定。

90 年代中期，厦门市进行建设"教育之城"的发展战略研究，我任职的市教科所承担组织统筹职能。潘老不仅参与整体研究的框架的搭建，而且带领厦大高教所承担"高等教育"板块的研究，还为专著《厦门教育之城规划及其研究》撰写序言。一年多时间内，我与潘老多次碰头、商谈、研讨，得到了许多教益。

我还与潘老一起应邀参加一些教育学术活动，如1993年10月在华侨大学举办的"华侨教育专题研讨会"、1996年3月在华侨大学召开的"东南亚地区华文教育学术研讨会"、1997年12月厦门市政协委员会举办的"素质教育研讨会"、1998年1月在厦门大学举办的"两岸大学教育学术研讨会"等高层次的会议，都听到潘老新颖、独创的见解。比如研讨"素质教育"时，他说："素质教育是系统的社会工程。素质教育与应试教育实质上是思想，而不是具体办法。书要教，关键在于为什么而教，用什么指导思想来教。困难也是在于思想，阻力来自教师的传统教育思想，更来自家长的、社会的传统教育思想。教育价值观、学生观不改变，采取再多形式也是过场。"他还强调，心理素质，尤其是心理承受力的培养，要改变以往那种"以道德教育代替心理教育，以思想教育代替道德教育"的惯例。

二

作为中国高等教育学的奠基人与开拓者的潘懋元先生，其主要贡献当在高等教育领域。然而他对基础教育也有研究，颇多见识与建树。

潘老有着较为丰富的基础教育的实践经验。他15岁就在家乡当上小学教师。从厦门大学毕业后曾先后在江西于都、南昌的中学任教。后调任厦大教育系任助教并兼任厦大附小校长。他曾著文《厦大附小散忆》，回忆过这段将近两年的厦大附小校长经历。

首先是师资问题。厦大前校长萨本栋教授规定"夫妻不能同校"。潘老坚持这种规定，认为一批教授夫人在附小任教很不好管理。他向汪德耀校长说："教师，要由我聘；聘书由你来发，我副署。"得到汪校长的首肯，从而获得了聘请教师的自主权，通过各种渠道聘来了一批好教师。

其次是用什么样的教育理念来办学的问题。他对杜威的"从做中学"，陶行知的"生活即教育""社会即学校""教学做合一"，陈鹤琴的"活教育"等思想进行了深刻学习和理解，并将这些理念积极践行于办学实践中，取得了

十分显著的办学效果。

他为学校写了首校歌："歌声和海韵，我们的学校在太武山南、鹭水滨。沙滩上，拾贝壳，清风里，荡秋千。做工，游戏，游戏，做工。好问力学，好动力行。循科学的大道，做民主的公民。歌声和海韵，我们的学校在太武山南、鹭水滨。小社会，真生活，用脑多，用手勤。家庭，学校，学校，家庭。师长慈和，同学相亲。循科学的大道、做民主的公民。"有一年他还到厦大附小也就是演武小学，回首往事，与师生一起再唱这首校歌。

由此可知，潘老当时就萌发"素质教育"的思想，以至在上世纪90年代后期我国教育界对"素质教育"争论最激烈之时，他仍坚持"素质教育"的教育理念，发表一系列文章，旗帜鲜明地主张"大学素质教育"，强调指出："素质教育的提出，是中国教育界在教育理论上的创新。"并对什么是"素质教育"阐述自己的理解。新中国成立后，他虽已卸任厦大附小校长，专心从事高校教学、行政与科研，但仍然关心着中小学教育。他多次来到厦门一中、双十中学、厦门五中、大同中学、实验小学等中小学校开展教育学讲座。即使成为大教授、名教育家，他依然关注着中小学的教育教学改革，牵挂着基础教育的科研。

三

最后一次面见潘老是2021年3月3日下午。厦门市教育基金会副理事长郭庆俊、办公室主任谢婉丽及我一行三人，专程前往前埔居民楼，拜访已101岁高寿的潘老，向他致以新春的祝福，并对他关心基金会工作，捐款资助贫困大学生表示感谢。

潘老被其次子世平从书房里扶至客厅的沙发上坐下。我们请安后便问候道："最近一切可好？忙什么呀？"潘老声音还很洪亮，显得中气颇足："精神还好，就是听力减弱，刚戴上耳机，但还是闲不住。"世平在一旁说："可不是呀。你们来前，还在看学生的博士论文，有三四十万字啦。"潘老接过话头："不止噢，有490页，每页1200字，共五六十万字之多。""不看不行呀，否则学生怎么参加答辩啦。"我说："潘老，厦大再过一个月就是百年校庆了。您是厦大年纪最大的元老了。""是的，你讲得对。你的诗与字都写得好。"潘老指着挂在客厅书橱上的我写的条幅，上面是祝贺他百岁寿诞的拙作："百年老校百龄人，步履坚行碧海滨。志在黉庠情不老，心牵学子语犹谆。群贤毕至沙龙满，云课喜传思虑新。雪里程门吾未立，幸从识见觅精神。"接着又说："我比厦大还长一岁。从 1941 年入学厦大后，经历了萨本栋、汪德耀、王亚南、曾鸣、田昭武、林祖赓、陈传鸿、朱崇实、张荣等 9 任校长，还不包括祝永业、于英川两任军代表。我见证了学校 80 年的发展历史，可以说是厦大的'活字典'。"

在谈到先生的高等教育思想时，潘老半开玩笑地说他是"封资修"的集成："小时候读孔夫子的书，那是封建主义；大学读教育系，学杜威的，那是资本主义；解放初期学苏联，研究凯洛夫的，那是修正主义。"我紧接着说："更多的应该是中国当代的东西，不断发展的东西，您自己潜心研究的新东西。上个世纪 50 年代您就编印《高等教育学》讲义。"他笑着说："说的也是。感谢你为我写了两篇介绍的文章，其中一篇还被《新华文摘》转载。"

潘老执教 80 多年，任教过中小学校，还当过厦大附小校长，对基础教育非常熟悉，有自己独有的认识与实践。于是我说："您有丰富的基础教育思想，可惜厦大高教研究院没有很好地研究。""他们都忙，都有自己的研究方向。你当过厦门市教科所长，可以研究呀。"

我问潘老最近思考什么问题，潘老说："教育的今天、明天与后天。"一般来说，我们都提"昨天、今天、明天"，而潘老提"后天"是什么。潘老接着说，后天是机器人时代。智能机器人占有的信息量远超过自然人，而且运用信息速度极快。很多事情对决，机器人战胜自然人。如果对机器人的行为不加以规范，一旦机器人"使坏"，就会消灭自然人。因此，要建立"机器行为学"，对机器人进行德育、美育，进行法制教育、行为规范教育。

我笑着对世平说："你们厦门城市职业学院（世平退休前担任过这所学院的党委书记）可以专门成立一个科研室，研究潘老的这个教育思想。"

潘老是十分健谈的长者。时间过了半个多小时，我们担心他过于劳累，就告辞了。他与我们除了拍集体照，还一个个合影。临别时，老人眼眶里竟然含着泪水。我先后拜访他不下 10 次，这还是我第一次看到，心中涌出一些依恋与酸楚。

四

在以后的一年多时间，我与潘老有信息上的交往，但未能再见面。2021

能不追思大先生！

年 11 月，《厦门大学报》第 1375 期发表我的一篇短文《演武小学的大寿星》。他看到校报，因字小看不清楚，特地叫世平请我把电子稿发给他。

这篇文章的开头写道："紧傍厦门大学的演武小学，在偌大的厦门并不是很起眼。然而这所学校却有一件奇事：有两位现健在的百岁大家，与之有着不解之缘。一位是 1922 年 9 月 22 日出生的杨振宁教授，一位是 1920 年 8 月 4 日出生的潘懋元教授。"杨振宁的父亲杨武之曾在厦大当过教授，他本人在演武小学读了一年多时间。1995 年 8 月，他来厦大开国际会议，曾与该小学师生见面。潘老则在演武小学当过两年校长。

2022 年 5 月起，潘老疴沉住院 7 个月，我们都祈祷奇迹发生。然而无力回天，撒手人寰。闻此噩耗，我做《痛挽潘懋元先生》诗两首："著述等身事，德行天下名。奠基本土化，开拓列贤倾。禹域教鞭执，期颐网课呈。修黉同太息，痛失大先生。""虽未程门立，识荆三十春。登堂聆教诲，下笔写精神。规划抬望眼，科研得启津。夜来遗照览，凄泪欲沾巾。"

2020 年 7 月 10 日，谭南周登门看望百岁潘先生，并赠亲笔题七律一首，敬贺潘先生期颐寿庆

谭南周，厦门市教科所原所长。

难忘时光

◎易 化

与潘懋元先生的门生高足不同（他们都是经过严格考试正式拜在先生门下博取功名并深得先生言传身教的精英），我虽与潘先生交识不算晚，但毕竟不是潘先生正取的独门弟子，故要在潘先生门生云集的语境中谈谈当年与潘先生交往的故事实感忐忑。然而，有故事好像就有某些"传奇"，若有难忘的故事，那就必有值得珍藏、回忆和讲述的"精彩"。

其实，我对潘先生的仰慕应该从读大学三年级开始。1984年，潘先生受邀到江西师范大学做学术报告。我们作为恢复高考后江西师大的首届教育系学生，自然得到了学校的特别关照，被安排进报告厅享受如此特别的精神大餐。台上的潘先生虽然个子不算高，头发亦花白，但丰神异彩、目光炯炯，特别是讲话时声音洪亮、思维敏捷、条理清晰、逻辑严谨。他将普通教育学中的基本理论置于高等教育的特殊领域，所做的分析和阐释的案例鲜活、剖析深刻、站位高远、入脑入心，开启了我对教育学、高等教育学理论认识的新视角，也影响到我大学毕业即留校进到高教研究室从事高教研究工作。这第一次的"交道"虽然我认识他、他不认识我，却把我对他的看法调为仰视之状：景仰大家！

老实说，真正与潘先生打交道的次数不多，确实难忘的有两次。但是，仅仅这么两次，却使我更深刻地体悟和理解了他为事的敬业之毅、为人的平易之情、为师的修行之范。

1986年金秋，潘先生再次受邀来到江西师大参加全国杨贤江教育思想研讨会，这次会议虽冠以"全国"之名，但人数不太多，规模也不够大，好在与会者中有不少是长期深耕于杨贤江教育思想研究领域的专家学者，还有杨贤江的亲属。由于这次会议由江西师大教育系和高教研究室承办，我便有幸作为高教研究室派出的工作人员参加了会务工作。会上，潘先生凭着对杨贤江教育思想的长期研究和独到见解，对杨贤江教育思想的若干问题，特别是杨贤江的"全人生指导"教育思想进行了有理有据的阐释，赢得了与会同行尤其是杨贤江亲属的认可和敬佩。

会后，我陪同潘先生等部分专家一道去庐山白鹿洞书院、三叠泉和花径等处游览。潘先生虽然那时已66岁了，但一路上步履矫健、行动自如，不仅不用别人搀扶和提物，有时还给别人安全提醒。

在花径和白鹿洞书院，他认真听取讲解员的讲解，对白居易咏诗《大林寺桃花》的故事和千年书院"始于唐、盛于宋、沿于明清"的历史，以及宋代理学大师朱熹提出的教育思想饶有兴趣，并不时与讲解员和同行人交流探讨。

从庐山回到南昌，我们这一行人还去参观了江南三大名楼之一的滕王阁。当时，滕王阁的重建尚未完工，但潘先生等仍对这一历史古迹颇具兴趣，于是一行人到南昌的第二天下午就去了滕王阁。那时的南昌人车如织，交通秩序有点乱，比较好的交通工具也只有夏利出租车。记得当时我们好不容易拦住了两三辆半旧的夏利，因潘先生的一直谦让，后来只得和我坐上最后一辆出租车去滕王阁。一路上，他不计较出租车的破旧，似懂非懂地听着年轻司

易化（后排左一）与潘先生（前排左二）等专家在白鹿洞书院留影

机用南昌话无所顾忌地大声说事，还不时插上几句探知司机所讲的那些内容。到了滕王阁，潘先生也同样认真参观和听讲，特别注意倾听讲解员对滕王阁兴衰变迁史的介绍，驻足在写有《滕王阁序》的墙前久久凝视，深思着王勃所著这部名篇的背景和意韵。

经过近一周的密切接触，我深感潘先生不仅身体康健、充满活力，而且求知欲强、思维敏捷、乐观开朗。

2000年7月至2002年9月，我作为学生走进厦门大学高教研究所进修高等教育学专业研究生课程，在烈日炎炎的夏天有幸坐进教室，聆听潘先生的课程。那时，潘先生已经80多岁了，但他还坚持一直站着为我们授课。他站在讲台上，精神抖擞、满面红光，丝毫看不出有耄耋老人的老态。他讲课不用看讲稿，所讲内容烂熟于心、收放自如；他讲课声音洪亮，不紧不慢、抑扬顿挫，颇有章回说书的味道；他分析问题条理清晰、逻辑严谨、深入浅出、说理透彻。得到大师如此教诲真可谓人生一大幸事。虽然，潘先生在讲台上振振有词、侃侃而谈，颇有大家的风范和威严，但课间却和我们频频交流、关系融洽，相互送根冰棍、聊聊生活倒也常见，对潘先生高不可攀的感觉也就因此变得亲近可"潘"了。特别令我难忘的是，有一次在潘先生课上的提问环节，第一位学友坐着提问并得到潘先生赐教后，我有样学样地也坐着提了关于"元教育"的问题，潘先生实事求是地讲述了他关于"元教育"的看法后，接着讲道："请大家最好能站起来提问，以示彼此的尊重。"我当然明白其意，顿时羞愧脸红。通过这件事情，我感到潘先生不仅关注学生的学业进步，更重视学生的品行修养和德行操守，他用心从小事、从点滴、从当下抓起的育人做法，正是他以"要做学问，先学做人"的理念教育、要求和期望学生的具体写照。

回溯记忆的库存，我与潘先生交往的过程中，最值得回忆的就是这两段难忘时光。他做事的秉性、做人的原则，使我感到与他接触处处都有学问，时时都有收获。伴着他真的幸福，看着他只能仰慕。

怀着对那段时光的不舍，更因为景仰潘先生的为师风范和崇高人格，我觉得还是应该把这些事写出来，以永久缅怀心中的大家——潘懋元先生！

易化，副研究员，厦门城市职业学院、厦门市广播电视大学原党委副书记、原纪委书记。

与潘懋元教授的往事

◎潘清河

　　潘懋元老教授走了，留下了一串串传奇的故事，也留下了我与他曾有过的往事……

　　2017年，我的一本新书《尘封的岁月》出版，书中的主人公林嘉禾先生在厦门大学读书时就加入中共闽中地下党，后来奉命打入国民党特务组织内部，获取重要密件，为厦门解放做出一定贡献。林嘉禾先生在厦门大学读书时的老师，正是潘懋元教授。因为书中有一大段内容写到他与潘老的交情过往，至今还念念不忘潘老对自己的关怀与教诲。于是，我就把这本书托付厦门市陶行知研究会的老会长潘世平老师转交其父。此时潘老刚出院，却不顾身体虚弱，把我的这本书认真仔细地读了一遍，也指出书中有些出入的文字。

潘清河与潘先生合影

随后叫其子打电话给我，要了书中主人公的手机号码。

　　不久，潘懋元老教授便邀我们到他家做客。去的前一天他血压忽然飙升，潘世平老师担心父亲身体状况，劝他还是取消明天之约，可潘老却执意要见我们。潘世平老师只好打电话让我届时控制一下见面的时间。第二天，我们如约而至，两位久违的老人一见面，异常兴奋，话语便滔滔不绝。我几度想打断却无济于事，时间超出了我事先的预计。此情此景，我也被眼前这两位真诚而执着的老人深深感动。

潘懋元老教授显得很高兴，血压似乎也不高了。他欣喜之余还欣然赠予我一本他的新书《潘懋元教育口述史》。他拿起笔签名时，我说称呼就写"老师"即可，可他却很慎重，把我书中的"作者简介"浏览一遍，便郑重地写下"秘书长"三个字，因为此时的我是厦门市陶行知研究会秘书长。我想，潘老之所以要写上这三个字，也许是因为他与陶行知先生有过"神交"的渊源。是啊！潘懋元教授从小就十分崇拜和景仰陶行知先生，尤其是对陶行知的教育思想推崇备至，在他大半生研究并创立中国高等教育学的过程中，就引用了不少陶行知的教育思想。

潘先生在讲座中

记得前几年厦门市陶行知研究会承办了中国陶行知研究会中学教育研究专委会的年会。那天在厦门外国语湖里分校的会议室里，挤满了从全国各地来参会的代表，大家都是为了目睹潘懋元老教授的风采而来。此次会议，我们荣幸地邀请到潘懋元老教授为全国各地的"陶友"们做了一场专题讲座，潘老一口气讲了两个多小时，而且幽默风趣，让人如沐春风。他对陶行知教育思想的研究非常透彻，使与会者受益匪浅。已是耄耋之年的潘老，思维还是那样的缜密，语言还是那样的清晰，而且逻辑性也很强，当年的那些人、那些事，他都记得一清二楚，不得不令人折服。

我曾对潘老赠予我的书《潘懋元教育口述史》写了一篇题为《百年岁月犹风采》的书评，收录在我的《书的味道》一书里。潘老又一次认真地翻阅我的书，十分赞赏。潘世平老师在微信里给我写道："老爷子这几天看了你的著作，赞不绝口。"一个大名鼎鼎的教育大家，对晚辈的赞赏，着实让我既感无上荣光，又感无地自容，潘老教授的勉励与鞭策，也将促进我更勤于笔耕，精益求精。

潘懋元老教授是厦门民盟的老前辈，对民盟有着深厚而特殊的感情。2020年，在厦门民盟成立70周年之际，我为民盟70华诞庆典的文艺汇演撰写了一首《走过七十年扬帆新征程》的诗，其中有一节写到了潘老：

"假如还有来生的话

我还愿意当老师"

这是百岁老人的肺腑之言

朴实的话是那样有力铿锵

他是高等教育学的奠基人

我们的老盟员潘懋元教授

从教八十五年的他

至今还站在神圣的讲台上

　　我把文艺汇演上盟友的配音诗朗诵的视频发给潘世平老师，由他转发给潘老看。我想，潘老看完一定会激动不已，倒不是看到我写他而激动，而是看到厦门民盟走过70年的风雨历程，对今天厦门民盟的蓬勃发展和壮大而感到激动。

　　如今，潘懋元老教授已驾鹤西去，我的心情无比沉重。我的眼前，依然浮现着他的音容笑貌，特别是他的和蔼与慈祥。我与他曾经的过往，将成为我这辈子挥之不去的记忆。

　　安息吧！潘懋元老教授！

　　　　　　　　　　潘清河，厦门三中语文高级老师，福建省作家协会会员。

沉痛悼念潘懋元先生

◎胡大白

惊悉潘懋元先生去世，悲痛万分。

先生是中国高等教育学的创始人，是我国民办高等教育研究的拓荒者和开路人，也是河南民办教育和黄河科技学院发展的指导者和引路人。

先生用一辈子的时间为中国的高等教育学奠基。20 世纪 50 年代初，我国高等教育的发展需要完整的理论来支撑，当时刚过而立之年的潘懋元敏锐地认识到，忽视高等教育的特点、硬把普通教育理论搬到高等教育中是行不通的，必须建立有别于普通教育学的高等教育理论。1983 年，潘懋元的《高等教育学讲座》出版，为第一本《高等教育学》的诞生和中国高等教育学学科的建立奠定了坚实的基础。

他把毕生精力贡献给高等教育学的理论研究和人才培养，贡献给我国高等教育的改革和发展事业，他不仅是中国高等教育学的创始人，而且是中国高等教育改革和发展的践行者。他的研究涉及高等教育学科建设、高等教育办学理念、高等教育与新技术革命、高等教育与商品（市场）经济、高等教育与文化、高等教育与知识经济、高等教育的可持续发展、高等学校教学与科研、大学生素质教育、研究生教育、教师教育、成人高等教育、高等职业教育、高等教育的分类与定位、高等教育的发展与规划、高等教育大众化、高等教育地方化、民办高等教育、高考改革以及高等教育史、比较高等教育等众多领域。这些探索和实践，为河南民办高等教育和黄河科技学院的健康发展提供了科学依据和正确方向。

先生实践与理论并重的学术态度，引领着成千上万的后来者。作为高等教育领域的奠基者和这个领域的领跑者，先生尽管曾经担任过繁多的行政职

务和社会工作，但他从未放松过艰苦的学术研究工作，在高等教育理论研究上勤于思考、笔耕不止。他的足迹曾遍布中国大地，去了近百所高校，做了上千场报告，一直引领着我国高等教育研究的发展。他一生著作等身，成果丰硕，其博大精深的理论底蕴、高风亮节的人格魅力，赢得了学人们的尊敬和赞扬。他是当代中国当之无愧的、有杰出贡献的教育家、理论家。

先生站在高等教育理论研究和实践的高峰，不是高高在上，而是时时关注我们的发展。黄河科技学院建立以来，我曾多次就一些发展中的难题请教先生，每次都得到先生的详尽解答，先生的音容笑貌至今仍在眼前。先生的教诲，使黄河科技学院一直保持着健康旺盛的生命动力，在探索有中国特色的民办高等教育的征途中不断前进。

2018 年 1 月，我们和社会科学文献出版社一起计划编撰出版《中国当代教育名家》一书，编委会将文稿《潘懋元：高教泰斗 学界楷模》和黄河科技学院教师唐爱云写的《高教"一代宗师"的人生智慧》两篇文稿寄发给先生。当时先生已经 98 岁高龄，我们担心先生年事已高，不忍催促，谁知先生竟在第一时间将改好的稿子发了回来。这样的态度和效率给了编委会极大的精神鼓励。《中国当代教育名家》一书于 2018 年 8 月由社会科学文献出版社出版，开卷第一篇便是《潘懋元：高教泰斗 学界楷模》一文。现在回首再看这篇短文，我们才知道对先生的了解是多么肤浅，但是不管怎样，也使我们留下了一份对先生的纪念。

先生仙逝，精神长存。我们在缅怀先生的同时，将会进一步将先生的遗愿化为我们献身国家教育的行动，为在新时代实现中国民办高等教育的高质量发展做出应有的贡献，以回报先生的殷切希望。

潘懋元先生千古！

胡大白，黄河科技学院董事长。

师者风范　永远丰碑

——追忆潘老的自考情结

◎念孝明

我国著名教育家、中国高等教育学学科开拓者与奠基人、全国教书育人楷模、全国优秀教师，厦门大学原副校长、教育研究院名誉院长、文科资深教授潘懋元先生于 2022 年 12 月 6 日 8 时 50 分安详辞世，享年 103 岁。

作为潘老的弟子，原福建省高等教育自学考试委员会办公室主任康乃美教授深情回忆起追随潘老完成自己博士学业的那段岁月，他说："潘老作为我国著名教育家，桃李满园、师恩浩瀚、教泽流芳；我 2000 年入潘门，因此有了更多在先生身边学习、研究的机会，听潘老的课，如沐春风，是美的享受，思想潜移默化中得以升华。""潘老对我国高等教育自学考试理论创新贡献很多，同时对福建高等教育自学考试工作倾注了大量的心血与关爱。"

为福建自学考试制度创立引航定向，成为顶层设计者

这位毕生都以教师职业为荣的老先生，1945 年毕业于厦门大学教育系，其后在中国人民大学、北京师范大学进修研究生课程。党的十一届三中全会后，我国迎来了科学的春天，高等教育受到重视。潘老于 1978 年在《光明日报》上发表题为《必须开展高等教育的理论研究》的文章，倡议建立高等教育学学科，得到全国高等教育界的热烈关注与支持。

潘老践行"板凳敢坐十年冷，文章不写半句空"的理念，曾任全国高等教育自学考试研究委员会主任，不遗余力支持福建高等教育自学考试工作，推进高等教育自学考试理论研究。在繁多的行政工作和社会工作之余，总是

拨冗开展自学考试的理论研究。他先后在国内外重要报刊上发表了多篇见解精辟独到的自学考试学术论文，被认为是我国学术界对自学考试制度权威而科学的诠释。

1983年，福建省高等教育自学考试指导委员会成立，潘老出任委员会副主任。1987年9月26日，福建省高等教育自学考试党政干部基础科专业首届毕业典礼，在主考学校厦门大学举行。时任省考委副主任的潘老，省考委委员葛家澍、盛辛民、陈嘉禄和厦门大学副校长郑学檬到会向毕业生表示祝贺，并向首届875名党政干部基础科专业毕业生颁发了毕业证书。

1989年6月11日至24日，由原国家教委、全国高等教育自学考试研究委员会、福建省和湖北省教委等单位的有关负责人组成中国高等教育自学考试考察团，由潘老任团长、王昕同志任副团长、康乃美同志任秘书，赴英国进行学术考察。这是因为，在1988年，原国家教委、全国考委接受英国文化委员会发出的访问英国的正式邀请，并委托福建省考委组织全国高等教育自学考试指导委员会考试研究会成员组成考察团赴英国考察。这次考察访问取得丰硕成果，为中国自学考试走向世界铺路搭桥，为我国改革开放之初学习借鉴国际开放教育先进经验打下良好基础。潘老的思想与实践引领了中国高等教育自学考试制度建设，推进了中国高等教育自学考试改革与发展，促进

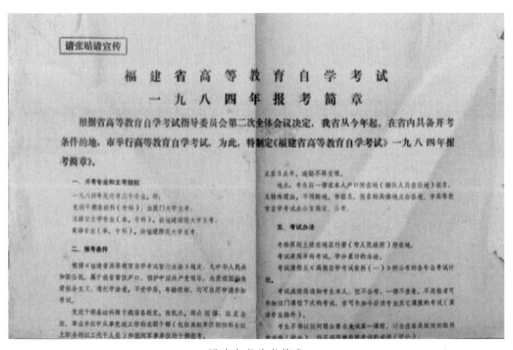

福建自考首考简章

了政府科学决策，提升了中国高等教育自学考试的国际影响力。1990 年 12 月 27 日，福建省高等教育自学考试研究会成立大会在福州市召开，讨论通过了《福建省自学考试研究会章程》，产生了研究会组成人员。大会聘请潘老、叶品樵、王昕为名誉会长，聘请张瑞尧、张帆、陈一琴为顾问。研究会由会长 1 名、副会长 3 名、常务理事 12 名、理事 23 名以及正副秘书长 3 名组成。

2004 年，在福建省高等教育自学考试制度创立 20 周年之际，福建省高等教育自学考试委员会编辑出版《不倦的求索——福建省自学考试 20 周年论文集》，潘老不顾高龄劳神，亲自为该论文集撰写了序言，对我省自学考试 20 年工作成绩给予肯定与赞扬，并对自学考试未来的发展方向与路径做出科学的判断，寄予厚望。他在序言中预见："社会化、开放式的自学考试制度，作为一种教育模式，与终身教育的要求吻合，发展自学考试，将成为构建终身教育体系的重要推动力量，成为学习化社会的重要组成部分。这一崇高的使命，昭示着高等教育自学考试将有着广阔而光辉的前景。"他还乐观指出："20 年艰难曲折的道路都走过来了，我们更有信心迎接 21 世纪新的挑战。"潘老的话，既是对我省广大自学考试工作者的莫大鞭策，也是对我省 20 年间累计与考的 480 多万自考生的鼓励与加持，为处于世纪之交转型变革中的我省自学考试事业可持续发展做出充分的理论准备。

作为福建省高等教育自学考试委员会办公室首任领导，康乃美教授回忆："我省自学考试制度创建之初，百端待举，没有现成的经验可借鉴，各项工作摸着石头过河；潘老总是深入基层一线，亲自擘画指导，他对自学考试工作的悉心指点以及对我个人的谆谆教诲，令我终生难忘。"

福建自学考试制度创立至今，已走过了 39 年光辉历程，从创业起步到事业顶峰、从低谷徘徊到改革转型，潘老呵护陪伴我们一路成长，他见证了福建自考人创业的艰辛，聆听着八闽学子自学奋进的足音。他既是设计师，也是人师。潘老的辞世，不仅是厦门大学的重大损失，也是中国高等教育自学考试事业的重大损失。

担任《福建自学考试》编委会主任，成为自考生导师

潘老倾其一生奉献给我国的教育事业，为我省自学考试事业的改革与发展做出了重要的贡献。1984 年，《福建自学考试》杂志创刊，潘老就欣然接

《福建自学考试》杂志创刊号

受邀请担任该刊编委会主任，对《福建自学考试》杂志的办刊宗旨、定位、功能、栏目设计等进行指导规划，并在创刊号上发表题为《对参加自学考试者的期望》的文章，指出自学考试是适应现代社会发展需要，具有中国特色的新的教育制度。潘老对参加自学考试者提出两点期望：一是要有正确的认识。自学成才是目的，考试、文凭是手段，困难可能使人气馁，困难也可能使人发愤，关键就在于有无正确的认识、顽强的意志。二是要善于自学。要制订自学计划；要着重理解，多思少背；要学会一些自学方法。除了个人自学之外，还可以适当参加辅导班和组织自学互助小组。潘老勉励自学者要立志成才，把自己培养成为具有真才实学的专门人才。潘老的文章具有鲜明的指导性和实践性，在广大自考生当中引起强烈反响。潘老十分重视期刊的社会助学辅导作用，在潘老的关心指导下，《福建自学考试》从一份普通的杂志成长为全国自学考试优秀期刊，期发行量达到 10 余万册高峰，当时全省自考生几乎人手一册，被八闽自考学子誉为"茫茫学海中的导航灯"，许多考生看到潘老的辅导文章，纷纷来信称赞潘老为"人生之导师""可敬的良师益友"。

我与潘老的初次相识是在 1988 年金秋。那时，我刚从省高等教育厅转到省高等教育自学考试办公室《福建自学考试》编辑部工作，老领导康乃美委派我前往厦门大学组稿，通过高教所老师的引见，我在风景旖旎的芙蓉湖畔拜会了潘老。在我的印象里，潘老是一位德高望重、和蔼可亲的学者，他一边专注地翻阅着《福建自学考试》的样刊，一边详细询问办刊情况。这给我一个非常深切的感受，就是他时刻都在思考和探索着问题，对新生事物以及教育的前沿课题、实践中的热点难点焦点问题，永远保持着好奇心和浓厚的兴趣。据他的学生卢晓中后来回忆，这位百岁老人生前能自如地使用微信和平板等现代通信工具和设备进行学术交流和信息沟通，也能"云上课"。潘老喜欢把思考问题、探索未知当作"健脑运动"，并长期坚持不懈，这也是他能够保持旺盛创造力、健康长寿的秘诀之一。

担任《教育与考试》编委会顾问，为期刊转型绘就蓝图

2006 年，经研究决定，《福建自学考试》杂志拟转型为学术期刊，刊名改为《教育与考试》。本人作为杂志的副主编，由于工作上的机缘，曾多次在不同场合与潘老见面交谈，深得教益。

在那年那次的《教育与考试》期刊办刊研讨会上，我有幸再次见到了潘老。他在与会的代表中很快认出了我，并微笑地点点头，亲切地叫我"小念"。那时，潘老虽已年近 90 岁高龄，但记忆力还非常之好，许多人和事，许多数据和工作细节，他都能娓娓道来。他还特别问起《福建自学考试》办刊情况，新形势下自学考试刊物的生存之道，多媒体网络化时代对办刊的影响有多大，刊物期发行量多少，是上升还是下滑，读者提了哪些意见，个人有什么想法，等等。那次研讨会，他不辞辛劳从厦门专程赶到福州参加，就是前来见证我省自学考试事业在新的形势下改革发展以及期刊转型发展的这一历史性盛事。

《教育与考试》杂志办刊研究会现场

那次期刊转型研讨会上，潘老情趣盎然地与大家促膝谈心，从战略宏观的视角，客观分析了我省高等教育自学考试事业发展态势、办刊工作面临的挑战以及《福建自学考试》杂志转型为学术性期刊的可行性等问题，指出："《福建自学考试》杂志共编辑出版了 147 期，据我所知，社会反映比较满意，为广大八闽学子的自学指导和推动自学考试的健康发展做了许多有意义的工作，成绩有目共睹。这 147 期杂志，是编委会领导集体智慧的结晶，是编辑部同志辛勤劳动的成果，凝聚了多少作者、编者的心血，也在一定程度上反

映了我省自学考试事业蓬勃发展的历程。在新的历史形势下，杂志转型为学术类期刊，有利于教育考试事业的发展大局，是件好事。"

潘老不仅常常从微处入手观察事物现象，而且还善于从大处着眼探索事物发展的内在规律，具有精深博大的师者襟怀。

在潘老，刘海峰教授和时任福建省高等教育自学考试委员会办公室主任、现为福建省教育学会会长陈明庆等领导的促成下，厦门大学考试研究中心自那年起成为《教育与考试》杂志主办方之一，为《教育与考试》期刊的发展提供厚实的学术资源和人才支持。

《教育与考试》杂志自 1984 年创刊至 2006 年正式经省新闻出版局批准更名续办以来，潘老始终担任该刊编委会的领导，历经 38 个春秋，在潘老的关心支持下，如今《教育与考试》已发展成为全国学术类中文准核心期刊，成为由福建省教育厅主管、福建省教育考试院和厦门大学考试研究中心主办的教育考试类学术期刊，常设栏目包括《高考改革与探索》《科举学丛谈》《考试理论与实践》等，在我国教育考试界拥有一席之地，影响力日益提升。

没想到，那次研讨会上我与潘老的最后一次晤面，竟然成为永别。

缅怀潘老，现任福建省教育考试院副院长、分管自学考试工作的丁毅认为：潘老一生热爱教育事业，情寄自考心系考生，他那学而不厌、追求真知、诲人不倦、成人之美的师者风范，赢得了广泛的赞誉与尊敬。

如果说潘老在高等教育学学术上和高等教育自学考试制度理论创新方面所取得的斐然成就是他人生的一座丰碑，那么他教子有方，也是人生的一大亮点，且广泛传为佳话。大儿子潘世墨在恢复高招后，以优异成绩考上厦门大学哲学系，毕业后留校任教。曾担任厦门大学主考的高等教育自学考试党政干部基础科逻辑学课程的主讲教师。

丰碑乃精神之凝聚、思想之旗帜。如灯，照亮夜行者前方的路；似炬，引来星火燎遍万里荒原。

潘老，您是我们心中永远的丰碑！

潘老走了，在无垠的田野上，留下一串串悠长而坚实的足印……

念孝明，曾任福建省教育考试院自考处党支部书记、《福建自学考试》杂志副主编、《教育与考试》杂志副主编。

潘先生引领我的学术成长

◎胡建华

潘懋元先生是我国高等教育学科的创始人。几十年来，建立学科体系，确立学科地位，拓展学科研究，创立学科组织，组建学科队伍，培养学科人才，形成学科特色，扩大学科影响，先生为我国高等教育学科由"星星之火"到"燎原之势"的发展做出了重要贡献。我曾经先后发表论文《潘懋元先生之于我国高等教育学科发展的意义》[①]、《高等教育学科建设与发展的中国道路——研习潘懋元先生的高等教育思想》[②]，阐述先生的高等教育思想，回溯先生在我国高等教育学科创建与发展过程中的关键作用。作为先生培养的全国首批高等教育学硕士之一，谨以此文深切缅怀先生在我的学术成长过程中给予的指导、关怀与支持，以敬先生的在天之灵。

入门

1981年暑假过后进入大学四年级，我决定报考硕士研究生。当时全国能够招收教育学硕士研究生的高校屈指可数，我选择了唯一招收高等教育学专业硕士研究生的厦门大学，导师是潘先生。80年代初的中国大地百废待兴，研究生教育也是如此，新中国成立后的第一个有关研究生教育的法律文件《中华人民共和国学位条例》自1981年开始实施，同年2月国务院学位委员会出台《关于做好学位授予单位审定工作的通知》，开展首次学位授予单位的

---

① 胡建华.潘懋元先生之于我国高等教育学科发展的意义[J].高等教育研究，2010，31（8）：26-29，41.

② 胡建华.高等教育学科建设与发展的中国道路：研习潘懋元先生的高等教育思想[J].山东高等教育，2015，3（6）：78-84，2.

审定工作。由于研究生教育刚刚恢复，为了促进发展，国务院学位委员会同意少数基础较好、暂时没有获得学位授予权的学科专业可以先行招收硕士研究生，所谓"先上车，后买票"，当时厦门大学的高等教育学专业就属于这种情况。至1983年12月，厦大高教所在第二次全国学位授予单位审定工作中获批为全国第一个高等教育学专业硕士学位授权点。从先行招生、申请获批硕士学位点的过程中，可以看到先生在学科创建之初面临多种困难的情况下所具有的坚定的事业心、强烈的责任心和脚踏实地、敢于创新的精神。我为了复习备考，1982年的寒假仅在年三十回家吃了年夜饭，初一又到学校继续学习。功夫不负有心人，终于以考分第一的成绩在那年的初夏收到了厦门大学发来的录取通知书。

我入学的1982年，厦门大学高等教育研究所成立刚4年，研究人员与教师还不多，先生与华东师范大学刘佛年先生商定采取联合培养硕士研究生的方式，三年的学习时间分为两段，前一年半在华东师范大学学习教育学基础理论课程，后一年半回到厦门大学学习高等教育学相关课程并完成学位论文。因此，是年9月，我们一行四人——1981级研究生魏贻通，1982级研究生张国才、陈列和我进入华东师范大学教育系，开始了一年半的寄宿学习生活。

1984年寒假过后回到厦门大学，我们才真正开始高等教育学专业理论的学习。先生及其他几位老师（吴丽卿老师、王增炳老师、罗杞秀老师等）的授课、讲解、讨论，使我们逐渐对高等教育学的研究对象、高等教育学理论与普通教育学理论的区别、高等教育学的理论体系、高等教育学与高等教育实践的关系等问题有了一些比较清晰的认识。80年代初、中期，在我国高等教育界，高等学校职能有哪些、如何发挥高等学校职能是人们议论较多的话题，在先生的指导下，我将这一问题作为硕士论文选题，并最终完成了硕士学位论文《新技术革命与高等学校职能的变化发展》。在硕士学位论文中我对高等学校职能的内涵做了一定的分析，提出高等学校三大职能的表述应为"培养人才、发展科学、社会服务"，这一观点得到了先生的肯定。1985年8月中旬，高教所举办首届高等教育学硕士学位论文答辩会，华东师范大学张文郁先生任答辩委员会主席，先生、王增炳老师、吴丽卿老师任委员，刘海峰任答辩秘书，我和陈列顺利通过答辩，成为我国首批高等教育学硕士（魏贻通和张国才于同年10月下旬通过硕士学位论文答辩，获得硕士学位）。

硕士研究生在读期间，先生不仅指导硕士学位论文的写作，而且还指导我参加学术研究。1985 年 5 月《中共中央关于教育体制改革的决定》发布，其中提出"教育管理部门还要组织教育界、知识界和用人部门定期对高等学校的办学水平进行评估"。先生认为评估将在我国高等教育的改革与发展中发挥重要作用，必须开展这一问题的研究。于是，在 1985 年 6 月的一个晚上，先生把高教所的部分老师和我们研究生召集到他家所在的东村九号小楼里，以"高校评估"为主题开展讨论，并决定形成一篇论文，由我执笔。这次"家庭研讨会"或许是享誉学术界的"潘先生家庭学术沙龙"的"一曲前奏"吧。研讨会的成果——以厦门大学高教研究所署名的《评估是加快高校管理科学化的关键》一文发表在《福建高教研究》1985 年第 3 期上。

推荐

1991 年底，我自硕士研究生毕业后，在南京师范大学教育系已工作了 6 年多，我决定东渡日本攻读博士学位。经人介绍，联系了在日本以东亚高等教育比较研究著称的名古屋大学教育学部马越徹教授。攻读博士学位需要推荐信，我发信给先生，恳请他推荐。先生很快就按照国际惯例将一份打印、签字的英文推荐信寄给了我。当我将推荐信交给马越徹教授时，他提出能否请潘先生再亲手写一封中文的。我只好将这一信息转告先生，先生没有提任何疑问，欣然提笔又手书了一封珍贵的推荐信。2001 年，马越徹教授在我以博士学位论文为基础出版的专著《现代中国大学制度的原点：50 年代初期的大学改革》的序文中，关于这封推荐信做了如下的记述："我与胡建华相识于90 年代初期。现在手头上尚存有一封日期为 1992 年 2 月 10 日的信函，发信者是中国高等教育研究的最高权威、厦门大学高等教育研究所所长潘懋元教授。该信函是潘教授希望我能够接受在他指导下获得硕士学位的胡建华为博士研究生的推荐信。我曾经在原工作单位广岛大学大学教育研究中心的一次国际会议上聆听过潘教授的报告，收到推荐信后，立刻复信表示同意。"

马越徹教授的这一回忆记述充分表达了对先生的敬意，称先生是"中国高等教育研究的最高权威"，可见在 20 世纪 90 年代，先生的学术威望已经享誉海外。正是由于先生的推荐和我在先生指导下获得硕士学位的经历，使我能够得到马越徹教授的认可。我于 1992 年 4 月首先被录取为名古屋大学教育学部的进修生，在一年的进修期间边学习日语边旁听马越徹教授的研究生课，

潘先生引领我的学术成长

以增进师生之间的进一步了解。1993 年初，我参加名古屋大学教育学部的博士研究生考试，并通过考试成为名古屋大学教育学部第一位拥有日本以外的硕士学位而直接考上博士的留学生。如果没有先生的推荐，考上马越彻教授的博士研究生是十分困难的。先生的推荐激励着我博士研究生期间的学习与研究，我没有辜负先生的推荐与期望，经过 5 年的努力，在当时日本大学尤其是一流大学文科博士学位很难获取的情况下，于 1998 年 5 月通过博士学位论文答辩，成为马越彻教授在名古屋大学指导的博士研究生中第一位博士学位获得者。

1998 年 6 月，先生在黄福涛的陪同下，应邀赴日本东京参加"亚太地区 21 世纪高等教育国际学术研讨会"，在会上做了"面向 21 世纪中国高等教育改革与发展"的学术报告。会议结束后，先生专程到名古屋会见马越彻教授，与马越彻教授、黄福涛和我共进了晚餐。席间，我向先生汇报在马越彻教授的指导下已经获得了博士学位，先生十分高兴，感谢马越彻教授的培养，询问了我下一步的打算，鼓励我在高等教育研究上继续深入下去。先生的看望是最好的鞭策，进一步坚定了我的学术信心。

作序

硕士研究生毕业之后不久，我和周川、龚放、陈列开始商量在高等教育理论方面做一些合作研究，写一本高等教育理论研究的著作。经过多次讨论，1987 年确定书名为《高等教育学新论》，拟定了写作提纲，明确了写作分工，经过 4 年的努力，在 1991 年底我赴日本留学之前完成了初稿。90 年代初，高等教育学科建设是高教学术界关注的重点问题，1992 年 12 月，"第一届全国高等教育学科建设研讨会"在厦门大学召开，先生在会上做了题为"关于高等教育学科建设的若干问题"的专题报告。1993 年 10 月，先生在华东师范大学主持召开了"第二届全国高等教育学科建设研讨会"，会议的主题为"建设有中国特色的社会主义高等教育理论体系"。正是在那次会上，《高等教育学新论》的样稿送到了先生的手上，我们请先生作序。先生一直关注着这本著作的研究与撰写，给予了热忱的勉励、及时的指点和多方面的教诲。在序文中，先生写道：在 1992 年 12 月的会议上，"我已经知道，几位执著于高等教育理论研究而又富于创新精神的青年学者，已经在积极地'思索与追求'，并已写出一部近于理论体系的专著初稿。经过一番修改、论稿，终于在 1993 年 10 月在华东师范大学召开的第二届'全国高等教育学科建设研讨会'时，送来了这部《高等教育学新论》的校样，并要我为之写个序。作为一名高等教育理论队伍的马前卒，面对这部新著，我的心情是欣喜、宽慰、感谢！"先生对《高等教育学新论》在高等教育学理论体系方面的探索做出了充分的肯定，"《高等教育学新论》是否已是一本完整的科学理论体系的专著，达到学科建设的最终目标呢？我的看法：是朝向这个目标跨过一大步，在'走向成熟的学科'的巉岩间攀上了一个新台阶"。先生期望我们"必须对中国的教育实践与教育理论做更加深入的研究"，"立足中国，面向世界"。先生的鼓励与指教进一步激励我们在高等教育理论研究的道路上不断深入下去，更加明确了我国高等教育学科发展的路径与方向。

留学期间，正逢日本实施新一轮高等教育改革，激发了我对战后日本大学改革与发展历史研究的兴趣。1999 年回国之后，我在收集的大量日本大学改革与发展资料和前期研究的基础上，趁热打铁，在 2 年的时间内写就了《战后日本大学史》。书稿完成后，再次请求先生作序。先生在百忙之中答应了我的请求，令我十分感动。在序文中，先生写道："胡建华博士出国留学之前，在高等教育理论研究上，已有相当造诣（曾与周川、龚放、陈列合作编著《高等教育学新论》）。赴日之后，在名古屋大学师从日本知名教育家马越徹教授，专攻日本高等教育史。这本《战后日本大学史》，就是在他的多年研究之基础上所形成的。"先生认为这本著作的出版，"对处于经济高速发展、高等教育正在向大众化过渡的中国，既有历史价值，也有现实意义"。先生的作序肯定了我在日本高等教育研究方面的努力。20 多年来我始终关注着日本高等教育的改革与发展，多次东渡，参加学术会议，访问日本大学，开展学术交流，收集研究资料，将日本高等教育改革及中日高等教育比较作为我高等教育研究的一个重要方向。

自 1982 年考入先生门下，至今已 40 余年。回首这 40 余年，值得庆幸的是在面临硕士研究生学校、专业、导师的选择时我做出了正确的决定，先生是影响我人生道路的关键人物。先生不仅在硕士研究生期间领我走上高等教育研究之路，而且在我学术成长的一些重要节点上，如攻读博士学位、出版研究论著等都给予珍贵的鼓励、指点与支持。感激之情无以言表，栽培之恩终生难忘。

胡建华，厦门大学 1985 届硕士，日本名古屋大学博士，南京师范大学教育科学学院原院长、教授。

记潘老师给我的几封信

◎周　川

今年（2020 年），适逢我的导师潘懋元教授百岁华诞，母校要我们这些老学生写一点"我与先生的故事"。近日重拾旧箧，找出潘师写给我的一些信札，因时间久远，信纸已经泛黄，好在字迹仍清晰可诵。老师的信，用的都是印有"厦门大学"红色抬头的普通信笺，清一色蓝黑墨水，蝇头小字，有些字小到需要凑到眼前才能看清，然而每封信无论长短，都字字韶秀，行行齐整，连涂改之处也勾画得清清爽爽，一目了然，不失美感。读老师的亲笔信，犹如听老师讲课，感觉一样的字正腔圆，一样的声声入耳。

做学生的最大私心，莫过于得到老师的厚爱甚至偏爱，而我肯定是得到潘师较多偏爱的幸运儿之一。别的暂且不论，仅此信札就足资证明。老师的这些手札，其实每一封都是讲"故事"的好素材，都具有史料的价值。今特此从中拣出早期的几封，摘录其中要点，附上我对前因后果的简略说明，权作学生为老师百岁寿庆交上的一份小小作业，同时也期冀以此来记录一位名满士林的导师对一位毕业弟子的种种关爱以及由此而承载的如山师恩，并借此表达我对老师的深深感念之情！

1987 年夏，我从厦大研究生班肄业，旋回苏州大学任教。校方命我具体负责高教研究室的筹建，而立之年正是心高气傲的年龄，又自恃是厦大高教所出来的，因此我在草拟的高教室筹建计划中，不假思索地写下了"以理论研究为主、咨询为辅"的"建室方针"，并且去信向潘师报告了这个雄心勃勃的计划。老师于 10 月 2 日给我回信，信中写道：

我于九月廿日才从新疆经西安回校，第二天刚好赶上开学上课。今

102

天才得空复你八月卅日来信。

得悉你当前的工作，是教学、研究与建立高教室。关于建立高教室，我认为你不要一开始就坚持"理论研究为主，咨询为辅。"首先要立足本校、本省，为本校本省服务，争取本校、本省领导的重视与同志的支持，脚跟站定了（我过去的经验叫做"争取生存权"），才逐步向"理论研究为主"发展，面向全国。

老师的信是一副"清醒剂"，把我从云端拽回到地面。虽然有些不甘，但我还是按照老师的意见修改了计划，降低了"理论"的调子，增加了"服务"的比重。后来我也实际参与了一些校务的咨询和论证工作，对中国高校的管理运作过程有了一些初步的感知，这些服务工作不仅使我"站定了脚跟"，而且对后来的理论研究实在也是不可多得的经验。至今我仍然庆幸老师当年给我寄来的这副"清醒剂"。

1988 年 9 月下旬，厦大高教所举行建所十周年纪念活动，其中一项是我们 1985 级研究生的学位论文开题。会议通知早就收到，但我却因杂务缠身，未能成行返校。活动结束不久，潘师即于 10 月 4 日来信。信曰：

大家都希望你能来参加建所十周年纪念活动，回程票也已代订了。你不能来，当然是很遗憾的事。已毕业的研究生，除刚离校的几位和乔明宏已出国外，就只有你和××没有来，其他人都来了，×××还带了一位女朋友同来。除会上会外交流工作经验、畅叙别后情谊外，1985 级有八位同志提出开题报告，经师生共同讨论，相互补充，除×××的课题尚须进一步确定外，其余均已基本通过。会上并请研究生院的同志详细介绍申请硕士学位论文答辩的程序和手续。按规定，应于明年二月中至三月底以前将论文打印寄送厦大研究生院，并同时送交申请书、推荐书等。大约于六月左右举行答辩。（研究生院规定 15 份，本所应交 10 份，共 25 份）

同意你以《高等学校教学改革的理论研究》第六个子课题"生产力、科学技术的发展对教学改革的影响"作为学位论文的题目。希望最近将开题报告寄来，具体可与王伟廉联系。申请的程序、手续等可与章达友联系。

我将于十月廿二日到南京参加南京大学和南航两个会，邬大光同志同我同行，顺告。

看得出来，老师对我未能回所参加活动，"遗憾"之外似乎还有些许不满，可更让我感到兴奋的是，字里行间流露得更多的却是对我的关心，老师不仅向我绘声绘色地描述了开题会的现场情形，还不厌其烦地交代了申请学位的具体程序和手续，并且同意了我的选题。关爱就是鞭策，我后来对这篇硕士论文确实下了不少功夫，盖与此鞭策有关。

1991 年 1 月底我患肝炎住院，由于手头上有《教育大辞典》部分高教条目的编撰任务，我跟当时具体负责此事的吴丽卿老师打了招呼，请求推迟几日交稿。我并未将生病住院之事告诉潘师，但春节过后，我却意外收到老师 3 月 2 日的来信：

> 听吴丽卿同志说，你罹急性肝炎，住院医疗，未知情况如何？甚念。
>
> 急性肝炎这种病，我 19 年前曾患过。如疗养得法，没有什么了不起；如疗养不得法，转成慢性肝病，那就终生很难摆脱。这个病，没有什么特效药，只要吃点清凉剂，两个星期之后，症状自会"消失"（现在应已"消失"了），以后则是加强高糖、高蛋白的营养，打点能量合剂的针就行了。但要绝对休息。因为"消失"是假象，烧退了，人清爽了，甚至转氨酶也正常了，但被损害的肝细胞远未恢复。恢复的时间很长，如果受这一假象所蒙骗，那就麻烦。一般在一个月后，就不会传染，可以出院；但三个月内，不能过多活动，半年内不能工作，半年以后，如医生同意，可以恢复轻微工作，一年后才能正常工作。因此，为了预后，应有耐心。1972 年我得此病时，正在云南工作，"文革"中，多做事不如少做事，休息了半年，至今肝脏还是很好的（1984 年开刀是胆的毛病）。
>
> 切记，要休息。

说实在的，住院之后我的情绪挺低落，因为此前自定的几个题目已相继动手，正是踌躇满志的时候，如今不得不停下来，心里着急，而这个病又偏偏急不得。老师的信犹如及时雨，现身说法将养病要诀一一道来，胜似最好的医嘱和药方，使我感到莫大的安慰，也使我很快就心定下来。老师原先在我的心目中一直"望之俨然"，接读此信之后，我深切感受到老师的"即之也温"。此后一段时期，潘师每次来信，都念念不忘问候我的身体状况："知道你身体已恢复，很高兴。但仍应小心，我以前对你说过，受损害的肝脏要较长时间才能恢复。在未完全恢复期间，不一定有什么病象，但容易受影响。"（1992年2月14日信）"近来身体已完全恢复未？注意劳逸结合。你们的路还很长，身体切忌'透支'。"（1993年2月20日信）情词殷切，春风扑面，有师如父，生何幸哉！以致当时每有同学问起我的病情时，我竟然以答"跟老师一样的病"而洋洋的心理自居了。

潘师对后学在学业上的要求，始终严格如一，从不放任。1990年，胡建华、龚放、陈列和我开始合著《高等教育学新论》。那时的我们全是初生牛犊，一门心思要标新立异，因而顾此失彼的地方也就不可避免了。因胡、陈二兄不久即出国，这部书也是时作时辍，直到1993年冬才杀青，请潘师作序，这是不用商量的。1994年新年伊始，我收到老师写于1月10日的信，这是一封关于书稿问题的长信，信的开头写道：

> 十一、十二月份我连续出差台湾、香港、北京开会，回校后的短暂间歇又忙于教学和修改研究生的论文，组织并逐一讨论、修改几份参加今年长沙文化选择与大学教育理想研讨会的论文，《高等教育学新论》元旦后才抽出三天大体通读全书，花了一天写一千多字的序。今天将序文迳寄交龚放同志，复印一份给你，是否得当，请酌。
>
> 对这部《新论》的基本评价，已见于序中，还有一些话，不宜写在公开发表的序文中，故另写这封信给你……

紧接着，老师就书稿中几个主要章节在学术立场、理论取向、逻辑关系方面的问题，以及全书材料取舍、内容重复、错字漏字之类诸多硬伤，一一指出，并注明页码验明正身，直截了当提出了批评意见。在公开出版的书序中，潘师既充分肯定了本书的"许多优点"，也指出了"不足之处"，但批评的方式比较温和，也比较含蓄。与书序相比，老师在此信中对主要问题提出的批评，显然要直接得多、严厉得多，一针见血直戳我们的要害。后来，我们几位作者聚首，每谈及此事，一个共同的感受就是：老师不仅在学术上站得高，看得准，而且以书序和私信内外有别的处理方式，既表达了对我们的严格要求，又体现了对我们的热情爱护。老师的良苦用心，彰彰在目，令我们感佩不已。

最后需要解释的是，按惯例，书信的物主应该是写信人而不是收信人。今天我未经潘师同意，擅自录出他手札中的内容连缀成文并将付梓，显然有侵犯老师知识产权之嫌。不过这实在也是事出有因：一来时值新冠疫情非常时期，我实在不忍心打扰百岁老人的安宁；二来仗着老师一以贯之的厚爱，我也自信老师一定会原谅学生的僭越，一定不会深责于我的！

弟子周川与恩师潘先生

（2020年2月29日识于苏州）

附：

痛悼吾师

惊闻吾师潘懋元先生与世长辞，哀思如潮，悲不自胜！先生经师人师，扶掖后学，栽培桃李，春风化雨，贻泽至深。学生忝列门墙，亲承謦欬，沐浴如山师恩，人生何其幸哉！今先生驾鹤西去，弟子痛失恩师，学科痛失泰斗，杏坛痛失楷模，世间痛失贤达，士林痛悼，各界景仰。云山苍苍，江水泱泱；先生之风，山高水长。吾辈弟子定当化悲痛为力量，自强不息，继往开来，努力贡献于高等教育学名山事业，以告慰先师在天之灵！吾师千古！

周川，厦门大学1997届博士，苏州大学教育科学研究院教授，博士生导师。

精感石没羽　岂云惮险艰

——随同潘懋元先生破冰访英轶事

◎康乃美

　　每当我回忆起和潘懋元先生的邂逅与结缘，连我自己都颇感意外和难以置信。尤其是当年在西方一些国家对我国进行所谓制裁与围堵的特殊背景下，随同潘先生访问英国的经历和往事，历历在目，至今仍让我感慨万千，带给我惊心动魄的震撼。

　　我与潘先生的巧遇，可以追溯到1981年3月，改革开放之后福建省首次召开的教授职称评定委员会全体会议。潘先生时任厦门大学副校长，是全省教授职称评定委员会委员，而我是省政府文教办的普通干部，具体承办会务和评审事务工作。尽管那时我还未到而立之年，人微言轻，但是潘先生没有丝毫的架子，给了我很多教诲和指导，并由此与我结下了四十余年亦师亦友的情缘。从1983年4月至1990年3月，潘先生连续四届被福建省政府聘任为省高等教育自学考试指导委员会副主任，而我从1984年5月起被福建省省长任命为省高等教育自学考试指导委员会办公室主要负责人，我们一起为福建省政府委以的创建高等教育自学考试制度等工作而奔忙；1986年2月，在潘先生的支持和鼓励下，我被抽调到国家教委，并参加了国务院《高等教育自学考试暂行条例》的调研与起草工作；1987年3月，潘先生被国家教委任命为全国高等教育自学考试研究指导委员会（以下简称全国考研会）首届主任，我又在潘先生的直接领导下兼做了全国考研会秘书处工作；等等。数十年来，潘先生对我真可谓是"匪面命之，言提其耳"，让我终身受益，铭刻在心。

　　令我难以忘怀的是，在国家教委和福建省人民政府办公厅1989年下达的文件中，潘先生被确定为中国高等教育自学考试赴英国考察组组长，我也是同行的考察组成员，而且成为见诸官方文件当中潘组长的秘书，倍感荣幸和责任重大。本来我们那次教育与学术考察，完全属于国家教委派出的专业考察组，但是那场众所周知的风波一下子把我们业务考察组推到了政治的风口浪尖。潘先生临危受命，不畏艰难，敢为人先，于1989年6月10日至24日率领我们赴英进行学术考察访问和教育合作交流，成为当时第一个突破西方一些发达国家对我国进行的所谓制裁和围堵的官方教育考察组，并取得了破冰突围和深化合作的丰硕成果，为推动中国高等教育继续对外开放和中国自学考试崭新事业走向世界做出了卓越的贡献。现将那次鲜为人知、扣人心弦和颇有意义的访英轶事追忆如下，并谨以此文深切缅怀敬爱的恩师潘懋元先生！

一、扣人心弦，处变不惊

1989年初夏，由国家教委、全国考研会、福建省教委和湖北省教委组成的中国高等教育自学考试考察组一行七人，准备赴英国考察。考察组组长由国务院学位委员会学科召集人、全国考研会主任、厦门大学教授潘懋元先生担任，国务院参事、全国考研会副主任、北京师范大学教授张厚粲和国家督学、福建省教委副主任王昕为副组长，成员还有国家教委王贤民和任福昌、湖北省教委周翔和福建省教委康乃美（兼任考察组秘书）。这是我国高等教育自学考试制度建立以来，第一个由国家教委专门组织和派遣的自学考试出国学术考察组，开了我国高等教育自学考试领域与外国政府、学界和大学进行国际合作交流的先河。

6月3日，根据考察组领导的指示和安排，我先行从福州乘机抵达北京。然后，前往英国驻华大使馆、英国文化委员会驻京办事处和北京民航等处，办理考察组成员相关手续、材料和证件。但是，谁也未曾想到，就在我把护照、入境签证和国际机票等事项都办好了，也可以说是万事俱备只等启程赴英国时，却突然遇上了发生在北京的那场风波，让我们的英国出访计划变得扑朔迷离。

潘先生（左三）和考察组其他成员在伦敦小本钟前合影

6月4日那天晚上，我在下榻的国家教委招待所歇息，听到外面的喧哗声。招待所的值勤保安已把招待所大门锁上，我没有办法出去，对外界的情况并不清楚。那时，我住宿的客房里，也没有电话，只有电视。电视里除了滚动播放公告、通知外，没有其他新闻消息。我真不知道该怎么办，尤其是要不要更改出国行程，心急如焚。我不时跑到招待所前厅，隔着玻璃门窗观察外面的动向，一整晚紧张得都没法睡觉。好不容易熬到第二天清晨，我迫不及待想出招待所上街去看看，但被招待所的值班人员拦住了。我耐心向值班人员进行了解释，也让他们看了我们的国际机票。他们还算通情达理，同意让我出门，并提醒我要注意安全。我一出招待所，就跑到离招待所最近的西单街路口，只看到整条大街几乎是空无一人，也没有公交等车辆往来。

按照我们出国访问的原定计划，6月5日是我们全体考察组成员在北京集中的日子。潘懋元和王昕先生也将于5日下午分别从厦门、福州乘机到达北京。

我思忖着如何尽快把这边发生的意外情况向潘先生等考察组领导汇报，让他们有所了解和早做决断。但是，那时候没有手机，通信还不发达，连挂长途电话都非常难。平常我是到长安街邮局排长队打长途电话。那天邮局根本没开门营业。万般无奈之下，我跑到国家教委，找住在里面的两位姓王的朋友帮忙，通过他们办公室电话机，分别跟潘懋元和王昕两位先生通了长途电话。我简要把我在北京这边的最新情况向他们汇报了一下，并建议他们从安全的角度考虑，可能还是暂时先不要到北京比较好。两位先生的判断是，只要航班能起飞，人身安全应该没有多大的问题。他们跟我说，不会更改当天赴北京的行程，并已准备好去机场了。他们还一再叮咛我要注意安全，想方设法到北京机场接机，不见不散。

接潘先生兹事体大。但是，在当时北京已完全进入紧急状态下，我实在找不到任何交通工具和相关人员送我去首都机场，连自行车都租借不到了。时间已容不得我半点犹豫，剩下的办法只有徒步去首都机场。我从招待所带上一张纸质北京交通地图，就急匆匆独自冒险赶路了。在从北京西单至首都机场的路上，我遭遇到各种异常紧张和惊险的场面，这是不言而喻的。连我自己也不明白那天躲躲闪闪闯过多少险关、走了多少冤枉路，最后总算步行到了首都机场航站楼。我看到机场出口处接站的人寥寥无几，屏幕上也没有任何航班到达信息。我只能死守在机场出口处，眼巴巴地盯着从里头走出来的每一个人员。一直等到了深夜，还是没接到潘先生。那天整个机场候机厅和附近宾馆商店都是关闭的，既无处打电话和休息，也没地方喝水吃饭。我和那里几位素不相识又有共同遭遇的接站人员商量好，大家晚上千万不要上街，一起在机场候机厅门外找一个角落夜宿，互相照应，熬到天亮再想办法。我白天已徒步几十里路，非常疲惫，吃喝拉撒睡也都成问题，只能硬扛着。事后潘先生曾问我，那次会不会害怕。我说："走路和饿了都不怕，可以凭以前步行大串联的老经验应对。"

6日清晨，首都机场可以说是鸦雀无声，接机出口处也是门可罗雀。我没有潘先生的任何航行信息，也不知道他的个人安危，真为他捏一把汗。我想，继续待在机场也不是办法，便赶紧徒步返回国家教委去打听消息和了解情况。一路上店铺也都没有营业，我在路边胡乱买点吃的东西充饥。到了西单，我先拐到国家教委朋友那里，跟福州和厦门的单位打了长途电话，得知潘先生是因为航班取消无法来北京。知道他安全，我悬着的心才算落下来了。我把自己去北京机场的亲身历险向潘先生做了汇报，并再次提请他重新考虑调整赴京和考察组出访计划之事。但是，潘先生还是坚定地告诉我，只要有航班，就会乘飞机来北京。

7日早上，我如同前一天那样，再次冒险前往首都机场接潘先生。这一次我比较顺利地接到了潘先生，内心既高兴又犯愁。潘先生明白我的无奈之处，说道："你是怎么来，我们也就怎么回去。"我也没有别的选择，只能帮他拎着大行李箱，两人一起徒步前往国家教委招待所。从首都机场到西单的路途毕竟比较远，加上路上还是经常遇到意想不到的特殊情况，两人走走停停。一路上，我们小心翼翼，不敢出任何差错。后来，我看到路上偶尔有赶牛马车运蔬菜的老乡，或者还能搭载人的自行车、人力三轮车，我就赶上去跟车主搭讪，请同路人帮潘先生捎带一程。有两三位车主挺热心的，同意捎带，但都是很短的一段路程。只要能尽快安全到达招待所，让潘先生少走点路、少受点委屈和折腾，我也算是"无所不用其极"了。到了晚上，我们已经走得很累了，又饿又渴，疲惫不堪。街上的店铺还是关门的，好不容易看到一家半开着门的小馆子，里面没有人，我们站在门口硬等着，只能碰碰运气。还好我们遇上了热心的伙计，他特地帮我们煮了馄饨，此情让我们难以忘怀。快半夜，我们才走到了招待所。我把行李箱扛到潘先生住房时，看到他脚都走肿了，连鞋子都不好脱下来，我心里非常愧疚。潘先生那一趟赴京，前前后后应该也是经历了不少他前所未遇的艰险，但他完全把个人安危劳顿置之度外，泰然处之。

值得一提的是，2020年5月，潘先生之子潘世平先生听我追忆这一往事后，曾特地回家详询潘先生。潘先生居然对这段往事记忆犹新，滔滔不绝地向家人描述了当时在北京特殊状态下长途跋涉、避艰险、闯关卡、搭坐牛车和人力三轮车等扣人心弦的具体过程。

二、临危受命，破冰启航

6月8日，我们考察组的两位正副组长都到北京了，加上我这个提前抵京的秘书，共有三人。按照国家教委为考察组搭建的临时工作班子，主要成员算是已经到位了。面对当时错综复杂和瞬息万变的形势，我们考察组碰到的最紧迫的问题就是需要尽快拿出如期或者取消出国考察访问的方案。

那天上午，我们三人就在西单大木仓胡同的国家教委招待所内召开碰头会。首先，我们对如期出国考察访问可能会遇到的各种障碍、困难等问题和利弊进行具体分析，并研究了针对不同情况的应对措施和预案。如果按原定计划出国考察访问，我们估计最有可能遇到的主要问题，就是在境外时全组人员的安全风险以及航班停飞、出入境过关被卡、接待被取消和被迫滞留在外等情况，甚至还有可能遭遇一些意外事件。当时确实也有各种传言，包括某些外部势力宣称要对中国采取制裁和围堵措施，甚至要制造一些事端等等。迫于当时严峻的形势和安全等因素，中国其他出国团组基本上暂停或者调整出访行程。有的出国团组是遇到外方的拒绝，不能前往考察访问；也有一些出国团组是内部成员有担忧和顾虑，觉得代价和风险太大，自己取消或者放弃了出国考察访问的计划。

我们三人经过多种方案的比较研究和综合分析，比较一致的意见是：鉴于我们国家面临的严峻的形势和挑战，以及本次出国考察任务的重要性和特殊性，关键是我们自己不要胆怯退缩。我们讨论的最终结果是：出国访问既不应改期也不能取消，只能按照原定航班时间如期出国访问，也要避免给国家声誉和经费造成损失。会后，考察组领导让我再征询每一位成员的看法和意见，大家一致赞同考察组领导决定。给我的第一感觉是，好像大家都有豁出去的思想准备，愿意当一个中国高等教育界出国考察访问的破冰者和突破国外"制裁围堵"的逆行者。

开完碰头会并征求大家意见之后，潘先生和王昕让我跟时任国家教委副主任的邹时炎和全国高等教育自学考试指导委员会秘书长杨伯熙先生联系。我很快和邹时炎、杨伯熙两位领导约好，当天下午由潘先生、王昕和我一起到邹副主任办公室去汇报和请示。记得那天下午邹副主任特别忙，他让秘书请我们在他的办公室等候，一直等到机关快下班了，他才开完其他会议挤出时间会见我们。因为时间短，大家开门见山，直奔主题，效率很高。需要国家教委领导拍板的事情，邹副主任很有魄力、很果断，一一明确表了态，让我们更有信心和底气。我总体感觉，无论是国家教委和全国考委会的领导还是我们考察组领导，对在那一特殊时刻出国考察的看法意见完全一致。大家都认为这次出国考察的时机不同寻常，应该敢为人先，急国家之所急，解教育之所困，不辱使命，不负众望。那次会谈有几个内容很重要，我的印象较为深刻。

其一，国家教委邹副主任主要从国际形势和国家发展大局谈了我们这次出国考察访问的作用和意义，给了我们莫大的鼓舞。邹副主任说："我们面临的国际形势比较复杂严峻，现在有一些国家要对我国进行所谓的制裁和封锁。如何冲破这种制裁和封锁，也是这次出访面临的一项重要任务。你们这个考察访问组如果能成行的话，从时间节点上说，应该是全国教育系统最先冲出国外制裁和围堵圈的考察访问组。如果你们这次考察访问成功的话，可以为其他出国考察访问团组提供借鉴经验，也可以为其他出国考察访问团组探出一条路子。因此，你们这次出国考察访问的意义应该已经超出国家高等教育自学考试的范围。"

其二，全国考委会杨秘书长主要从国家教委和全国考委会自学考试工作状况与需求的角度，为我们指出这次出国考察组肩负的使命和任务。杨秘书长说："这项出国计划从国家教委和全国考委会的角度来说谋划和筹备了比较长时间，投了不少精力、人力和物力，其目的是要开创自学考试国际学术交流合作的新局面。我国自学考试经过近十年的发展，取得了很大成就，但也面临很多急迫的问题与困惑，正处在一个比较关键的十字路口。现在很需要学习和借鉴国外的经验教训，借他山之石，对自学考试发展方向和路径进行探索，尽量少走弯路和少折腾，寻找一条具有中国特色又符合世界发展潮流的自学考试发展道路。因此，你们这次出国考察访问，从某种意义上说关系到自学考试的改革与发展。"

其三，潘懋元先生从全国考研会的使命职责方面汇报了这次考察组的准备情况、工作进展和下一步计划。潘先生说："国务院自学考试暂行条例赋予了全国考研会明确的使命和职责。但是，自学考试如果不开展国际学术交流和科学研究，是很难完成和担负这个使命和职责的。这次国家派出第一个全国自学考试出国考察访问组，也是贯彻落实国务院条例的实际行动。全国考研会为此做了大量的前期筹备和准备工作，特别是张厚粲教授积极跟英国文化委员会联系并得到他们的支持，为保障这次出国考察访问的成功奠定了很好的基础。"潘先生认为，高等教育自学考试虽然是我国土生土长的一种教育制度，但它毕竟受到当今世界教育与考试发展潮流的影响。这次出国考察访问来之不易，我们应该按照国家教委的要求，针对自学考试理论和实践的实际问题进行考察和交流，本着洋为中用的原则，争取拿出高质量的考察报告，为自学考试改革发展和科学决策提供依据，同时扩大国际的学术联系和科研合作，对自学考试的理论研究和实践探索产生良好影响与引领作用。

其四，王昕先生汇报了福建省政府和福建省教委领导对这次出国考察的高度重视，以及办理出国组审批、外汇兑换、英国签证申请审批等的情况，并谈了出国财务费用打算和管理办法等等。记得王昕谈及为了节省开支，我

精感石没羽 岂云惮险艰

们在英国考察期间准备请省教委在英留学进修的杨小川协助工作和翻译，往返国际机票都是买中国航空公司的，在国外基本都是住在中国驻外机构或者华侨华人家庭旅馆等。国家教委邹副主任听了表示赞同，还赞扬王昕真会精打细算，不愧是分管财务计划的业务领导。

总之，那次行前国家教委领导同志的重要指示，为我们出国考察访问组工作确立了原则，为我们破冰启航之行和如期出国考察访问一锤定音，也为我们后来突破国外围堵、取得出国考察访问丰硕成果提供了有力保障。

三、精诚所至，开启新局

6月12日至6月22日，我们考察组在英国展开了紧张的学术考察与合作交流活动，也是我们考察与洽谈能否取得进展和成功的关键期。但是，当时西方一些发达国家，对中国的所谓制裁和围堵也越来越厉害，我们考察组在英国所处的环境也越来越不利。我记得就在考察访问进入最为紧张的阶段，我们接二连三碰到几件颇为惊险和棘手的事件。一是我们在某个城市住在我国驻外机构的招待所里，大概就在我们离开那个招待所的次日，我们就听到下榻的那个招待所，被人冲撞进去并被临时占去的消息。幸好我们已离开那

潘先生（前排左一）和考察组其他成员与爱丁堡教育委员会专家和爱丁堡大学约翰·瑞文教授合影

个招待所，否则也是相当麻烦和被动。二是我们在某个城市的中国民航驻外公司办理行程手续，大概在我们办好手续刚离开不久，就在民航办事处附近发生了扰乱事件等。

正所谓"精诚所至，金石为开"。尽管我们那次赴英考察访问，遇到了种种惊涛骇浪、艰难险阻，但是正因为有潘先生处处以身作则，事事率先垂范，我们始终牢记使命，坚持原则，不畏艰险，不怕辛劳，以诚待人，也深深打动了英国的相关教育机构工作人员和专家学者，使得破冰行动和考察访问在当时错综复杂与严峻的形势下取得了极大的收获和成功。在短短的十来天里，我们先后辗转伦敦、爱丁堡、格拉斯哥等多个城市，对英国开放大学、剑桥大学、格拉斯哥大学、爱丁堡大学、英国开放大学东南部分校、巴克黑文开放学院 6 所高校，还有苏格兰职业技术教育委员会、伦敦城市与行会考试院、牛津大学地方考试中心等 3 个教育部门或者考试机构进行深度考察，对英国的高等教育和远程开放教育、教育考试和社会考试、学科性考试和职业性考试等情况与经验，进行了多方面的深度了解和交流，圆满完成了国家教委和福建省人民政府交给我们的重要使命和考察任务，达到了预期的考察目的。关于那次出国考察的具体情况与收获，在我们考察组 1989 年 6 月上报给国家教委的考察报告书中，还有潘懋元、王昕和我在《福建高等教育研究》1989年第 3 期发表的《英国考试制度及开放教育考察报告》等论文，以及《潘懋元文集》卷四第 429 页至 437 页的内容当中，都有专门的阐述。我在拙作《自学考试制度研究》（湖北长江出版集团、湖北人民出版社，2006 年 4 月出版）以及其他报刊中也曾对那次访英考察进行了简要总结。因此，在这里就不再赘述。

虽然那次赴英考察已经过去三十四年了，但是即使从今天的角度来审视，它也仍然具有重要的意义和影响。仅从国家高等教育自学考试制度来看，我认为至少还有以下几方面的价值：一是为国家高等教育自学考试顶层制度设计和政策制订提供了高质量咨询报告和决策参考依据。考察组结合中国实际，借鉴英国经验，有针对性地提出四大方面、数十条改进和完善我国自学考试政策法规的合理化建议，均被国家和地方政府与教育管理部门所采纳和运用，确保了具有中国特色的自学考试事业至今还处于健康可持续发展的阶段，行稳致远，长盛不衰。二是为国际教育界认可中国高等教育自学考试教育形式以及承认自学考试学历和互认学分奠定了坚实的基础，为当时已有的数以百万计、如今已累计高达数以千万计自学考试学习者办了实事，同时也扭转了国外学界和国际教育组织原来对中国新兴的这样一种超巨型高等教育形式的误解，还改变了当时西方一些教育机构认为的中国高等教育还不够开放多样、教育模式还比较封闭的偏见，摸索出一条让中国自学考试走向世界和让世界了解中国自学考试的新路子。三是开了中国高等教育自学考试与国际合作交流的先河，为后来源源不断的国际学术研讨与交流起到引领作用。例如，随后陆续召开的 1992 年首届中国自学考试国际研讨会、1993 年的国际持续教育发展研讨会、1996 年的 IAEA（International Association for Educational Assessment，国际教育评价协会）第 22 届年会、1998 年的远距离开放教育国际研讨会等等与自学考试相关的大型高规格国际学术会议和论坛，都取得了意想不到的成功。四是极大提升了中国自学考试事业在国际同行中的认可度和知名度，尤其是引起走在世界开放教育、社会技能考试和校外等级考试领域前列的英国学界的关注和回应，开启了中国高等教育自学考试走向世界和与国际教育深度融合交流的新局面。比如，后来全国自考办与英国剑桥大学考试委员会（UCLES）同意在商务管理、文秘、会计及金融等自学考试专业当中选用 UCLES 相关考试课程等等。类似这样的国际合作案例举不胜举。还有不少英国教育机构、知名学者和专家，在我们考察回国之后接踵而来考察中国自学考试制度，将英国官方、学界与中国自学考试机构的国际合作交流推向新高潮。

总而言之，那次由潘先生率领我们突破重重障碍赴英国的考察访问，无疑是一次至今仍然还在影响和改变数以千万计的中国高等教育自考学习者与教育者的破冰之行，是一次彰显中国教育界改革开放战略定力、政治智慧和外事风范，以及中华优秀文化教育传统的文明之行，也是一次敢于冲破一些国家对中国教育国际合作交流事业的阻挠和围堵，从政治、教育和外事等方面有效应对国际风云变幻的探险之行。与其说那是一次学术访问，不如说那是一场外事博弈。岁序不断更迭，而今历史已翻开了中国教育改革的新篇章。随着时间的推移，潘先生首次率组访英的现实意义和历史价值更显得珍贵。时隔数十年的这些往事历久弥新，我谨借追忆随同潘懋元先生访英的轶事，向当年敢于突破西方一些国家对我国进行的所谓制裁和围堵，并为我国高等教育改革与自学考试国际合作交流做出卓越贡献的潘先生致以最深切的怀念！

1989 年 6 月，潘先生访问英国时留影

康乃美，厦门大学 2004 届博士，原福建广播电视大学副校长、研究员。

精感石没羽　岂云悼险艰

117

一堂追思我的导师潘懋元高等教育思想的课

◎李盛兵

同学们，昨天上午（2022年12月6日8时50分），潘先生辞世了，我们很震惊也很悲痛。今天早上我突然想到，今天这堂课和大家一起来追思潘懋元先生的高等教育思想。于是7点多一点就去办公室做PPT，总结了潘先生的十大高等教育思想，与大家一起回顾、追思。

潘先生一直以做教师为荣。他曾深情地说，"我的理想是当教师，当一个好老师""我一生最为欣慰的是，我的名字排在教师的行列里。如果再让我选择一次，我还会选择教师这个行业"。我和卢晓中老师、刘志文老师、吴玫老师都是他的学生，还有许许多多的在中国大地研究高等教育的专家。他是我的博士生导师，你们是他的徒子徒孙。他当老师的时间非常长，他15岁做老师，今年102周岁，做了87年的老师，从小学老师到大学老师。教育部曾经给他颁授最高荣誉"全国教书育人楷模"、"全国优秀教师"。他喜欢当老师，也以当老师为荣，并且当得非常成功，成为一代宗师，也被称为大先生，所以他这个老师当得非常值得，非常有价值。

一、生平

在抗日战争时期，潘先生作为战地记者，到粤东潮汕地区当记者，参加抗战，在炮火下、在前线。他1920年8月出生于我们广东，是我们广东人。他在汕头市长大，他的父亲是开一个小商店的，杂货店。他的哥哥也很出名，是一个语言学家，在20多岁就去世了。但是他哥哥20多岁就成为汕头地方方言的语言学家，对他也影响很大。他爱好文学，我们在厦门大学读书的时候，他还看《小说月报》。我们那个时候流行的几本杂志《收获》、《新华文摘》，先生每个月都要看。因为他从小就爱好文学，所以相当长的一段时期内，他写的文章大部分都是杂文和小说。后来他考取了厦门大学教育系，留在了厦门，当过厦门大学附属小学的校长。新中国成立后，他到中国人民大学、北京师范大学去学习研究生课程。参加这个研究生课程的人来自全国各地，十几个人，班不大，但是这个班出来的人全都是一方大家，像东北师大的王逢贤教授，有华东师大的，华中师大的，还有北师大的等等。你们现在是研究生，那时候潘先生也是新中国成立之后到中国人民大学读研究生课程，还没有学位，不像你们还有学位，所以潘先生的最高学历就是研究生学历，没有学位。后来这个班又转到北京师范大学。这个班的老师是俄罗斯专家，俄罗斯专家到中国来援助援教，培养我国高层次的教育人才、教育研究人才。到 50 年代之后，潘先生由于跟在中国人民大学学习的其他学员不一样，他们都是在师范大学——北师大、华东师大、华中师大、东北师大等等，潘先生是来自厦门大学，综合性大学，没有培养中小学师资的责任，所以潘先生总觉得面向中小学的教育学，对大学的教学不怎么适用，不怎么匹配。他带着好奇之心、责任之心、创新之心，倡议建立研究高等专业教育的学科。所以在 1978 年，改革开放之后，他在《光明日报》发表了一篇文章，倡导开展高等教育的理论研究。其实他在上世纪 50 年代也写了一篇文章，关于高等专业教育问题的研究，因为教育学研究的是中小学问题，他提出要研究大学的专业问题。大学的教育是专业教育，那专业教育应该怎么搞呢？要培养什么样的人呢？课程怎么设置呢？大学生和中小学生有什么不一样的学习特点、研究特点、发展特点呢？所以在 50 年代，他就提出要做。但是之后"文革"使得这个事情没有做成。

　　1978 年之后，我国迎来科学的春天，高等教育的春天也到来了。他积极发文，开展高等教育的理论研究。1978 年，潘先生已经是 58 岁了，还振臂高呼要成立高等教育学。我们一般 60 岁都退休了，但是潘先生 58 岁，快 60 岁才开始他真正的高等教育学术生涯，开创了中国高等教育学科的多个第一，是中国高等教育学的创始人。1978 年他创办主持了全国第一个高等教育研究室——厦大高等教育问题研究室。1981 年开始招收第一批高等教育学的硕士生，那个时候招硕士生都是很难的。到现在 41 年过去了，我们的硕士生每年招生 100 多万人，那个时候每年全国可能就招近千人。40 年来，中国高等教育发展非常快，硕士生也非常多。1984 年他就被任命为厦大高等教育研究所所长。1978 年是研究室，1984 年改为研究所。1986 年高教所拥有第一个高等教育学博士学位授权点。他作为第一位高等教育学博士生导师，招收了第一批博士生，两个人，我们的大师兄王伟廉和邬大光。一年招两个，不多。1988 年厦大的高等教育学成为国家重点学科，这是一个非常重要的里程碑。我们华南师大教育技术学是国家重点学科。我记得在厦大那个时候，我是1991 年去厦大读博士，那时候有六个国家重点学科，高等教育学是其中之一，这个很难得。全国的教育学重点学科都不多，大概北师大一个，华东师大一个，还有我们厦大的，还有一些其他高校。1998 年就是变成"211 工程"重点建设学科。2000 年，厦大高等教育发展研究中心成为教育部人文社科重点基地，这个重点基地，到现在也有 22 年了，非常不容易。我们华南师大教科院到现在也没有教育部人文社科重点基地，心理学有，教育学没有。所以从很多的平台来看，在潘先生的领导下，高等教育学的平台建设、学位点、重点学科、文科重点基地，这些建设都很齐全。

乐于教的潘先生

2004 年，他把厦大高教所改成厦大教育研究院，扩大研究生招生规模等等。潘先生的成就在全国这么多年来是很少有人企及的。刚才说了，潘先生是从 15 岁到现在做了 87 年的老师，从小学校长、中学教务主任，到大学校长。这张照片是他所喜欢的，他喜欢抽烟，笑得也很可爱。我和卢老师、刘志文老师等广东校友曾经用他家乡的潮绣绣了这张照片，送给了先生，他很喜欢。这是关于他的生平。他的生平总的来说，高寿，热爱教育事业，喜欢创新，喜欢创造，贡献巨大。我记得在 2016 年，他 96 岁的时候，听说乌鲁木齐通高铁了，就突发奇想，要坐高铁去乌鲁木齐。于是，他就带着 8 个晚辈（包括 4 个孩子的配偶），8 个晚辈都是六七十岁以上了，他们 9 人超老龄旅行团从厦门坐飞机到兰州。后来去了西宁、游了青海湖，再坐高铁去乌鲁木齐。我那时候刚在北京参加一个评审会，知道先生去西宁了，我也坐飞机到西宁接待了他们。所以，他是有好奇心、探究探险个性的。还有一次，大概是八九年前他来到广州，也想爬一下广州塔（"小蛮腰"），我们广州有几个学生，就陪着他去了。他的好奇心、探究心永不停息。潘先生仁爱，爱生如子，高寿，开创了高等教育学科，事业取得了巨大的成就，没有他我们可能会吃另外一碗饭。我也是 1991 年从北京师范大学硕士毕业之后投奔到潘先生门下的。岁月匆匆，过去了 31 年的时间，无论是在他身边还是不在他身边，我们都以先生为榜样。

二、高等教育思想

我们下面谈先生的高等教育思想。潘先生的高等教育思想是无比丰富的，不局限于某一个领域的研究；因为他是大家，是开创者，所以他对高等教育学的诸多领域都有研究，几乎涉猎了所有的领域。不像现在我们这些人，卢老师是做高等教育发展研究，刘志文老师是做职业教育研究，还有我做国际教育研究，各有侧重。潘先生的研究领域广泛，且具开拓性。

（一）高等教育学科建设思想

第一个我想跟大家谈的是潘先生的高等教育学科建设思想。这是他毕生所努力的，他致力于高等教育研究学科化建设。我们知道教育学是一级学科，下面有诸多的二级学科，最传统的就是教育哲学、教育经济学、课程与教学论、教育史、比较教育、学前教育、特殊教育等等。潘先生执着于高等教育的研究，并且搞得轰轰烈烈，促进了中国高等教育的大众化和普及化。高等教育学科建设是他的重大贡献。在此过程当中也形成了他的学科建设的思想。第一个是建立独立学科的思想。我们知道在西方高等教育学不是一个学科，它仅仅是一个 research field，是一个研究领域。在西方，高等教育研究者主要是做高等教育的研究，而没有学科建设。在中国，潘先生致力于学科的建设，通过他的努力和其他同辈人的努力，终于把高等教育学变成了一个二级学科。因为高等教育和基础教育有很大的不同，不管是研究对象、研究问题还是高等教育自身的规律都不一样。所以他建立了一个独立的学科，他主张独立性。在中国为什么要建立学科呢？因为中国很多的建制是按照学科来的，你不做学科，这个高等教育就无法纳入教育学科的建制上，纳入不到建制当中，也就没有硕士点，也就没有博士点，也就不能建立重点研究基地，也就没有研究队伍，也就没有学会等等。所以在中国的这种学科建制下，要发展一个学科，它就必须要独立成为学科，这个和西方是不一样的。第二，他提出高等教育学科要大发展，就要建立高等教育研究所（室）和探究学科体系。全国高校建立了四五百个高等教育研究所，这比许许多多的师范大学的建设更要广泛。师范大学，全国有二百多所。也就是说，教育学也好，课程论也好，最多就二百多个。高等教育研究所全国有四五百个，所以高等教育学的研究就非常广泛。还有就是要开展高等教育学科的体系建设。要构建一个学科，高等教育学体系就要有别于基础教育学，不能是中小学或者传统教育学的学科体系。这个是需要探讨的，在 20 世纪 80 年代、90 年代甚至 21 世纪初都在探讨高等教育学的逻辑起点问题、高等教育学的知识体系问题、学问框架问题等。第三，潘先生极力主张，当然也是受到伯顿·克拉克的影响，高等教育研究是一个多学科的研究，要从多学科角度去研究高等教育的问题和现象。他也像克拉克一样，组织专家编了一本书——《多学科观点的高等教育研究》，从社会学、管理学、历史学、哲学、心理学、经济学、政治学、文化学、比较学等学科去研究高等教育学。这里，简单地给大家介绍了一下这三个方面的高等教育学科建设的思想。第一个是独立的二级学科。第二个是学科体系的建设、知识体系的建设。第三个就是多学科研究方法。

（二）教育规律思想

第二个我们谈一下他的教育规律思想。潘先生在高等教育理论建设方面的最大贡献，除了学科建设方面，就是提出了教育的内外部关系规律。我们在第二节课讲了这个内容，他最大的理论贡献就是内外部关系规律。他指出，内部关系规律就是促进学生的全面发展。外部关系规律就是要适应社会发展的需要，要为社会服务，为政治、经济、文化、科技服务。内外部关系规律，是可以结合的。他写了非常多的文章，特别是关于教育外部关系规律的。随着我国经济体制的变革，从计划经济、有计划的商品经济到商品经济再到市场经济，潘先生写了一系列的文章，主张教育要适应经济体制的变革。因为长期以来，特别是改革开放之后，中央政府的主要政策精神就是要以经济为中心，让人民富裕起来。所以邓小平同志提出以经济为中心，把经济抓好，把经济搞上去，把国力搞上去。潘先生就提出教育也要服务经济的发展，所以他提出了教育外部关系规律。当然，科技生产这一块也非常关键。从信息高速公路、网络技术到现在的"卡脖子"技术等等，教育或者大学都要服务于所有技术的变革和创新，这个就不说太多了。

（三）民办高等教育思想

第三个思想就是民办高等教育思想。为什么把民办高等教育也放在这么重要的地位？因为民办高等教育对新中国来说，特别是对社会主义改造阶段之后的新中国来说非常陌生，大家疑虑很大。国外叫私立（private），我们叫民办、民营。为什么要叫民营民办，都是很讲究的：我们不能谈私营，因为我们是社会主义国家，在相当长的一段时间内，我们要割资本主义的尾巴，要革资本主义的命。因此，发展私立高等教育或者民办高等教育成为一种禁忌，成为一个禁区，成为一种不可言表的东西。潘先生具有非凡的勇气。在改革开放不久、民营经济慢慢发展起来之后，在中央政府政策不断地走向开放和允许市场经济和私有经济发展的这样一个时期，在教育还被视为上层建筑、是政治的这样一个传统的思想背景下，潘先生作为一个教育家，有远见的教育家，非常有勇气地提出要大力发展民办高等教育，这是一种创建。因为我们知道在新中国成立之后，私立大学都收归国有，教会大学收归国有。我们好不容易把私立的收回来了，怎么还要去办私立的大学或者民办的大学？有很多人是想不通的。而潘先生认为，第一，教育要适应经济体制的变革，因为经济体制开始走向多元的经济，有国有的，有私有的，也有混合的，所以需要民办高等教育。第二，高等教育要发展，需要社会资源的参与，不能全靠政府。政府没有那么多钱办高等教育，没有那么多钱办大学，没有那么多大学就没有更多的人能接受高等教育。高等教育要从精英化到大众化，要提高中国人的素质、文化知识水平，这就需要大力发展高等教育。而大力发展高等教育，政府没钱怎么办？那就要像经济体制变革一样，变革教育体制，大力发展民办高等教育。第三，民办高校充满活力，可以为整个高等教育体系带来生机、活力。因此，潘先生奔走呼吁，跟教育部的领导、各省市的领导谈，要发展民办高等教育，要出台民办高等教育法。所以在法制建设这一块，潘先生也做出了巨大的贡献，直接参与民办高等教育法的建设。厦门大学的第一位硕士生，第三位博士生魏贻通师兄，他的博士论文就写的是民办教育法的立法前期研究。潘先生和他的学生直接参与了民办高等教育法的建设、民办高等教育政策的建设。当民办高等教育在其发展过程当中受到很多的不公平待遇时，例如招生问题、学生的奖学金问题、学生的毕业分配问题、办学的土地问题、教师的评职称的问题等，潘先生也都直面现实，和当地政府的教育主管部门，还有和民办学校的办学者、民办高校的校长一起来探讨民办高等教育的发展。甚至，我国有一段时期，出现了一种新的高等教育机构叫独立学院。独立学院是公办大学举办的民办本科学院，直接是本科层次，并且挂靠公办大学的牌子招生，师资也有保障，这样对早期的民办高校产生了不公平的竞争，产生了压制。针对这种现象，潘先生毫不畏惧，批评了独立学院的做法。如今，独立学院也成了历史。从前几年开始，中国的独立学院开始分离，不能再挂靠公办大学，一批独立学院就分离出去了。我们华南师范大学的增城学院就改成了广州商学院，独立了。中山大学的南方学院改成广州南方学院。独立学院全都改为独立的民办高等院校，包括吉林大学的珠海学院、北京师范大学的珠海分校、北理工的珠海学院、中山大学的新华学院、华南农业大学的珠江学院。在民办高等教育无论是研究还是发展上，潘先生都展示出了非常难得的开放的思想、创新的思想还有勇敢的品质，对我国民办高等教育的研究和发展做出了巨大的贡献。

（四）高等教育地方化思想

第四个是高等教育地方化思想。为什么把它放在第四，也是有原因的。因为我们中国的办学是国家办学，地方的办学权力很小，这是其一。其二是我国长期以来有中央集权的传统，地方的自主权，包括省、地市的自主权，包括经济发展的自主权、教育发展的自主权，长期以来在我们的计划经济体制之下也是不敢谈的，也是一个禁区，也是发展不充分的。所以，潘先生提出高等教育地方化问题，这就具有划时代的意义。要发挥地方政府，尤其是第三级市政府的发展经济、发展教育的权力。潘先生分别于 1990 年和 1992 年与他的学生邬大光，还有我，写了中国高等教育地方化的文章，提出要激发地方发展高等教育的积极性。其实，那个时候我国各地市都在发展高等教育，就像英国的城市大学运动，英国在 19 世纪早期兴办城市大学，我国在 80 年代也开始了城市大学运动。在广东我们有广州大学，那个时候城市大学是专科，都叫大学。广州大学、佛山大学、韶关大学、惠州大学等，一批城市的大学就这样产生了。北京也有，上海也有，湖北有江汉大学等。高等教育地方化蓬勃开展起来。在西方，有个词叫 decentralization，去中心化、去中央化。因此，地方高等教育获得了巨大的发展。潘先生在这个时期具有理论勇气，提出打破传统的集权体制。去中央集权在过去是一种大逆不道的思想，但是潘先生 1990 年是已经 70 周岁了，还具有这么大的勇气来提出高等教育地方化问题。正因为如此，各地市高等教育获得了巨大的发展。特别是深圳，在改革开放之前没有一所大学。深圳大学是 80 年代建立的，第二所大学南方科技大学是 2012 年建立的，所以深圳的大学建设还是比较晚的。珠海也是这样，东莞、佛山也是这样，全国其他地市也是如此。比如说浙江的嘉兴、绍兴等一些城市都有大学，像扬州有扬州大学，像苏州、无锡、镇江、常州全部都有，每个城市都有它的城市大学。

（五）高等教育分类思想

潘先生的第五个思想是高等教育分类思想。高等教育分类管理在当时是一个新的思想。高等教育如何分类，大学如何分类办学、分类管理是一个重要的问题，这个问题要处理好。不然，大家都会觉得办大学就是要办清华北大，因为清华北大是最好的。潘先生是从社会需要出发，从联合国教科文组织的高等教育分类体系出发，提出了中国高等教育的分类管理、分类办学的思想，亦即政府分类管理，高校分类办学。其实，社会上不仅需要清华北大培养的精英学术人才，也需要应用型人才、职业型人才。因此，高等学校应该有多样化的分类和多样化的办学，按照多元化的分类办学来进行分类管理。潘先生提出这个思想的依据主要有两个，一个是联合国教科文组织对全球 100 多个国家和地区的高等教育提出了一个三级教育体系，第一级教育是基础教育，第二级教育是中等教育，第三级教育是高等教育，层级是三级。从横向看，高等教育分为两类，一类是普通高等教育，一类是职业高等教育，分别叫 5A、5B。潘先生和他的多个学生一起探讨了这个高等教育分类的思想，并且发表了多篇论文。第二个依据就是现实社会的要求。在现实社会当

中需要各种各样的人才，我们的人才培养机构和教育活动也需要多样化。潘先生高等教育分类思想应该说是符合国际精神的，也是符合国内社会现实需要的。

（六）高等教育大众化思想

潘先生第六个思想是高等教育大众化的思想。大众化高等教育思想是美国的教育专家特罗的思想。特罗在上世纪 70 年代，在总结欧美高等教育发展情况的基础上，提出了高等教育发展的一个阶段性的规律，那就是高等教育发展经历三个阶段，分别是精英阶段、大众阶段和普及阶段。特罗这三个阶段的思想，进入中国之后受到了热捧。无论是政府还是学界都对大众化思想很感兴趣，并且有很多的统计数据，包括全球发达国家的、中等发达国家的、发展中国家的、欠发达国家的高等教育毛入学率的排名和分层。总的来说，毛入学率达到 15% 以上，这个国家高等教育就进入了大众化阶段。当然，大众化的时期很长，从毛入学率 15% 到 50%，跨度很大。所以，大众化阶段也分为大众化初期、大众化中期和大众化后期。特罗先生不仅提出了不同高等教育阶段量的规定，即 15% 和 50% 这样的规定，还提出质的规定，即精英高等教育具有哪些质的特征，例如从上学的对象来看，少数人上学这样一个质的规定，还有课程设置、考试、教学、教师、管理等等。潘先生在研究特罗的大众化思想的时候，敏锐地发现精英阶段也具有大众化的特征，大众阶段也具有精英化的特征。例如多元化办学，我国在精英阶段不光有清华北大，也有专科，也有自考，本来这种多样化办学是在大众化和普及化阶段才有。例如教学形式既有教师中心的，也有学生中心的，各种各样。他认为，从精英到大众高等教育阶段，中间有一个过渡阶段，据此，他创造性地提出高等教育过渡阶段理论。这个过渡阶段思想也是一种发现，是在特罗理论中找到了一些空缺，找到了一些新的可以补充的东西。因此，高等教育过渡阶段论是潘先生的一个创见。除此之外，潘先生针对大众化时期高等教育质量下降的说法，提出高等教育多元质量观。他说，高等教育质量下降既是一个真命题，也是一个假命题，要用多元质量观来指导高校人才培养的实践。

（七）应用型高等教育思想

第七个就是应用型高等教育思想。应该说，高等教育有学术型和应用型，也属于一种分类的思想。但是潘先生特别重视应用型的高等教育的发展，专门写了一本书，也获得教育部人文社科一等奖。他经常带着博士生特别是教育专业博士生，去应用型高校进行蹲点访学，调研应用型大学办学存在的困惑和问题。比如说应用型大学的培养目标问题、课程设置问题、双师型教师问题、见习实训问题、就业问题，都进行访问调研。潘先生是在 85 岁以后才开始探讨应用型高等教育的，并且把很多的精力花在了这个方面，说明潘先生的思想的确是从宏观、从学科、从知识体系、从理论层面的思考，从外部关系规律的思考进入一个较为中观的和微观的领域来研究高等教育，这是潘先生的教育研究思想的一个比较大的转变。换言之，就是从宏观的政策问题、理论问题、规律问题转到中微观的高等教育的问题，特别是应用型高等教育的问题，这个转变非常重要。因为中国高等教育进入大众化普及化阶段之后，已经成为一个巨型的高等教育体。4000 多万人在接受高等教育，其中应该有3000 万人以上都是要做应用型的事情、技术型的事情、职业型的事情，因此应用型高等教育研究就显得非常重要。怎么培养有理想、有技术的一线人才，社会主义的劳动大军，有技术的劳动大军，是潘先生所关注的。因此他花了很多的精力，在 85 岁高龄之后还在探讨这样一个中微观的问题。这种精神的确值得敬佩，他不断地发现高等教育研究的新领域，带着年轻一辈的高等教育学者去探讨这个应用型高等教育的问题。他认为应用型高等教育有它独特的作用，它在培养目标、课程设置、教师素质、培养过程等方面有它的特殊性，和普通高等教育不一样；应该尊重应用型人才培养的规律。他提出，大量的地方本科高校既不是普通高校，也不是职业高校，而是一个中间型即应用型高校。就像他提出高等教育和中小学教育不一样，应用型高等教育与学术型高等教育也不一样，保持了他一贯的对高等教育研究的创新、变革。

（八）自考思想

第八个就是自考思想。自考是我们现在的年轻人，特别是未能上大学的年轻人所关注的。自考在专科生当中、高职生当中也有很大的影响。读高职同时再读个自考本科，既有了专科文凭证书，又可以拿一个本科文凭和学士学位。因此自考对高考考得不好的年轻人，甚至没有上大学的人，是一个学历提升、知识获得、素质提升的非常重要的手段，特别是在七八十年代的时候。同学们你们都不知道，在七八十年代上大学是很难的。我们上大学一个班就考上几个人，不像现在一个班都能考取。在那样一个时代，中国创造性提出自学考试制度、函授制度、成人教育制度等等。其中自学考试制度的确是中国的一个原创，在西方国家没有这种制度，通过自考可以获得大学学历。所以过去和现在很多的干部，你看他的学历，本科的学历和专科的学历不少是自考文凭。自考顾名思义就是自学考试，就是社会青年没有上学机会或者失去上学机会的，通过自学课程，提高自己，来获得学历。这种思想是一种创造性的思想。另外，它也是一种普惠民生的思想。那些失去机会的、没有大学上的，有上进心的、有需要的社会青年通过自学的方式获得学历。在中国，自考也非常契合我们建设一个有知识的社会的目标、建设一个人力资源强国的目标。因此，潘先生率先并且极力支持中国自考事业的发展，在自考研究方面他是一个开拓者，像我们搞高等教育研究的，现在很少有人研究这个事儿。当然，潘先生过去做的这些事儿，知道的年轻人也越来越少了。从这一点来说，潘先生是非常难得的，主张通过各种方式来促进更多的人接受高等教育。先生有一个博士生叫邓耀彩，比我低一届，他的博士学位论文写的就是自考方面的。我的博士论文是写研究生教育的，提出自考也可以做研究生教育，可以做硕士学位和博士学位教育。当然还有高考的问题，潘先生也研究，去年还发表了一个讲话，写了一篇短文，在《新华文摘》中全文转载。

（九）大学教师发展思想

第九个思想是大学教师发展的思想。教师是教育当中的一个非常重要的因素。潘先生说，无论是在中小学还是大学，影响教育质量的要素当中，教师是最重要的。影响教育的要素，无非是教师、学生、办学条件。就这三要素而言，现在政府关注比较多的是办学条件，要搞信息化，要买很多电脑，要人工智能，当然我们政府也在强调强师工程。教育部这么十几年来特别重视教师工作，专门设了一个教师工作司来主管和发展提升全国教师的质量。潘先生对大学教师的发展也非常重视，因为教师是关乎教育质量的最重要的因素。教师发展研究也是他关注的内容，因此他撰文分析教师发展的概念、教师发展的方式。我认为，他提出的教师发展的概念是一个比较经典的概念。教师发展要发展哪几块呢？潘先生认为，教师发展包括三个方面。一是教师要有道德、师德。教师要品德好，要爱国家，要爱人民，尊重学生，要勇于奉献，要无私，要认真工作。潘先生说，教师发展的首要方面是师德要好，要进行师德教育。师德好了，工作才能认真，才能够热爱教育的事业，关注学生的发展。第二就是专业知识的发展。你教中文的，那你要有中文高深的知识，中国文学、中国语言、中国文化等等。你教数学要有数学的高深学识。因此为什么大学教师现在要有博士学位呢？就是因为博士在专业领域耕耘了非常长的时间，达到了知识创新的一个水平。博士学位的论文要有原创性，要发表高水平的论文。中文、数学、计算机、物理、化学、外语、教育学、心理学等专业教师，其专业知识水平要高，要发展，要提高，要充实。教师发展的第三个方面就是如何教的问题，教育教学的知识和积累。这个方面的发展要求你不仅有知识，你还要知道怎么样把知识通过一种方式，让学生去理解，让学生能够运用，让学生能够创造知识，这是一门学问，一门艺术。还要培养学生的能力：财经专业要培养学生财务统筹、规划、计算、经营能力；师范专业那就是要培养学生的教书育人的能力。潘先生的大学教师发展思想是从好教师的三个标准去论述的，是从教师的经典概念出发的。当然，西方还有一些教师专业发展的领域，如教师的科研发展、情感发展等。

（十）中国高等教育独立自主发展思想

第十个思想是中国高等教育独立自主发展的思想。我觉得这个思想放在最后，其实也能够对他前面的九个高等教育思想做一个概括。本来，这堂课我是想跟大家讲"高等教育依附理论"的。在国外，有一个中心-边缘学说，认为在世界高等教育体系中，发达国家在中心，尤其是发达的大国在中心；发展中国家、欠发达国家在边缘。边缘国家高等教育的发展怎么发展呢？那就要依附发达国家去发展，依附中心去发展，消费中心国家的知识，模仿中心国家的高等教育模式，亦步亦趋地跟着中心国家发展。在国内，也有一些年轻的学者提出中国的高等教育发展是依附发展。在这样一个学界的舆论环境下，潘先生适时提出中国高等教育独立自主发展的思想。这个思想非常重要，也和中央政府的思想是一致的，中国要独立自主发展。1949年之后，特别是和苏联解除关系之后，中国就是从过去依附苏联发展，走向了自主发展的道路。当然自主发展我们的确是摸索了一段时间，1957、1958年之后我们进行了很多的摸索，1957年到1977年这20年的时间，中国发展模式的摸索是不成功的。1976年之后，尤其是1978年之后，这44年，我国获得了独立自主的强势发展，发展很快。用官方的话语来说就是从站起来到富起来到强起来。通过40多年的发展，我们逐步在实现富起来强起来这样一个目标。二十大报告提出，我国在2035年基本实现社会主义现代化，20世纪中叶建成社会主义现代化强国。因此，中国的独立自主的发展是非常必要的，也是潘先生所坚持的。他提出，中国高等教育不要依附发展，要借鉴发展和独立自主发展。借鉴西方的发达国家的经验、模式包括思想、技术，是非常必要的，但不是依附，是借鉴、自主、创新发展。这也和他一贯独立地思考、勇敢地创新这些品质是分不开的。这十个思想是我今天早上花了近一个小时对我的导师潘先生高等教育思想的总结。总的来说，我对潘先生的整个高等教育思想还是比较清楚的。虽然1994年我就从厦大毕业离校了，但是一直在关注着先生的这28年来的教育研究、教育思想的发展，因此也从没有离开过潘先生的学术滋养和熏陶。

三、贡献

最后我们谈谈潘先生的贡献。当然，他对高等教育学科建设的贡献是不言而喻的，无出其右。我们上面提到的这十个方面的高等教育思想，他都做出了大胆的研究、创新的研究、独立的研究，这是非常难得的。我们做其中一个方面的研究，能够做出贡献都应该是非常不错的了，何况他在这十个方面都做出了突出的贡献。我们这一代高等教育研究者是做不到的，只有像他这种创始人级别的人，这种宗师级别的人才能够去完成，这是一个重大的贡献。第二个贡献就是他开辟了高等教育研究的事业。第一个贡献跟学科建设有关。第二个贡献，潘先生和他的同辈人把高等教育研究做成了一种事业，成为一种职业。我刚才说四五百家的高等教育研究所在做这个事儿，还有就是研究所有很多的硕士点、博士点，100多家硕士点、20多家博士点，都在培养高等教育学人才，这个事业也是非常庞大的，比教育学的任何一个二级学科都来得更加庞大。所以，高等教育研究的事业，这个职业是他做出的巨大贡献。我们常说我们吃这碗饭，是潘先生给大家创立出来的。第三个贡献就是他促进了高等教育事业的科学发展。我国高等教育的发展，从精英教育到普及教育，从公立教育到民办教育，从全日制教育到自考，从学术型高等教育到应用型高等教育，还有民办教育法、高等教育的分类等等，所有这些领域潘先生都进行了分门别类的研究，并提出改革发展的理论及对策。他的理论对我国高等教育事业的发展是有益的，特别是在大众化时代要加强精英高等教育的建设，在普及化时代要重视应用型高等教育和职业型高等教育的特殊性，还有民办高等教育、自考、内外部关系规律等等，都促进了中国高等教育事业的科学发展。高等教育发展的确有一个科学性的问题，有个规律性的问题，要尊重规律，尊重科学。难能可贵的是，他能依据国外高等教育的成功实践和国内社会高等教育发展的现实需要、社会经济发展的现实需要来生发出一种基于内外部关系规律的价值判断，提出各种理论创见，为我国高等教育现代化建设提供了理论引领和支持。

好的，同学们，今天的课就到这里结束。让我们化悲痛为力量，继承潘先生的高等教育思想和"敢为人先"的学术品质，认真学做人、学做学问，像他一样为成为教师而感到自豪！

李盛兵，厦门大学1994届博士，华南师范大学教育科学学院院长、教授、博士生导师。

先生对我学术生涯的影响

◎ 黄福涛

2020 年，恩师潘懋元先生喜迎百岁华诞。这些年我虽在日本工作，但对先生的感念之情却从不敢忘记。值此之际，我也愿就"先生和他的学生"这个主题写写我的经历，回顾一下在我的学术生涯中先生所给予我的引导和帮助。应该说，我今天的学术研究和成就跟先生的影响是分不开的。

我是 1990 年 9 月考入厦门大学高等教育研究所的，师从先生攻读高等教育学专业博士学位。由于我硕士是在安徽师范大学教育系读的外国教育史专业，硕士论文研究的是希腊化时期东西方教育的交流，因此，读博不久，先生就希望我能够从历史学的角度继续研究欧洲中世纪大学演变为近代高等教育这段历史。我刚开始有畏难情绪，因为相关资料很少，怕不好做，但先生对我说了三点选题理由：一是 19 世纪前后欧洲高等教育近代化是世界高等教育历史上主要的变革时期，影响了欧洲大陆以外不少国家近代高等教育的形成，需要系统深入地进行分析梳理；二是国内高等教育学学科建设需要加强相关基础理论的研究，这个选题就具有基础理论性；三是从我的学术生涯规划来看，我要想在外国高等教育史研究方面成为有影响和有成就的学者，必须要在这一领域的重大基本问题上做深入的研究，以便打下扎实的理论功底，拓宽视野，要抱着"板凳敢

1991 年，黄福涛与潘先生在大南校门前合影

坐十年冷，文章不写半句空”的治学精神和严谨态度，否则难成大家。在先生的建议和鼓励下，我下决心要把这个博士论文做好。为了加强理论修养，我除了学习高教所的必修课之外，还旁听了一学期哲学系为博士生开设的西方哲学史课程，对近代欧洲哲学的形成和变化有了基本了解。同时，我还利用厦大图书馆的资源，较为系统地阅读了罗素的《西方哲学史》、汤因比的《历史研究》、阿什比的《科技发达时代的大学教育》、钱钟书的《管锥编》等名著，试图先建立一个基本的分析框架，然后收集相关史料，深入考察中世纪大学向近代高等教育的转变。但是，由于缺乏第一手史料，尽管我已经基本阅读了国内中文的有关文献，但在如何确定具体的分析视角，如何选择合适的国家案例，特别是如何找出恰当的指标衡量高等教育近代化的形成与变化等问题上仍然没有明显进展。临近学期末，正当我为此一筹莫展时，先生告诉我，根据中日两国政府的协议，教育部正在重点大学选派与日本联合培养博士生的人选，他建议我利用这个留学机会去国外收集有关史料，并接受日方有关学者的共同指导，这将对博士论文的研究应该有极大的帮助。在先生的极力推荐和大力支持下，1991 年 6 月，我在北京语言学院顺利通过日本驻华使馆主持的初选面试，10 月作为留学候选人进入东北师范大学留日预备学校集中学习日语。记得刚到长春不久，先生就来信关心我是否习惯东北的气候和饮食，还特别告诉我室内开暖气时，要多喝水，外出一定要防止感冒等。直到我次年 8 月结业离开预校，先生都是定期来函，他在百忙之中还不忘关心我的学习和生活，让我感动不已。在赴日之前，还发生了一点小插曲：先生和我原本希望去广岛大学学习，但国家教委第一次推荐我去留学的单位却是另一所大学，后来还是先生直接与教委有关部门协商和交涉，我才得以在 1992 年 10 月如愿以偿地进入广岛大学学习。至 1994 年 8 月回国的大约两年时间内，我一边紧张地学习和提高日语水平，一边参加研究生课程学习，同时还要查阅和复印大量与博士研究题目有关的史料和研究文献，可以说学习的节奏非常紧张，压力很大。在留学期间，先生除了一如既往地关心我的生活之外，还通过书信指导我的博士论文研究，细致耐心地解答我的疑问，这些都给了我莫大的激励和鞭策。

　　1994 年夏天回国前，我的博士论文基本框架已成形，主要资料已收集齐全，尤其是对 12 世纪至 19 世纪法国、英国和德国几所大学的课程变化脉络做了大致梳理。今天再回顾这段经历，我觉得非常庆幸能够拜在先生的门下。

因为如果没有当时先生的推荐选题，我可能就不会产生出国留学的想法；没有当时先生的推荐和支持，我无法去日本广岛大学留学；没有读博期间先生无微不至的关照和指导，可能我也无法顺利完成博士论文写作，获得博士学位；最重要的，如果没有这段留学经历，我今天就不可能获得日本广岛大学高等教育研究开发中心的终身教职。所以，先生在我的学术生涯发展中起到了非常重要的作用。1995年6月我顺利通过中日双方指导教师和所在高校认可的博士论文答辩之后，留厦大高教所从事教学和科研工作。1999年6月在日本学术振兴会的资助下，我再次来到广岛大学，进行博士后研究并留校任教。从2001年4月开始，每年先生至少都会为我提供一次回厦大高教所的机会，为所里师生汇报近期的研究心得，介绍日本有关研究进展，与大家进行学术交流。回想过去近三十年间，无论是在国内，还是在日本，先生的言传身教对我学术研究的影响主要体现在以下几个方面。

首先，在研究方法论方面，由于我大学读的是语言专业，硕士论文研究的是希腊化时期的教育，因此我在高等教育理论基础方面比较薄弱，看待和分析高等教育相关问题的视野也较狭窄。在学期间，根据我的学术背景和知识结构，先生常常教导我，除了注重收集和整理第一手史料之外，还需要从宏观的角度出发，从看似互不关联、碎片化的史料中发现问题，找出不同问题之间的关联性。历史研究需要仔细研读史料，但不能被史料束缚，而是要能跳出史料，上升到理论层面，总结出有价值的研究问题，进而在史料中找出一般性和共性，甚至是带有普遍性和规律性的东西。

其次，在建构知识体系方面，由于我从硕士期间就开始研究古代和中世纪外国高等教育制度史，博士毕业后在厦门大学高教所也主要是给研究生讲授外国高等教育史，因此我对中国高等教育的历史，尤其是中国高等教育许多现实问题了解不够。通过参加先生为博士生开设的"高等教育专题研究"课程的学习，也只是大致了解了当时国内高等教育的一些重大理论和现实问题，并没有系统学习和研究当前中国高等教育的现状和面临的问题。自1999年到广岛大学工作之后，先生多次通过各种机会叮嘱我："你是中国出去的，应该时刻关注国内高教的研究进展和改革发展，你的根还是应该深植于国内。"此外，先生反复强调，外国和比较高等教育研究不仅仅是单纯介绍国外的高等教育，除了系统学习国外有关高等教育的理论和学说，了解国外高等教育最新改革动态之外，更需要关注国内高等教育政策和改革的变化，尤其是不同类型和不同层次院校的动态。到广岛大学工作后，我在从事比较高等教育研究的同时，还尽可能通过各种方式，了解国内高等教育研究和变化改革的动态，研究一些有关国内高教的问题。

最后，在设定学术生涯目标方面，先生的影响尤其深刻。记得刚留所不久，我深感国内缺乏外国高等教育历史的中文教科书和教学参考资料，当我向先生请教能否在自己博士论文的基础上继续系统地整理19世纪之后欧洲高等教育历史变化，同时邀请国内相关领域的专家共同合作编辑出版有关外国高等教育史教材时，我立即得到先生的大力支持。在与外校各位专家和同行合作过程中，先生常常鼓励我要力争做出有自己特色和有影响力的研究，成为本领域的引领者和学术带头人。同时还明确地告诉我，科研需要合作，但是合作的目的在于互相提高，尤其是通过合作发现自己的短处，虚心向对方学习，进而提高学术水平；要有自己的"一家之言"，要着力从事前瞻性和开创性的研究。在这方面，先生不仅给我提供了指导方向，还给予我很多实实在在的支持，可以说，没有先生的帮助，我担任主编的国内第一本《外国高等教育史》根本无法问世出版。

韩愈曰："古之学者必有师。师者，所以传道受业解惑也。"在先生身边直接求学的时间虽然不长，但先生对我学术生涯和学术发展的影响远远不止这些。

2017年11月19日，潘先生与到访的日本广岛大学名誉教授、兵库大学高等教育研究中心主任、日本高等教育学会原会长有本章教授交流

黄福涛，厦门大学1995届博士，日本广岛大学高等教育研究开发中心教授。

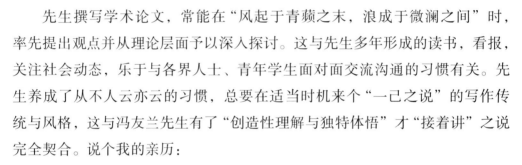

敢为人先的先生

◎秦国柱

先生撰写学术论文，常能在"风起于青蘋之末，浪成于微澜之间"时，率先提出观点并从理论层面予以深入探讨。这与先生多年形成的读书，看报，关注社会动态，乐于与各界人士、青年学生面对面交流沟通的习惯有关。先生养成了从不人云亦云的习惯，总要在适当时机来个"一己之说"的写作传统与风格，这与冯友兰先生有了"创造性理解与独特体悟"才"接着讲"之说完全契合。说个我的亲历：

20世纪80年代前中期，为满足广大青年求知识求技能的迫切需求，各种个人的教育培训、补习场所崛起，主办者以退休教师、老师傅为主，场所均为自己住家或工作场地，一开始完全义务免费，慢慢开始有适当收费的，有的培训点也渐渐壮大，有了若干志同道合者，也有了完全以此业谋生者。

尽管当时凡带"私"字的词如"私立"、"私人"等等皆为禁忌，但先生已经看到了这是大势所趋，开始调研并撰文探讨私人、民间兴办高等教育事业的理论与现实意义。我也因到汕头大学工作，感受到爱国华侨华人对捐资助力国内高等教育的热情，尤其是李嘉诚先生捐款兴办汕头大学之事，影响巨大且深远。考虑到当时的语境，我用《私人捐资助学与大学的发展》为题，写了一篇论文，带到厦大请先生审阅，没想到先生比我还要"激进"，已经完成了一篇文章讨论民办高等教育。彼此交换阅读，先生对我鼓励有加，但我内心是复杂的：一个青年，居然比老先生思想更保守，话还要说得四平八稳，只谈"助学"，一个"私人"都让我纠结许久，唯恐犯了忌！

很快先生和我的论文都发表了。先生的文章发表在《光明日报》上，可谓一石击穿水中天，其反响之大，以至于后来只要召开有民办高校校长参加的学术会议，代表们都会对此文津津乐道；不是玩笑，他们真是将先生视为"民办高教精神祖师爷"！我也幸运，文章发表在了《高等教育研究》上。

20 世纪 80 年代前中期，各高等学校经历了一个急速恢复正常招生、扩大办学规模的过程。即便如此仍远不能满足广大青年渴望接受高等教育，以及百业复兴对各类人才的迫切需求。中国高等教育悄然出现了前所未有的两股办学力量：一是民间兴学，也即所谓"社会力量"办学；一是地方政府兴学，也即所谓"中心城市"办学。

此前的高校，是严格计划经济时代的产物，其发展的里程碑是 1952 年的"院校调整"，也就是所谓"苏联模式"——一切从计划出发，以经济建设、国防建设为重心。其结果就是综合性大学教育、人文艺术教育等被削弱，"专业对口"被过度解读，一个成熟的专业几近被肢解，夸张点说"学以致用"被庸俗化也不为过。

打开了国门，拥抱整个世界，中国高等教育的问题与差距，有识之士有目共睹。如何解决？完全依靠原有的高校显然不合时宜；因势利导，利用广大人民群众的强烈求学意愿，利用经济发展较快地区城市对拥有"自己的大学"的积极性，走一条与"计划经济"不同的高教发展战略已水到渠成、瓜熟蒂落。眼光敏锐的先生对此关注已久，审时度势，积极倡导民间兴办高等教育，一开始也赞同民间热心人士办学应"拾遗补缺"，但很快便放弃了此说法，并认真撰文呼吁应发展学科、学术适应社会发展的正规高校。"民办高等教育"呼之欲出！

先生同时也注意到广东、江苏等经济发展迅速的地区有不少中心城市（即今所谓三线城市）的政府办学的热情与各种举措，比如发展"夜大"、"职工业余大学"，努力创办学历教育，以及师范专科学校举办非师范性专业等等现象。到了 90 年代初，广东、江苏等地中心城市已纷纷将"夜大"、"职大"等非正规学历教育机构合并升格，在没有获得国家明确承认或认可的情形下，用城市名为大学取名，如佛山大学、惠州大学、韶关大学、嘉应（梅州）大学等等。一些"城市大学"因为并入了师范专科学校，也就不必申请国家教育主管部门的批准，可以颁发专科学历文凭。

由于"城市大学"的出现极大调动了海外华侨华人捐资家乡城市办大学的热情，学校的硬件日新月异，教职工待遇也得以提高，来自内地高校的人才很快从这些大学的生力军转变为主力军。

在我开始考虑博士论文选题时，先生几乎是以不容商榷的方式，建议我

利用在汕头大学工作所具备的"天时地利人和"条件，好好调研广东各中心城市大学的现状，撰写一篇博士论文。当我与先生讨论具体调研方案与论文主题时，先生向我建议，逐一实地调研每一所大学，争取采访学校的主要领导和部分教职员工。

我实在是太幸运太幸福了，如今一个学生外出调研，不知还能否有大学校长、书记热情接待，不吝时间与之侃侃而谈，有问必答。我觉得他们不是在接待我，而是在接待先生。他们在办学过程中有太多的感悟、艰辛与感慨，实际上是希望通过我转达给先生！

在深圳大学原校长罗征启家中，他详细介绍了深大创办之初所面临的种种问题，也澄清了外界对他个人及深大当年多个"第一"创举的一些误读与误解。在江门市五邑大学，叶家康校长对我说了这么一件事：一位前来应聘的教师谈及原因时，说是为改善家人生活条件而来，这反而让叶校长感动于对方的坦诚。他还对我说了"一个春节国际问候电话"，换来五邑大学一栋大楼的故事。

类似的情形还不少，他们如此待我，就因为我是潘懋元的学生，他们知道先生能够从有影响力的学者的角度，为他们苦心孤诣奋斗的事业从理论上鼓与呼！

当年他们面对的一个如同"生与死"的问题是，如果要升格为本科，就不能称"大学"，只能叫"学院"。深圳大学与五邑大学例外，与汕头大学一样，创办之初就是以"大学"名义获准，且都得到了著名大学的对口支持，如深大是清华、北大、人大三校，五邑班底是北京航空航天大学。罗校长、叶校长原先就是清华与北航的校领导，但其他仅仅是合并了本市师专的大学则无论如何争取，最终只能是在"本科学院"与"专科大学"之间做出选择。虽然，学历层次比学校名字重要，但谢颂凯校长说当时真是一个痛苦的决定，有的校领导甚至表示宁可不升格也要维持"佛山大学"的校名。各大学不分先后，都成了"××学院"。唯一例外的是广州大学，原因复杂，有一点不容置疑，那是广州市！

在先生的悉心指导下，我完成了自己的博士论文《中国新大学运动》，出书后获得了广东省高等教育研究二等奖。

秦国柱，厦门大学 1996 届博士，汕头大学教授、硕士研究生导师。

君子引而不发　跃如也

——潘懋元先生博士学位论文指导艺术的叙事探究

◎高耀明

学位论文是进行系统学术训练的主要方式，是博士研究生培养最重要的环节。如何为博士生提供有效的学位论文研究指导，这是每一位博士生导师面临的首要问题，也是导师彰显功力之处。博士学位论文指导是一种艺术，具有经验性和情境化特征，本质上属于隐性知识或实践智慧，难以用量化研究方法显性化为普遍适用的可操作性程序或规则。叙事探究又称故事研究，"是呈现和理解教师经验的有效方式"①。叙事探究"得出的结果是丰富而且独一无二的资料，而这些资料是通过单纯的实验、问卷调查或观察无法获得的"②。因此，叙事探究是理解和诠释博士生导师学位论文指导艺术的恰当方法。潘懋元先生是杰出的教育学家，不仅创立了高等教育学，极大地推动了中国高等教育研究，他也是一位卓越教师，他的专业精神和教育艺术更是为后辈树立了一个标杆。潘先生的治学风格、教育艺术和教学模式等已有学者做过研究和评述③，潘先生自己也系统介绍过他在博士研究生培养中的一些做法和想法④，但潘先生的博士学位论文指导艺术，目前尚未有专文阐述。"叙

---

①　BARKHUIZEN G. Narrative knowledging in TESOL［J］.TESOL Quarterly，2011，45（3）:391-414.

②　艾米娅·利布里奇，李弗卡·图沃－玛莎奇，塔玛·奇尔波.叙事研究：阅读、分析和诠释［M］.王红艳，译.释觉舫，审校.重庆：重庆大学出版社，2019:10.

③　高宝立.潘懋元先生的学术风格与治学特色［J］.教育研究，2010，31(9):37-44;吴根洲.潘懋元先生的教育艺术［J］.中国高等教育评论，2011(2):424-428;韩延明，付八斤."我的名字排在教师的行列里"：记厦门大学教授潘懋元先生［N］.中国教育报，2006-09-08(3).

④　潘懋元.得天下英才而教育之［J］.医学教育探索，2006，5(10):893-896.

事探究就是留在人们记忆中的被讲述的故事。"[①]1995年，我非常幸运地成了潘先生的博士研究生。在潘先生门下三年，我得到了先生的耳提面命，在他的指导下完成了博士学位论文，经历、感受和体验了潘先生的博士学位论文指导艺术。在本文中，我拟叙述自己亲身经历的故事，尝试理解、诠释并概括潘先生博士学位论文指导艺术。我将按博士学位论文研究进展顺序，分三个环节叙述这个故事：选题与问题陈述、研究设计与实施、论文撰写与修改。

一、选题与问题陈述

在潘先生指导我进行博士学位论文研究这个故事中，我先是参与者，然后是叙述者和研究者，因而不"需要将自己想象成探究的一部分"[②]。叙事探究"是通过'研究者和参与者之间的协作、在一段时间之内、在一个或一系列地点之间、在与环境的社会互动之中'实现的"[③]。潘先生指导我做学位论文研究的故事就从选题开始。选题是学位论文研究的开端，也是学位论文研究的关键环节。我的学位论文选题比较特别，是潘先生指定的。在成为潘先生弟子之前，我虽然学习过潘先生的《高等教育学讲座》和王承绪先生主持翻译的"外国高等教育名著丛书"，浏览过高等教育研究方面的期刊论文，对高等教育学有了初步认知，但对高等教育研究只是略知皮毛，未窥堂奥。入学之后，聆听了潘先生的课程，系统阅读了指定的必读书目，我开始考虑学位论文的选题。起初，我对西南联大比较感兴趣。我认为，西南联大办学时间虽然只有短短的8年，却创造了中国近代高等教育的奇迹。虽然战时环境极其艰苦，办学条件相当困难，但西南联大培养出了众多的科学家或学术大师。我相信，西南联大的办学经验对我国高等教育现代化一定会有很多现实意义和理论价值。在一次周末沙龙上，我汇报了这个想法："我希望把西南联大作为我的学位论文选题。"潘先生只是笑了笑，未置可否。

此后不久，一次周末沙龙上，潘先生提出，让我做"高等教育通向农村

---

① 瑾·克兰迪宁.叙事探究：原理、技术与实例[M].鞠玉翠，等译.丁钢，审校.北京：北京师范大学出版社，2012：5.

② 瑾·克兰迪宁.叙事探究：原理、技术与实例[M].鞠玉翠，等译.丁钢，审校.北京：北京师范大学出版社，2012：161.

③ 瑾·克兰迪宁.进行叙事探究[M].徐泉，李易，译.重庆：重庆大学出版社，2015：34.

研究"。这个提议相当突然，我毫无思想准备，不明白这个选题的含义和具体要研究的内容。我只得回答说，让我先了解一下"高等教育通向农村"具体含义和研究现状，认真考虑一下再定。此后两周，在图书馆和资料室查阅相关文献后，我发现，有关高等教育与农村之间关系的文献大多来自农业院校，集中在农业院校如何推广农业技术、如何为农业服务问题的讨论，几乎没有找到有关高等教育通向农村问题的研究文献。初步查阅文献后，我一头雾水，感觉无从下手。我和潘先生讲，这个选题风险实在太大，我希望选一个把握性大一点的题目，我当时最担心的是完不成论文怎么办。潘先生半开玩笑半严肃地告诉我："做研究不可能没有风险。"他要求："你可以从查找和阅读文献开始，逐步澄清研究问题，等研究问题搞清楚以后，我们再讨论后续的研究。"

其实，对我来说突然的问题，潘先生早已深思熟虑。事后他回忆说："从20世纪80年代末期起，我开始关注高等教育通向农村这个课题。1991年我指导硕士生高迎春研究"自学考试通向农村的实践与理论探讨"，1992年指导硕士生研究"沿海地区乡镇企业人才开发与高等教育改革"。1995年底，我提出有必要全面系统地研究高等教育通向农村问题，并建议我的博士生高耀明以此作为博士论文选题。"[①]1996年，潘先生和吴岩合作，正式发表了关于高等教育通向农村的观点。他认为，高等教育大众化，既不能仅靠城市生源，也不能都在城市就业。农村有大量的高中毕业生，生源甚多，农村经济发展了，也需要较多高等学校毕业生。高等教育通向农村，是实现我国高等教育大众化应当解决的问题。[②]

不过，一开始潘先生并没有明确告诉我他的具体想法，估计是他不希望给我设定一个框框，以免限制我的研究思路。选题确定以后，潘先生利用上课或周末沙龙，和我聊了几次，讨论的内容主要是我来自文献阅读的心得体会。他反复强调，先查文献，通过文献阅读，界定基本概念，明确高等教育通向农村的含义，慢慢再澄清研究问题。当时电子文献资源还几乎没有，文献查阅效率较低，所有资料都需要到资料室或图书馆直接查阅纸质文本。潘先生建议，采用由近及远的文献查阅策略，先在厦门大学图书馆和高教所资料室查阅，然后根据需要扩展至校外。

①　潘懋元．潘懋元教育口述史［M］．肖海涛，殷小平，整理．北京：北京师范大学出版社，2007：232.

②　潘懋元，吴岩．走向21世纪的中国高等教育［J］中国高教研究，1996（3）：8-9，18.

君子引而不发　跃如也

查阅文献和澄清概念可以说是我整个学位论文研究过程中最费时费力的工作。经过一年多努力，我收集和阅读了中国近代高等教育建立以来有关高校为农村、农民和农业服务方面的 1100 多篇论文、50 多本相关著作，内容涉及 20 世纪 20 和 30 年代乡村教育运动，欧美高校为农村、农民和农业服务，旁及农村社会学、农业经济学、农村发展学等等。在此过程中，我也利用上课或周末沙龙机会与潘先生或同学讨论，听取意见或建议。在查阅文献资料的同时，我利用寒暑假回家机会去嘉兴市农村，对当地乡镇企业和农业规模化经营，以及高等学校与农村之间关系现状做了初步考察。

通过大量阅读文献，与潘先生和同学之间不断进行思想碰撞，结合自己对嘉兴市农村的初步观感，我对高等教育通向农村这一命题中"高等教育"和"农村"两个概念有了初步认识。根据课题研究的性质，我从比较宽泛的意义上对"高等教育"和"农村"这两个概念做了界定。[①]基本概念界定以后，就需要回答高等教育通向农村的含义是什么。经过与潘先生多次讨论，以及对已有相关文献的初步梳理，我决定从现代高等学校基本社会职能角度阐明高等教育通向农村的含义：高等教育通向农村，指高等学校或其他高等教育机构通过推动毕业生通向农村，向农村传播知识或推广适用研究成果，以及为农村提供各类直接的社会服务，从而使高等教育成为农业现代化、农村工业化和农村城镇化的基本智力支持系统，加速农村现代化建设。

基本概念的界定和命题含义的阐明，为陈述研究问题奠定了基础。按照潘先生要求，我尝试提出了研究的总体问题：中国高等教育发展为何必须通向农村？这一总体问题具体化为四个研究问题：（1）我国近代高等教育建立以来，高等教育通向农村有哪些经验和教训？（2）高等教育通向农村为什么是我国农村现代化——农业现代化、农村工业化和农村城镇化——的基本要求？（3）高等教育通向农村为什么是我国高等教育大众化的必由之路？（4）如何推进高等教育通向农村？

潘先生认为，高等教育通向农村"是中国高等教育大众化以至普及化和可持续发展的必由之路"。新世纪前夕，农村人口约占全国人口的 70% 以上，中国高等教育大众化必须让农村青年接受高等教育，并在农村创造就业机会。同时，"大众化不能仅靠城市生源，更不能仅在城市就业""高等教育通向农

---

① 高耀明.高等教育通向农村研究［D］.厦门：厦门大学高教所，1998：3-6.

村的道路，虽然困难重重，但最终必须走通也必能走通"①。所以，高等教育与农村并不是一种单向的输出与接收关系，农村可持续发展需要高等教育的智力支持，而高等教育规模扩张也离不开农村现代化对人才和科技成果的吸纳。两者相互依存，构成了共同发展关系。上述第三个问题试图回应潘先生的要求，由于我把研究聚焦历史研究和实地调查，重点回答第一和第二个问题，所以，最后学位论文研究中并没有给予足够关注，这与潘先生初衷有一定距离。

研究问题澄清使后续研究设计和实地调查有了明确方向。此外，需要提及的是，通过前期研究，在潘先生指导和帮助下，1995 年底，我以"高等教育大众化的必由之路——高等教育通向农村"为题，申报了全国教育科学"九五"规划教育部青年专项课题，并得到了立项资助，这也为我学位论文研究提供了充足资金。

二、研究设计与实施

澄清基本概念、阐明命题含义和陈述研究问题的同时，在进行研究设计和正式开题之前，我集中精力进行文献资料的收集和整理。经过系统阅读和梳理文献，我逐步发现，高等教育通向农村受制于高等教育的内外部因素，是中国近现代高等教育发展的基本实践问题。从清末到 20 世纪 90 年代，我国高等教育通向农村发展的过程可以分成三个时期：起步阶段——清末到民国时期、探索阶段——新中国建立到"文革"结束和拓展阶段——改革开放以后。每个阶段，高等教育通向农村的表现形式虽然有所不同，但核心始终是要解决高等学校如何发挥其基本社会职能，为农村经济和社会发展服务问题。我逐步概括出了决定高等教育通向农村发展的三个基本要素——动力、内容和制度，并具体分析了每一个阶段这三个要素的基本特征。

第三学期期中，我开始考虑研究设计。研究设计过程中，我与潘先生就不少问题进行了多次讨论。根据文献研究，我发现高等教育通向农村问题并不是近年来才出现的问题，而是与中国近代高等教育的建立相伴随。因此，高等教育通向农村是一个历史问题，高等教育通向农村研究似乎应该包括对

① 潘懋元.21 世纪：可持续发展的中国高等教育：兼论中国高等教育大众化问题［J］.中国高教研究，1999（3）：1-7.

君子引而不发 跃如也

这段历史的系统回顾。潘先生同意我的看法，但是他强调，随着高等教育规模的扩张，尤其是高等教育大众化实现以后，高等教育通向农村更是一个紧迫的现实问题。可能现在政府还没有看到这一点，但高等教育研究应该有前瞻性，应该揭示这种发展趋势。他要求，这个课题必须要做实证研究，必须进行实地调查，通过农村调查，去揭示这一趋势。有关调查对象，我最初打算采用社会学方法，在发达地区选择一个乡或镇，分农业现代化、农村工业化和农村城镇化三个方面进行实地调查，揭示高等教育通向农村的动力、内容和制度。潘先生觉得，高等教育通向农村研究，与社会学研究有所不同，仅仅调查一个乡或镇可能难以揭示高等教育通向农村的现状和趋势。他建议把嘉兴市作为调查范围。

高等教育通向农村发展三个基本要素的提出，使研究思路更加清晰，也使研究理论框架的构建有了依据。我的研究理论框架可表述为：高等教育通向农村是高等教育使命和农村发展关系的体现，随着我国农村现代化的推进，高等教育与农村现代化之间的关系体现为高等教育与农业现代化、农村工业化和农村城镇化之间的关系。高等教育通向农村的发展受制于教育外部关系规律，但直接决定高等教育通向农村走向的有三个基本要素：高等教育通向农村的动力、内容和制度。按照研究问题和理论框架，我设计了两类访谈问题。有关农村调查的访谈问题有：农业现代化、农村工业化、农村城镇化需要哪些人才？需要得到哪些科研支持？需要高校提供什么样的服务？有关高校调查的访谈问题有：高校（当时嘉兴市仅有嘉兴高专和嘉兴电大两所高校）采取了哪些措施为农业现代化、农村工业化和农村城镇化服务？为农村服务还存在什么问题？打算如何改进？

第三学期结束，开题完成以后，我怀着忐忑不安的心情回到了嘉兴市。我尝试着到一些乡、镇，找了乡长、镇长或相关部门的工作人员，向他们解释我的研究目的，按访谈提纲提出想了解的内容。但初步调查几乎以失败告终，大部分访谈对象不太理解我的研究。调研遭遇了"重大挫折"，我几乎丧失了研究信心。我通过电话向潘先生汇报了我的情况，他鼓励我不要放弃，相信我一定会找到办法，指点我不要贸然去调查，最好设法找一些关系，通过他们介绍再下去调查。正在我走投无路之际，我实地调查的"贵人"出现了，他是嘉兴市人大常委会城乡建设工委主任宋先生。宋先生非常热心，几乎动用了全部关系，帮助我联系了嘉兴市各职能部门负责人和县（市、区）

分管领导，通过县（市、区）领导又联系了乡镇领导。在乡镇领导帮助下，我分别走访了乡镇企业、种粮大户、种植和养殖大户。实地调查一步步顺利开展了起来。经过了近半年的实地调查，收集到的资料还算丰富。但无需讳言，研究设计和实施存在诸多缺失和错漏。向潘先生汇报了实地调查情况后，他基本肯定了我的实地调查工作，也指出了种种不足之处。他认为，研究有不足是很正常的，研究过程本身也是研究方法的学习探索过程。研究不足或失误是有价值的，经过反思或可以成为有益的研究经验，这些经验是书本上学不到的。

三、论文撰写与修改

实地调查结束，我开始整理资料和构思论文大纲。论文构思首先遇到的问题是如何处理文献研究材料。开始，我纠结于两种不同的处理办法：一种是把文献研究资料压缩为文献综述一章；另一种是单独作为历史研究，与实地调查并列。这两种办法各有利弊：如果采用第一种办法，就需要压缩历史研究部分的篇幅，好处是可以扩充实地调查内容，而且论文结构布局也比较顺畅。如果采用第二种办法，则需要减少实地调查部分的篇幅，而且带来了论文结构上的问题，即历史研究与实地调查两部分之间的逻辑联系如何建立。我带着这一困惑，多次向潘先生求助。潘先生觉得历史部分没有多少人关注，详细阐述是有价值的，澄清历史发展脉络也可以印证高等教育发展的内外部关系规律，从而证明现在明确提出高等教育通向农村有着历史的必然性。讨论结果是，潘先生同意保留历史研究部分。他反复叮嘱，撰写中一定要注意历史研究和实地调查之间的内在联系，不要把论文变成两块不相干研究的拼接。

根据潘先生的意见和建议，我初步设计了论文大纲，论文主体分成三个部分：历史研究、实地调查、理论探讨与对策建议。论文撰写过程中，最困难的是如何使历史研究和实地调查之间建立内在逻辑联系。我考虑用动力、内容和制度串联两部分。历史研究通过纵向分析，揭示推动高等教育通向农村的三个核心要素。实地研究以嘉兴市为个案，分析在高等教育大众化和农村现代化背景下，高等教育通向农村的动力、内容和制度。设想似乎很合理，但论文完成以后，实际效果不够理想。随着论文撰写进入尾声，原大纲的第三部分，有关理论分析和对策建议似乎卡了壳，思考了近两周以后，还是理

君子引而不发 跃如也

不清思路，最后只好用结束语对研究做了总结，简单回答了本研究提出的第三和第四个问题。潘先生看完以后，调侃说："看来你力气在前面用完了，脑子空掉了。"第三部分一直到学位论文于2002年出版时才做了增写。① 此外，由于缺乏社会学方法论的训练，实地资料的整理和展示没有严格按照社会学方法陈述客观事实，很多地方采用了夹叙夹议的手法，没有将客观事实与主观意见区分开来。

经过三个月撰写，我完成了近20万字的学位论文，交给潘先生审阅，惴惴不安中等待着潘先生的评判。大约两周以后，潘先生要我去取论文。我翻看潘先生审阅过的论文，大吃一惊，心灵似乎受到了极大的震撼。潘先生几乎逐字逐句地批阅了我的论文，即使不考虑潘先生此时已是年近80的老人，我也很少看到过有导师会如此认认真真一丝不苟地批阅学生的学位论文。潘先生当时非常忙，但到了他批阅学生博士学位论文时，一篇论文他至少要"闭关"一周，闭门谢客。潘先生在我的学位论文初稿上一共留下了107处批注，我对这些批注进行了分类统计，结果见表1。

表1　潘先生在我学位论文初稿上批注的类别和次数

序号	批注类别	批注次数
1	纠正错别字、漏字或标点符号错误	28
2	修改文句不通或表达不确切之处	33
3	质疑文中观点或数据	11
4	要求澄清文中观点或表达含糊之处	12
5	指出文中观点或表达错误之处	12
6	提出修改建议	8
7	点评文中观点	3
合计		107

最后，潘先生对我的学位论文初稿给出了近800字的总评和修改建议，为保持原貌，现直接抄录如下：

本论文分为两大部分：一是历史与现状的考察；一是以嘉兴市为代表的典型调查。两部分所用的研究方法虽不同，但都体现了论文工作的功力：（一）检索了大量历史文献和地方统计材料；（二）学习了相当数量的前人著作或有关研究成果，有的已涉及经济学、社会学等领域；（三）最可贵的是对典型地区进行了一定的实地调查，听取了各种意见，

---

① 高耀明.高等教育通向农村研究［M］.哈尔滨：黑龙江人民出版社，2002：231-247.

了解了地方干部、群众的想法。

论文主要优点是：（一）力求客观地反映历史与现状，议论也比较公允；（二）观点明确与正确，条理清楚、文笔通畅（无故弄玄虚，故作高深的言语）；（三）有几个部分写得好，如前言、农函大、自考联络站（后两者如核实可单独发表以推广经验）。

论文主要问题是：（一）农村现代化只考虑到了生产、科技，对于精神文明建设，民主政治建设，可持续发展战略等等，未能进入作者视野；（二）两大部分缺乏有机联系，结束语实际上也只是第二部分的结论；（三）第三章新时期的拓展，只写了农业院校（两节），大学中的地方学院（不成熟）与中心城市职业大学等（一节）。没有看到生机勃勃的各种正规与非正规的、学历的与非学历的办学形式；（四）三个结语或结束语都很单薄；（五）有的提法肯定过分，如"民国时期农业教育制度的完善"，"共大的成功经验"等等。至于农函大、自考联络站是否为论文中所说的那样成功，也希核实。

建议：（一）几个"结语"或"结束语"可以适当展开，加强论文的理论性；

（二）第三章改写，适当压缩中心城市办学，增加其他办学形式（第六章中的全国一般性内容，可以移至此章），使这一章能较好地反映出全国新时期的拓展；

（三）在第一部分的最后或第二部分的开头，架设一道两部分衔接的桥梁，并改写"结束语"，成为融会两大部分的结束语；

（四）写一份"提要"（中英文）。

其余意见见稿旁批注。

我的学位论文存在诸多不足，没有达到潘先生预想的要求，他的修改建议也没有全部实现。对于存在的种种问题，潘先生要求我毕业以后继续修改完善论文，并争取正式出版。论文稿件经过我与潘先生之间的三个来回，最后回到了我手上，潘先生在封面上写下了"同意付印"。我度过了艰难的学位论文研究过程。论文评阅人和答辩委员会可能是看到我学位论文研究投入的工作量比较大，学位论文答辩顺利通过。

君子引而不发 跃如也

虽然，"从叙事探究之中发生出来的知识具有特殊性和非完整性的特征，这种知识不倾向于普遍性和确定性"①，但是，我还是准备对这个故事中蕴含的意义进行个人化的理解和诠释。毋庸讳言，这种理解只是一种"诠释性的结论"②。这个故事显示，潘先生的博士学位论文指导，既非保姆式的——事无巨细，大包大揽，不给学生自主研究的自由，又非放养式的——不闻不问，任由学生自生自灭，至多只是等学位论文完成以后，改上几个错别字。如果一定要在一般意义上概括潘先生的博士学位论文指导艺术，我觉得引用孟子的话比较贴切："君子引而不发，跃如也。中道而立，能者从之。"在博士学位论文指导过程中：开题时，潘先生要求学生做前瞻性思考，慎重抉择，重视问题意识培养，在大方向上为学生做指引；研究设计中，他鼓励学生独立探索，强调系统文献阅读、澄清研究问题和研究思路；研究实施阶段，他耐心解惑，激励信心，指点迷津；论文撰写过程，他协助谋篇布局，关注论文的理论思考和内在逻辑联系；论文初稿完成以后，他逐字逐句审阅批注，一丝不苟，严把学术标准。我觉得，潘先生的博士学位论文指导艺术已达超凡独特的境界。我非能者，只是勉力从之者焉。

最后，请允许我稍稍离开这个故事本身，以我在求学期间的观察和体验，对潘先生博士学位论文指导艺术作一点补充：要成为一位合格的博士生导师，要有"学而不厌，诲人不倦"的精神。20世纪70年代末创立高等教育学以来，潘先生持续不断地提出新问题，开拓新研究领域。无论研究还是教学，潘先生始终保持了开放的头脑和宽广的胸怀，乐意听取不同意见。每当有什么新想法时，潘先生总是在上课时或周末沙龙上提出来，要求大家发表意见，尤其是不同意见；即使有学生提出了非常激烈的反对意见，他也不以为忤。同时，无论在日常教学还是学位论文指导中，潘先生总是循循善诱，不厌其烦，以一丝不苟的专业精神引导学生，体现着诲人不倦的教师风范。

高耀明，厦门大学1998届博士，上海师范大学教育学院教授。

---

① 瑾·克兰迪宁.进行叙事探究［M］.徐泉，李易，译.重庆：重庆大学出版社，2015：52.

② 艾米娅·利布里奇，李弗卡·图沃－玛莎奇，塔玛·奇尔波.叙事研究：阅读、分析和诠释［M］.王红艳，译.释觉舫，审校.重庆：重庆大学出版社，2019：11.

齐鲁情未了：追忆潘先生心系山东高教的"大学巡讲"

◎韩延明

山东亦称"齐鲁大地"，最负盛名的是"一山一水一圣一精神"，即泰山在此崛起，黄河在此入海，孔子在此诞生，沂蒙精神在此发端。古时，泰山之南为"礼仪之邦"鲁国，建都于曲阜；泰山之北为富甲一方的齐国，建都于营丘（后为临淄）。最早把"齐鲁"作为统一地域概念使用的是荀子，他曾说："天非私齐鲁之民而外秦人也"。被誉为中国古代"诗圣"的杜甫，青年时代决意"裘马轻狂"、漫游四方，当北游齐国、赵国、鲁国时，远眺五岳之首的雄伟泰山，心潮澎湃，感慨万端，遂作《望岳》诗赞："岱宗夫如何？齐鲁青未了。造化钟神秀，阴阳割昏晓。荡胸生曾云，决眦入归鸟。会当凌绝顶，一览众山小。"全诗风格遒劲峻洁、气魄雄放，极尽舒展目力：首联写远望之色，次联写近望之势，三联写细望之景，末联写俯望之情。其中的"齐鲁青未了"一句，独具匠心地以距离之远烘托出泰山之巍峨和齐鲁之辽阔，确为神来之笔，令人遐想。明代莫如忠在其《登东郡望岳楼》一诗中题曰："齐鲁到今青未了，题诗谁继杜陵人？"本文把"齐鲁青未了"中的"青"字加一"竖心"，化为"情"字，用作讲述潘懋元先生在"海岱交融"的齐鲁大地深情播撒高等教育思想的故事题目——"齐鲁情未了：追忆潘先生心系山东高教的'大学巡讲'"，不知是否贴切、传神？

作为一位赤诚育英才、挥笔数十载、影响国内外的睿智教育家，潘懋元先生以高境界的自我，始终在教书育人中抱诚守真、茹古涵今，一直在学术研究上通幽洞微、钩深致远，言传身教地践行着一位好老师的理想信念、道德情操、扎实学问、仁爱之心。他以卓越智慧和巨大勇气奋力开拓中国特色高等教育学科发展道路，"由诚而成懋业，敢闯而创新元"，筚路蓝缕地引领我国高等教育研究踔厉拓展，与时俱进地助推我国高等教育改革勇毅前行，倾情演绎了其丰富而传奇的教育人生。这不仅凸显在他的"板凳学问"上，也体现在他的"行走学术"中。他在山东高等教育沃土上的思想传播和实践指导，便是如此。本文拟以时间为序，将潘先生在山东高校的教育传播活动和在齐鲁大地的教育考察行动略表二三。

一、赴会曲阜师大　登临泰山极顶

潘先生对"万世师表"孔子十分敬仰，对儒家教育思想深有研究。作为教师，他多年来一直向往能够到孔子故里——山东曲阜"朝圣"，这一愿望喜在1996年得以实现。1996年10月10日至15日，由南京航空航天大学、华中理工大学（现为华中科技大学）、湖南大学联合主办，由曲阜师范大学具体承办的"第六届全国大学教育思想研讨会"在曲阜隆重召开，会议正式代表有99人。在开幕式上，潘先生做了题为"面向21世纪的高等教育"的主旨报告。会议期间，他先后为曲阜师范大学处级以上领导干部和教育科学学院全体师生做了题为"关于素质教育的理论思考"的报告，并被聘为曲阜师范大学兼职教授。

那么，这次会议为什么选在曲阜召开呢？这也与潘先生的初议有关。1996年1月，由我主编的《高校目标管理导论》书稿全部完成，确定由山东大学出版社于当年7月出版，该书责编建议我找一位教育大家作序。我抱着"试试看"的心理，怯怯地将33万余字的一大沓书稿清样寄给了潘先生，恳请他审阅并赐序，结果2月份就收到了他从汕头大学寄来的序文。当时他正应李嘉诚先生的聘请兼任该校高等教育研究所名誉所长和学科带头人，并为他们培养硕士研究生。正是在这次关于序文的电话沟通中，我得知有这么一次重要的全国高等教育学术会议要召开，会议地点尚未最终确定。我当时任曲阜师范大学教育科学学院院长，很希望这次会议能够在我校召开。潘先生很支持我的想法，让我主动跟会议主办方华中理工大学高等教育研究所的陈昌贵教授（时任副所长、《高等教育研究》副主编）联系申请一下。陈教授对我很热情且很支持，说虽然已有好几所高校申请办会，但他倾向于在孔子故里召开。后来经请示朱九思、姚启和、文辅相等几位先生，最后同意将会议地点定在曲阜。这就是本次会议的来龙去脉。

10 月 16 日，我陪同潘先生参观了曲阜阙里"三孔"——孔府、孔庙、孔林。潘先生边参观边听讲解员讲解，还不时插话给大家补充一些有关孔子的教育活动和生动故事。参观完"三孔"后，潘先生提出要去爬泰山。考虑到他当时已经 76 岁高龄了，我有点担心，但他执意要去。这样，我专门去找了校医院院长，请他配备了一名医生、一名护士，带了一些急救药品和氧气袋。我还特别安排两名研究生陪侍左右。10 月 17 日，潘先生与我们一道兴致勃勃地去游泰山。我们先去参观了位于泰安城内的岱庙，潘先生兴味盎然。但当我们来到泰山脚下时，却突然接到通知：因特殊原因（后来听说那天有外国领导人登山游览），当日从山下到中天门的专用旅游巴士停开。

听到这一消息，大家议论纷纷，感到进退两难。作为活动组织者，我更是十分焦急，不知如何是好。这时，只听潘先生一语惊人——"走，我们爬上泰山去！"说要以泰山"挑山工"精神攀登泰山。他精神抖擞地带领大家徒步从岱宗坊、红门攀爬到中天门，然后乘索道到达泰山玉皇顶，昂首挺胸站在了五岳独尊的泰山极顶上。我们这次走的是一条古老的传统旅游线路，为古代帝王的最主要登山路线，沿途庙宇、碑刻、古树、题字、传说众多，山势雄伟险峻，景色缤纷迷人，但山高路陡，攀登较为吃力。先生边爬山边给大家讲解有关泰山的各种传说故事。

作为一位古稀老人，潘先生面对巍巍泰山，发出了"我们爬上泰山去"的豪言壮语，确实让我们始料不及、颇受震撼，同时也让我们感受和领略到了先生那种不怕苦、不怕累、敢与天地竞风流的侠骨风采。这也是先生一生的精神体现和做人信念，包含了深邃的奋斗哲理。在人生的舞台上，先生以其自信、乐观、豁达、开朗的态度笑对磨难。听说早在 1940 年，时年 20 岁的他，为求学报国，就曾偕同丘金爱、许虹一行三人，跋山涉水，历经 7 天时间，徒步从广东汕头走到福建长汀，显示了他不惧艰难、追求理想的决心和毅力。记得当日在攀登泰山的过程中，为确保先生的安全，医护人员始终背着急救药品和氧气袋伴随左右，我们也是紧紧簇拥在他的身边，但只见潘先生一路健步、谈笑风生、神采奕奕，根本不需要别人搀扶和照顾，倒是有几位女研究生累得气喘吁吁、艰难前行，潘先生还要不时停下来等她们跟上。先生的体力和精神，着实令我们年轻人惊羡不已。

作为弟子，在师从先生的日子里，我每每被他的这种精神所感召与激励，这种精神也在潜移默化、耳濡目染中引领我在学术和人生的舞台上不懈探索、勇毅前行。受先生的启迪和影响，作为校长，在每一级新生的开学典礼上，我都喜欢送给他们这样一段话："大学，并非歇脚的凉亭，而是凝心聚力向新高度继续登攀的阶梯！就像登泰山，你到了'斗母宫'，还有'中天门''对松亭''十八盘'，以至'南天门''玉皇顶'。只有那些勇攀'顶峰'终登极顶的人，才能体味'会当凌绝顶，一览众山小'的旷心意境。"以此提醒和激励大学生敢于追求，勇于进取，志存高远！

二、烟台师院报告　民办学校考察

1999 年 5 月 5 日至 7 日，我和邬大光教授、刘振天教授等陪同刚被国家教育发展研究中心聘为咨询专家的潘先生，全程出席了在烟台师范学院（现为鲁东大学）召开的"全国高等教育学研究会第二届学术年会"，因我当时正在厦大跟随先生读博士。他作为理事长在开幕式上做了题为"知识经济与高等教育的改革和发展"的主题报告。报告首先回顾了上届学术年会的召开情况，总结了学会开展的学术研究工作和突出成绩，一针见血地指出了高等教育研究存在的问题并谈了改进的建议。在报告中，潘先生提出了知识经济时代高等教育改革发展需要思考的一系列重要研究问题，如：高等教育有什么新的使命，高等教育的功能将有什么变化，大学是否将从经济社会的边缘走向经济社会的中心，高等教育大众化与迎接知识经济挑战有什么关系，高等教育如何培养创新性人才，教育体制、教学内容、教学方法与手段应当如何进一步改革，等等。他的报告切中要害，发人深省，引起了与会专家学者的热烈讨论，也为即将进入 21 世纪的全国高等教育研究指明了方向和重点，大家普遍感到深受启迪和教益。时任烟台师范学院院长的刘大文教授，毕业于北京师范学院教育系，一直从事教育学、心理学的教学与研究工作，所以对高等教育研究十分重视。会议期间，他邀请潘先生为该院干部教师做了主题为如何开展教育研究、提高教学质量的学术报告，进一步激发了干部教师深入研究教育教学工作的积极性。

5 月 8 日，在邬大光、韩延明、曹丞（时任山东临沂双月园学校校长）和王文静的陪同下，潘先生从烟台乘专车赶往临沂。这次，潘先生主要是去临沂调研当时"小荷才露尖尖角"的新兴民办教育。当时，潘先生对民办教育颇为青睐，一直在报纸杂志上发表文章，呼吁大力支持民办学校的创办与发展。开会前不久，他刚刚先后发表了《对发展民办高等教育若干问题的认识》

（载《中国高等教育》）和《走向 21 世纪的中国民办高等教育：民办高等教育的若干理论问题》（载《高等教育研究》）两篇文章，他说要继续到民办学校进行实地考察和调研，以便更有说服力地支持民办学校脱颖而出。他听说我在曲阜师范大学指导的硕士生曹丞毕业后去了民办学校当校长，很是高兴，便借到烟台开会的时机亲自去临沂一趟，实际上也是为了支持和指导沂蒙大地上率先起跑的民办学校健康发展。他不顾长途乘车的劳顿，5 月 8 日下午到校后即刻在山东临沂双月园学校进行实地考察。这所从幼儿园、小学、初中到高中 15 年一贯制的民办全封闭寄宿制学校总投资 2 亿多元，占地 560 余亩，建筑面积 17 万多平方米，当时有 120 个教学班，来自全国 20 多个省、自治区、直辖市的 4000 多名学生，乃长江以北规模最大的私立学校，是"国家级重点课题实验学校"。从教室到校园，从食堂到宿舍，从图书馆到运动场，潘先生边看边议、细心指点，留下一片真情和一席灼见。5 月 9 日上午，先生为该校全体教职员工做了关于如何认识并办好民办学校的精彩报告，邬大光教授也做了精彩报告，大家豁然开朗，增强了办好民办学校的决心和信心。报告开始前，潘先生被山东双月园集团董事长兼总经理王卫军聘为山东临沂双月园学校名誉校长。

1999 年 5 月 9 日，潘先生在山东临沂双月园学校与王卫军董事长、曹丞校长、邬大光教授合影

齐鲁情未了：追忆潘先生心系山东高教的「大学巡讲」

153

潘先生历来是"板凳学问"与"行走学术"相得益彰。这次，他重点参观考察了临沂城内的优秀传统文化遗迹。5月9日下午，先生在众人陪同下参观了书圣王羲之故居、银雀山汉墓竹简博物馆等。尤其对银雀山汉墓竹简博物馆，先生考察甚细、兴味盎然，颇有点流连忘返。银雀山汉墓发掘出土的7500余枚以先秦兵书为主要内容的汉代竹简，特别是孙武的《孙子兵法》与失传1000多年的《孙膑兵法》同墓出土，解开了自唐宋以来关于孙武、孙膑其人其书论争的千年谜团，震惊中外，被列入中国"百年百大考古发现"，与马王堆、兵马俑齐名。该馆也是我国第一座以汉墓竹简为主题的遗址类博物馆。竹简《孙子兵法》入选《国家人文历史》评选的中国"九大镇国之宝"。先生细细观看，探幽洞微、赞叹不已，还兴致勃勃地给我们讲了几个相关的历史故事。5月10日，潘先生一行从临沂乘车到济南，然后乘机返回厦门。

三、济南评鉴课题　青岛演讲挥毫

2007年5月17日下午，潘先生应山东经济学院（现为山东财经大学）党委书记张体勤教授盛邀，在别敦荣教授陪同下飞抵济南。那天，先生身着白色衬衫、浅色毛衣、西装上衣，穿一条银灰色的长裤，朴素整洁，精神矍铄。18日上午，先生为该校近千名师生做了题为"中国高等教育发展中的若干问题——形势、规模、质量、特色"的学术报告，博得阵阵掌声。时年87岁的他，自己操作电脑演示PPT，娴熟自如，一组组翔实鲜活的数据、一张张清晰明了的表格、一段段富有真知灼见的论断，令人目不暇接、受益良多。下午，作为课题鉴定委员会主席，他带领另外4位评委（陈浩、别敦荣、范跃进、刘华东）就刘向信教授（时任山东科技大学党委书记，山东经济学院原院长）主持的两个教育部人文社会科学研究项目——"情感、激励、嫁接三结合育人机制研究"（后获山东省软科学优秀成果一等奖）和"高校和谐校园建设研究"（后获山东省高校领导干部优秀论文一等奖），认真查阅了相关资料，听取了课题汇报，严格进行了评审、鉴定。会后，他参观了该校校园、图书馆、重点实验室等，并应邀为该校郑重题词："创建和谐校园，培育优秀人才"。潘先生满面春风地在山东经济学院报告厅门前与张体勤、别敦荣、韩延明等合影留念。

5月19日，潘先生在山东科技大学党委书记刘向信、中国石油大学（华东）副校长刘华东等陪同下前往青岛。5月20日上午，潘先生为山东科技大学干部、教师做了题为"中国高等教育发展中的若干问题"的学术报告。下午，在中国石油大学（华东）大礼堂为干部教师代表做了同样内容的报告。据刘华东教授回忆，潘先生这是第三次到中国石油大学讲学。第一次是在1993年5月20日，当时学校还在位于山东省东营市的胜利油田所在地办学，校名是"石油大学（华东）"，条件比较差。潘先生从济南乘汽车到东营，花费了4个多小时，但他仍然精神矍铄。他在学校大礼堂做了关于高等教育思想与高校办学思路方面的学术报告，还高度赞扬了全校干部教师在艰苦条件下攻坚克难、矢志办学的拼搏奉献精神，使现场听讲的500余人备受鼓舞。第二次是在2003年10月4日至5日，也是在东营，潘先生应邀前往参加该校建校50周年庆典，并为教师和干部做了题为"21世纪高等教育发展方向"的学术报告。他看到校园新建了多座教学楼、实验楼、宿舍楼，环境也比以前大有改善，非常高兴。第三次讲学就到了青岛，也是他第一次到新建的中国石油大学（华东）青岛校区。他不顾劳累，信步参观考察，看到高楼林立、设施齐备、环境优雅的新校园，连连称赞。

　　5月20日下午在中国石油大学做完报告后，在刘华东等人的一再请求下，潘先生挥毫为该校书写了其校训"惟真惟实"的横幅。同时，在弟子刘华东（2005年获厦大教育学博士学位）的恳求下，为他特别书写了中国传统文化中著名的"十六字心传"，即《尚书·大禹谟》中的箴言："人心惟危，道心惟微，惟精惟一，允执厥中。"先生这幅字，墨饱笔酣、遒劲峻拔、一气呵成、酣畅淋漓，既有龙威虎震的气势，又有鸾翔凤翥的英姿，疏简灵秀中见豪放，浓重浑厚中显细腻，令人拍案叫绝。常言道：书香致远，墨卷至恒。这一墨宝，后来被刘华东师弟精心装裱后挂在了他的办公室，作为座右铭时时勉励和鞭策自己，时间愈久，愈觉珍贵。5月23日，先生又风尘仆仆地赶往临沂，到临沂师范学院讲学、指导。此事容后详述。

四、三访临沂大学　关爱沂蒙老区

　　2010年11月23日上午9时许，在千余人就座的沂蒙大讲堂内，伴随着悠扬动听的《沂蒙山小调》乐曲，一位精神矍铄、元气淋漓的世纪老人含笑挥手登上讲坛。未等主持人介绍，雷鸣般的掌声已在全场猛烈响起，经久不息。这是时年90岁高龄的潘懋元教授第三次来到临沂大学，在充盈和洋溢着沂蒙精神的蒙山沂水间弘文励教、播撒真知，树蕙滋兰、卓育菁莪。

第一次是在 2001 年 6 月 22 日，天朗气清，惠风和畅。刚被全国高等教育学研究会聘为第三届理事会名誉理事长的潘懋元先生，以其 81 岁的耄耋之身莅临刚由专科学校升格本科的临沂师范学院，在老校区大礼堂为全校干部和教师做了题为"21 世纪中国高等教育面临的新形势和新问题"的学术报告，为该校由专科向本科过渡期的观念更新、视野拓展、专业建设和师资质量提升等问题起了重要的开蒙、导向和助推作用。先生与时俱进、谈笑风生，认为自 20 世纪最后 20 年至今，高等教育改革与发展始终面临着世界科技革命和我国由计划经济向市场经济转型的严峻挑战，尤须独辟应对路径、化解各种矛盾、把握新的机遇：一是解决好科技的高度发展与人的低素质的矛盾，二是解决好电子信息技术进入高校后与传统教育模式的矛盾，三是解决好高等教育大众化与人才培养高质量的矛盾，四是要直面、适应并应对加入 WTO（世界贸易组织）之后我国高等教育面临的新挑战和新机遇。作为分管教学科研工作的副校长，我主持了报告会，500 余人参会。报告后，情系沂蒙的潘先生欣然受聘为学校名誉教授，并挥毫为《临沂师范学院学报》（由《临沂师专学报》改版而来）第 100 期书写题词："弘扬传统文化精华，富有现代生活气息；立足沂蒙，面向全国，广征贤文，印刷精美，为国内学报之上乘。"字美词雅，翰墨飘香，既有鼓励又有鞭策，充分体现了先生对老区的热爱、对师生的挚爱和对学报的厚爱。

作为他的学生，我心里很清楚，先生这次来临沂，一是对沂蒙革命老区的崇敬，二是对我的关心和支持。当时，我刚刚由曲阜师范大学调到临沂师范学院担任第一副院长，但我从心里不想从政，只想做一名学者，教教书，搞搞科研。先生几次找我单独谈话，给我讲如何当好学校领导，如何处理好行政与科研的关系，如何处理好与同事之间的关系，如何使临沂师范学院搞好定位、分段发展、面向社会，并说要把临沂师范学院作为他的一个改革试点和研究案例，探讨一下高等教育大众化时代如何使这类"新建本科高校"健康发展、不走弯路，等等。应该说，这次谈话，对我后续的人生发展和高校管理工作产生了极大的影响。

其后几天，潘先生又满怀对老区人民和沂蒙精神的崇敬，先后瞻仰了华东革命烈士陵园，走访了沂蒙山小调诞生处，考察了孟良崮战役纪念地，参观了莒南山东省政府暨八路军 115 师司令部旧址，并乘车前往百里外的铁道游击队故乡——枣庄，参观了台儿庄大战纪念馆等。

第二次是在 2007 年 5 月 23 日，春暖花开，风和日丽。在临沂师范学院紧锣密鼓迎接本科教学工作水平评估前夕，潘先生以其 87 岁高龄，从青岛赶赴临沂。当天下午，他就不顾疲劳，与全国教育科学规划办副主任曾天山教授、厦门大学副校长邬大光教授、厦大社科处副处长陈武元教授等一起，对我主持的全国教育科学"十五"规划重点课题"东部欠发达地市高校在农村小康社会建设中的角色认知与机制创新研究"进行课题鉴定，课题被评为优秀等级。

5 月 24 日上午，潘先生在新校区报告厅为全校干部和教师代表做了题为"形势、规模、质量、特色——中国当前高等教育发展中的若干问题"的学术报告，为学校迎评创优、扬长补短而把脉问诊、出谋划策。作为校长，我主持了报告会，800 余人参会。"卓立潮头唱大风"的先生，如数家珍般地结合我国高等教育在规模、结构、质量、特色等方面的历史发展，有针对性地对临沂师范学院的现状、问题、顶层设计和发展路向等进行了深刻分析，提出了应对良策，新意迭见，为我们指点迷津，令人茅塞顿开、深受教益。会后，潘先生欣然受聘为临沂师范学院教学学术委员会首席顾问。5 月 24 日下午，邬大光教授结合全国本科教学工作评估的指标体系和总体要求，为全校干部教师代表做了精彩的学术报告，观点新颖、点评犀利、发展路径明晰，有力推动了临沂师范学院后来的迎评促建、迎评促改、迎评促管工作，为我们在2008 年的迎评中获得优秀等级提供了经验借鉴。这次来临沂，潘先生除做报告、现场指导外，还重点到素有"齐鲁敦煌"之誉的沂南县参观考察了诸葛亮故里纪念馆、沂南汉画像石博物馆等。

第三次是在 2010 年 11 月 22 日，微风拂面，阳光灿烂。临沂师范学院"十年磨一剑""今日把示君"，终于由教育部正式批准更名为"临沂大学"。在这由师范类院校向综合性大学转型提升的关键时刻，刚在厦门大学忙碌参加了"潘懋元先生从教 75 周年暨 90 华诞庆祝大会"不久的先生，风尘仆仆，三赴沂蒙，史秋衡教授与博士生文静、陈蒙随行。当天下午，作为课题鉴定专家委员会主席，先生和几位专家即对我主持的全国教育科学"十一五"规划重点课题"从大学文化建设的视角探大学的和谐发展"进行了课题鉴定，并提出了进一步深化研究的具体要求。11 月 23 日，先生为全校干部和教师做了题为"当前高等教育改革与发展的若干趋势"的精彩报告，我作为校长主持了报告会，与会人员达 1000 余人。先生虽已 90 高龄，但报告依然思路

2010 年 11 月 23 日，潘先生向临沂大学捐赠
《潘懋元文集》

清晰、声音洪亮、钩深致远、振聋发聩，可谓"锵锵振金玉，句句欲飞鸣"。他全面分析和阐述了关于当前高等教育改革与发展趋势的"三个命题"，既高屋建瓴又紧接地气，分析透彻、见解深刻，对该校转型过程中的科学定位、质量提升、专业建设、人才引进、优化结构、强化特色等，产生了巨大而深远的后续影响，德昭沂蒙、泽被师生，功莫大焉！报告前，先生被聘为临沂大学唯一的发展顾问，他将从厦门带来的由广东高等教育出版社 9 月份新出版的八卷十册《潘懋元文集》郑重赠送给学校图书馆。

潘先生活到老、学到老，走到哪、看到哪。他不仅对社会科学情有独钟，而且对自然科学也兴味盎然。这次，睿智老人好似备好了功课，点名要去参观坐落于临沂市平邑县的山东省天宇自然博物馆。该馆现为国家二级博物馆，是全世界同类博物馆中藏品最多、规模最大的自然地质博物馆，总建筑面积 3.2 万平方米，陈列面积 2.8 万平方米。该馆拥有藏品 39 万余件，主要分为古生物化石标本、典型矿物标本和现代生物标本三大类，集科普教育、博览展示和标本珍藏于一体。馆内保存有 1106 件较完整个体的恐龙化石，被吉尼斯世界纪录英国总部认定为"世界上最大的恐龙博物馆"，有 6 项藏品为吉尼斯世界纪录，被誉为"一部描绘自然生命的万卷书"，乃"中国古生物学会全国科普教育基地"。因该馆馆长郑晓廷教授兼任临沂大学地质与古生物研究所所长，所以他特地从外地赶来陪同讲解。那天，潘先生兴致极高，像一个潜心探索武功秘籍的少年，边看边问、边听边议，乐此不疲地用 3 个多小时走遍了藏品丰富、琳琅满目的 7 个楼层 28 个展厅的每个角落。经馆长特许，我陪先生进入馆藏密室，先生零距离欣赏了重达 338.6 克拉的金刚石。这是我国目前已知最大的天然金刚石，比 1977 年发现的当时号称中国之最的"常林钻石"（158.786 克拉）还重 179.814 克拉，宝光熠熠，灵气闪闪，晶莹剔透，令人遐想无限。先生细心察看、连赞、震撼！

"盛德弥光，风流日长"。作为陪同者和见证者，我有幸近距离地领略了"与真理为伍，与时代同行"的潘先生在临沂大学三个关键节点的三次莅临指导，耳闻目睹，潜移默化，深受启迪和教益。每每回忆，犹历历如昨，也对潘先生更加感恩和崇敬！

五、四进石油大学　报告观光庆生

前已述及，潘先生曾于1993年、2003年、2007年三次莅临中国石油大学（华东）。2013年7月25日，先生第四次前往青岛，应邀参加由中国石油大学（华东）主办的"全国高等教育高层论坛"和"第十届石油高校本科教学工作研讨会"，主要是围绕高等教育理论研究新进展、国内外高等教育发展新形势、高等学校特色发展、高等教育教学评估等议题开展系列性学术研讨和专题报告。作为身在山东的学生，我抓紧从济南赶到青岛聆听先生的教诲。开幕式上，在校长山红红教授主持下，潘先生做了题为"大学教师发展的概念、内涵、方式、动力"的主题报告，历时90分钟。他声音洪亮，思路清晰，语言平实，道理深刻，令人折服。是的，我曾多次聆听先生的报告，感触颇深。他没有那些惊天动地的豪言，没有那些"冰冷的理论术语"，有的只是娓娓道来、简洁明白。论述简单，却又像一汪清澈透明的令人渴望已久的深泉，让人能从其平白里窥出一番深意来。所以人们常说：越是名人越朴素，越是真理越简单。报告结束后，在中国石油大学（华东）副校长刘华东师弟引领下，我们众弟子又簇拥着先生到了华东的办公室，一同欣赏了装裱考究的潘先生的书法真迹，即先生2007年到中国石油大学（华东）讲学时为华东书写的"十六字心传"。这可是难得的书法珍品啊！

会议期间，我们还陪先生游览了金沙滩和崂山太清宫。当我们陪潘先生到达金沙滩时，迎面便看到一个巨型广告牌，上写的广告语令人咋舌："第一句问候叫醒了日本东京湾，第一艘游艇驶出了悉尼玫瑰湾，第一刻灯塔点亮了美国加州湾，第一缕阳光照进了中国金沙滩。"而且旁边还有一首诗："金沙滩头平，遥望天水涌，冲浪水盈盈，踏歌万里行。"看来，商家真是在宣传这块黄金地段上做足了文章。不过，坐在这柔软而微烫的沙滩上，一杯青啤，一把阳伞，一分闲适，一个灵感，真的令人流连忘返。在游览崂山太清宫（全国重点宫观保护单位）时，先生一路健步走来，精神抖擞，兴味益然，细致察看每个景点。他面带微笑，边走边聊，对宫内花草树木、楼台亭阁，均表现出了浓厚的兴趣。我们都感到有些乏了，但他却毫无倦意。

　　我们还陪先生参观了青岛啤酒厂一厂（即德国初建的老厂）和青岛啤酒博物馆，全面了解了啤酒厂的发展历史和啤酒制作的整个流程。先生在解说员引领下一路健步走来，精神焕发，谈笑风生，很高兴地在一些具有历史纪念意义的景点和物件前拍照留念。他还不时地向工作人员询问一些有关啤酒方面的问题，并饶有兴味地喝了原浆黑啤酒，先后品尝了四种类型的啤酒。

　　7月26日傍晚，师弟刘华东神秘兮兮地把我们带到了一个颇显隐秘的地方，楼台亭榭，小桥流水，盆景别致，曲径通幽。在此，他精心策划了一个温馨浪漫的小活动。那天，最初我们只知道是潘先生和众弟子共进晚餐。谁知晚宴刚一开始，就见一位美女服务员推着一辆精致的小车缓缓而来，径直走到先生面前，微笑着猛地掀开盖布，大家定睛一看，是一个大大的生日蛋糕！原来，这是为了庆贺潘先生的九十三岁生日。众弟子立即哗啦啦站起来，像小朋友一样咧着嘴、拍着手齐唱"祝您生日快乐"，大家沉浸在幸福和欢乐之中，共祝先生"福如东海长流水，寿比南山不老松"。这时，潘先生也显得特别激动，连喝几杯后起立发表了致辞，说："同学们，你们说什么人最幸福？"还不等大家反应过来，他接着说："我说老师最幸福。在人类中，最受人景仰的有三种人：一是接生婆，迎来生命；二是医生，救死扶伤；三是教师，育人成长。而教师培养的是正在成长中的个体，而这些个体又是未来的栋梁和希望，所以教师最幸福。教师是天底下最幸福的人！"先生说这些话时眼睛是湿润的，使我们这些弟子们又受到了一次敬业乐业创业的人生教育。他又一次深情地说："我的理想就是当教师，当一个好老师""一生最为欣慰的是：我的名字排在教师的行列里""如果再让我选择一次，我还会选择教师这个职业"。

　　先生言毕，大家高兴异常，频频举杯，向先生敬酒贺寿，在场的每个人逐一发表了热情洋溢的感言。我突然心血来潮，吟一对联："恩师益寿延年，众生时来运转。横批：师生并进。"我随即对"并进"释曰："先生继续向长寿前进，学生继续向事业挺进！"大家一阵喝彩，一片欢腾。实际上，这算哪门子对联呀，我也只是借"点赞"烘托个气氛，令大家伙"难忘今宵"罢了！正是：气氛浓，酒兴浓，感情更浓。

　　那天晚上，先生不像是位老者，倒像一个儿童，使我豁然明白了什么是"返老还童"，什么是"鹤发童心"，什么叫"老顽童""老小孩"，怪不得有人说"人天生就是一种浪漫的动物"呢！师徒们都特别开心、特别本真，很久没有那么大声吆喝、那么手舞足蹈、那么开怀畅饮了。那情景，以至多天后还常常在我眼前浮现，久久难以忘怀。晚饭后，我又陪先生去了房间，喝水，交谈。此时，美女博士刁瑜的举动更令我吃惊不小。她悄悄地把先生为拙著《大学文化育人之道》（高等教育出版社 2013 年 10 月出版）所写的序的修改原件递给了我，令我喜出望外。我连连道谢，手捧序稿，与先生合影留念。回到房间后，我浮想联翩、久久难眠，翻身起床，在日记本上写道："一言一行彰显人师魅力，一书一文高扬学者风范。衷心感恩老师多年来的栽培和教诲！温暖时光永驻心田。诚祝先生健康长寿、生活幸福！"

六、莅临三校讲学　领略泉湖胜景

2013 年 10 月 16 日至 18 日，潘先生应邀飞抵"海岱之间一都会"济南，忙不迭地开始了他环环紧扣的三校"教育巡讲"。

我到山东省委机关工作后，受济南大学党委书记范跃进教授委托，联系潘先生，请他拨冗前来参加济南大学高等教育研究院揭牌仪式。当时，我已听说先生近期很忙，且年事已高不便长途外出，所以没好意思打电话，就试探性地发了一个短信："先生您好！济南大学 10 月 16 日举行高等教育研究院成立揭牌仪式，范书记程校长托我给您联系一下，盛情邀请您前来参加。如能作一报告更好！诚望先生安排一下拨冗莅临！"想不到很快就有了回音。先生作为中国高等教育学科创始人，听说济南大学要成立高等教育研究院，自然也特别高兴，欣然应允。

10 月 15 日下午，我和济南大学副校长蔡先金教授一起，去济南机场迎接潘先生和别敦荣教授。从机场到济大路上，潘先生一边望着车外，一边侃侃而谈：一是谈到了山东的巨大变化，对济南近几年的市区改造大加赞赏；二是谈到了山东的特色文化，比如稷下学宫、泰山、黄河、"三孔"、山东快书、山东梆子等；三是谈到了山东的高等教育，他认为山东是高等教育大省，也应该成为高等教育强省。

10 月 16 日上午，潘先生出席了"济南大学高等教育研究院成立仪式暨齐鲁高等教育高峰论坛"。这是济南大学建校 65 周年庆典的重要组成部分，受到高度重视和热切关注。山东省教育厅副厅长郭建磊到会并讲话。高等教育研究专家别敦荣、胡建华、阎光才、胡娟、韩延明、陈廷柱等应邀出席并先后发言。潘先生受聘为高等教育研究院专家指导委员会顾问，并和郭厅长、范书记、程校长一起为济南大学高等教育研究院揭牌。在致辞中，潘先生指出，成立高等教育研究院，对于济南大学抓住高等教育大发展的历史契机、实现创建高水平大学的战略目标，具有重大意义。同时，他也对高等教育研究院的未来发展提出了一些具体的建议和期望。在这次会议上，别敦荣教授被聘为高等教育研究院专家指导委员会主任，我被聘为副主任和高等教育理论研究所所长，颇感诚惶诚恐。

2013 年 10 月 16 日，潘先生参加济南大学高等教育研究院成立仪式

10 月 16 日下午，忙里偷闲，我和蔡先金副校长等陪潘先生到济南市里观光。济南素以"泉水成溪，穿城绕郭"的"千泉之城"（共有泉水 1209 处）著称，被誉为"泉甲天下"。日夜喷涌、一刻不歇的泉水，或汇入泉池光可鉴人，或流向湖河直奔大海，描绘着"潇洒似江南"的旖旎景观。在星罗棋布的"七十二名泉"中，趵突泉居首，所以我们第一站便是到趵突泉公园游览。该园南倚千佛山、北靠大明湖，是以清澈泉水和人文景观为主题的文化名园，步移景异，赏心悦目。被乾隆皇帝称为"天下第一泉"的趵突泉，三窟并发，声如隐雷，"泉源上奋，水涌若轮"，水气袅袅，波光粼粼，再加上周边的楼阁彩绘、雕梁画栋、小桥回波、亭榭探水，构成了一幅奇妙的人间仙境画面，素有"游济南不游趵突泉不成游"之说。潘先生游兴甚浓、精神焕发，高兴

地与我在趵突泉水池前合影留念。他问我："你读过老舍写的散文《趵突泉的欣赏》吗？"我说没有。他说，老舍这篇散文的第一句话是这样写的："千佛山、大明湖和趵突泉，是济南的三大名胜，现在单讲趵突泉。"观赏完趵突泉后，他又和我们坐游船绕护城河绿色长廊一路前行，来到了"四面荷花三面柳，一城山色半城湖"的宽阔的大明湖。众泉汇流成的大明湖像一面明镜，风景秀丽，如诗如画。湖之南群山连绵、环列如屏，苍松翠柏，鸟语花香；湖之北齐烟九点，鹊华之间，黄河奔流，小溪潺潺，共同打造了济南"山泉湖河"浑然一体的独特风貌。大明湖水色澄碧、景色秀丽，湖上鸟飞鱼跃、荷花满塘、画舫穿行、岸边绿柳荫浓、繁花似锦、游人如织。置身于这令人陶醉的美景之中，感受到一种磅礴恣肆的宏大气势，体味出一种酣畅淋漓的审美快意。潘先生和弟子们一边欣赏、一边交谈、一边拍照，十分开心。小憩时，先生突然问我："你知道什么时候开始叫'大明湖'吗？"我还真不清楚。他看我一脸茫然，便接着介绍，大明湖最初称"历水陂"，唐代称"莲子湖"，北宋称"西湖""北湖"，到了金朝才称为"大明湖"，沿用至今。先生还见景生情，以他渊博的知识，给我们讲了与趵突泉、大明湖、济南府等相关的一些历史名人及其轶闻趣事，夹叙夹议，史论结合，甚是高兴。那天，风和日丽，先生悠悠漫步于大明湖畔，一缕阳光洒落在他慈祥的面容和硕大的耳朵上，显得耳垂特别饱满、肥厚、圆润，还透着微红的亮光。我蓦然发现，先生像一尊佛，一尊普度众生的佛，加上树影婆娑、波光粼粼，荷花摇曳、鱼翔湖面，使人倍感心灵的纯净和澄碧，光影的交错使我不禁浮想联翩、冥思禅意。常言道：观慧在额，厚耳招福。我凝视着天庭饱满、光风霁月的先生，心里想：潘先生不就是茫茫学海中放射着光芒、普度众学生的"佛"吗？！

记得有人说过："人生就像蒲公英，看似自由，实际上身不由己。"先生这次济南之行，报告多、活动多、见学生多、被安排多，但他并不显得疲劳，每天依然是容光焕发、神采奕奕。17日上午，我和别敦荣教授陪同先生到民办普通本科高校——山东英才学院走访并讲学。该学院创建于1998年，在校生36000人，当时是"中国十大品牌民办高校"。在全院报告会上，别敦荣教授做了题为"民办高校应当如何转型发展"的学术报告，先生作总结讲话。先生首先阐述了我国民办高等教育存在和发展的理论依据、发展阶段和未来走向。他指出，我国民办教育发展有两个重大的意义：一是利用社会的资金来发展教育，减少国家财政负担，有利于教育事业的多元发展；二是民办学校、民办教育立足于教育现代化，主动适应社会发展需求，探索现代教育制度，可以为我国教育改革和发展提供借鉴。他强调：举办民办教育，要坚定信念、充满信心，将民办教育作为一项事业而不是一个企业来办，因为它在很大程度上能够引领中国教育事业改革发展的方向。他希望英才学院在发展转型、创建高水平民办大学的征程上走在全国前列，探索出具有英才特色的健康发展之路。

17 日下午，先生到山东交通学院访问、讲学。别敦荣教授做了题为"地方院校应用型人才培养改革"的学术报告，先生作总结演讲。他在演讲中提出了一系列值得深思的问题，包括：为什么要重提应用型人才培养这个问题？其针对性是什么？该如何应对？蔡元培关于"研究高深学问"的大学观是否普遍可行？报告立意高远、问题尖锐、密接地气、发人深省。他指出，高等教育主要培养两类人才：一类是认识世界的人才，一类是改造世界的人才。前者的需求是少量的，而后者却大量需要。他对山东交通学院在应用型人才培养方面所取得的成就表示赞赏，并希望该校在应用型本科教育发展的道路上越办越好。

七、应邀再赴济南大学　庆祝从教八十周年

2015 年 6 月 12 日，潘先生在邬大光、别敦荣等众弟子陪同下来到济南。13 日上午，先生出席在济南大学召开的"潘懋元高等教育思想研讨会暨从教 80 周年庆祝会"开幕式和文献纪实片《高教泰斗 学界楷模——潘懋元从教 80 周年》首映式，来自国内外的 300 余名专家学者济济一堂，共襄盛举。先生在大会上发表了热情洋溢的感言，向济南大学赠送一套《潘懋元文集》（八卷十册），接受了程新校长代表济南大学师生及与会代表赠送的画像刻盘，并被聘为济南大学顾问、高等教育研究院名誉院长。

2015 年 6 月 13 日，潘先生在山东济南大学召开的"潘懋元高等教育思想研讨会暨从教 80 周年庆祝会"上致辞

教育部副部长林蕙青给大会和潘先生发来贺信。贺信写道："众所周知，潘先生是我国公认的高等教育理论家和社会活动家，先生八十年如一日躬耕教育，以其高尚的人格、对高等教育事业的执着追求以及严谨的高等教育理论体系，赢得了国内外学界的高度赞誉。"中国教育学会会长钟秉林、中国高等教育学会会长瞿振元、厦门大学党委书记张彦、教育部高等教育教学评估中心主任吴岩（现为教育部副部长）、山东省教育厅副厅长郭建磊等领导，知名学者喻岳青、杨德广、黄达人、潘世墨、刘海峰、张德祥、何东平、张巨青、史静寰、康凯、蔡先金、张应强、别敦荣、叶之红、陈武元、韩延明、卢晓中等，济济一堂。厦门大学副校长邬大光教授庄重严谨而又风趣幽默地主持了大会全程。

同日下午，先生参加"潘懋元高等教育思想研讨会"第一分论坛"潘懋元高等教育思想的理论体系与历史贡献"的学术分享。晚上，他与参会代表一起，观看济南大学音乐学院师生为大会精心准备的名为"献给教师的歌"专场音乐会。精湛的演奏、优美的舞姿、动听的歌曲，给先生留下了深刻而美好的印象。

14 日，在济南大学副校长蔡先金（后为聊城大学校长）、学生韩延明等陪同下，先生参观革命遗址解放阁等。15 日，光明日报、中国教育报、大众日报、济南大学报以及新华网、人民网、光明网、新浪网、凤凰网、齐鲁网、新民网等知名媒体，均大篇幅报道了这次会议的召开盛况及潘先生传奇的教育人生。为了高质量高水平开好这次"潘懋元高等教育思想研讨会暨从教 80 周年庆祝会"，济南大学党委、山东省委高校工委高度重视，抽调专人成立了会议筹备委员会，并确定了"五个一"方案：开好一个研讨会暨庆祝会，拍摄一部《高教泰斗 学界楷模——潘懋元从教 80 周年》文献纪实片，编印一册《潘懋元教授纪事年表》，汇编一本会议论文集，举办一场全校"献给教师的歌"文艺晚会。为此，我们山东摄制组一行 5 人专程赴厦大拍摄外景、搜集资料，并先后于 5 月 10 日、5 月 12 日到前埔先生家中进行采访和拍摄，给先生留下了一些珍贵的历史瞬间和休闲照片。

拍摄期间，山东摄制组成员也不失时机地积极参加潘先生的一些活动。5月 9 日晚，我们参加了先生在家中主持的"周末学术沙龙"。潘先生请李广来（时任中共山东省高校纪工委副书记兼《山东高等教育》杂志副主编、文献片撰稿人）和我分别介绍了文献纪实片的拍摄动因、脚本、程序、要求和济南会议筹备情况，以及《山东高等教育》开设"潘懋元高等教育思想研究"栏目的进展情况。5月11日上午，我们又参加了厦门大学教育研究院学术报告会，听英国赫尔大学研究员、厦门大学马来西亚分校高级教育顾问方晓做题为"高等教育国际化与高等教育管理"的报告，先生介绍了方晓博士的学术履历。此次赴厦，我们普遍感到时间短、收获大，心旷神怡，终生难忘。

本文追忆了潘懋元先生多次来山东高校参会、讲学、报告、座谈、考察、指导等方面的情况，虽然尽量回忆、搜寻资料，但难免有些不足或遗漏，敬请大家不断补充和完善。据历史记载，杜甫的好朋友"诗仙"李白也曾多次到过山东，并在济宁住了多年、作诗多首，至今此地犹存"太白楼"。但他来山东多是游山玩水、饮酒赋诗。他曾写过一首《沙丘城下寄杜甫》的诗，记得前两句是："我来竟何事？高卧沙丘城。城边有古树，日夕连秋声。"他来山东是"高卧"赏树听"秋声"，而我们潘先生到山东，则是不停歇地进行"大学巡讲"，传播高等教育思想，探索高等教育实践。先生壮哉！先生伟哉！时光珍藏了美好的记忆，岁月记载了幸福的点滴，人生融入了教育的牵挂，真诚浇灌了师生的情谊。先生的"齐鲁情未了"，齐鲁人的"先生情未了"。虽然享年103岁的潘先生已驾鹤西去，但他的足迹和教育情却永恒地留在了齐鲁大地上！潘先生永远活在师生们的心中，永远活在山东人民的心中！

韩延明，厦门大学2000届博士，山东师范大学高等教育研究院院长、特聘教授、博士生导师，临沂大学原校长。

先生：我不断进修的课程

◎张祥云

  2021年，在导师潘懋元先生101岁的时候，我接到过先生两次长途电话，一次是五月中旬，一次是九月底。五月份那次电话，我感觉特别突然，完全出乎意料！先生并没有什么事儿，只是打个长途电话告诉我他读了我的一篇论文《教育学的"人文道理"范式及其特性》(别的师兄弟在微信群里推送了这篇文章，先生看到了，估计是很重视，就下载下来读了)，先生很认真地肯定和鼓励了我一番，我当时极为震撼。接到101岁老师的长途电话，这件事情本身就让我激动不已，更别说他的声音还是那么充满磁性，思维还是那么清晰，逻辑还是那么严谨，理解还是那么精准，评论还是那么到位。受到先生的鼓舞，我于九月下旬将我40多万字的书稿《道理与功夫——人文教育学论纲》寄送给他老人家。我用钢笔手写了一封信夹在书稿里，其中说道："先生，这是我离开您身边这长时间之后，向您提交的一份作业。作业交给您，是想让自己心安，有空翻翻即可。"没有想到，先生收到我的书稿之后，又给我打了一个长途电话。电话里，先生告诉我："昨天晚上九点多收到你的书，今天花了一天时间看。"我听到这里，内心既感动，又愧疚！感动自不必说，愧疚的是，自己怎么能让老爷子那么辛苦劳累呢！可是先生却饶有兴味地在电话里跟我讲他读后的感受，对我的人文教育理论体系和一些重要观点给予了很充分的鼓励和肯定。我在电话这头，心情难以形容！……我只能说我有幸见证了人间的生命奇迹，见证了人间的精神高度。此生遇到这样的导师，何其幸运！

  一年多之后，2022年12月6日，先生还是跟我们做了"人生告别"。他虽然永远离开了我们，但却永远活在了我们的心间。

一、先生是我的广域课程

能成为潘懋元先生的学生，是我人生最重要的幸运。很难想象，如果此生未拜在先生这样的大师门下，未得先生的言教与身教、点拨和启示，像我这样"来自山里的娃"，思想和情感空间会是怎样的零碎和狭隘。所谓做点像样的学问，得点教育之底蕴，估计也是很难谈得上的。我资质平平，即便对先生的有些点拨或许算是可以当下"明白"，但更多的启示却是要在时间的催化中才能慢慢"醒悟"。体会先生之为人、为学、行事的格局、境界和智慧，对我来说，是一生永远在做和要做的功课。过往的数十年里，从"而立之年""不惑之年""知天命之年"，到现如今朝向"耳顺"之年的践行，在思想和情感上，都幸亏有先生的"陪伴"和引导。在或不在他的身边，他都在我心中占据着不可替代的重要位置。随着年龄的增长、阅历的丰富，越发觉得先生不容易，先生了不起！先生让我明白，再高的山峰，都在人的脚下；再光明的灯塔，都由人来点亮；再广袤的宇宙，都在人的心中。先生在平常中累积出超常，在平凡里演化出非凡，先生就是这样一位现实世界里"就在那里"实实在在地持续劳作、不倦生活、不竭创造、不断超越的生动而鲜活的非凡人物。

大师就是课程，是不可复制的、稀有的卓越课程，先生就是这样的课程！在我心中，先生就是一门博大精深的、自然敞开着的课程，一本不断书写、不断超越的人文经典，数十年里不间断地吸引着我与之对话、反思、咀嚼、领悟，我因此而得不断滋养。

我在先生身边待了六年半，读研三年，工作三年半，在学习、工作和生活上得到先生很多很多的引导和呵护，1995年12月11日调离厦大高教所到深圳大学工作至今，也一直都受着先生的精神滋养。他在我心里，是一位令人又敬畏又亲爱的大长者。行文至此，我不禁浮想起许许多多的小故事，小片段，小细节，千言万语简直不知从何说起……

二、先生给我"苏格拉底式"面试

第一次见潘先生，是在大学本科三年级，应该是1984年上半年，先生受邀专程到江西师范大学给全校领导干部做学术报告，作为学校教育系的首届本科生，学校安排我们全班去聆听先生的演讲。那时候的先生，头发就全白了，白得很纯粹，很好看，他穿着中山装，很挺拔，很精神，给我"大尊者"的感觉。先生浑厚的普通话带有闽南口音，很特别，很清晰，很简练。先生是第一位让我近距离感受到什么叫"大师风范"的教授。也就是在那次，我开始初步了解"高等教育学"是研究什么的学问。1985年，我大学毕业开始从教，教教育学、心理学。有了一定的教育教学经历，有不少体会和思考，特别希望能深造。1989年，因缘巧合，得到学校历史系汤勤福老师的指点，他说他的同行朋友刘海峰博士是潘先生的助手。由于他的热心帮助，我顺利报考了厦门大学高等教育研究所的定向培养研究生。（汤老师后来去了上海师范大学古籍研究所工作，现在是特聘教授，学术造诣很深！）参与定向培养研究生的选拔要到厦门大学现场考试，有笔试和面试，地点在囊萤楼三楼。记得笔试结束，所里正在开会，我在会议室门外走廊静静地听着一个充满磁性的浑厚声音在说"要做学问，先学做人"和"写文章要深入浅出，而不要浅入深出"的道理，这算是在厦门大学囊萤楼，以"未见其人而听到其声"的方式，第一次得到先生的教诲，很敬畏。在面试环节，潘先生、刘海峰老师、罗杞秀老师等五位组成面试专家组，先生别开生面地给我和另一位考生张治库出了一道辩论题，一方的观点是"教育是上层建筑"，另一方的观点是"教育是生产力"，让我们抽签选择并马上进行辩论。面对突如其来、出乎意料的"苏格拉底式"考试，我们都很紧张，但还是硬着头皮各自陈述观点，彼此友好辩驳。现在回想起来，当时自己具体说了什么都忘记了，但这种面试方式给我留下深刻记忆。这样的面试方式显然代表了先生选拔和培养人的重要方法，先生一贯注重培养学生对概念内涵的深刻理解，注重辩证思维、关系思维的养成，特别强调要我们学会用系统的、发展的眼光看问题，不要偏激。非常幸运，蒙先生和老师们不弃，我和张治库双双都被录取了，正式成为厦门大学高教所的学生，成为先生的弟子。

三、先生给我很多的呵护

在上世纪80、90年代，大学教师和研究生的生活都还是比较清苦的，先生那时候抽的烟是很便宜的"特牌"香烟，在先生家里参与沙龙或者谈事情，先生会把香烟分享给会抽烟的男生抽（有些不抽烟的男生往往也会顺手接下香烟抽起来，我就属于这样一类学生），大家很自由地一边抽烟一边交谈。先生每个周六晚上的沙龙都会为大家准备各种好吃的水果或点心，我吃过的很多好吃的东西都是在先生家里第一次吃到。先生很体恤我们这些清苦的学生，有个故事我不能不分享出来。有一次，我对先生说，我在江西有一位优秀的学生一直致力于要报考先生门下，他在一个离县城很远的大山中的林业技术学校工作，很希望和先生通信求得先生在学习上的指点，但又很怕先生嫌弃，不敢冒昧打扰。我问先生能不能让他直接写信给先生，先生当即就允诺了。过了不长时间，先生把我叫去他家，告诉我说，已经收到了那位学生的来信，

厦门大学东村 9 号楼油画（唐绍云绘）

并回信了。紧接着，先生手里拿着一份书单、四张十元钞票，很认真地告诉我，要我拿钱去给那位学生买书寄去。我很震撼，深觉自己给先生添了不小的麻烦，不知道怎么处理才好（在 1991 年的时候，四十元钱不是小数目）。最后，我只能难为情地老老实实接受先生的嘱托，去办了那件事情。那位学生没有辜负先生的鼓励和爱护，顺利考取了研究生，成为先生出色的弟子。

1992 年我毕业留校，留在所里做研究生秘书兼先生的学术秘书。由于我是定向研究生，按照合同，毕业后要回到原单位，如果违规不回去，就要按三年的工资加倍罚款，一共一万多元，这在那个年代对我来说是很大的一笔钱。在亲人的帮助下，我如数接受罚款，把工作关系转调到了厦门大学，虽然如愿留在了厦门大学，但心理上却感受着很大的经济压力。在这过程中，先生总是默默为我着想，替我考虑，想方设法合理合法增加我的收入，安排我参加各种专业内有些"外快"的工作，比如给福建省自考办出考试卷，给学校青年教师培训高等教育学等等。在厦大工作了一个学期，学期结束的时候，感觉自己身体明显疲惫无力，就去医院做了体检，发现得了不轻的病，需要住院。当时我夫妻分居，在厦门无人照顾，又马上放寒假，家里还是决定让我回江西住院治疗，先生和所里同意我回去。住院三个月，打针吃西药半年，以后中草药慢慢调理，医病的费用超过一万元。才留校就生病，没有什么贡献就一个学期不能上班，深感对不起先生，对不起所里，对不起厦大，心理压力很大。在这个过程中，先生给了我巨大的呵护，他给我写了长长的信，安慰和鼓励我要有信心，指导我应该怎样应对生病养病的问题，还鼓励和建议我参加 1993 年度的博士研究生考试，争取读在职博士研究生。我读着先生的来信流下了眼泪，深切感受到了先生的爱护。由于家人一致反对，我还是放弃了那年的考博机会，这成了我的终生遗憾。虽然我一个学期没有上班，但在先生和所里老师的关怀与帮助下，我完成了工作量，顺利晋升了中级职称。我回到厦大上班之后，先生知道我欠下了一大笔医疗费，就出面找到学校领导反映我的情况，争取给我特批报销，据说学校为我的医疗费专门开了一个校办会议讨论这件事情，最后学校给我报销了差不多一万元的医疗费。在这个过程中，先生对我是呵护有加，学校对我非常保护，还特批给我安排了一人居住的单间宿舍（当年厦大的教工宿舍资源非常紧张，初来工作的年轻教师是两人一间宿舍）。每当我想起这许多事情，就深为感激，同时也深感给先生、给学校、给所里添了很大麻烦。自己得到那么多照顾，却无力作出很好的回报，内心确实很是愧疚。我家在农村山区，父母养育我们六个兄弟姐妹，好不容易支持我上了大学，我作为长子却一直无力为父母分担。加上那一年家运不好，我父亲健康不佳，母亲身体不好，大弟弟又得病不能劳动，还有小弟在读书，我自己的小家还在分居，小孩出生不久，所以生活很窘迫。为了解决经济困难，早日恢复健康，尽快夫妻团聚，在厦大工作三年多之后，我想到换个收入比较高的学校去工作。

1995 年，机缘巧合，在秦国柱师兄的推荐下，深圳大学杨移贻教授同意我调到他主持的高等教育研究所工作。在我离开厦大的前天晚上，潘先生在厦大一条街的"淑庄"请我吃饭，记得那顿饭从六点多吃到九点多，先生给我讲了很多很多话。现在回想起来，先生的话句句都是无比正确。先生那时候对我说，因为我有三大困难（身体虚弱，经济困难，夫妻分居），他对我调离厦大高教所表示理解，但还是希望我留下。他说，如果我愿意留下，他第二天就跟学校人事处去沟通，学校也会很快帮我解决夫妻分居问题。他开导我说他自己也曾经经历过多次大的病痛，他觉得生病是折磨也是很好的成长机会，会把自己磨炼得更成熟、坚强、稳健，希望我考虑问题要有长远眼光，珍惜在厦大工作的平台和环境，不为眼前的困难所屈服，要树立信心，向远处看，朝远处走。他还嘱咐我去了新的单位，要适当参加学校的行政工作，研究高等教育问题不能脱离学校实际……，先生对我的指点，对我的爱，对我的诚，对我的好，让我终生铭记在心，日后总会反复咀嚼消化，不断得到启示。

四、先生让我理解"十六字心传"

读研期间，有一次先生单独把我叫到他家小客厅去汇报我的专业学习心得，在交谈过程中，说到方法论问题，先生就跟我谈起他当年在汕头读时中中学时候的一个小故事。先生说，入学之后，他不明白为什么学校叫"时中中学"，于是就请教了他的老师，那位老师就把《尚书·虞书·大禹谟》中的"十六字心传"写给了他，即"人心惟危，道心惟微；惟精惟一，允执厥中"，称"时中"二字跟这个有关。先生顺口念了出来，看出我很茫然——我确实没有听懂，先生就顺手撕下一张日历，直接在上面将这四句话写下来给了我。我进一步向先生求教，先生为我做了讲解。我虽然听得一知半解，但内心深深被触动，知道其中所包含的方法论博大精深，无论搞人文还是做科技，都跟

"心"的本体功夫之修养息息相关，唯有"精诚所至"，才能"金石为开"。所谓"不诚无物，至诚如神""诚则成也"，要在方法上达到"致广大而尽精微，极高明而道中庸"这般的大功夫、大智慧、大境界，是需要在时间里久久为功的，是一辈子的作业。自那以后，"十六字心传"和"时中"二字就一直铭记在我脑海里，经过很多年的琢磨，我才慢慢嚼出其中的一些意味。"十六字心传"和"时中"二字，是中华传统之根源性思想所在，先生的思想方法，深得中华优秀传统之正道，因为他的文化之根扎得那么深，他的精神和思想才有那么强大的生命力，先生实际上是用他的百年人生在实践着和彰显着优秀传统文化的思想价值和精神魅力。在我看来，这是理解先生精神世界的重要切入点之一。关于"十六字心传"和"时中"思想对先生的切实影响，邬大光教授从思想和实践践行两方面写了专门的论文，值得大家去体会。总之，先生是一位深得中华优秀传统文化智慧，开放会通，经世致用，知行合一的伟大教育家。

五、先生让我在所里做学术报告

记得在研一的时候，高等教育学这门课要开一学年。由于先生太忙，同时他的首届博士生王伟廉老师也完成了学位论文即将答辩，所以从我们这届学生开始，大部分课程不再由先生亲自授课，改由王老师主讲。但先生平时会经常询问我们的学习心得和疑问并跟我们交流讨论，还一定要亲自批改我们的作业。第一个学期的期末作业是写一篇论文、完成一个本科学科专业的教学计划，先生会在我们的作业稿纸上留下对标点、副词、概念、数据、观点和逻辑等方面的修改意见。先生向来对我们的学习和作业严格要求，所以我们做作业都感觉"压力山大"，不敢随便对付。记得读研期间，先生要求某位博士研究生一个学期要读十三本书，并且每本都要提交厚厚的读书笔记，并且要求读书笔记不仅要摘录要言，还要梳理整体逻辑结构，提炼核心思想，提出自己的见解，每一页笔记拆分为三分之二与三分之一，宽处摘录原文要语，窄处写自己的评论。如此严苛的要求，可把这位师兄折腾坏了（哈哈）。

我研一第一学期期末的第一篇论文是《论高校对教育范畴的突破及其认识意义——对高等教育学特殊性的再探讨》。记得在先生和王老师的不断质疑和指导下，我修改了好几个月。那时候我们没有电脑，大家都是在方格纸上写文章，写文章被称为"爬格子"。每次修改好的稿子，都及时交给王老师和先生审阅批改，他们会直接在上面批改，见面的时候就跟我讨论，我回去再思考，再查资料，再修改充实，再重新誊写在格子纸上。一篇六千多字的文章，反反复复折腾，重写了七遍，把前后修改的稿纸叠在一起，叠出厚厚一沓纸，写了四五万字。就是经过这样的"笨功夫"，我养成了写文章要尽可能严谨的习惯，对遣词造句、标点符号、逻辑运思和资料运用比较注意。所以，我一直觉得写文章是个苦事情，但要配得上先生的要求，像我这样的"笨学生"不下苦功夫根本达不到标准。

我的首篇论文思路简单，就是从高校与教育这对范畴的内涵之历史演变和关系，去重新思考高等教育学与普通教育学的不同属性，以及学科发展的战略定位与路向问题。先生和王老师觉得有点新意，给了我鼓励，并推荐我在所里的学术沙龙上做一次报告。我胆小紧张，在那样的场面上，我陈述完自己的观点和论证，就很难保持镇定地思考和回应大家提出的问题。报告不算成功，但对一个二十多岁的学术"菜鸟"绝对是个很有意义的锻炼。是先生给了我锻炼的机会，我深知先生的良苦用心，非常感恩。文章后来发表在《上海高教研究》1991年第1期的首篇，算是给了我这样的硕士生很大的激励，也算没有辜负先生和王老师的不倦指教。

六、先生很关心深圳的高等教育发展

先生一直很关注和关心深圳的高等教育发展。如果按来深圳工作的时间顺序，先生为深圳培养了陈民、张祥云、许建领、叶文梓、肖海涛、邓耀彩、高德宏、李均、闫飞龙、马东梅、袁礼等人。大家在深圳教育界都尽心尽力工作，各自都做出了成绩，齐心协力传承着先生的思想和精神，默默为这个城市的教育发展奉献正能量。先生的这些学生在深圳的口碑都不错，常常听到不少人评价说"不愧为潘先生的弟子"，感觉大家听到这样的评价都很淡定而低调，因为这就是先生的影响，确有"如履薄冰"的自重感。

先生多次来深圳指导工作，先后参加过深圳大学城可行性方案的专家论证会、南方科技大学发展方案的论证会、南方科技大学校长人选专家论证会、深圳大学发展规划论证报告会、深圳大学西丽校区发展规划论证会、深圳大学高等教育研究所首届高等教育学硕士研究生学位论文答辩会。先生还专程去过深圳大学城做现场调研，去深圳职业技术学院调研并做学术报告。让我难以忘怀的是，有一次先生应邀专程给深圳基础教育界的校长和行政人员做学术报告，那天先生坐的飞机预计晚上六点多到达，临落地时，深圳宝安机场上空乌云密布，接着就是罕见的倾盆大雨，先生所坐的飞机无法降落，在空中盘旋很久之后，只好改去珠海机场降落。经过一番折腾，先生到达指定酒店的时候都快晚上十二点了。想到第二天上午九点先生却还要给两百多人专门做一场学术报告，对当时八十多岁的先生，我们这些弟子们着实倍感不安，也让会议组织者很是担心。但是第二天上午先生却保持着精力充沛的状态做了一场精彩的报告，先生饱满的精神状态让大家都觉得很震撼。

写到这里，我不禁想起2005年先生受邀去深圳大学城考察并指导工作。深圳大学城管理办公室主任张宝泉教授精心准备并迎接先生的到来，在先生做了精彩的主题性讲话之后，张主任进一步咨询先生有关大学城多校园发展的相关问题，末了，张主任客气地对属下与会人员说："大家还有什么问题，机会难得，还有点时间请教潘先生。"结果坐在后排的一位较年轻的女工作人员站起来问潘先生说："能不能向潘先生请教一个非高等教育专业的问题？"先生慈祥微笑而幽默地说："那你说说看吧，看看我能不能回答好你的非专业问题。"引起大家一阵笑声。

那位工作人员说："潘先生，您都八十多岁了，可您看，您的身体却还那么好，精神那么旺！看看您的脸上、手上，一点斑点都没有，还那么红润光滑，还那么好看，请问您是怎么保养的？"这个问题立即让大家爆出哄堂大笑。等大家安静下来，先生说："那我就试着回答你这个非专业的问题，看看对你有没有参考价值。"先生接着说："大家都知道有句话，生命在于运动，我认为生命的运动不仅在体动还要脑动，因为脑是生命的首府，是生命的司令部，我保持生命活力的重要方法就是每天让自己去思考有挑战性的、有意义的问题，这是其一；其二，你问到我脸上和手上的皮肤好，我告诉你，我根本没有去保养，我很少用那些化学日用品洗脸洗澡，我基本用清水洗，因为化学的东西很难说没有副作用，或许现在你用了会显得好看些，但时间长了，副作用就会显现出来，你会发现得不偿失，甚至不可挽回。因此，我建议女士们，少用或是不用那些化学的护肤品和沐浴露。"这是我第一次听到先生在公开场合表达自己对健康的观点，平时先生跟学生很少交流生活上的俗事，虽然他人情练达，很懂生活，但他基本不去说那些事情，他只在无言地做，他关心的问题都是超越自己生活小事的大问题，所以第一次听到先生发

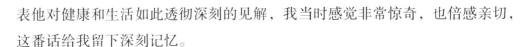

表他对健康和生活如此透彻深刻的见解，我当时感觉非常惊奇，也倍感亲切，这番话给我留下深刻记忆。

先生对深圳大学很关心。记得 1997 年，深圳大学召开"全国大学教育思想研讨会"，先生就受邀做了大会的主题报告。也就是在那次，先生接受深圳大学的诚聘，成为深圳大学的名誉教授。接受聘请之后，先生专门为深圳大学中层以上干部和教育学科教师全体参加的会议做了专题报告。报告对深圳大学改革发展的定位和方向提出了高屋建瓴的建议，对深圳大学的未来发展产生了切实的影响。先生也一直得到历届校长的敬重，多次参加学校发展规划的论证和深大西丽校区的规划论证。西丽校区管委会领导高度重视先生当年在规划论证会的指导意见，2017 年，阮彬主任特意邀请我陪他们专程去先生在厦门的家里汇报发展情况，请教发展双校园的管理问题。先生饶有兴味地特意为深圳大学西丽校区管理办一行人举办了一场周末专题家庭学术沙龙，专门讨论高等学校双校园的管理与发展问题。先生特别重视这场沙龙，提前数日出海报发布这场学术沙龙的举办信息。在先生的主持下，有备而来的深大西丽校区管委会做了较详细的汇报并提出了一些问题请教先生和在座师生，先生还让对这个问题有研究的博士生做了主题发言，而后再引导大家开展热烈讨论。最后先生做了高度概括的总结，并对几个主要问题进行了点拨和观点提升，使大家有豁然开朗的感受。沙龙从晚上七点半进行到十点多才结束。这次学术沙龙，让深大来学习请教的一行人大开眼界，他们说这次能如此近距离聆听先生的教诲，感受先生的风采，感受家庭沙龙里思想激荡的魅力，是他们一辈子的福气，回去要进一步落实先生的指教，要更好地把新校区工作做得更理想才能对得起先生的良苦用心。

先生对深圳大学高教所很关心。深大高教所的老所长是先生的揭阳老乡杨移贻教授，据他说，他父亲在年轻的时候就知道先生这个人，因为先生很年轻的时候就会发表文章，在当地被大人们看好，很有名气。我、肖海涛、李均，都是杨移贻教授调进所里工作的。我们这个所算是小而精的，大家都是先生的弟子，彼此相处很融洽，也都非常有心要传承先生的精神和厦大高教所的学术文化气场，从研究生的培养，到所里文化的形成，都继承了厦大风格。我们研究所坚持学术沙龙，坚持尽可能为每届研究生提供见到先生的机会，尽可能安排他们参加厦大的学术活动，以便有机会真切感受到先生家庭沙龙的氛围，近距离感受先生的魅力。平时先生对我们三位弟子都非常关心，三位弟子都很爱先生。2010 年 5 月，我们研究所首届硕士研究生学位论文答辩，邀请先生来深大担任我们的答辩委员会主席，先生年已九十，工作繁忙，却爽快答应了我们的请求。先生还接受学校校长的聘任，担任学校高等教育学学术委员会主任，极大地提升了我们在学校的地位和影响力。那次研究生论文答辩，共有七位同学的七篇论文要在一天内完成答辩，工作量很大，但是先生一丝不苟，始终保持着极好的状态，给我们全所师生树立了楷模。先生在答辩会上，对我们的研究生培养工作予以了很高评价，也提出进一步发展的希望。能得到先生的肯定，我们都十分开心。会议结束，我问先生："先生您感觉怎么样？会不会太累？"先生很"不耐烦"地对我说："你别老关注我、担心我这些，我没有问题，我行。"——这就是典型的先生风格呀！先生不喜欢自己被别人嘘寒问暖当个老人来照顾，他不喜欢别人给他拎包，先生喜欢自己照顾自己。我们眼里的先生永远是干干净净、整整齐齐、清清爽爽的状态。

……

与先生结缘，从认识到告别，30 多年，内心留下了许许多多的小故事、小细节，哪里说得完呀！况且，先生是一位耐人寻味的大师，先生是一位罕见的人物，与先生交往中的故事和细节，我一直留在心里，不断咀嚼，不断体会，这对我来说是极为有意义的幸福功课。

先生的学术思想和人生境界是我心中不熄的灯塔，照亮着我的人生。

张祥云，厦门大学 1992 届硕士，华中科技大学 2012 届博士，深圳大学教育学部教授。

育英才德懋功懋　创新学开元通元

——深切怀念恩师潘懋元先生

◎廖　益

　　潘懋元先生是我国著名教育家、思想家，从事教育工作近88年，为我国高等教育事业作出杰出贡献，也是我的博士生导师、人生导师、为学恩师。他于2022年12月6日永远离开了我们。12月6日上午，我们学校干部教师收看了江泽民同志追悼大会的实况转播，结束后从手机的信息中得知先生仙逝，心里十分难过，心情十分沉重。从此我们再也没有机会向先生汇报学习和工作了。

　　12月6日晚7时，是我主持开设的全校通识课"教育学专题"授课时间。我沉痛告诉同学们，自己的博士生导师，中国高等教育学学科创立者和奠基人，厦门大学教授潘懋元先生因多脏器功能衰竭，抢救无效，于2022年12月6日8时50分逝世，享年103岁。接着，播放了自己制作的潘先生介绍短片，回顾了潘先生生平及其对教育事业的巨大贡献。我深情指出，潘先生从教近88载，桃李满天下，是享誉中外的著名教育家，教育强国梦是先生毕生不渝之追求，希望同学们学习潘先生"板凳敢坐十年冷，文章不写半句空"的治学精神。随后，用多帧生活照片和著作翻拍照片深情回顾了自己与潘先生结缘、交往的情景，回顾了潘先生对我学术与生活的关怀和支持，回顾了潘先生对韶关学院发展的厚爱和关心。对潘先生关心支持韶关学院表示由衷感谢，对潘先生的逝世表示沉痛哀悼。

　　第二天我校发去了唁电。内容如下：

厦门大学：

惊悉潘懋元先生辞世，韶关学院全体师生深感悲痛！并向贵校全体师生及潘先生亲属表示诚挚慰问！

潘懋元先生是我国当代著名教育家、中国高等教育学的创始人，凭借个人的学术影响力和智慧，促成建立了全国最早的 4 个高等教育学博士学位点；构建了中国高等教育的学科体系、学术体系、话语体系，开创了中国特色、中国风格、中国气派的高等教育理论，是我国高等教育学的奠基者；先生创建的高等教育学，丰富了世界高等教育研究范式，为世界高等教育研究事业的发展贡献了中国智慧，为我国教育事业发展贡献卓著。

先生从教 87 载，一生奉献三尺讲台，躬耕教科研一线，见证了中国教育近百年的发展历史，为中国高等教育事业发展呕心沥血、鞠躬尽瘁。先生与我校有着深厚的渊源，是我校廖益校长的恩师。我校的发展长期得到先生的关心指导，在 2000 年升格本科之际，潘先生应邀来校指导并受聘为客座教授。20 多年来，先生及其弟子多次关心指导学校发展。2018 年学校建校 60 周年时，先生发来亲笔贺信关心我校发展情况。先生视学术为生命，矢志不移，百岁高龄仍笔耕不辍，坚守教科研第一线。先生敢为天下先的担当精神、严谨精深的治学态度、兼容并包的大师风范、虚怀若谷的高尚品格永远值得我们全体师生敬仰和学习。

先生耆硕，千古永存！

韶关学院（2022 年 12 月 7 日）

先生去世后，一幕幕与先生认识与交往的情景时常浮现在眼前。近几年来，我跟先生的交往，主要是在节日期间给先生致电。我曾问过先生，什么时间段去电比较方便。先生回答我："你什么时间来电都方便。"但为不影响他休息，我基本上是在教师节、春节致电。

在先生从教 85 周年之际，各地校友都在录制视频给先生送去祝福。2020 年 6 月 14 日我给先生致电问候。先生十分关注新冠疫情对学校的影响，问我复课没有，问得很详细、很具体。我还向先生提到，90 年代初先生在一次研讨会上说："为什么应聘广东高教学会顾问和汕头大学教授？为学习而来，为高等教育研究而来，为高等教育事业而来！"他还回忆起，他多次到广东讲学，我都坐在第一排专心听报告。我说："十分感谢先生，作为研究者，感谢先生当年对高等教育研究的引领！作为校长，感谢先生对广东高等教育研究和事业的推动！作为学生，感谢导师对自己的教导！一定用先生的教育理论指导所在单位的教育改革与实践。"

2020年8月5日，我带领学校同事向爱国、徐文渊、童顺平等参加由厦门大学举办的"潘懋元教授从教八十五周年暨新时代中国高等教育改革与发展论坛"大会。这次大会尽管在新冠疫情期间举行，但仍然盛况空前，中国高等教育学会、中国教育学会、中国职业教育学会三大学会会长，教育部、福建省、厦门市等领导，天津大学等高校领导均到会。为表达对恩师的感激之情，我专门拟了副对联"育英才德懋功懋，创新学开元通元"，由我校文学院陈宇昂教授书写，并以学校名义给厦门大学发去了贺信。内容如下：

> 欣逢学界泰斗潘懋元先生百岁华诞，厦门大学特别举办"潘懋元先生从教85周年暨新时代中国高等教育改革与发展高峰论坛"以弘传先生教育思想。韶关学院全体师生谨向潘懋元先生致以崇高的敬意和衷心的祝福，祝先生春秋不老福寿安康，祝先生思想常青学术有承，祝庆典和论坛圆满成功！
>
> 潘懋元先生是著名教育家和我国高等教育学学科的开创者、奠基人，为丰富和发展中国高等教育理论不懈探索、功勋卓著，培养了大批高层次人才，桃李满天下，为我国当代教育发展作出了巨大贡献！
>
> 先生的学术成就闻名遐迩，先生的学术思想引领时代，先生的教育情怀福泽绵长，先生的人文关怀厚重深远。20年前（1999年），在我校升格本科的关键时期，先生就亲临学校指导。我校建校60周年又得到先生亲笔题词鼓励。全校师生对先生行堪世范而虚怀若谷的教育家风范高山仰止，对先生心系教育关怀学校的教育家情怀心怀感念。祝潘懋元先生身体安康，松鹤延年，生命之树常绿，学术之水长流！
>
> 敬祝厦门大学在新时代教育事业蓬勃发展，早日成为世界一流大学！
>
> 2020年8月2日

2020年8月8日，我致电先生说参加大会后回到广东了。恩师和我共同回顾了这次会议，他说身体没有那么有耐力了，大会后12点多就回家了。先生在会议上做了个报告，大屏幕打出的是"新时代高等教育改革与发展：昨天、今天和明天"。可是当他报告的时候，他改回了"新时代高等教育改革与发展：今天、明天和后天"，午饭的时候，宣传部的同志找到先生的秘书，因为马上要发通稿，要秘书问问先生，到底是怎么发。我正好在旁边，我非常肯定地说，不用打扰先生了，以他讲的为准。后来，先生在《高等教育研究》发表了这个主题的文章。我之所以有这个判断，是基于与先生的师生情感和对先生的了解。在近30年交往中，我与先生曾有过多次深入的交谈，包括他对教育发展的趋势性把握、对教育研究院发展的看法、对学生学术研究与行政管理的兴趣。回顾他的系列判断，无一不是正确的，这令我由衷敬佩。通话中他十分关切地问道："有没有开学？什么时候开学？"我们还谈到他于6月11日应教育部学校规划建设发展中心、应用型课程建设联盟邀请在线上讲授"师说课改"公益讲坛的事，他说"更喜欢面对面讲课，而不会'目中无人'"。

2020年9月10日是我国第36个教师节，我致电先生问候教师节快乐。先生再次关心询问："学校开学没有？学生报到了吗？"先生还对我说："你现在呀，是一校之长，学生那么多，责任重大。"我说："还好，有您的教育思想引领、教育理论指导，碰到问题就用内外部关系规律作指导、解决问题，效果很明显。""新华社发的报道我都看到了，您说当老师是最有幸福感的，我们都很受教育。"先生又问道："开学典礼还没有开吧？"我说是的。我请教先生能否说几句，我好在开学典礼上对学生说。先生哈哈大笑："你是校长，该怎么说就怎么说，还要我说？"先生最后说："祝你也节日快乐！"师生对话，愉快心情、师生感情可见一斑。

这3次通话我都录了音并珍藏，现在听来，十分亲切、十分感慨！此后，我不便再打扰先生，未再给先生打电话，都是通过微信向先生问候或通过潘世墨副校长转达。

我让我的联络员梳理下近几年我涉及先生的讲话，他告诉我，近几年来，我在许多个场合都提到潘先生对学校的指导和关心。比如，在学校迎接省级重点学科教育学学科建设中期检查和期末检查时，专门谈到潘先生90年代以来支持广东教育学科发展的有关情况。在学校师范专业认证专家评议会上，也提到潘先生在高寿时期还不忘教书育人，获得全国教书育人楷模的有关情况，希望全体师范生以先生为榜样，将来认真教书育人，培养国之栋梁。此

育英才德懋功懋　创新学开元通元

外，近几年我每次到省级中小学教师发展中心为学员授课，都会提到潘先生教书育人的有关故事，要求学员们以潘先生为榜样，先站稳讲台，再教好书、育好人，争取做"四有"好老师。我多次在为学生讲授"思政第一课"时，也深情回忆了自己与老师相处的美好时光和潘先生在学校升本之前来校指导，在学校建校 60 周年时为学校发来贺信等有关情况，要求学生心怀感恩之心、以奋进之态，认真学习，立志报国，以优异成绩报答包括潘先生在内的教育家和广大社会贤达对学校发展的关心支持。我想，作为先生的学生，我就是要把先生的教育思想宣传推广，把先生的治学精神弘扬传播，用先生的教育理论指导教育改革与实践并结出丰硕成果。

2020 年在庆祝先生从教 85 周年之际，厦门大学组织编写了《我和潘先生的故事》，我以《仰之弥高，钻之弥坚——我和恩师及先生与我校》为题写了回忆文章。为写此文，我查阅了我近 30 年的笔记本，是用心用情的结果，现就该文再辑录如下（文中个别地方有改动）。

我与潘懋元先生的相识始于上世纪 90 年代。当时广东省高教局副局长周鹤鸣同志非常重视高等教育研究工作，高桂彪同志具体负责高等教育研究室工作，聘请先生为广东省高等教育学会的顾问。先生十分关心广东高等教育研究，为推动学术交流与发展，多次到广东讲学以及参加广东的高等教育学术会议并应邀做报告。由于我在高校教务处高等教育研究室工作，有机会参加省高等教育学会的活动和听先生的报告。对于当时的我来说，能听到教育大家的报告是十分荣幸的。在我博士论文评阅中，先生读到我写的后记的时候，都还记得我几乎在听报告时都坐在前排这一细节。

我与恩师：拜师历程

1990 年，我从当时农业部所属的西南农业大学获得硕士学位后被分配到仲恺农业工程学院高等教育研究室从事教学管理和高等教育研究工作。刚开始的研究是结合教学管理进行的，大概还不能算是真正的研究，至少是缺乏教育理论指导的研究。由于我是非教育类专业毕业，对于教育学和高等教育研究完全是外行，于是萌发了回到所学专业的想法。因为要放弃 7 年本科和研究生学习的专业的确舍不得，加上我在这个领域做了不少的储备，也发表了相关的论文，但因各种原因未能如愿从事所学专业。考虑到我在经济管理方面的学习还比较有心得，于是考虑报考中国人民大学的博士生，将来从事经济管理方面的教学科研。找中山大学的教授写了推荐信，联系了人民大学的教授，为此我也做了准备并报了名。但当我在广东省高等教育学会举办的学术研讨会上，再次见到先生和听了他的报告后，尤其是听了他在中山大学举办的系统讲学之后，便放弃了这一想法，对教育研究有了浓厚的兴趣和特别的热爱，由此也坚定了向这位德高望重的著名教育家学习的愿望。为了这个愿望，我参加了北京师范大学教育学助教进修班，听了王炳照教授的中国教育史、苏渭昌教授的教育学等课程，还参加了厦门大学举办的高等教育学研究生课程班。就这样一边工作、一边学习、一边准备考试，前后共花费了几年，我的愿望于2001年终于实现了，我成为先生的正式学生，来到了美丽的厦门大学——我向往已久的地方。

初次感受先生，是从先生著作文章的字里行间，我读到的是一位学术造诣精深的教育家。再次感受先生，是在研究生课程学习的过程当中，大师内涵丰富却又通俗生动的授课，让我读到了一位智如泉涌的教育家。近距离全方位感受先生，是专题学习讨论，尤其是我们博士生班在汕头大学访学调研期间，同学们推举我全程陪伴先生，我与先生朝夕相处近2周，亲身感受了先生的工作、生活，我读到了一位思想深刻、言传身教、慈祥可亲的教育家，一位提携后学、传道授业解惑的教育家。先生严谨治学的态度、诲人不倦的精神、扶持后学的品德、兼容并包的大师风范、虚怀若谷的胸襟，令我终身受益、一生难忘，真是高山仰止，景行行止。先生对我的影响，不仅在于学问的启发探究、思维的点拨和论文的悉心指导，还在于人格的熏陶、做人的修养和做事的哲理、为政的品德等方面。

恩师与广东：学会顾问

先生受聘广东高等教育学会顾问多年，同时受聘汕头大学特聘教授，其间数次在广东做学术报告，把高等教育的发展趋势和自己理论研究的最新成果在广东作了介绍，让广东高等教育研究界的研究者开阔视野、提升理论、把握趋势、指导实践，大家受益匪浅。现就我参加的几次会议所做笔记简述如下。

1994年12月20日，广东省高等教育与社会主义市场经济暨产学研合作

育英才德懋功懋 创新学开元通元

教育研讨会在广东惠州大学召开，先生到会并发表讲话。他认为，高等教育研究的特点与性质决定了其组织需要两支队伍——非科班出身的专业队伍和科班出身的队伍，而且非科班的队伍数量要大，这是由其学科队伍决定的。高等教育是专业性学科，这决定了高等教育队伍的多样性。高等教育与普通教育不同，是培养各方面的高级专业人才的，受政治、经济、文化、科学制度制约，同时也影响这几个方面。高等教育与这些息息相关，大学毕业生直接到人才市场接受交换，而中小学没有这个任务。因此，单靠一种人是研究不来的，只有多学科专业人才通力协作才可以，国内外均如此。高等教育面向信息社会，要从哲学、系统科学、历史学、政治学、管理学、经济学、社会学、心理学、国际比较等多学科来研究高等教育，既开展理论研究，又从事教育实践。在这次会议上，先生还代表中国高等教育学会表示祝贺，代表福建高等教育学会表示感谢，代表全国高等教育学研究会通报下次会议主题。

1996 年 3 月 26—28 日，广东省高等教育学会理事会改选暨学术研讨会在湛江师范学院召开。26 日，先生做题为"面向 21 世纪的中国高等教育面临的三大挑战"的学术报告。所谓"三大挑战"，先生认为一是高科技与低素质的矛盾。20 世纪中叶以来，高新技术发展很迅速，但高等教育及其他方面的教育忽视了人的素质教育，必须加强素质教育。二是信息高速公路进入高校与传统教学过程的矛盾，不可能改变，只能迎接。传统模式受到冲击，电化教学使某些方面发生变化，现在大为不同，信息高速公路进入高等教育，教学过程的最大变化是来自于物质的动力。在教材组织上，一门课教材可能有若干组织形式。三是高等教育大众化与政府投入不足、城乡发展不平衡的矛盾。大众化是必然趋势，一个社会文明与进步很大程度取决于高等教育数量与质量。大众化与普及化与政府投入的矛盾是世界性的，尤其在发展中国家。因此，必须发展私立高等教育，许多国家以此作为补充。1994 年美国私立高等学校数占 72.7%，学生数占 32.2%，日本私立大学数占 73.6%，学生数占 73.6%。中国私立与公立之比是 1 ：3.2，仅 18 所是国家承认学历的。这里一个是认识问题，一个是法律问题。高等教育如何通向农村，是我们 21 世纪面临的重要问题。

1997 年 3 月 26—28 日，广东省高等教育学会年会暨学术交流会在番禺理工学院召开。先生做学术报告，他从可持续发展的角度，探讨高等教育发展。先生认为，可持续发展是新的发展观，实施可持续发展战略，必须先实施教育思想、观念的转变，特别是价值观、世界观的转变，这是可持续发展的关键。在发展过程中，要把握几个基本内容：发展的持续性原则、整体性原则、协调性原则。如果用这些来考察高等教育改革与发展，就会站得更高、看得更远。可从两个方面探讨：一是高等教育如何为经济社会可持续发展服务，二是高等教育自身也有可持续发展问题。可持续发展服务主要体现在高等教育发展战略与培养目标上。教育优先发展，就是要实施可持续发展战略，要考虑如何对大学生进行可持续发展教育。在培养目标上，要从可持续性上考虑，如培养学生对人与自然、人与社会的认识，使人尊重自然、加强节约，教育青年要学会关心等等。

1997年6月7日至9日，在中山大学举办高等教育思想与教学改革研习班，先生、王伟廉教授到会做讲座。先生说，全国正在兴起深化教育教学改革热潮，涌现出各家思想讨论的高潮，涉及教育价值观、教师观、人才观等等。先生连续讲了三讲，分别是"中国高等教育面临的挑战与可持续发展的高等教育""教育基本规律及其在高等教育中的应用""高等教育的文化功能"等。先生谈到高等教育可持续发展面临的三大挑战：一是要从物质层面和文化层面看可持续发展。二是高等教育如何为经济和社会可持续发展服务，自身要根据可持续发展原则进行教育改革。教学计划、培养目标、教学内容、方法、教学管理等均可得到启示。三是要考虑如何对大学生进行可持续发展教育。先生以高等教育地方化为例，就教育基本规律与教育实践的矛盾关系、高等教育的文化功能等作了深刻阐述。

王伟廉教授讲"高校课程改革"，就为什么要改、改什么、怎样改等问题进行了系统讲授与回答。

在2001年的一次学术会议上，先生对一流大学发表看法，认为一流大学最重要的衡量标准有三条：一是有没有自己的办学理念，而且体现在办学实践中。二是有没有公认的大师。三是有没有若干毕业校友成为著名的科学家、学者、政治家、企业家。

2002年5月26日，我们班在汕头大学上课。我陪先生住在专家楼A8，同时被安排给汕头大学做名牌专业评估的学术报告，该校主管教学的院长、系主任、教学秘书等都参加了报告会。我受邀作为高等教育研究所答辩委员会委员参加了论文答辩，答辩委员有先生、邬大光教授、黄宇智教授、秦国柱教授、袁祖望教授和我。其间，我跟先生住在一起，朝夕相处，亲身感受先生的工作、学习、生活和运动。他基本早上很早就起来，在窗户外的院子里先打太极拳和做俯卧撑，他怕影响我，所以总是很轻声地做运动。他一般上午给学生上课，午饭后休息，下午跟学生讨论或修改文章，晚饭后我们先看中央台《新闻联播》，然后工作（看别人寄来的材料或应邀为书稿写序或备课），基本到十二点左右才休息。他的生活非常有规律。因为要我照顾先生也是同班同学对我的信任，所以我也比较谨慎，力求做好这件工作。比如晚上先生洗澡前，我会先把冷水放掉，检查一下有否热水、地面滑不滑等，再告诉先生，先生看到后总是对我说不用检查了，他自己会弄的。和先生在一起的日子里，我深深感受到了他的人格魅力、学术魅力，有如沐春风的感觉。

恩师与吾校：师徒四代关心支持

先生对我们学校也非常关心。我是 2016 年 5 月到韶关学院任校长的。到任之前我跟先生报告说，组织上要我去那里当校长，先生听后很高兴也很支持。他说到，当年韶关大学（学院前身）筹备升格本科院校的时候找过他，他对学校还有印象。据了解，学校在 1999 年筹备升格本科的时候，先生就特别关心。学校邀请先生莅临指导，1999 年 4 月 30 日先生带着高足邬大光教授亲自到校，提出了非常重要的指导意见，还给全校的中层管理干部做了专题辅导报告。时至今日，学校的干部们每每忆起这件事情，都十分感激。当时，学校盛情敦聘先生和大光教授为客座教授。

2018 年 10 月 28 日，是学校 60 周年校庆。我思前想后，想让先生题几个字，先生欣然应允，为我校 60 周年校庆专门亲笔书写贺词寄给我，令我校师生员工非常激动。我在 60 周年纪念会上专门展示了先生的贺词。

先生不仅亲自关怀学校，而且还带动高足关心、支持学校发展，现在是四代人关心和服务学校。邬大光教授就先后五次到校指导。1999 年他第一次随先生来。第二次是 2006 年学校接受教育部本科教学工作合格评估，他以专家组副组长身份再次光临指导。学校 60 周年校庆，副校长大光教授还亲自从河南专程到校参加校庆庆典，并做题为"重视本科教育的抓手"的学术报告，再次受聘客座教授。这是大光教授第三次来到学校，对学校关心备至、厚爱有加。2023 年 3 月 10 日至 12 日，他再次来到韶关及学校调研并做学术报告，他说这是第五次，在正式合格评估之前还来过一次。别敦荣院长于 2019 年 12 月到韶关参加学术研究会时到校指导。2017 年 6 月，史秋衡副院长来校做题为"深化应用型本科建设"的专题报告，并参加研讨会。近 3 年，卢晓中教授也多次应邀莅临指导我校"冲补强"提升计划建设规划及省级中小学教师发展中心建设。2018 年，国家教育发展中心刘承波研究员来校参加"冲补强"建设规划论证。陈上仁教授（大光的博士）来校指导教育学学科建设。在导师的关心影响下，第四代博士童顺平入职我校教师教育学院。

　　我到韶关学院任职之后，曾于 2018 年 5 月专门带队去向先生汇报和请教，参加了先生的周末沙龙，先生让我介绍了学校的办学情况，谈了对应用型大学办学的看法，并且和他讨论了学校发展定位，以及今后的发展方向。先生在家里热情接待了我们，非常仔细地听了我对学校的介绍。先生特别关心学校的发展，并且给予了具体的指导。2018 年 9 月的一件事，我印象特别深刻，当时我正带队在意大利和西班牙访问，一下飞机，看到先生曾来电，但我没接到，到酒店之后我就立即打电话过去。我问先生有什么事呀，先生说也没什么事，是在《中国教育报》看到了韶关学院办学情况的报道，他非常高兴，特别给我打电话祝贺。先生对我和我校的关心指导，令我难以忘怀，无法用语言来表达。

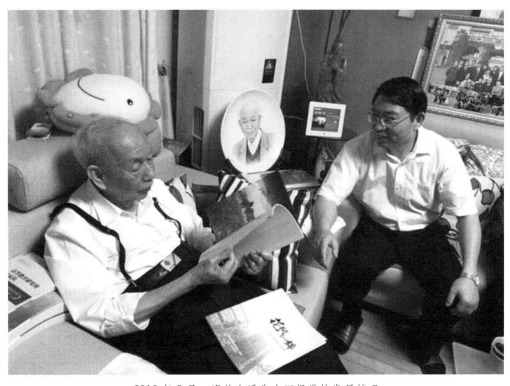

2018 年 5 月，廖益向潘先生汇报学校发展情况

恩师与我：爱生如子

作为农业类专业的硕士毕业生考上先生的博士生，我大概是第一个，先生的关心和伟廉教授给予的帮助令人感怀。先生对我特别关照，他知道我担任教务处长工作忙，要处理好学习与工作的关系。他经常讲要学会"弹钢琴"，并通过他在过去工作中工作与教学、研究的亲身体会来说明。他非常细心，一些细节都考虑到了，比如我因工作或评估（当时我受省教育厅委托领衔制定省级名牌专业评价方案并开展对在粤高校的评价）要回广州，有时我也不大好开口，他知道我时间紧，就会提醒说可以买票了，买星期天的机票。所以那几年的周末我都是在广州和厦门来回跑，特别是第一年要上课，还要兼顾教务处长的工作。

2001 年 12 月 15 日，先生应邀到中山大学开会，以及应邀去华南师范大学南海学院调研。我带着夫人家容和女儿雅婕前往南海学院拜见先生，当时女儿仅 5 岁，但见到潘爷爷后十分高兴。下午 3:00 送先生回华南师大，晚上在师大，先生在广东的弟子们都来看望先生。当晚，我被告知评上正高，先生见证了学生的成长，他也非常高兴。

我在博士学位论文选题时，征求先生的意见，能否跟我 2001 年主持的广东省新世纪高等教育教学改革重大项目"广东高校名牌专业评价的理论与实践"结合起来，先生欣然同意。于是我一边研究，一边参加省的评价实践，一边修改评价方案，一边进行总结提升。课题进行了 5 年，广东省教育厅运用该方案，从在粤高校申报的 333 个专业中评出 156 个省级名牌专业，有力推动了广东高校的专业建设。我还应教育成本分担理论提出者约翰斯通教授的学术邀请，访问了纽约州立大学，就美国教育评价进行调研与比较。在学术论文《大学学科专业评价论》（广东教育出版社 2017 年版）出版的时候，先生又亲自作了序。

2019 年我主持的国家社科基金项目结题，项目成果《中高职教育职业能力培养有效衔接研究与实践》专著由中国社会科学出版社出版（2020 年 10 月）。我想请先生作序，但又怕打搅他，一直未提这事。后来我委婉地跟先生说，本来很想请他写，但又怕打扰，还是不写了吧。结果先生在电话中马上就说："别人我都要写，我学生的著作，为什么不写，但是因为最近事多，你不要催我，给我一点时间。"我说："好，不急，待您方便时再写。"后来我写了个参考稿寄去，结果没过多久，先生就让秘书将序言给我发来了。

2020 年受新冠疫情影响，各级各类学校实行线上教学，由于同事们反映没有合适的教育学在线课程和教材。于是我牵头组织 5 所大学的 8 位教授开出"教育学专题"课程，讲义的主要内容已经放在超星平台学银在线省级精品在线开放课程资源中，后来上了中国教育平台。配套《教育学》教材于首都师范大学出版社出版（2021 年 9 月），先生知道后，仍坚持为这本教材作了序。

从结识先生以来，许多学生和我一样都深切感受到，先生就是这样深爱着、关心着他的每一位学子，可谓"谆谆如父语，殷殷似友亲"。

韶关地处粤北，是丹霞地貌命名地（得名于世界自然遗产地丹霞山），禅宗六祖在此弘法，拥有千年雄关古道、南雄珠玑古巷、马坝人遗址、张九龄故居等历史遗产。抗战时期，岭南大学、中山大学、东吴大学等 30 余所学校曾在此办学，其中高校达 13 所。在抗战时期极其艰难的环境下，内迁华南高校在粤北执着于教学的先贤以及培养出来的毕业生，日后不乏各领域的杰出人物和奠基人，先后有 20 余人成为新中国的学部委员、院士，20 余人成为新中国的大学校长与 教育家。他们中的佼佼者，有担任校长的，如厦门大学前校长王亚南、武汉大学和湖南大学前校长李达、北京师范大学前校长林砺儒、中央音乐学院前院长马思聪、华南农学院前校长丁颖等；自然科学领域的，如核物理学家卢鹤绂、农学家邓植仪、蚕学育种家蒋同庆、地理学家吴尚时、天文学家张云等；人文社会科学领域的，如语言学家岑麒祥、史学家陈安仁、历史学家戴裔煊、诗人陈寂、音乐舞蹈家吴晓邦，还有中国民俗学奠基人钟敬文、文献学家冼玉清、人类学家民族学家杨成志、哲学家谢扶雅、法学家梅龚彬、经济学家郭大力、历史经济学家彭泽益等。在毕业生中，自然科学领域的有天文学家黄翠芬、地理学家钟功甫、地理学家罗来兴、化学家黄本立、医学家伍汉邦、工程学家李世富、航空学家郑显基等；人文社会科学领域的有法学家曾昭度、政治经济学家陈其人、经济学家廖建祥、人类学家梁钊韬等。

邬大光教授近年来研究中国高校迁徙历史，得知韶关抗战时期这段历史后，于 2023 年 3 月 10—12 日来韶考察并为我校师生做了题为"中国大学百年迁徙回眸"的学术报告。我陪同他及 2 位博士生考察了曲江大村岭南大学

育英才德懋功懋　创新学开元通元

和东吴大学旧址，乐昌坪石中山大学、岭南大学旧址。我校为此建立了华南教育历史纪念馆，成立了华南教育历史研究中心（广东省人文社科研究基地）和华南教育历史研究院，建立了华南教育历史研学基地，开展了学科史研究、遗址保护和恢复等系列工作。随着考察和研究的深入，相信会有更丰富的成果问世。

韶关学院举办高等教育 62 年来，艰苦办学，励精图治，开拓创新，目前已发展成拥有 17 个二级学院 75 个本科专业，涵盖理、工、农、医、文、史、管、经、法、艺、教等 11 个学科门类，近 30000 名全日制学生的综合性应用型本科高校。学校由韶关师专（1958 年创办）、韶关大学（1985 年创办）于 1989 年合并为韶关大学，此后与韶关教育学院（1979 年创办）于 2000 年合并升格为本科高校。韶州师范学校（1903 年建立）、韶关卫生学校（1914 年建立）分别于 2001、2002 年成为我校校外二级学院（独立法人），分别于 2018、2021 年正式并入学校。近年来，人才培养与教学成果、科学研究与平台建设、横向合作与社会服务、学生创新创业等各项指标都大幅度提高，社会影响力与知名度也明显提升。学校发展被列入省政府"十四五"规划，省政府明确提出要办成高水平应用型大学。学校已明确以师范教育为特色，以农学、工学为发展优势，以医学为新增长点的发展定位。

忆往事，在 20 年前，学校发展的关键时期，就得到先生的关怀。看今朝，在建校 60 周年之际，又得到先生的题词鼓励。望未来，先生对学校办学的指导思想和发展定位，再给予指导与引领。先生学称人师、行堪世范而襟怀若谷，我作为先生的弟子能有机会在此服务，定当运用先生的教育理论指导教育改革实践，努力再创造新的辉煌。

廖益，厦门大学 2007 届博士，国家督学，广东韶关学院校长、教授、博士生导师。

谆谆教诲 永记心间

——我与潘先生的故事

◎赵叶珠

我于 1990 年 9 月开始在厦门大学高教所读硕，毕业后留所任教，1999 年又在职攻博，随潘先生学习、与潘先生共事前后刚好有 30 年。30 年来得到先生的教诲良多，无论是学业上还是工作生活上，这些谆谆教诲像一股股清泉滋润着我的心田，鼓励着我，也提醒着我，无论我走到地球的哪个角落，这些话语都常常在我耳边回响。

"你能行！"

1998 年是高教所成立二十周年，举办一系列庆祝活动作为一项重要工作被列入该年度高教所工作计划。

在潘先生亲自指挥下，所庆活动的筹备工作有条不紊地进行。按照系列活动的内容，所里成立了若干个工作小组和小组负责人，大家分头准备，并定期开会汇报工作进展，提出工作中遇到的困难，讨论解决方案。作为当时资料室主任，我有两项任务：一是与资料室两位老师一起将所里编辑出版的《外国高等教育资料》之目录进行汇总，这本杂志虽没有公开刊号却在当时高教研究圈内较有影响；二是配合陈炳三老书记编辑建所二十周年大事记。

就在这些工作将要完工的时候，有一天，我正在资料室查阅文献，当时在所里攻博的别敦荣老师来到资料室，对我说："小赵，潘先生有请。"我跟着老别来到会议室，看到会议室里坐满了所庆活动各小组负责人。潘先生让我坐下后，对我说："刚才大家商量了，在二十周年庆祝会上，要播放一部反映建所二十周年发展历程的纪录片，纪录片的脚本由你负责撰写，纪录片拍摄工作属于所庆宣传工作，由李泽彧副书记负责。"

我心想，自己已经承担了所庆活动的两项工作了，并且这两项工作也很繁重，还尚未全部完成。现在要将写纪录片脚本如此重要的工作再交给我，任务也太多了！于是，我面露难色对先生说："我从来没有写过脚本，恐怕不行啊，还是找个文笔好的人来写。"谁知潘先生却说："你文笔不错，你能行！"既然先生发话了，我也不好再推辞。

于是，我从学校图书馆借来了厦门大学校史资料丛书，加上潘先生和陈炳三书记提供的一些资料，把自己关在家里几周后，完成了初稿。脚本包括解说词和相应的资料图片及分镜头构思，交给潘先生和李泽彧过目，他们均比较满意。接着，李泽彧和我还专程去了厦门电视台寻求专业人员的帮助。厦门电视台派出了两位摄像师前来协助我们拍摄，按照脚本所写的分镜头，拍摄了高教所的学术例会、师生拔河比赛、师生们身着学位服的合影，对几位所领导和师生的访谈，先生家里的周末沙龙等场景。我就像一位导演，指挥布置各种活动的场景和拍摄现场，安排人物访谈的拍摄背景，比如有的访谈安排在资料室拍摄，有的访谈则在办公室拍摄，等等，工作虽然很辛苦但却很有趣，感觉过了一把导演瘾。

经过厦门电视台专业人员的后期加工、编辑合成，一部反映高教所建所二十周年的电视专题片诞生了。在 1998 年 9 月 24 日举行的厦门大学高教所二十周年所庆典礼上，名为《走向新世纪》的电视专题片进行了播放，一些校友纷纷表示，该片比较客观地反映了高教所二十年来的发展历程，准确地传达了厦大高教所在潘先生带领下，筚路蓝缕、艰苦创业，从建立研究所到获得高等教育学硕士学位点、博士学位点，实现了一次又一次零的突破的奋斗历程。甚至一些校友说纪录片很感人，他们观看时都感动得泪目。

庆祝会当天晚上，该纪录片在厦门电视台著名主持人雄志主持的栏目中进行了播放。遗憾的是，当时留作档案的录像带已经损坏，但那个脚本被收录在杨广云老师主编的所庆二十周年资料汇编之中。

现在想来，我应该感谢潘先生，把这么重要的工作任务交给我，使我能够有机会挑战自我，提升自己战胜困难的信心。

"这个题目你可以做！"

在攻读博士学位第一年，我开始考虑自己的论文选题。其实，当初报考时我已经有了自己的想法，因为我的硕士学位论文是有关中国女性接受高等教育这一主题的，我打算博士论文仍然围绕着这一主题，将考察的国别扩展至美国和日本，并与中国进行比较。

这在当时的确是一个相当有难度的选题。因为在上世纪 90 年代末，电脑和互联网远没有现在这么普及，人与人之间的通信手段仍然是以书信或电话为主。厦门大学作为我国当时唯一一所处于东南沿海特别经济区里的重点高校，在上世纪 90 年代中期，校园网还处于建设与发展当中。记得高教所在囊萤楼时，所里只有一间集中放置电脑的机房，师生们若因研究需要使用电脑，还要经登记和排队才能使用。后来情况得到改善，电脑的数量有所增加，每名教师分配到一台电脑，但必须与一名学生共同使用。记得我分到一台电脑时，是与当时正在攻博的柯祐祥共用，我不用时他用，他不用时我用。所以，那时要进行外国教育或国际比较教育研究，获取国外的相关资料，还是相当困难的。

带着这个问题，我在潘先生家的周末沙龙上向大家汇报了我的想法，想听听大家有什么好的建议。那时，潘先生家住在厦大校内东村 9 号，距离厦大水库不远。一般周六晚 7:30 左右我们这些学生还有老师们都会到先生家里聚一下，有时讨论学术问题，有时天南海北地聊天。先生家二楼的书房不大，所以，我们分批轮流过去，这样可以尽量避免打扰先生的家人，并且因为人少，话题讨论可以比较深入一些。记得我汇报了我的想法后，有老师和同学就提出反对意见，认为这个题目太大，相关的资料难以获取，况且，我不懂日语也没有去过美国和日本，要完成这样的博士论文，基本不可行。正当我感到犹豫不定时，先生发话了："我看这个题目你可以做！"先生帮我分析了做此题目的优势和困难所在，他指出，优势是有的，困难是可以克服的，关键是这个题目非常值得做。

真是托先生的吉言！后来我以此题目为由，获得了赴荷兰阿姆斯特丹大学访学的机会，那里的导师又支持我进修荷兰皇家妇女研究中心的博士生课程，我的研究视野顿时开阔至可以直击全球妇女／性别研究的前沿地带，体系化的课程修习使我对当时的妇女／性别研究有了系统化的了解，同时，也收集了大量北美妇女接受高等教育的情况。2003 年，在厦大日语系吴光辉老师的帮助下，我又获得了赴日学习的机会。在日本半年，我的日语水平从零基础开始，迅速提高到能够用日语与日本人进行面对面交流，能够借助工具书查阅日本文献资料，尤其是通过日本的图书馆网络查询获得了所有日本图书馆收藏的有关日本女子教育方面的资料，并且通过与日本妇女的直接接触，我获得了对日本妇女生活情况的感性认识，这种感性认识对我研究日本女子高等教育起了很大的帮助。

就这样，在先生的鼓励下，我最终以较为翔实的数据（既包括英语资料也包括日语资料），完成了我的博士学位论文，获得了答辩委员会专家们的一致好评。

"这样的错误，你不应该犯！"

潘先生对所里师生要求严格是出了名的。记得在上世纪 90 年代，虽然所里师生人数较少，但各项制度却非常健全。比如，每周一的学术例会制度，是十几年都不曾改变的。师生们只要外出参加学术会议，回来后必须要在学术例会上进行报告，分享信息与参会心得。师生们有什么新的学术观点，只要个人愿意，就都可以被安排在周一学术例会上进行讨论，有的教师和同学也会在构思好一篇论文的框架，或者写好初稿后，在学术例会上进行报告，与大家进行一番讨论，获得大家的建议和意见后对自己的论文进行完善，再去投稿，往往能够在高级别的学术刊物上发表。每次学术会议，潘先生总是坐在比较靠近报告人的固定位置上，仔细聆听，认真记着笔记，然后，在大家讨论结束前，做总结性发言。潘先生的发言，总是能高屋建瓴、鞭辟入里地给报告人中肯到位的点评，有直击要害的批评，但更多的是循循善诱的启发。常常经潘先生一番点评后，报告人及听众的思路就会变得更加清晰，或者能够获得更多启示。

学术例会也总是严格按照厦大的作息时间，早上一上班就开始。曾经有一次，有教师提出建议，觉得我们是研究所，开会的时间不必如学生上课那样那么准时，可以适当晚半小时，免得大家赶路十分辛苦。但潘先生听后立即否决了这一建议。他说："作为在全国有影响的教育研究机构，不能像农村那样稀稀拉拉、自由散漫地出工！”大家听后会心一笑、面面相觑，从此以后，谁也不再提这样的“合理化”建议了。

对于学生的作业和论文，潘先生总是逐字逐句地认真批改，对于课堂报告也是如此。记得在我们年级博士论文开题时，有位同学在开题报告中详细罗列了其论文的章节内容，潘先生说：“你的博士论文章节都出来了，就不必开题了！”大家正感疑惑，先生接着解释说，学位论文开题的重点是要阐述论文研究的意义与价值，前人已经有了哪些相关研究，自己研究的思路与方法，论文研究的可行性与困难所在，如何克服这些困难等问题。这些循循善诱、潜移默化的学术训练，令我印象深刻。我常常告诉自己的研究生，要注意区别开题报告和答辩报告，它们有不同的侧重内容。

由于我的学术背景并非教育学，所以在读硕士研究生的时候，先生对我要求格外严格。比如，硕士研究生一年级时，先生让我们制定一份教学计划，我几易其稿，才得到先生的首肯通过。对我的博士论文，先生更是认真审阅，大至框架结构、小到标点符号。论文中有一处参考了国内一位著名教育学家主编的一本书，引用了其中有关民国时期女性接受高等教育的数据表，当时，我的注意力在那些数据上，便把数据及相关信息部分以表格的形式进行引用，却没有注意到它将厦门大学归入了省立高校之列。潘先生在我引用的表格旁用红字批注：“厦门大学自创立后，一直是私立大学，直到1937年归入国立，从来没有被列入省立！你是厦门大学毕业的硕士生，不应该犯这样的错误！”

潘先生的批注犹如一记实锤击中了我。我的确只注意到一个细节却忽视了另一信息，并且想当然地认为出自名家之手、由国家级出版社出版的书，应该不会有什么错误发生，但恰恰就出了问题。究其主要原因，还是自己对所阅读的资料没有用大脑进行思考。被潘先生的批注警醒后，我认识到在做学问的道路上，必须认认真真、仔仔细细，来不得半点马虎。从此，我总是告诫自己，无论做什么事情都应该认真对待，尽量考虑周全，不要再犯低级错误。

“这将是你人生的一笔宝贵财富！”

潘先生常常鼓励师生们要多接触社会实际，多到教育部门进行调研，要将教育研究建立在鲜活的教育发展实际之中，让研究更加接地气。

2012年秋，我受厦大组织部委派作为“中组部”第七批援疆干部赴新疆维吾尔自治区乌鲁木齐市教研中心担任副主任。赴疆之前，我来到潘先生家道别，潘先生给我分析了当前新疆的形势，说新疆虽然地理位置偏远，条件相对比较艰苦，又是民族聚居地区，情况比较复杂，但恰好也是培养人、锻炼人的好地方。令我感到惊奇的是，潘先生对新疆高校情况十分了解，新疆有几所高校，这些高校的隶属关系如何，办学现状如何等等，这些数据都准确地储存在他脑海中，如数家珍般脱口而出，娓娓道来。接着，先生帮我分析了到新疆工作后，可能会遇到的问题，以及处理办法等等，最后他说，去新疆工作两年，不但有助于我对国情和边疆少数民族地区教育工作特点的认识，也有助于我在艰苦复杂的环境中磨炼意志、丰富人生阅历，"去新疆工作两年，肯定会成为你人生不可多得的一笔宝贵财富"。

诚如先生所言，新疆如广阔天地可以大有作为。在疆两年里，我按照专业援疆的实际需要，坚持以"智力援助"为出发点，以教育科研为落脚点，在教育理念、课题申报、课题研究、人员培训、桥梁与纽带作用等方面积极开展工作，并取得了一系列卓有成效的成绩。我组织乌鲁木齐市教研中心的科研力量，申报教育部民族教育司的研究课题，最终成为该获批项目中唯一一项由市级教育科研单位申报的课题，实现了乌鲁木齐市教研中心在国家级科研课题申报工作上零的突破。同时，在西部偏远地区与东南沿海地区教育科研部门交流的桥梁和纽带作用方面，我帮助乌鲁木齐市与厦门市的学校建立"友好学校"关系，为乌鲁木齐市中心教研员进行业务培训积极联络培训专家，设计培训课程，还为乌鲁木齐市教育研究发展建言献策，撰写调研报告。此外，还发挥自己的高等教育研究和妇女/性别研究的专业特长，为新疆大学、石河子大学、新疆师范大学等高校以及新疆维吾尔自治区妇女联合会等机构提供业务指导或咨询帮助等。

2014 年 8 月 11 日，新疆维吾尔自治区召开了"第七批中央和国家机关、中央企业援疆工作总结表彰会"，我被中共新疆维吾尔自治区党委、自治区人民政府授予"第七批中央和国家机关、中央企业优秀援疆干部人才"称号，荣记二等功。同时，被中共乌鲁木齐市委、乌鲁木齐市人民政府授予"乌鲁木齐市优秀援疆干部"荣誉称号。

两年的援疆生活，提高了我驾驭和处理复杂问题的能力。援疆结束后，我又申请去孔子学院工作，当我决定赴新西兰维多利亚大学孔子学院担任中方院长，又一次来到先生家与先生辞行时，先生一如既往地支持我赴海外工作，并交代我要多为教育研究院创造对外学术交流的机会。2018 年 4 月份，当我带领新西兰校长团访问厦大时，特别抽出时间在教育研究院为师生们做了一场有关新西兰汉语教育与孔子学院发展的报告，令我感动的是，那天 98 岁高龄的先生出席报告会，对我的报告给予高度评价。

潘先生就是这样一位常常给我鼓励的老师。每当我在工作中遇到困难时，耳边总会响起潘先生鼓励的话语："你能行！""你能完成！"，每当我在负责一项工作时，也总是想到先生的批语，尽量考虑周全，避免犯低级错误。

如今，潘先生已经驾鹤西去，永远地离开了我们，然而，先生的音容笑貌，却时时在眼前浮现，先生的谆谆教诲亦常常在耳边回响。谨以此文，表达对潘先生无限的追思和怀念！

2014 年，潘先生在厦门大学教育研究院办公室与高教理论研究所同事们合影

赵叶珠，厦门大学 2005 届博士、教育研究院教授，新西兰惠灵顿维多利亚大学孔子学院中方院长。

先生的世界

◎叶文梓

一

时间，定格在公元 2022 年 12 月 6 日。

这一天，我们的先生——潘懋元先生，永远地告别了我们。

每个人都活在世界之中，然而，并不是每个人都有自己的世界，更不是每个人都能创造出自己的世界。我们的先生——潘懋元先生，不只是生活在世界之中，更创造出了自己的世界。先生，有自己的世界。

先生的世界很广阔、很丰富、很多元，是需要我们走进去、应当走进去而必须走进去，用心理解、发现、阐释和传承的生命的价值与意义世界。

二

先生是一位教师。自 15 岁登上讲台，终身从教 87 载。教过小学，做过小学校长；教过中学，做过中学教导主任；教过大学，做过大学副校长；指导过硕士、博士和博士后。先生挚爱教师工作，曾深情地自白："如果我有第二次生命，我的选择仍然是'教师'。"先生自认为一生最大的欣慰是他的名字写在教师的行列里。

我们只有在社会变迁、历史进程和家庭的背景中，才可能真正走进并读懂先生的人生世界。先生自身的成长经历和教育经历形塑了先生从事教育及作为教师的原形。

1920 年，先生出生在广东汕头的一个普通而贫穷的小商贩家庭。父亲潘镜耀很小就自己谋生，从揭阳榕城到汕头，靠着勤俭、聪明和打拼，从脚夫做起，慢慢开起小店铺，成了家，在汕头站稳了脚跟。如果一直顺着这个轨道发展，先生父亲很可能会建一个殷实之家。

然而，世事无常。先生父母生育了 10 个子女，最终只有 3 个活了下来。老大是一个男孩，三四岁就夭折了；老二也是男孩，非常有才气，然而，21 岁就英年早逝；老三是一个女孩，幸运地活了下来；先生排行老四；先生之后又是一个弟弟，也幸运地活下来了；之后的六、七、八、九、十，三个弟弟、两个妹妹，"他们有的已经上小学，有的还未念书，有的只活二三年，最小的一个活了不到一年"，都先后夭折了。"为什么生得多，活下来的少？卫生条件不好，穷，看不起病。"

20 世纪 20 年代，五四运动、新文化运动风起云涌，古老的中华大地充满活力和生机，而接连的死亡和极度的贫穷却笼罩着这个普通的家庭。然而，幸运的是，先生的父母有着很多极好的品质，无论死亡怎样接踵而来，无论多么贫穷，先生的父母从来没有抱怨，而是顽强地默默地忍着、坚持着、抗争着。

日子再艰难也要把日子过下去；生活再艰难也要为希望而努力。先生的父母仍然艰难地经营着那一个小店，勉强维持着一家的生计。更难得的是，先生父母对孩子十分慈爱，不但从不打骂孩子，而且鼓励孩子多学文化，将来能够找到一个比较好的职业，不再做苦力。先生就出生在这样的家庭，就成长在这样的家庭。生计的凋零、死亡的阴冷、贫穷的苦难，沉默与坚韧、努力与抗争、希望与期待、温暖与关爱……杂样纷呈地注入先生的童年之中，在先生幼小的心灵中碰撞和分裂、游离与组合、积聚与沉淀，一个少年的志向、气质、个性慢慢地成长。

出生在这样的家庭，按常理说，先生是很难有上学机会的，然而，先生是幸运的。先生二哥潘载和比先生大 6 岁，读了很多书，学业成绩很优秀，初中就开始在当地的报纸上发表文章，中学毕业后与人开办书店，20 岁到上海为《大公报》撰稿，以卖文为生，编写了《潮汕检音字表》。这位二哥成了先生的启蒙老师，教先生识字读书。之后，先生直接插班到三年级入读小学。小学毕业后，在小学校长杨雪立先生的帮助下，先生半费念了中学。先生 15 岁时，就开始登上讲台。中学毕业之后，由于抗日战争已全面爆发，汕头也沦陷，家里的生计更加艰难，那时先生又得了一场大病，中学毕业之后就开始到小学教书。几年之后，先生又克服种种困难，于 1941 年考入厦门大学教育系。从此，先生开启了教师人生的新阶段。

先生作为教师，因其自身的人生经历和求学经历，对其学生，尤其是那些处境艰难的学生总给予宽广而温软的理解和尽可能的无私帮助。

1989 年，我师专毕业后分配到一所周围几十里都是大山的农业技术学校当教师。当时我对自己的前途倍感渺茫。为走出大山，我下定决心考研究生。我师专教育学老师张祥云当时就在先生身边攻读硕士研究生，在他的引导下我想报考厦门大学研究生，并师从先生。然而，当时条件实在有限。记得为了找王天一教授主编的《外国教育史》，我几次跑到 60 多里外的师专都没有找到。无奈之下，我冒昧地给先生写了一封信。说真的，信投出去之后，我自己都不抱多大希望。先生当时已是古稀之年，有太多事情。有谁会在乎偏远山区中一个刚从师专毕业出来的素昧平生的小年轻呢？然而，让我万万没有想到的是，过了一些日子，先生居然开了书单，把钱给了张老师，让他买了书寄给我。之后，为了鼓励我考研，我每封信先生都亲笔回。是先生鼓励了我，激发了我。

还有一件事印象特别深。当时高教所有一个门卫，年纪轻轻的，大约是中学毕业。我好几次听见先生对他说：你还年轻，要趁年轻学门技术或念个文凭，要自己争取自己的未来。后来，那孩子在先生鼓励下，学了电脑，念了大专，取得了文凭，就不再做门卫了。先生对他的学生，对他身边的人，都是事无巨细，把你的事当作他自己的事，尽其所能帮助你支持你成就你。

先生作为教师，正好经历了我国教师发展从古代向近代转型，进而走向现代化的重要时期。我曾经认真地追问："在我们的时代，谁是教师？"人都活在时间之中，都是一代代地生存和发展的。而一代人与一代人"之间"，并不仅是时间上的前后相续，也不一定是空间上的对接，而是通过文化和教育存在着各种各样的意义性联系，形成了重叠、跳跃、交接、相续等各种各样的联系。"人是最高等的动物。人处于历史之中，历史也存在于人之中。"

教师是有传统的，不但有着教师自身的传统，同样传承一个国家和民族的文化传统和精神血脉。中华民族是一个有着悠久历史和优良传统的民族。从孔子到朱熹到王阳明，到陶行知、杨贤江、夏丏尊、经亨颐先生，到潘懋元先生，这一传统是一脉相承的。这种传统，概括而言就是：学高为师，身正为范；爱生如子，知行合一；教人立志与立德，教人求真与躬行；注重对学生的愤与启，重视教学相长；倡导因材施教，主张有教无类。这种传统同样包括教育所担负的开发民智、凝聚人心的作用，引导国民为国家独立和民族富强而教育，引导国民超越困难而永葆对未来的希望，真正走向中华民族的自强不息和伟大复兴。

先生是中国优秀教师传统的当代践行者。先生的孩子常说："我爸时常把学生当儿子，把儿子当学生。"也诚如师兄张应强教授在先生告别仪式上所言："（先生）您是具有中国符号意义上的大先生。87年从教生涯，您一直是学生为学、为事、为人的典范。您是新时代中国的大先生，您以坚定的理想信念，高尚的道德情操，扎实的高深学识，宽厚的仁爱之心，切实落实立德树人根本任务，成为'四有好老师'的杰出代表。'全国优秀教师''全国教书育人楷模'，就是对您大先生的最好诠释。"

然而，不只如此，先生更为中国新时代教师发展注入新思想新方式新内涵，终成当代的宗师风范。先生的教育观、教师观、人才观、教学观、教育质量观……无不闪烁着独特的思想智慧，无不凝聚着时代的新实践新经验。

比如教育观，先生在20世纪80年代就提出了"教育内外部关系规律"，强调教育既要适应人的生理和心理发展的规律，同时也要适应社会经济科技文化的发展需要。这与我们现在所强调的"教育、科技、人才"一体化协同化发展是多么一致啊。

再如，先生的教师观。中国古代教师观强调的是师德风范。近现代以来，随着教师专业化发展，其重心在强调师德师风的同时又增加了专业知识与专业能力。然而，先生并没有在教师专业化面前止步，而是更进一步提出，教师之为教师最重要的是其人文素养，而人文素养不只是其专业素养，也不是师德与师风所能概括的，还包括教师的科学素养、艺术素养、研究素养等丰富内涵，更包含着教师与自己、与教育、与生活、与文化等各个方面的自觉理念与行为。先生认为，教师不只是以其师范专业和学科专业培养人的，而是只有教师把自己作为一个"人"打开了，教师才能以其自身生命的丰富性激发和引导学生生命的整体性成长。几十年来，他一直坚持杨贤江先生"全人生指导"的育人思想。

再如教师成长路径方面，先生早在20世纪80年代就特别强调研究在教师成长中的作用，主张"教育工作者应当重视教育科学研究"，"要鼓励并支持教育理论工作者争鸣"。在育人方式上，先生坚持了 60 多年的"学术沙龙"，这种围绕一个主题展开，以问题为引领，跨学科研讨的"学术沙龙"，何尝不是流传千年的"书院"育人制度的现代发展？

先生作为我们时代的大先生，不但把我们引向教师实践的深处，而且把我们带向教师境界的高处，引导我们向着教师的本源地前行。在我看来，先生一直在从三个方向把教师"打开"：

首先，教师不是教某些孩子的，更不是教一两个孩子的，而是教所有的孩子的。因此，教师应当尽可能地理解人性的丰富性和宽广度，读得懂学生的天赋和差异，能够用适合学生天赋和个性的方式引导学生成长。

其次，教师不是为社会的某个行业培养人才的，而是为社会的各行各业培养人才的。因此，教师要尽可能宽广地理解我们生活于其中的社会和世界，明确社会各行各业的人才需要，以不同的方式为社会各行各业培养各不相同的优秀人才。

最后，教师不是为现在培养人才的，而是为社会未来发展培养人才的，因此，教师要有深厚的历史意识和清晰的未来意识，自觉把握未来社会的发展趋势，先生提出了理解教师的全新逻辑：未来社会是什么样的社会—未来社会需要什么样的人才—培养未来社会需要的人才需要什么样的教育—能够担当未来教育责任的是什么样的教师。

先生作为教师的世界，是传统的践行、今天的滋养、未来的新境界。先生贯通了教师的昨天、今天和明天。

三

先生不只是我们时代的大先生，也是我们时代的学者和大师。1957 年，先生发表了一篇题为《高等专业教育问题在教育学上的重要地位》的论文。自此后，先生致力于创立中国特色的高等教育学科。1978 年，先生在厦门大学建立了高等教育研究室。1983 年，高等教育学被教育部认定为教育学的二级学科，有资格建立硕士点和博士点。先生成为全国第一个高等教育学的硕士研究生导师和博士研究生导师。2000 年，厦门大学高教所被评为文科重点研究基地和全国唯一高等教育学国家级研究中心。直至逝世前，先生仍以 103 岁高龄致力于高等教育学科的改革和发展。先生的世界，是一位学者的世界。

何谓学者？在现代分工背景下，学者是以学术为志业的专业工作者。爱默生在谈到美国的学者时指出：学者被指派去代表知识。首先，学者是自然的观察者和揭秘者。学者观察和揭示自然的秘密，揭示自然与人类自身之间丰富复杂的联系，揭示自然所蕴藏的意义和价值。学者引导自然在人的面前打开，同样又以这种打开启示人的自身。

其次，学者指向以往人类的思想和当下的社会。"最早的学者感受并沉思他周围的世界，使之按照自己心灵的逻辑得到重新安排，再加以新的表述。进入他心灵时是生活，出来时却成了真理。短暂的行动经由他的心灵，便产生出不朽的思想。世俗事务穿越他而过，出来时却成了诗歌。过去只是僵死的事实，现在却变成活的思想。"

最后，学者不只是"思想的沉思者"，同样是积极的行动者。"伟大的灵魂，不仅在思想上坚定不移，而且它敢于面对生活。""没有行动，思想就永远不能发育为真理。""真正的学者舍不得放过每一个行动的机会，他会觉得这是如同是在放弃权力。"正是在思想的沉思和行动中，学者引导自己不断走向完满，成就了"为己"之学。

先生是在启蒙与救亡双重急迫的时代背景下成长起来的，是在入读厦门大学教育系时期开启其学术生涯的。当时厦门大学教育系主任是杜威先生的弟子李培囿教授，同时汇聚了阮康成、孙贵定、雷通群、庄泽宣、朱君毅、陈友松、林砺儒等一批教育学人。中国近现代教育的学术发展，是东西方教育理论在中国的传播和实践。然而，先生创立高等教育学科，所走的不是这一条主流之路。先生选择了当时的边缘，却正在引领当下及未来教育学术的新发展、新方向。先生形成了自身独特的学术品格。这种品格，传承了中国优良的学术传统，又融合了西方近现代新的学术理念、方法和范式。先生从不就教育谈教育，而是把高等教育放在教育的大背景中思考，放在人生的大背景中思考，放在时代的大背景中思考。先生的学术，是大学术而不是小学术，是开放的而不是封闭的，是常学常新的而不是僵化的体系。先生独特的学术品格起码有以下几个方面：

第一，先生学术的重要品格就是以马克思主义为指导的学术立场。近代以来的中国教育，基本上是东西方各种教育思想的试验场。杜威的实用主义、以凯洛夫为代表的苏联教育、以小原国芳为代表的日本教育……像潮水般地涌进中国，一波刚退，一波又起。然而，在这纷繁复杂的教育思想与理论中，先生坚定地选择了马克思主义的学术立场。杨贤江是近代最早的马克思主义教育理论家。先生是国内较早研究杨贤江教育思想的学者，不但发表过研究杨贤江教育思想的文章，而且编辑过杨贤江教育文集。先生称杨贤江是他的马克思主义教育思想的启蒙教师。2009 年，已经年逾 90 岁的先生仍然深沉地说："马克思主义是随着时代的前进而发展的，在革命时代是无产阶级革命的指导思想，在社会主义现代化建设时期，是现代化建设的指导思想。杨贤江的教育思想，在革命时代，是新民主主义—社会主义革命教育的灯塔；在社会主义现代化建设时期，指导我们如何培养社会主义现代化建设者和接班人。正是在这个意义上，研究杨贤江教育思想，不但有历史意义，而且有重要的现实意义。"[1]

第二，先生有扎根中国大地的学术自信。如前所述，中国近现代以来的教育发展，几乎是东西方教育思想在中国的试验场。这种局面，至今还屡见不鲜。然而，先生在其创立高等教育之初就扎根中国大地，就为高等教育学发展注入了中国情怀，展现出坚定的文化自信和教育自信。先生尊重历史，但不信古迷古；先生重视向东西方学习，但先生非常清楚，学习和借鉴别人是为了增强自主发展能力，而不是放下自己，让自己成为又一个别人。这正如国际著名的比较教育家许美德教授所言："在中国，基础教育和学校教育的理论建构受到欧美西方思想和苏联的重大影响。这一点潘在早年的教育研究中就已经意识到了。然而，高等教育学作为一门学科就不再如此。回顾在中国建立这一学科的这些年，潘懋元强烈地感到中国所作的独特贡献，同时又感到骄傲，因为在中国发展起来的这些思想和观点，不是派生物，而是稳稳地扎根于中国自己的知识社会和文化土壤。近几年才开始对国外高等教育的理论有所引进。"

第三，先生有立足时代前沿的问题意识。研究是从问题出发的。先生一直主张要关注当下的教育实践，联系社会实际来研究教育问题。先生创立高等教育学科，就立足于高等教育不同于普通教育，而当时社会又缺乏高等教育研究的社会现实。在高等教育研究过程中，先生始终站在时代发展前沿，不仅研究当下的现实问题，更研究面向未来的前沿问题，以便更好地发挥理

---

① 潘懋元.素质教育思想的先驱：杨贤江的"全人生指导"思想[J].河北师范大学学报（教育科学版），2001（3）：5-6.

论研究对实践发展的引领作用。20世纪70、80年代，先生致力于高等教育科学研究，推动高等教育学科的创立；90年代，着力推进民办高等教育、高等教育课程论、教学论、高等教育大众化、高等职业教育的研究；进入新时期，先生又推进地方本科院校、高水平大学建设研究。先生在百岁华诞之际，做了一个简短而有深远影响的学术报告。先生认为现代的机器人是三个字一个词，是建立在算法基础上的，而随着技术和材料的发展，人的情感将会被数字化。到那时，现在的"机器人"就将演化为"机器－人"。人与机器相互赋能，机器人就成为"类人"，像人一样有理性有情感，机器人也会自我学习。因此，先生认为高等教育学不能只有人类高等教育学，而应当创立一门智能机器人高等教育学。只有让有思想有情感的机器人接受了高等教育，形成了健康积极的机器人价值观和行为方式，机器人与机器人才能和谐共处，人与机器人之间才能和谐共处。这是一个百岁先生所思考的学术问题。先生虽然年长，但思想从不落后，始终站在时代前沿，引领未来的持续发展。

第四，先生成就了敬畏教育和潜心研究的学术境界。先生的学术研究还有一个鲜明特点，那就是先生始终怀着对教育的敬畏之心，安静地研究高等教育，开创了当代教育研究的新境界。当前，我们很多时候做高等教育研究，以及普通教育研究，似乎不是为了研究本身，而是通过研究获得某些其他的东西，高等教育研究只是工具而已。因而，研究似乎就是申报课题、发表论文、出版著作、晋升职称、获奖……学术研究与自我生命的完善，与学科的发展、人类知识的创新，与国家民族的繁荣富强似乎没有丝毫的关系。然而，先生不是这样！在"文革"的动荡年代，先生坚持高等教育研究；在市场经济大潮涌动的年代，先生专注于高等教育研究；在改革开放的大时代之中，先生仍然安静地研究。先生终生坚守"板凳敢坐十年冷，文章不写半句空"的人生信条，始终葆有对教育，特别是对高等教育的敬畏之心，始终保持着教育的简单和研究的纯粹，始终将教育强国梦作为毕生不渝的追求。

先生的学术品格和风范，远不止以上所言。比如先生以跨学科研究为主要方法的高等教育研究方法论，守正创新的学术使命，以及先生独特的本科生、硕士生和博士生的培养方式等等，都是其重要的学术思想和贡献。在此，我想特别指出的是，先生对高等教育的研究是用"心"研究，而不是仅仅用"脑"研究。先生是带着人间的情怀和生活的趣味走进高等教育研究场域的，致力于探求的是高等教育的"人文道理"，而不只是"科学真理"。先生重视概念规范，重视研究逻辑，但先生更重视的是在高等教育研究中研究者的气象、格局和境界。研究是有规范的，学术是有责任的，教育是有使命的。先生引导我们扎根中国大地，为我们打开了高等教育学术研究的新世界，那是一个"人"在高等教育中诗意地栖居的美好世界。对先生自身而言，高等教育研究，与其说是研究，倒不如说是先生自我生命期许与创造未来的独特的生活方式。

四

先生作为教师，是我们时代的大先生；作为学者，是我们时代的大师。然而，先生并不因此而将自己高高挂起。相反，先生有着浓浓的生活情趣和深厚的人间情怀。先生是可亲可近的，听得见他的笑，看得见他的忧伤。先生的世界，自是一个生活的世界。

先生眷恋亲情和家庭。先生的母亲过世得早，过世时年仅 50 岁，先生还在厦门大学上学。然而，当时光过去了 60 多年，先生自己也已 87 岁了，先生曾这样深情地回忆母亲的去世。

抗战时期汕头沦陷后，日本鬼子怕生病的人传染，于是看见生病的人就拉出去。先生的母亲身子骨弱，时常生病。先生父亲没办法就想冒险带着她"偷渡"回揭阳老家，免得先生母亲被拉出去。先生父母冒着日本鬼子的枪林弹雨，九死一生回到了揭阳。然而，没过多久，先生的母亲还是走了。父亲给先生发电报"母病速归"。然而，先生没有路费，东拼西凑准备了点路费就急急地赶回家。先生回忆："见到当时的情形，真是如晴天霹雳，好半天，我都不敢相信这是事实。我伏在棺木上号啕大哭，肝胆俱裂！脑海里不停地回想我母亲这一生的片段：一生操劳，贫病交加，病着、疼着、拖着、忍着，她忍受了多少痛苦，常人难以想象；她生育了十个子女，最后只有三个活了下来，她遭受了多少失子之痛，别人难以想象；国难当头，民不聊生，朝不保夕，她的子女们又都不在身边，她是如何地牵挂，难以想象；特别是在最后的时刻，茫茫海上，长夜未可，波涛汹涌，他们的小船在海上孤零零地飘荡着，日本鬼子的机枪连珠炮似的扫射着，她躺在小船里，呼吸微弱，她忍受了多大的病痛折磨，别人更是难以想象……苍天在上，当时他们是多么地无助！真是叫天天不应，唤地地不灵啊。"

一个年近90岁的老人，回忆他60多年前过世的母亲，那种"子欲孝而亲不在"的悲伤与痛苦、无奈与绝望，刻骨铭心，感天动地！先生工作之后，就把父亲接在身边赡养。先生家庭非常和睦，从不打骂孩子。四个孩子也很有出息。有的是政府领导，有的是高校领导，有的是企业高管。先生长命百岁，五世同堂。先生非常享受天伦之乐，不管孩子们多忙，先生都要求一大家子要经常聚聚。三年前，我去先生家里看望先生，应该是先生的重孙在先生的书房跑来跑去。先生蜷坐在沙发里，满脸都是慈祥的笑意，眯眯的眼睛放出快乐的光芒，他跑到哪儿，先生就看到哪儿。先生的家，何其温暖。

2010年，潘先生与二儿子潘世平（左）、曾孙潘继潮（中）在家里

先生待人非常随和，是林语堂所说的那种非常有生活趣味的人。先生对周边的人和事，对山川自然和历史掌故等，总是充满好奇。有时陪先生到外面开会，先生喜欢到街上走走，看看市井样态，偶尔也会尝尝各地的小吃。先生身上，自有一种不会泯灭的孩子气。我刚到厦门大学高教所的时候，有一个外地教授来访学，这位教授比先生年少10多岁，也是先生的好朋友。70多岁的先生居然与这位教授比做俯卧撑。每年新生入学开迎新会，先生总会准备几个谜语，尤其喜欢把学生的名字做成谜语让大家猜，猜着了先生还发奖。记得还有一次，先生来深圳大学进行发展规划论证。本来说好了先生到高教所看望大家，但因论证工作繁重，结果就没有去成。晚上，高教所的师生就到酒店来看望先生，先生亲自到电梯口迎接大家。进到房间后，先生第

一句话就表示歉意，说："本来是我去看你们的，结果让你们来看我。谢谢！谢谢！"之后，很多同学就想与先生合影。个个同学都想，而且组合五花八门：要单独与先生合影，要一个个年级与先生合影，要一个宿舍的与先生合影……来来回回，合影了几十回。我们都怕先生累，想阻止学生，但先生笑笑地说："就当是他们来看我的奖励吧！"一直闹到晚上 11 点多。离开的时候，先生还执意送学生们到电梯口。这就是先生对人的尊重和随和！

先生的生活非常朴素，也很自律。先生以前住厦大的房子，按资格他可以住一套小别墅，但先生坚持只要一半，把另一半给了另外的教授。先生后面自己买房，住的也是普通的单元房，没有所谓的大平台复式房，更没有别墅。先生家里的家具没有一件是高档的，最多的就是满屋子的书。我刚到先生身边的时候，还看见先生穿着打补丁的睡衣。先生几十年的稿费、奖金和讲学所得，完全没有用到自己的消费方面，而是设立了好几个教育基金和困难学生的补助金，帮助那些需要帮助的人。在先生百岁华诞上，先生又向教育基金私人捐赠了 100 万元。

先生是生活的觉者。先生有三套话语体系：官员的、学者的、家常的。面对官员说官话；面对学者说学者话；面对司机和门卫，说家常话。先生是教师，但丝毫也不刻板；先生是学者，但一点也不迂腐；先生是凡人，但一点也不平常。先生很通透，什么事都拿捏得恰到好处。你与先生相处，他绝没有高高在上的傲气，绝没有大牌学者的脾气，绝没有欺软怕硬的俗气。不管是谁，你在先生身边，只会感受到先生的慈祥与和气，只会感受到先生真诚的关爱与温暖。先生的世界，是一个热爱生命、热爱生活，并充盈着中国人生活艺术的生活世界。

五

先生的教师世界、学术世界和日常生活世界，更多显现的是先生生命过程中形而下的现实世界。在人类历史的长河中，在教育和文化的长河中，先生的教育业绩也许慢慢会被后来者遗忘，先生关于高等教育的具体论述和观点，也许会在岁月的流淌中被沉积。先生作为一代宗师，在其形而下世界之上，自有其独特的形而上的精神世界和价值世界。对先生而言，教师岗位是外在的，创立高等教育学科也是外在的，至多是今生今世的功德与业绩，而先生之为先生，历久而弥新的就是那个形而上的精神世界。先生的这个世界，我称之为人文的世界。先生是当代中国教育界少有的人文知识分子。先生的形而下世界支持和滋养着形而上世界，而形而上世界则超越形而下世界，像灯塔一般，标识出先生的精神高度和人生境界。

"人文知识分子不是基于社会学意义下职业的外在固定类聚，而是基于人文价值的精神态度群体。"先生不只是大先生，不只是大师，更是一个大写的"人"。先生以其百年人生实践启示着我们人生的一些基本问题：何为人生？如何对待人生？如何安身立命？每一代人都有自己的优秀分子，在中国称之为圣或为贤。雅斯贝尔斯则称之为"大人物"。圣贤和大人物是从人类存在的整体来理解的，是从人类存在的历史来理解的。圣贤或大人物在世界的出现，同时也是世界的一个突破。圣贤或大人物，具有宽广而深厚的人性，是普遍有效的、有个性的历史人物，是独特个性与某种事物的普遍性的统一。"人类有历史，而大人物用历史给人们讲述过去。"任何后来者，唯有通过圣贤或大人物才可能进入"历史"，圣贤或大人物滋养他们身后的一代又一代人。

先生就是我们时代的大人物。先生的百年人生，大致可以分三个阶段：早年的艰难成长阶段；努力奋斗与功成名就的成功阶段；不断超越，自成境界的圆满阶段。先生人生的三个阶段，与我们时代发展阶段是高度契合的，生动地揭示了人生的基本原型。早年阶段，外强入侵、国贫国弱、民不聊生；建国之后，尤其是改革开放之后，因时而动，艰苦奋斗，建功立业；当我们全面实现小康社会之后，我们的社会又向着美好生活的时代迈进。先生以其百年人生历程启示我们：在苦难中应当如何坚守人生的价值；在功成名就之时应当如何坚守人生的价值；在终成大家之时，应当如何坚守人生的价值。在这方面，先生给我们留下了丰富的价值世界：

一是挚爱生命，高扬人生的理想和奋斗精神。先生早年经历了太多兄弟姐妹的夭折，经历了太多世间的苦难。我一直在想，少年的潘先生，时不时地听到弟弟妹妹死了，当时的心里该是一种怎样的感受？也许，昨天先生还带着弟弟妹妹玩，而今天就阴阳两隔了。少年的先生，也许还不太懂生与死，也许只能自己躲在某个角落里无奈地流泪。在苦难与不幸中，眼泪就是对自己最好的安慰。我也在想，在厦门大学求学的时候，先生袋里没钱，吃饭都成问题的时候，青年的先生，又何等悲愤与无奈？然而，不管在死亡面前还是在贫穷面前，先生从没有沉沦，更没有放弃人生。沉沦和放弃人生，不是对苦难和困难的超越，而是投降。在人生的种种艰难中，唯有振奋精神、坚守理想、追求光明，才是对生命的挚爱。

先生任何时候都以饱满的热情去生活。对先生而言，生活就是激发并实现生命活力的过程。每个人都活在自己的状态里。生活，首先要有生命内在的激情、活力与希望。无论什么时候，理想与激情才是对生命的最好守护。2018 年，先生已是 98 岁高龄，查出肝癌，但先生就像没事似的。只要病情稍有好转，就像平常一样地上课和讲学。先生在给博士生上课的时候，曾说过这样一段话："你们现在已经是博士生，还不敢说自己是人才。在你们看来是谦虚是谨慎，不对！我现在就觉得自己'我能行'。你们要有勇气、要有自信、要有理想，对自己说'我能行'。"先生在百岁华诞的时候，上台致答谢辞时第一句就是："从此后，我是'00 后'。"百岁先生的心态多么年轻啊。谈到退休，先生曾对我说："人生没有退休，尤其对我们搞教育研究的。所谓退休，只是开启人生的一个新阶段，如是而已。"何为人生？人生是以生命理想和内在活力来定义的。无论对个人还是对社会而言，不是所有的理想都是能够实现的，但今天所有的美好都是曾经的理想。正是人类的理想之光，照亮了我们前行的脚步。不是所有的努力都能有美好的结果，但所有的美好，都是奋斗出来的。不管在什么样的人生处境下，都要为着人生的理想而奋斗！为了做一个好老师，先生坚守了 87 年；为了创新高等教育学科，先生坚守了 65 年。

二是完善人格，不断开拓和超越生命之美。尤西林先生曾指出，劳动对人生而言具有本体论意义。然而，"人文知识分子的个性人格承担着人类的劳动二重性矛盾，即：作为阐释并守护世界意义的人，他超越现实世界；作为现实的血肉之躯，他又不可能摆脱生存压力与特定的社会关系。这种生存的矛盾使人文知识分子个体人格处在根本性的张力之中"。

先生的百年人生中，经历过多少汹涌的时代波涛！在外敌入侵的时候，即使年少的先生也没有屈服，而是走上了抗争之路；在"文革"的艰难岁月中，先生仍然坚信光明和希望；在市场经济横扫中国大地，人人都想发财和当"老板"的时候，先生仍然安静地坐在冷板凳上。不管在什么样的社会形态中，先生自有一种美好人生的样子。这种样子，就是以完善自我人格为目标的审美人生境界。

在先生眼里，人生是"美"的。先生以其百年人生，奋力开拓自我的"人生之美"，开拓我们这个时代的"人生之美"。先生百年人生历程就是不断开拓人生之美的生命过程。美，不是生命的对象，也在生命之外。美，是生命的一种存在状态，就是自由的生命活动。

先生的百年历程，清晰地表现出对生命之美的不断追求和超越：少年之时，先生追求的是生命形而下之美，希望能够吃得饱、穿得暖、住得安心，也就是更美的生活。这一时期的先生，是一条深山的小溪流，奔腾冲突，向着外面的世界。青年尤其是中年之后，先生追求人生之美的重心不断上移，那就是追求更大的功业，希望有更优秀的科研成果、有更高水平的教学、有更卓越的学生、有更大的社会影响力，也就是更成功的人生。这一时期的先生，已是一条长江大河，有宽广的流域，有两岸的风景，有奔腾的节奏和姿态。先生进入古稀之年后，越来越宽广，越来越随和，越来越从容，不再为生存所迫，不再为功名所累，而是追求更加高远的生命境界，也就是使自己成为"更美的人"。这一时期的先生，已成为那一片浩瀚的海：纵是污泥浊流，也是不动声色地将其净化；纵是风高浪急，但在其生命的深处，仍是海底般的平静。

先生，创立的不只是高等教育学科，更重要的是创立了生命美学。这种美学，不是体现某个方面或某个片段，而是贯穿于生命的各个方面。在衣食住方面，先生有简约之美；在行为举止方面，先生有儒者之美；在文章报告方面，先生有逻辑简洁之美；在人格方面，先生从物质生活向精神生活超越、从占有型人格向奉献型人格超越、从模仿追随向自信自强与守正创新超越。先生传承并超越了中国古代知识分子的人格结构。中国古代知识分子大都是儒道释三家合一的人格结构。具体来说，中国古代知识分子，往往是以儒处事、以道养身、以释养心。先生有孔子遗风，"未知生，焉知死""子不语怪力乱神"。先生对释家没有太大的兴趣，但先生在新时代中把马克思主义的世界观和方法论融入中国传统的儒家和道家之中，形成了现代人文知识分子的独特人格结构。

三是回归生活，爱满天下，自觉融入国家民族和人类社会之中。先生当老师、做高等教育研究，都是以生活为基础的。事实上，人生和生活同义。人，无往不在生活之中，在生活中生存，也在生活中发展。就个人而言，身体、品德、思想、财富、爱情、个性等，无不包括在生活之中，无不在生活中成长并在生活中展现出来，也无不是为生活得更加美好而发挥其作用。对社会而言，人类社会的一切道德、伦理、教育、艺术、科学、技术等，"这些都是人的生活的活动内容，无论多么复杂，多么专门，都是建立在生活关系之上的，都是属于生活世界的"。生活就像一片土地，人生的一切都是从这土地里长出来的。生活世界，有一个人的趣味和境界，有一个人最真实的模样。先生创立高等教育学，从小的说，就是让大学教师更有事业成就感和人生幸福感，就是让大学生成长得更好发展得更好。从大的说，就是要为国家培养更多的人才，让我们的国家和民族更富强更繁荣。先生有过"落后就要挨打"的深刻体验。

另外，我想特别提出来的就是先生的内外部关系规律，很多人至今仍然认为只是先生提出的教育规律而已。事实上，这不只是教育规律，也是先生的一种大格局、大气象、大爱心，是先生从大先生、大师到大写之"人"的内在超越。教育的内部关系规律，指向的是对生命的尊重，尊重人生的不同天赋和兴趣，尊重人生的经历和经验，尊重生命的神圣性和独特性。教育的外部关系规律，指向的是理解、服务和引领，是对人世间的爱。社会有各行各业，我们要理解各行各业的特点和需要，我们要有服务的心和能力，我们要引领社会各行各业的发展和繁荣。这样的世界，就是一个繁荣的世界，就是一个光明和温暖的世界。先生因为有教育内外部关系规律的指引，自觉地融入，把自己融入生活、融入学生、融入社会、融入国家和民族之中，先生超越了"小我"而成为一个"大我"。

六

先生的世界，是先生倾其一生创造的，凝聚着先生毕生的心血和智慧，展现了先生作为一代宗师的风范；先生的世界，不只属于先生，更属于我们这些弟子，属于这个时代，属于这个国家和民族，属于人类。先生的世界犹如土地滋养万物一样滋养着我们，而所有的后来者，又以其无穷尽的生动活泼的教育实践、生命实践和社会实践，丰富和发展着先生的世界。

先生走了。从听到他辞世到10日在厦门参加先生的告别会，到回到深圳的这些天，我几乎什么都干不了，就想着先生和先生的世界。

参加先生告别会回来的第二天，我给本科生上课，临时决定给同学们上一堂特别的课：感悟先生的大学时光。我这个学期讲的课是课程与教学论。

我以为，大师就是最好的课程，大师的风范就是最好的教学。我对学生们说："也许我们不能成为像潘先生一样的大师，但同学们，请你们记住：无论你怎样平凡，只要你是一个老师，你就是学生最丰富的课程，你的言行就是学生最直接最生动的教学。"

这堂课，我以我听到先生辞世噩耗之后即刻写的一条微信作为结语：

> 先生走了！先生是多么眷恋，多么不舍！然而，先生还是走了！先生真的走了！
>
> 先生告别了亲人、告别了朋友、告别了弟子；告别了他挚爱的高等教育事业；告别了生他养他的故乡；告别了求学、工作、生活的厦门大学；告别了他终生为之奋斗的这个国家和民族；告别了他有着浓得化不开情缘的这个温暖的世界！
>
> 先生走了！乘着清风，踏着彩虹远去远去……
>
> 先生走了，先生的故事留下了，先生的事业留下了，先生的风范留下了，先生的精神留下了，先生的世界留下了！先生千古又千古！
>
> 只是，只是从今后，纵使生者无数后来者无尽，我再在这世上呼一声"先生"，请告诉我，谁能应我？谁能应我？
>
> 只是，只是从今后，纵使天高地宽，我想再看一眼先生，请告诉我，这天地间我该看向何处？看向何处？
>
> 从此后，你和我，都成了没有先生的弟子！
>
> 今天，很冷！我多么渴望先生的温暖……

讲完课，我立在讲桌前，手脚冰凉，久久无语。有一个学生走上来，给我一张便条。上面写着："老师，一切都会好的，请节哀！谢谢您给我们上了这堂课。"

那一刻，我感觉到先生的世界打开了！先生的世界，在天地之间，一天新似一天，历久而弥新，生生不息。

叶文梓，厦门大学 1996 届硕士，华中科技大学博士，深圳大学教授、教师发展学院院长。

先生的世界

213

每当我想起先生

◎郑　宏

　　　　跟随先生三十余年，可忆可写的太多，千言万语不知从何说起，仅以数幅图片及简短的文字聊表我对先生无尽的爱戴、尊敬与感激。

　　　　　　　　　　　　　　　　　　　　　　　　　　——题记

　　我时常想起先生，虽然我与他同在厦门同在厦大，也常常可以见到他，但是我总是会时常想起他。是不是很奇怪呢，一个人就在你身边，你还是会忍不住想念他；现在先生离开了，我也还是常常想起他。

　　每当我想起先生，常常会想到一些小事，比如，与他一起坐车去厦门大学时路上的闲聊，比如先生午餐后喜欢喝一杯咖啡才睡觉，比如在先生家一边吃地瓜稀饭一边看《新闻联播》……

　　每当我想起先生，便会想到他灿烂的笑容，先生的笑容似乎可以温暖全世界，有时想着想着，我自己的嘴角也不由自主地上扬。

　　每当我想起先生，便会想到他听报告做笔记的专注，无论是专家的报告，还是学生的报告。他人的报告结束后，先生总是给予中肯的评价，指出其创新之处，还会提问他所疑惑的地方，先生真的是活到老学到老。

　　每当我想起先生，便会想到他总是谦恭地走出家门到电梯口送别客人，有时在家人的搀扶下，有时甚至坐着轮椅，永远难忘先生微笑挥手的模样。

　　每当我想起先生，便会想到他写给我的电子邮件和发给我的信息，我的手机里依旧保存着先生的信息，哪怕是只言片语。

　　每当我想起先生，便会想起沙龙时我总是喜欢坐在离他最近的地方，先生的每一句发言，每一个表情，都在传递一种温暖，一种智慧。

每当我想起先生，便会想到他做学问的一丝不苟，他的"文章不写半句空"，想到他在我的论文上批改的一行行红色小字。

每当我想起先生，便会想到他每年三伏天备课的身影，几十年来先生年年给博士生上课，他的教案也是年年更新，先生总是与时俱进。

每当我想起先生，便会想到他对我孩子的时时挂念，常常关心我女儿的学习和生活情况，还与我讨论她留学回国后的工作，先生总是亲切地称呼我的孩子为"小雨笛"。

每当我想起先生，便会想到他永远对世界充满好奇的赤子之心，先生从来不拒绝对新事物的了解与学习，他会用识图软件查询植物知识，可以熟练地在线上课和开会，几年前先生就已经前瞻性地提出要给机器人做思想工作。

每当我想起先生，便会想到我多么荣幸为先生整理了两本口述史。2015年先生95岁生日时出版的口述史《鹭江学人潘懋元》和2019年出版的《实践—理论—应用：潘懋元口述史》皆由我整理，在与先生的交谈中，我汲取到无穷的思想营养和人生启迪。

2015年出版的《鹭江学人潘懋元》（左）和2019年出版的《实践—理论—应用：潘懋元口述史》

每当我想起先生，便会想到能够成为先生的学生是多么幸福多么幸运，因为他总是把学生当孩子一样疼爱，先生端午节给学生准备粽子，中秋节准备月饼，元宵节请我们吃汤圆，还有春节不能回家的学生先生总是请他们吃年夜饭。

2021 年元宵节，郑宏在潘先生家吃汤圆

每当我想起先生，便会想到他站在讲台上给学生上课，站着在学术会议上做报告的情景，他的拐杖，总是挂在讲台的一侧。先生的个子不高，但是他站在讲台上的师者形象一直定格在我的脑海中，让我敬仰。

每当我想起先生，便会想到如果不是先生，我不会从一名记者变成一名大学老师，是先生改变了我的命运，让我的人生更加丰富和有意义！

每当我想起先生，便会想到我应该更加努力，要像先生那样做人做事，争取做一个好老师，虽不能至，心向往之。

永远想念先生！

郑宏，厦门大学 2008 届博士，厦门大学教师发展中心副教授。

永不告别的大师之爱

——潘懋元先生将毕生所藏捐赠厦大

◎石慧霞　林秀莲　陈世展　洪嘉俊　齐盈瑞

著名教育家、中国高等教育学学科开拓者与奠基人、"全国教书育人楷模"潘懋元先生，于2022年12月6日8时50分安详辞世，享年103岁。

先生倾其一生奉献于我国高等教育事业，为推进中国乃至世界高等教育研究做出杰出贡献。厦大档案文博工作有幸亲受先生垂教。2020年8月，先生在百岁生日之后，开始亲自整理并分批将个人毕生所藏15000余件（套）信函、讲义、笔记、文稿、书刊等，悉数捐赠给厦门大学档案馆。2022年3月，103岁高龄的先生，作为"档案记忆与大学文化"这门课的开讲人，以风趣幽默的方式与同学们畅谈档案在大学工作中的重要性，并深情讲述他心目中的厦门大学。

先生之风，山高水长。谨以本文沉痛悼念、深切缅怀敬爱的潘懋元先生！

著名教育家、中国高等教育学学科开拓者与奠基人潘懋元先生十分重视档案育人工作。在百岁生日过后，他亲自整理并向厦门大学档案馆分批捐赠了自己的书信文稿资料，其中包括笔记、讲义、文章、书稿、发言稿、会议纪要等各类文稿近5000份，以及不同时期的往来函件上万封。

这些带着岁月印痕的珍贵资料，见证了先生87载的教学生涯，投注了先生毕生的心力与汗水。我们透过一页页泛黄的书稿与信件，眼前仿佛浮现先生专注工作的神态——在没有网络速记、印刷也不便捷的时代，他伏案于昏黄的灯光下，一笔一画地记录着他的所思所想。他俾夜作昼，笔耕不辍，将一生的精力奉献给国家的教育事业。

一、学在厦大

在先生捐赠的文稿资料中，有一类尤为瞩目，那就是先生在大学时代的课堂笔记。全面抗战期间，迁至长汀的厦大，一度成为粤汉铁路以东仅存的国立大学，是包括先生在内的诸多东南学子求学读书的首选。1941 年，先生进入厦大教育系学习。当年在厦大修学"教育统计学""发展心理学""实验心理学""教育心理学"等必修课程时所做的课堂笔记，陪伴着先生走过了大半人生旅程。如今，这些弥足珍贵的精神财富永远地留在了厦门大学，以另一种方式传承着先生生命的温度、厚度和广度。

潘先生大学期间的课堂笔记

在厦大就学期间，先生曾受业于著名经济学家王亚南，选修其开设的"高等经济学——中国经济问题与经济原理"课程，得其沾溉尤深。在先生捐赠的资料中，我们看到了他为感怀恩师追求科学、献身真理的治学精神而撰写的多篇文章，如《王亚南教授是如何以研究的态度来进行教学的》《广阔的视野，严谨的学风——〈王亚南文集〉第五卷读后》《难忘的师表》等。他在回忆录中写道："王亚南同志，我们敬爱的校长，从他的信念到他的品质，从他的学问到他的能力，对我们来说，都是学习的榜样。"同样，一生感恩和敬重老师的潘先生，早已桃李满天下，成了万千学子由衷感激和敬仰的老师。

潘先生怀念王亚南的文章

二、教在厦大

在先生捐赠的资料中，另有一类也十分厚重，是先生课程讲义的手稿：《小学地理教材教法》《中学历史教学法》《逻辑学教学资料》《中国教育史讲稿》等。这些讲稿，从课堂提纲设计，到重点难点把握，从课程中使用什么教材，到批复修订学生作业，都倾注了先生对学生满满的关爱。此外，

先生还留存了许多学生论文的批改稿，每一篇论文上都有先生细致的修改批注，小到措辞用字、标点符号、术语使用，大到文意结构、观点论述，无不详尽。看着这一份份手稿，我们仿佛又置身于先生逻辑缜密、科学严谨、倾情投入的课堂中。

先生的教学生涯大部分时间是在厦大度过的。这些讲义手稿，多数作于先生在厦大工作期间。1946 年，从厦大毕业仅一年有余的他，在得到母校的邀请后，毅然从江西返回厦门，接手演武小学的前身——厦门大学附属小学的复建事宜，并出任首任校长，同时兼任厦大教育系助教。20 世纪 60 年代，先生短期离开厦大工作，70 年代初重返学校。此后，先生一直在厦大从事教学科研和管理工作，将厦大作为实现其教育理想的热土，历任厦门大学副校长、厦门大学顾问、教育研究院名誉院长等职务。数十年来，从附小校长到厦大管理者，从教育系助教到文科资深教授，不变的是对教育事业的执着与热忱，不变的是对厦大的热爱与坚守。

潘先生亲笔修改批注的学生论文

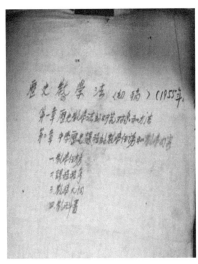

潘先生捐赠的部分课堂讲稿

三、心系国家

立足中国国情，回应时代需要，是先生治学的鲜明特色。20 世纪 50 年代，先生最早关注马克思主义教育理论家杨贤江的教育思想，成为相关研究的开先河者。先生撰写的研究杨贤江教育思想的文章也在捐赠手稿之列，共有数百页之多。先生关于杨贤江教育思想的研究不仅得到共青团中央和教育部的充分肯定，也得到了学界的热烈响应。

潘先生捐赠的杨贤江研究资料

1984年，《高等教育学》一书由人民教育出版社和福建教育出版社联合出版，这是新中国首部正式出版的高等教育学教材。同年，国务院学位委员会将高等教育学列为二级学科，高等教育学在我国正式成为一门独立的学科。潘先生为这部著作的编写付出了巨大的智慧和心血。在捐赠的文稿资料中，关于本书的写作手稿，含初稿和历次修改稿，多达2348页，手稿上遍布着先生多次增补、删改、圈点、标注的痕迹。

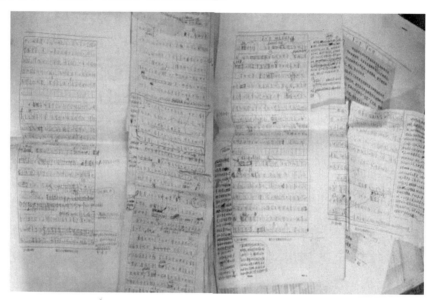

潘先生编写的《高等教育学》修改稿（部分）

改革开放以来，先生大力倡导高等教育研究。他发表在《光明日报》上的文章《必须开展高等教育的理论研究——建立高等教育学科刍议》为该学科的建立揭开了序幕。作为学科创始人，先生创建了国内首个高等教育学研究机构，招收高等教育学硕士、博士研究生。他致力于编写高等教育学系列丛书，出席一系列学术活动，应邀在全国各地讲学，并鼓励其学生到全国各地高教研究机构工作，推动了我国高等教育学科的建设和发展。

同时，先生十分重视对中国特色高教理论的研究，在应用西方高教理论的同时，注重与中国实际相结合、与时代发展相结合。从先生捐赠的手稿中我们可以看到，他先后参与筹划了"高教为地方服务""建设有中国特色的社会主义高教理论"等课题，并发表了《高等教育改革与社会主义市场经济的关系》《市场经济与高等教育的接口在哪里》《市场经济的冲击与高等教育的抉择》《中国大陆高等教育发展的目标与重点》等文章，积极回应国情和时代对高等教育的需求。

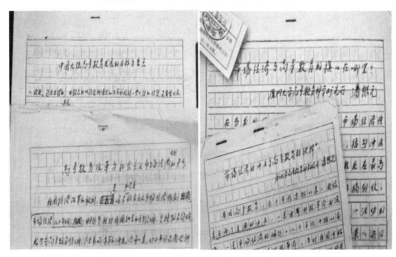

潘先生 1990 年下半年学术活动日程表

潘先生亲笔书写的文章手稿

四、放眼世界

20 世纪 80 年代以来，改革开放的春风对我国高等教育发展提出了新的要求。先生除了致力于我国高等教育学的学科建设与发展，还密切关注亚太地区乃至全球高等教育事业的合作进程。他曾访问诸多国家和地区，留下许多重要的总结报告和会议纪要：《泰国、尼泊尔、科威特三国访问回国报告提纲》《三国教育观感》《访菲期间所接触的一些华人华侨情况》《访苏报告提纲》《赴台参加第一届 21 世纪海峡两岸高等教育学术研讨会传达要点》《亚太地区私立高等教育研讨会记录》等。这些手稿上记录着先生的访学足迹，也记录着先生为中外高教学术交流所作的努力。

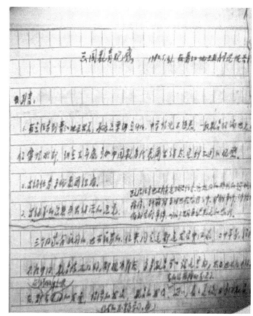

潘先生手稿，左图为《访菲期间所接触的一些华人华侨情况》，右图为《三国教育观感》

秉持真诚尊重、互促互利的原则与严谨负责的态度，先生在世界各地的访学活动不仅为我国现代高等教育事业的发展注入新的活力，也为中外高等教育交流合作与相互借鉴开创了有利的条件。

学海无涯愿无尽，鹭门岁岁衍薪传。从求学到讲学，从治学到育人，从情在厦大、心系国家到放眼世界，一页页手稿记录了先生对教育事业的执着与挚爱，彰显了先生学而不厌、诲人不倦、严谨务实、献身真理的伟大教育家情怀。

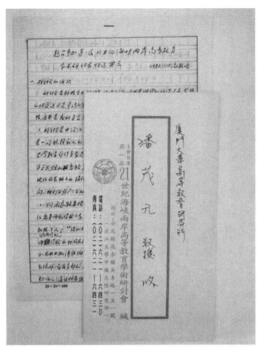

左图为潘先生所作《赴台参加第一届 21 世纪海峡两岸高等教育学术研讨会传达要点》手稿，右图为《世界日报》对中国农业与教育代表团访菲的报道剪报

潘先生所捐档案资料

　　有感于先生的崇高品格和无私捐赠，在收到史料的第一时间，档案馆组织专门工作组加班加点推进史料梳理清点、分类整理、归档保存。历时一年多，于 2022 年上半年完成了全部捐赠资料的整理上架，并及时向先生汇报、展示，得到了先生的赞赏与肯定。

　　鉴往事，思来者。斯人已去，风范永存，大师之爱永不告别。这些饱经岁月洗礼的档案及其蕴含的生命力承载着大学的基因和血脉，不仅属于我们这一代人，也属于未来的大学人。

潘先生与厦门大学校史馆

　　石慧霞，厦门大学2010届博士、电子科学与技术学院党委书记，曾任厦门大学档案馆馆长兼文博管理中心主任。

　　林秀莲，厦门大学2006届硕士、文博管理中心副主任、档案馆副研究馆员。

　　陈世展，厦门大学2022届硕士、文博管理中心助理馆员。

　　洪嘉俊，厦门大学档案馆学生助理。

　　齐盈瑞，厦门大学档案馆学生助理。

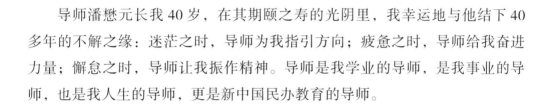

永远的导师

◎鲁加升

导师潘懋元长我 40 岁，在其期颐之寿的光阴里，我幸运地与他结下 40 多年的不解之缘：迷茫之时，导师为我指引方向；疲惫之时，导师给我奋进力量；懈怠之时，导师让我振作精神。导师是我学业的导师，是我事业的导师，也是我人生的导师，更是新中国民办教育的导师。

一、引导我的大学

20 世纪 80 年代初，我从苏北农村考进西北工业大学，假期从西安乘火车回徐州老家。一个很偶然的机会，同排而坐的人从包里掏出包裹东西的几张旧报纸给我看，在随意的翻阅中，"潘懋元"三个字突然映入我的眼帘。他是一篇题为《必须开展高等教育的理论研究——建立高等教育学科刍议》文章的作者。

读完这篇文章，我眼前为之一亮，却也陷入良久沉思，因为文章告诉我，自己梦寐以求、高高兴兴考上的大学竟然尚在探索阶段，我怎么也想不到也不愿想到。而在导师的眼中，当时的大学还混同于初中和高中的培养模式，并没有独立成型的板块。带着疑问和困惑回到学校，我专注而仔细地查阅相关资料，方得知导师早在 20 世纪 50 年代就敢为天下先，竭力呼吁并推动中国高等教育学的发展。

茫茫人海中，这算是我对导师有了初始的认知与格外的仰慕。在此后的时间里，我一发而不可收，无论是在学习还是工作中，只要导师有新的著作或文章面世，我就会想方设法火速获取并反复拜读，并从其中学到了许多具有开创性、标志性和历史性的教育主张、教育观点与教育理论。1984 年，我在西工大走上中层领导岗位后，有幸多次参与这所著名工科大学较早建立的高等教育研究室的多项活动，学校还在 1986 年 10 月为全校中层以上干部配发一套导师的第一本《高等教育学》（上下册）。1989 年 7 月，我调到西北工业大学在厦门开办的厦门东方科技开发公司工作，并十分有幸代表西工大高教研究所参加了 1989 年 10 月 18 日在厦门大学召开的"校际高教研究所（室）工作讨论会"，因此得以与导师有了第一次见面。

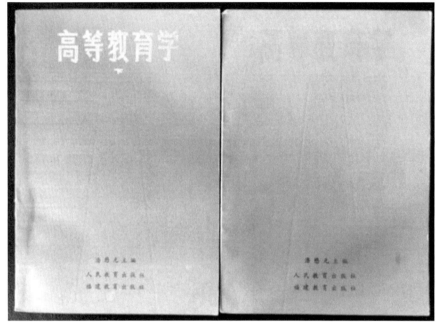

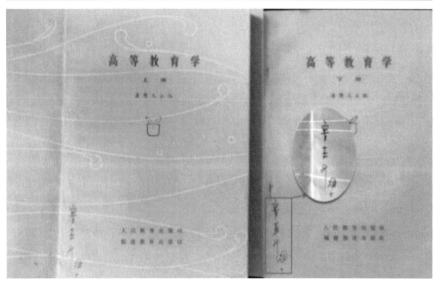

西北工业大学配发的《高等教育学》（上下册）

也许是缘分，也许是天意，没承想，2008 年，我作为高级访问学者正式进入厦门大学教育研究院，师从潘懋元教授和邬大光教授，开启了我的厦门大学高等教育学专业学习之旅。2011年，我50岁的时候，竟然萌生了考先生博士生的强烈愿望，因为外语的原因，连续考了三次，其间，导师还曾专门找到学校招生办领导讨论我的录取问题。在邬大光教授的指导下，2014年，我终于成为导师晚年最年长的学生。从48岁时我到导师身边做高级访问学者开始，得以有更多的机会、更近的距离聆听导师的真知灼见和妙论高见，得以铭记先生为人处世格言和治教治学理论。

二、指导南洋办学

2000年，我在告别体制内的安逸生活5年之后，步履维艰地走上创业路，在厦门经济特区租赁老旧厂房创办了这个城市现代第一所真正意义的民办大学——厦门南洋学院，以实际行动践行导师有关高等教育的理论、观点与主张。

直至如今的20多年的时间里，导师先后多次亲临学校关心、指导，当之无愧地成为厦门南洋学院建设发展的指导者与引路人，名副其实地成为深受全校师生敬爱和尊重的大先生和大恩人。

南洋学院成立第一年，已是耄耋之年的导师，冒雨来到学校，向学校赠送其新作《潘懋元论高等教育》，并在我们那个租赁而来、简陋得不能再简陋，甚至说十分破旧的教室里为我们全校总共20多名教职员工作报告，为身处褓襁中的南洋学院鼓干劲、增信心、指方向。自此之后，他时常关注、多次指导学校的办学与发展。

2008年，导师在邬大光教授的陪同下，首次深入厦门翔安南洋学院新校区参观指导，对新校区的规划及建设给予了高度肯定，为蹒跚学步的南洋学院打气呐喊。

2010年，导师兴致勃勃地出席厦门南洋学院10周年庆典，欣然题词"十年建校，创业维艰；苦练内功，实至名归"，为南洋学院校庆增光添彩，留下永久印记，并高兴地为南洋学院孔子像揭幕。

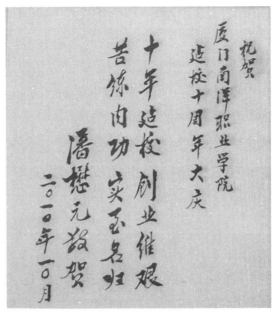

潘先生为厦门南洋学院建校10周年揭幕孔子像并题词祝贺（图左为福建省教育厅原副厅长施祖美教授）

同年11月，导师还率厦门老教授协会多名成员来校调研，为南洋学院及厦门地区民办高校发展出谋划策，为包括厦门南洋学院在内的厦门民办高校奔走呼吁，提出了"一个地区民办教育的发展是一个地区政治文明的表现"的新观点。

2015年年底，临近春节，95岁高龄的导师又带领他的研究生们到南洋学院调研、交流，为促进南洋学院更快更好地发展给予指导、提供咨询。

2020年11月，南洋学院20岁时，导师已100岁高龄。在紧挨着的两天时间里，导师前一天以视频方式为南洋学院校庆庆典致词，第二天在家人的陪同下莅临南洋学院校园，坐着轮椅出席"潘懋元教育思想研究所"揭牌仪式并发表题为"'民办高等教育'专用术语的来历与辨析"的讲话。

全国第一个潘懋元教育思想研究所在厦门南洋学院成立3年来，已连续3年成功举办的三届潘懋元教育思想研讨会，都得到了导师的悉心指导与有力支持：首届研讨会上即捐赠给研究所全套《潘懋元文集》，第二届研讨会发出"我们的高考有利于培养个性化创新创业人才吗"的"潘懋元之问"。每年一届的潘懋元教育思想研讨得到了厦门大学教育研究院和别敦荣院长的大力支持和帮助，也得到了全国高教界同仁和专家的积极响应。我们一定努力建设好潘懋元教育思想研究所，办好研讨会，让先生的教育思想和精神永远传递下去。

三、倡导民办教育

导师对南洋学院常加指导，对全国其他民办高校也是有求必应，经常到全国各地讲学辅导。因为他认为"一花独放不是春，百花齐放春满园"，公办、民办齐发展才是教育生态，认为企业可以有民营，教育也可以有民办，于1987年率先提出"民办高等教育"一说，并在1988年6月22日的《光明日报》上首次通过主流官方媒体发表出来，这应该就是新中国"民办教育"概念的由来。

导师不仅关注、关心民办高校，指导民办高校举办者、校长，而且全面关注民办教育行业，研究民办教育，成为新中国真正研究民办教育第一人，研究最早、最多、最深，也最透。

导师深知发展民办高等教育对完善我国高等教育体系的重要意义，对民办高等教育发展问题进行了许多前瞻性的思考，形成了一整套完整的理论体系，提出了"教育内外部关系规律""大众化是中国高等教育发展的必由之路"等重要论断，为中国高等教育的大众化、普及化作出了重要贡献。导师曾单独撰写、发表《精英教育与大众教育》《关于民办高等教育体制的探讨》《关于〈民办教育促进法〉及其实施》《对发展民办高等教育若干问题的认识》《关于民办高校评估的思考及建议》《民办高等教育持续发展问题》《抓住有利时机实现民办高教可持续发展》等多篇有关民办教育的重磅理论文章，与人合作发表《我国民办高等教育发展的第三条道路》《立法——私立高等教育发展的保障》《民办高等教育发展之困境与前瞻》《论民办高校的公益性与营利性》等一篇又一篇的论文大作，都在教育界引起热烈反响。

导师十分关心、牵挂民办教育发展的质量，提出了被业界共同称誉的"素质质量观"，即：对于民办高校，只要能够抓住社会实际需要，能够培养出"适销对路"的高级专门人才，培养出来的毕业生受欢迎，经过多年努力学校办出了自己的特色，就应当认定这样的民办高校具有较高的教育质量。他主张，"要改变以往给学生灌输多少知识为衡量标准的传统教育质量观，树立高素质的人才观和包括知识、能力在内的素质教育观"。1988年，导师在《关于民办高等教育体制的探讨》一文中提出："如果没有严格的管理，则有些私立高等学校的质量，可能达不到最低规格……质量偏低不是民办高等学校的必然现象。"他指出，民办高校在应用型人才培养方面要有大作为、做好文章、刷新表现，有条件的还要在学术科研方面搭平台、求建树、找突破。1999 年，导师在《对发展民办高等教育若干问题的认识》一文中明确指出，对于民办高等教育质量，应该有一个公正的说法或态度。"从传统的知识观来看，由于民办高校生源较低，设备较差，教师兼职多且流动性较大，当前民办高校总体知识水平，显然不如公办高校。因此，也就不能简单地以公办高校的知识水平为标准来评价一般民办高校的质量。"2010 年，导师 90 岁的时候，还提出了"一个地区民办教育的发展是一个地区政治文明的表现"的论断；2020 年，已是百岁高龄的先生在题为"新时代中国高等教育改革与发展的今天、明天与后天"的讲话中进一步指出，要激发高等教育系统的活力，建设"双一流"高校，不应仅仅着眼于传统的研究型或学术型大学，而应激发不同类型的高校争创各种一流，运用多种质量观，统筹兼顾，多元发展。

四、训导晚辈人生

导师从教 87 年，终身献给教育事业，除了传我以知识、教我以学识、辅我以学术，其博大的胸怀、奋斗的精神与深邃的思想更是我成长路上的指路明灯和超越梦想的高远明灯。

导师真正做到了"生命不息、奋斗不止，人不下鞍、马不停蹄"，活到老、学到老、干到老，其生命的前半程夙夜在公，各种日常事务缠身，为学校建设发展竭尽心力。导师的学术功绩后半程更显辉煌，特别是退休以后，导师更加珍惜时间，更加使劲发力，直至生命最后一刻，余光发热 40 多年，迎来晚霞满天、灿烂一片：60 多岁时首次提出"民办教育"概念；90 多岁的时候提出"一个地区民办教育的发展是一个地区政治文明的表现"的论断，并提出了"我国民办高等教育发展的第三条道路"；98 岁的时候提出了"机器人也要教育"的重要论点。102 岁时，还欣然为我主编的《幼儿成长学》撰文作序，作出了"成长学是成立的"重要论断，对我将系统工程理论引入人的成长研究给予了肯定，为我提出的"成长学"研究指明了方向，并为我的《大学生成长学》的编写作出了具体指导。

导师不畏艰险、勇于探险、勇攀高峰。他攀登科学研究高峰成为高等教育学的一代宗师；他攀登大自然的高峰也令我难以望其项背。82 岁的时候，导师登上了华山，我很荣幸也是让我前半生60多年唯一一次登上了华山，是跟随着一位82岁的老人。遥想当年，我在陕西学习工作了10年都没登过华山，这一次随他到陕西多所民办高校考察后跟随他登上了最险的西岳华山；96岁的时候，导师携全家去了北极村，也很荣幸，我和我的小女儿牛妞随导师全家四代一起同行，这也是我平生第一次走到北极村。

导师热爱学生胜过关爱自己的子女，正如他所言，这辈子最大的幸福是自己的名字位居教师行列，假如有来生，他还愿做老师。2010

2016年，96岁的潘先生在东北丹顶鹤之乡留影

年，他90岁高龄了，随厦门老教授协会来厦门南洋学院调研，我们安排两个座谈会：一个是教师的座谈会，另一个是学生的座谈会。我们征求他的意见，参加哪个座谈会，他说，参加学生的座谈会。这就是一位学术泰斗、一位90岁的老人对学生的爱，对我们民办学生的爱、对一群大专学生的

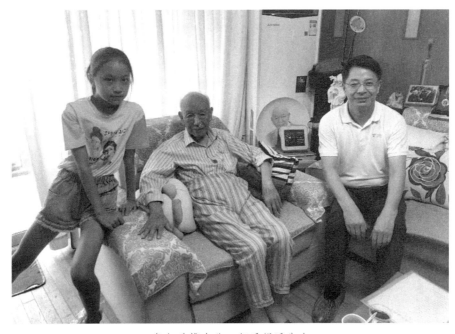

鲁加升携女儿一起看望潘先生

爱。他一直坚持周末的学术沙龙，他总是把全世界各地的学子和朋友看望他时带的好东西全都留给学生吃，所以在厦大的学生里边有一句话，说去参加潘先生的沙龙，每次去保证都有好吃的。

导师精益求精、严谨治学、学高为范、一丝不苟，坚持每天都给大量的学生改作业。读博后，我是一个低年级的学生，我给他送的作业，为了体现我的水平，总要多写一些，所以作业写得很长。但我的每一篇作业，他都会从头改到尾。我自以为是一个工科出身的学生，做过办公室的领导，文字很严谨，但是他经常还能把我作业里的错别字和标点符号的错误一一找出来，并予以纠正。

还有一件事情让我记忆很深刻、很感佩。导师 93 岁的时候，中国教育电视台要给他做节目，他去了一趟北京；同年他当选为"全国教书育人楷模"，又要在教师节去北京领奖，这两件事中间只有几天的时间差，中间居然又从北京飞回来了，我就去家里给他送我的作业，我问他："你不是过两天要领奖吗，你不在北京休息两天，怎么又飞回来了？"他说忘了带学生的作业了，要回来改作业。

这就是我的导师。导师留给我的感人故事还有很多很多，学人风范、师者精神最让我受用无穷也受用不尽，仰望长天无以为报。2022 年 12 月 6 日，先生永远地走了，虽然他未能亲眼看到我毕业，但如有来生，我仍愿继续追随他，追随这位我永远的导师！

依依送别　深切缅怀

◎吴滨如

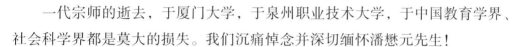

一代宗师的逝去，于厦门大学，于泉州职业技术大学，于中国教育学界、社会科学界都是莫大的损失。我们沉痛悼念并深切缅怀潘懋元先生！

先生始终认为，职业教育、民办教育是高等教育领域的两个弱势群体，应该给予更多的关注、理解和支持。

2003年，先生率先提出，新建本科院校应主要定位于职业本科或应用型本科；2005年，先生再次提出，要建立"专科—职业本科—专业硕士"的高等职业技术教育独立体系；先生以理论研究为高等职业教育发展指明了方向，推动了高等职业教育事业发展。2019年，泉州职业技术大学成为全国首批本科层次职业教育试点校，正是先生这一研究思想的"理想照进现实"。先生体恤民办高校办学的艰辛，总能充分肯定民办高校举办者的办学初心，时时给予鼓励，积极、包容地看待民办高校的成长，并在关键时期撰文《我国民办高等教育发展的第三条道路》，为民办高校呼吁更理性的生存发展空间。

先生对泉州职业技术大学厚爱有加、用情至深，他欣然受邀担任学校董事、战略发展委员会主任委员，于耄耋之年仍先后8次亲临学校关怀指导，并时时关心、关注、关切学校的点滴发展变化，对学校建设发展给予诸多指导和帮助，随时随地为学校发展鼓与呼，为学校跨越式发展作出了巨大贡献。承先生万般恩情，泉大人永记于心。

我们在此重温先生历次亲临泉州职业技术大学的珍贵记录，以寄哀思。

2008年4月16日，潘懋元先生、邬大光教授率厦门大学教育研究院2007级博士研究生、访问学者一行到我校（泉州校区）考察交流，走访了专业教学实训场所、图书馆和学生宿舍，并召开一场以"改革开放与民办高等

职业教育发展"为主题的座谈会。此行也是潘先生第一次到我校考察交流。

2009 年 4 月 18 日，潘懋元先生参加学校晋江新校区的奠基仪式。自此以后，先生始终心系新校区的建设发展，每次到学校都要先看看最新的变化。他几下工地，详细了解校园规划设计思路，对校园建设和学校管理的每一个创新之处如数家珍。

2012 年 6 月 16 日，潘懋元先生、邬大光教授、别敦荣教授等专家学者带领厦门大学教育研究院 2011 级博士研究生访学团到学校调研，召开泉州市民办高校和高职高专教育发展调研座谈会，并在学校挂牌设立厦门大学教育研究院博士硕士实习基地。此后，学校也成为学院师生开展教育教学田野调查和科研合作的常设地。

2013 年 11 月 29 日，潘懋元先生带领厦门大学教育研究院 2013 级博士研究生访学团莅校调研，欣然受聘学校董事会董事。先生在参加民办高校战略发展研讨会上指出，泉州理工职业学院在办学过程中形成的特色：一是依托汽车和建筑两大品牌专业，率先实现了产学研的高度融合，产学研一体在泉州理工职业学院体现得淋漓尽致；二是将大学生的创新教育、创新能力培养在潜移默化指导中付诸实践；三是学校注重学生能力的培养，以马拉松精神强化、感染学生的健康体魄和坚毅品质，很有特色。先生说，要办好民办高等教育，要立志于创新。学校很有发展前途，最重要的是学校领导和每个教职工、学生的共同努力。

2013 年 11 月 29 日，潘先生受聘学校董事

2016 年 10 月 15 日，潘先生出席泉州理工职业学院办学 30 年纪念大会，为我校获得"30 年坚守奖"的教职工颁奖，并受聘学校战略发展委员会主任委员。先生致辞："衷心祝愿泉州理工职业学院在董事会及学校领导班子的带领下，越办越好，办成一所学生满意、家长满意、社会满意的学校，为晋江和泉州的经济社会发展做出新的更大的贡献，成为全国民办高校创新发展的一面旗帜。"

潘先生在学校办学 30 年纪念大会上致辞

在随后的战略发展研讨会上，潘先生对学校提出希望："泉理工要抓住机遇，发挥与企业行业深度合作的优势，进一步加强产教融合，着力于内涵发展，加强师资队伍建设，深化教学改革；继续保持和发扬'爱拼善赢'的晋江精神，真正成为'创业者的摇篮'。"

2016 年 11 月 24 日，潘先生再次带领厦门大学教育研究院 2016 级博士访学团莅校考察调研。在调研中发现，泉州理工职业学院以办学定位为指导、以校园环境为载体、以科学研究为依托，积极营造创新文化，实现"润物细无声"的文化熏陶式育人效果，构建创业课程、搭建创业平台、明确服务地方策略，紧密结合创业理论与实践，达到"即学即用"的育才目的。调研结束后，潘先生于 2017 年 4 月 18 日在《中国高等教育》上发表署名文章《以创新文化养人 以创业实践育才》。

2019 年 5 月 24 日，潘懋元先生专程来到我校，参加厦门大学教育研究院 2018 级博士生实践调研报告会。先生认真听取了博士团成员一周来的调研成果，颇为满意。他认为，田野调查是厦门大学教育研究院的人才培养特色，深入的实践调研有助于博士生在高等教育理论和实践之间相互转化，不断提升问题意识和思辨能力，提高理论研究水平。同时，先生希望学校能够加快国际化的步伐，让职业技术教育借助"一带一路"走向世界。

先生说，每次到学校，都有新发现，都有新进展，这是创办人和全体师生始终坚持"创新创业"办学精神的结果。

2019 年 6 月 28 日，泉州职业技术大学升格本科层次职业教育试点揭牌仪式在晋江校区隆重举行。潘懋元先生为新校名揭牌，并欣然题词祝贺。

2019 年 6 月 28 日，潘先生为泉州职业技术大学新校名揭牌时书写的祝贺题词

在随后的本科层次职业教育试点战略发展研讨会上，潘先生受聘为泉州职业技术大学首届战略发展委员会主任委员。先生说："如果说厦大是校主的嘉庚精神的话，那泉州理工就是'创新发展'的精神。回首这些年的办学历程，无不是在创新发展的路上奋发前进的，这种精神已经深入人心了。每次来学校，都能发现学校的巨大变化，这次的感受尤为深刻，可以说是翻天覆地的。学校这些年来服务地方产业，培养出紧贴地方需要的人才，做得很好，入选全国首批本科层次职业教育试点学校实至名归。"他勉励学校要在坚持创新发展的基础上，加强人才队伍建设，并积极思考职业教育迈向国际化的问题，开拓学校事业发展的新格局。

2020 年 1 月 12 日，潘懋元教育思想馆筹备工作会议在泉州职业技术大学召开。会后筹备组成员赴厦门向潘先生汇报选址及初步规划安排，获先生首肯及赞许。相关工作将持续进行下去。

潘先生曾嘱咐要将学校的创新特色做法记录下来，结集成书，书名他都想好了，就叫《刺桐港上的一颗明珠》。先生于泉州职业技术大学至真至情，永怀我心。

先生之风，山高水长！我们将秉承先生遗志，铭记先生教诲，学习先生风范，化悲痛为力量，教书育人、担当有为，在深切缅怀的同时，以更加出色的办学实绩告慰先生。

吴滨如，厦门大学 2008 级博士研究生，泉州职业技术大学校长、党委副书记。

当代的大先生——潘懋元

◎方泽强

2022 年 12 月 6 日导师潘懋元先生仙逝，享年 103 岁。为纪念先生，撰写此文，管中窥探先生功绩的一角。

一、创建学科，发展知识——名副其实的学科奠基人

一个知识领域要成为一门学科，学术界的共识是首先要形成学科理智，再形成制度建制。换言之，"特定学科的独特尊严和合法性的建构有赖于特定学科的理智进展和学科制度的完善"[①]。所谓学科理智，是指某一研究领域有明确的研究对象和特殊矛盾，需要用科学的方法加以研究，最终形成相对独立的理论体系，从而指导实践。在高等教育领域，潘先生是发现这种特殊矛盾的先行者。20 世纪 50 年代潘先生指出，高等教育具有不同于中小学教育的两个主要特点：一是学生为身心较为成熟的成人，二是高等教育实施专业教育[②]，此决定了高等教育具有特殊矛盾，因此，他提出建立高等教育学科，因为"高等专业教育有许多特殊问题要研究。它不是以普通学校教育为对象的普通教育学所能概括的"[③]。为了让学科得以创建，潘先生多方奔走，付诸行动，最终，高等教育学于 1983 年纳入国家学科目录，迄今 40 年。也因此，潘先生被视为高等教育学科的奠基人之一。

潘先生对高等教育学科的知识贡献丰盛，仁者见仁，智者见智。在我看来，最突出的功绩在于他提出了"一条规律""一种方法""一个定位"。"一

---

① 方文.学科制度和社会认同［M］.北京：中国人民大学出版社，2008：10-11.

② 潘懋元.大学的沉思［M］.北京：商务印书馆，2017：147.

③ 潘懋元.高等教育学讲座［M］.北京：人民教育出版社，1983：1.

条规律"指教育内外部关系规律理论。其内涵是：第一，教育外部关系规律是指教育与社会关系的规律。一方面，教育受社会的经济、政治、文化等制约；另一方面，教育促进经济、政治、文化等的发展。换言之，教育与社会相适应，包括"受制约"和"起作用"。当然，教育应"主动适应"社会发展，而不是"被动适应"。第二，教育内部关系规律是指教育内部诸多关系的规律。主要有：教育过程诸要素（教师、学生、教育影响）的关系、全面发展教育各育（智育、德育、体育、美育）的关系，等等。第三，内部关系规律的运用受外部关系规律制约，外部关系规律发挥作用需要通过内部关系规律来实现。[①]这一条规律虽然是"一般的教育"的规律，但它是潘先生在研究高等教育这一"特殊的教育"时发现并归纳的，未尝不能说是高等教育学对教育学的贡献。该规律是潘先生主编的国内第一部《高等教育学》的重要理论，指引了作为人才培养活动的高等教育和作为公共事业的高等教育应如何科学施教及如何健康发展，解决了高等教育的核心问题。同时，也指导着高等教育其他方面的实践，例如，职业教育实践者提出的"按照产业链、职业链来设置专业链"，以及大学管理者所践行的"大学既要走出象牙塔，又要坚守象牙塔"，多少有教育内外部关系规律理论的影子。理性地看，没有发现并归纳这一规律前，高等教育的前路是歧路多条；发现并归纳了这一规律后，高等教育的前路便是康庄大道了。

"一种方法"是指多学科研究方法。受伯顿·克拉克《高等教育新论——多个学科的研究》的启发，潘先生在系统研究后提出，"多学科研究方法可能是高等教育研究的独特方法，它可能不仅适用于高等教育学研究，也适用于其他学科领域的研究。但高等教育以其特殊需要而走在前面"[②]，之后他主编了《多学科观点的高等教育研究》，将多学科研究高等教育这一思想推行开来。多学科研究方法既指在操作层面使用多种方法（如统计法、访谈法），还包括在方法论层面应用其他学科的理论（如用社会学的分层理论来研究高等教育）。的确，高等教育是一个宽广的领域和学科，并非用单一方法就能揭示其奥秘，必须用多学科研究方法才能更好地认识，进而推动其在经济社会发展和国家现代化建设中的作用。多学科研究方法的广泛应用，使人们对高等教育问题和现象的研究有了更精准的坐标，也有了更广阔厚实的理论支撑，

---

① 潘懋元.大学的沉思[M].北京：商务印书馆，2017：155-157.

② 潘懋元.多学科观点的高等教育研究[M].上海：上海教育出版社，2001：1-24.

既进一步拓展并精耕了研究领域和议题，又充分保证了研究结论更加客观和全面，还促进该学科知识生产和创新速度加快，有效推动了高等教育朝着"既是一个研究领域，也是一门正在走向成熟的学科"①的建设目标前行。若无多学科研究，高等教育学可能还在蹒跚而行。

"一个定位"是指高等教育学的学科定位。潘先生旗帜鲜明地指出，高等教育学基本上属于应用型学科，其任务在于应用教育学的基础理论、技术理论以及相应的方法去认识和解决高等教育中的问题。但由于支撑高等教育学的各门基础学科的不成熟性和不完善性，高等教育学同时要进行一部分基础理论研究，用以指导高等教育活动和高等教育改革。②这一定位促使高等教育学的研究者们俯下身子去观察实践，研究问题，服务现实，而非做"摇椅上的学问""纸面上的学问"。尽管在我国高等教育学于1983年才正式建立，相较于传统的教育学（研究中小学教育）还比较年轻，但是，从现实中不难发现前者的研究队伍、学术成果并不比后者逊色。这一成绩与该学科定位为应用型学科不无关系。近年来，潘先生提出高等教育学是交叉学科，③为新时期该学科的定位指明了新方向，也为其发展注入新动力。

二、育才有方，与时俱进——堪称典范的卓越人师

谈及潘先生的育人之道，不得不说他的家庭沙龙。在正常教学期间，每周六晚上七点半到九点半，学生都会齐聚先生家参加沙龙。参加沙龙是潘先生指导的博士生的"必修课"——这是他对学生"点名"的一种柔性技术，看看学生有无在厦门学习（因为博士生在第三学期后基本没课），也是检查学生学问有无长进的平台（因为沙龙必须发言）。其他学生参加沙龙则是自愿，不作限制。有时还有一些客人慕名前往。沙龙的程序一般是由一人提出议题，之后大家畅所欲言，中间穿插茶歇（吃水果和零食），最后先生总结。沙龙的主题也不全都是教育话题，也会涉及经济、政治和社会民生等主题。如有校外客人参加，潘先生便会请他们分享所在学校的改革和发展或者其他社会事件。通过沙龙，潘先生开阔了学生们的眼界，使他们了解教育的现实情况。

① 潘懋元.潘懋元文集：卷二·理论研究（上）［M］.广州：广东高等教育出版社，2010：424-435.

② 潘懋元，王伟廉.高等教育学［M］.福州：福建教育出版社，2005：343-346.

③ 潘懋元，陈斌.论作为交叉学科的高等教育学［J］.高等教育研究，2021（4）：56-60.

自然而然，大学生的职责担当——"风声雨声读书声声声入耳，国事家事天下事事关心"就落到实处。沙龙的基调总体上是轻松、温馨的，有时也充满硝烟，特别是针对某些似是而非或发散性较广的议题时，不同人便有了争执。对此潘先生也乐见其成，并强调：只要言之有理，持之有据，便可成一家之言，不因个人的身份、年龄等而异。这样的学术主张深深影响在场人员。经历沙龙的熏陶，大多数学生成长很快，在表达个人见解时基本上做到了有观点，有论据，有分析，有结论，有反思。认真分析，潘先生的沙龙具有如下教育价值：汇集众人智慧，研讨问题，帮助增长才干；平等交流，自由切磋，营造良好学术氛围；寓教育于生活，变强规范教育为弱规范教育，育人润物细无声。沙龙已举办几十年，培养了数不胜数的学生。就我而言，个人博士生阶段的成长更多来源于沙龙，而非正式课程。

潘先生对学生的培养不只是温馨的，也是严肃和严格的。张应强、卢晓中、别敦荣、周川、胡建华、韩延明等学长和老师在先生面前向来是中规中矩，反而是后学者在先生面前嘻哈打闹。据说，早期先生十分严肃，不苟言笑，要求很高，很少有学生在学习方面不被批评的，因此，"老学生"都怕他。当然，严师也出高徒。潘先生根据他们的长处和兴趣来指导学业，因材施教，这些学长和老师大多在各自的研究领域做出了成绩，成为有影响力的人物。后期，先生年纪大些，学生跟他的年龄差距越来越大，于是他宽松不少。即便如此，先生对年轻一辈的要求并不放松。以我为例，在做论文时，先生要求"有一分证据讲一分话""不写空话套话，多举实例""不要炮制概念，使用平实语言"。刚开始时，我写文章时也落入俗套，炮制概念、语言有时花里胡哨或故作高深，被先生批评了几回。历经反思，我逐渐领悟了什么是好文章：观点鲜明，语言平实，论证严谨，通俗易懂。事实上，潘懋元、顾明远、鲁洁、瞿葆奎等先生们的文章均是如此。现在，我在写文章时老是感觉先生就在身旁监督，因此一般也不乱写。如有新观点，便力求论据充分，分析透彻；如无新观点但也非写不可，便力求概念准确，论证缜密。如此，反而感觉有所进步和收获。自我反思，离不开潘先生的教导之功。

潘先生不只对学生严格要求，对自己也是如此。以备课为例：2010年我在厦门大学读书时，先生讲授的"高等教育学专题研究"课程有5个模块共60讲。随后几年，先生讲授同一门课，但我发现，教学内容一直在更新，与时俱进。以2020年版《潘懋元文集》（卷六·讲课录）进行对比，原有教学模块数量不变，但原来的 60 讲扩展到 74 讲，增加了高等教育前沿话题，如："一种新的课程模式：STEM""慕课的意义与问题""智慧教室的功能""互联网＋课堂教学是教学改革的走向""回归大学的根本，重建基层教研组织""高等教育的质量建设""2030 年的高等教育愿景""世界高等教育发展阶段论""应用型研究生教育的定位、特点和问题"等等。[①] 新增的主题属于最近十几年高等教育实践的热门话题。潘先生不仅紧盯前沿问题进行研究，还把研究心得作为教学内容进行施教，此不正是洪堡"教学与科研相结合"的实践典范吗？他躬亲实践了"问渠那得清如许，为有源头活水来"的要求，这种坚持学习研究、认真备课的态度以及与时俱进的精神为"如何当一名合格的大学教师"作了具体诠释。

"为党育人、为国育才"是党和政府对教师的要求。作为一名大学教师，潘先生严于治学，开创了高等教育学科，成为该学科的一面鲜明的旗帜，同时，他也很好地履行了"园丁"职责，培育了一批优秀学子，是教授们的先生和老师。这两方面的成绩远非一般教师尽一生所能达成。

潘懋元，不愧为"当代大先生"！

方泽强，厦门大学 2013 届博士，广东工商职业技术大学副校长，研究员。

[①] 潘懋元.潘懋元文集：卷六·讲课录［M］.广州：广东高等教育出版社，2020：1-4（目录）.

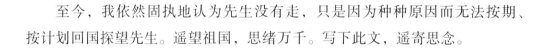

追逐那一束光

◎习 瑜

至今，我依然固执地认为先生没有走，只是因为种种原因而无法按期、按计划回国探望先生。遥望祖国，思绪万千。写下此文，遥寄思念。

一、三试闯师门

我于 1995 年至 1999 年在广西师范大学教育系就读。当时教育系是在王城校区办学，办公室和资料室被安排在独秀峰脚下的一座独栋别墅里。别墅年代久远，设施略为陈旧，放置在里面的书籍和资料需要时不时整理以防潮防霉。有一次劳动课，我被安排去系资料室协助资料室的老师整理书籍刊物，一本《高等教育学》被摆放在最为显眼的位置，资料室的老师说最受师生欢迎的书刊一般都会摆放于此。尽管当时系里没有开设高等教育学这门课程，我还是被这本书吸引住了，下意识停下手上的活儿，坐在窗边认真翻看起来。午后的阳光透过已有些年岁的老式窗台，斑斑驳驳地洒落在身上，若有若无的桂花香飘进窗台。彼时，我不确定"懋"字怎么读，还赶忙去找了本《新华字典》查正确发音。就这样，在一个宁静的午后，伴着暖暖的阳光和淡淡的桂花香，我第一次在书中与先生"相遇"了……

硕士研究生期间，有幸拜学于唐德海老师门下。唐老师也是先生门下弟子，我入学时唐老师刚从厦门大学高教所博士毕业回到广西师范大学任教。唐老师正好是高等教育学这门课程的主讲老师，其高等教育的思想主要师承潘先生，他的课在很大程度上弥补了我在高教理论素养上的种种缺陷与不足。唐老师给我们罗列了潘先生一系列的著作和文章作为课后阅读，以增进我们有关高等教育学的基础阅读量。在唐老师精彩的高等教育学课程中，我与先生"相识"了，由此也逐渐萌生了考入先生门下，成为其弟子的想法。

研究生即将毕业那年，我参加了厦门大学博士生入学考试。在第一次备考的过程中，由于学识与经验不足，加上就业找工作的压力，初试成绩自然不太理想。但最大的收获是在现实生活中见到了先生，在李枭鹰师兄和罗丹、陈蓉师姐的带领下，第一次参加了先生家的学术沙龙。原来，在先生的沙龙上，每一个人的声音都会被听到，每一个参加沙龙的人都可以就学术问题侃侃而谈、畅所欲言。先生是如此和蔼可亲，时不时地做笔记，适时给予点评或建议，完全没有刻板印象中学者大儒那样的正襟危坐、不苟言笑。先生说着带有潮汕口音的普通话，这对祖籍梅县的我而言，没有任何沟通障碍，反而视为乡音一般亲切。这一小小的认知，更让我暗暗下了明年再考的决心。

研究生毕业后来到南宁职业技术学院工作，担任物流专业课程老师，同时还负责课程开发与设计的科研工作。在第二年的考博中，我以自身的课程开发与设计为例，结合高等教育内外部关系规律进行了专业汇报。先生对我国高等职业教育十分重视，对我的汇报给予了肯定和改进的建议。在总结第一次考博失败的经验和结合实际教学科研工作经验的基础上，这一次考博的综合成绩还不错。但无奈竞争激烈，根据综合成绩排名，遗憾落榜。临别时我对先生说："我不会轻易放弃，明年继续考。"先生一如既往地给予了我很大的鼓励，让我有了继续再考的动力。

第三次考博时间如期而至，为更好适应考试环境和调整好自己的考试状态，事先和同事调好课程安排，并特意向单位请了两个星期的假，在不影响正常的教学工作下，全力以赴投入博士入学考试中。成绩公布后考得不错，但受招生指标所限，先生名下 Ph.D.（哲学博士）指标已满，恰巧当年 Ed.D.（教育博士）第一届正式招生尚有名额。于是，先生亲自给我打电话征求我的意见，询问我是否愿意从 Ph.D. 转为 Ed.D.。先生特别指出，因为我已有在高职院校工作几年的经历，更有利于从事高等教育理论的研究。而我本人最初的想法是，只要能入先生门下求学，聆听先生的教诲，管什么 D 或什么 D 的，跨入师门就是了。

由于每一年博士生笔试都被安排在南强教学楼，考试费均为 250 元人民币。因此，我也常和家人戏称，自己是三撞南（南）墙（强）入师门的"二百五"。

二、拜学师门下

2010 年 9 月中旬，我正式入读厦门大学教育研究院，入住丰庭学生公寓，开始了面朝大海、春暖花开的如诗一般的博士求学之路。2010 年亦是一个特殊的年份——先生 90 岁华诞暨从教 75 周年。在全院上下筹备庆典之际，先生因感冒入院检查。尽管病情不是太严重，但为保险起见，医院在征询先生家人和学校领导的意见后，决定安排先生入院观察。开学初由先生主讲的高等教育学原理课程被迫停课，先生入院前的第一件事就是交代学术助理 09 博的王琪师兄做好课程准备工作，同时发放课程讲义和资料让班上的同学提前阅读。先生把这些细碎的课程安排都布置落实好，他才开始准备入院的生活用品和入院手续。留院观察期间，医院建议最好有人守夜，院里根据当时师门弟子的人手情况，对新入学的巴果、方泽强、我和 08 博的吴滨如、陈萦师姐进行了轮班安排。轮到我值守时，我发现先生尽管躺在病床上，他能自己做的都会自己做，尽量都不麻烦我。而且由于输液的关系，先生的一只手不能动弹，他就戴着眼镜半躺着，用另外一只手给学生改论文。长时间的输液导致先生的手肿得很厉害，针眼附近还有一大块瘀青，可先生从没叫过疼，更没抱怨过，他依然专心致志地给学生改论文。时至今日，每每想到这一幕，我都会情不自禁泪目。先生哪怕是自己身体不舒服，生病了，住院了，心里装着的，依然是学生！

虽然我是在职读博，可是先生也说过不会降低对我的要求，读博这几年都要在厦大里。好在我所授的专业课程可以采取"集中授课 + 实习实训"的教学方式进行，所在工作单位的领导也很开明并表示理解。这使我可以在读博期间全程待在先生身边而不失言。在先生身边的这些年中，每每想起和先生一些有趣的互动，幸福开心之感油然而生。有一次放学我送先生回家，无意中和先生聊起洗冷水澡养生这个话题。当时已是 92 岁高龄的先生无限感叹地说："90 岁是一个槛，我之前都是坚持每天都洗冷水澡，可是我现在不洗了。"听后我居然大言不惭地说道："先生，我要向你学习，以后也要坚持每天洗冷水澡，预防感冒！"先生听完哈哈大笑起来，说："好呀，你就试试，我们拭目以待。"坐在前排的司机师傅被我俩的对话逗得乐不可支。

先生对学生的爱，有口皆碑，世人皆晓。这一份爱，体现在对学生的充分认知和共情理解中。2013 年 9 月，我陪先生到贵州师范大学开会，学校司机开车过来接我们，当天上午交通状况不好，到处堵车，司机想另外绕路避开交通阻塞。不知何故，司机在一个加油站附近绕来绕去绕了好几圈，还是没冲出阻塞。向来守时的先生在一边略微不安地看手表，因为先生要致开幕词，司机再这样绕下去我们肯定迟到无疑。这时，我也不知自己是哪一根筋搭对了还是搭错了，前一天从宾馆到学校的行车路径赫然清晰地出现在脑海里，直接告诉司机师傅该怎么走，往哪个方向开。就这样，在我这个第一次来贵州且只待过两天的人的"交通指挥"下，司机顺利突出交通重围，顺利准时地把我们送到大会主会场。事后，司机向我们道谢，先生开心地对我的认路好记性给予了充分肯定，还开玩笑地说，以后你到国外，肯定不会迷路。未曾想先生的一句玩笑话居然成真，在国外这些年，即使没有谷歌地图导航，依据良好的认知地标能力，迄今为止，我从没迷路过。

2013 年 7 月我们去湛江师范学院（今岭南师范学院）开会，因突遇台风，航班被取消并且滞留了好些天。其间，罗海鸥院长慕名先生学术沙龙的盛况，临时起意组织了由学院教师骨干和科研骨干一起组成的学术沙龙，邀请先生点评。罗校长依据先生家里学术沙龙的情况，特意张罗了很多特色的茶点和当地小吃。一向以"唯有美食不可辜负"为己任的我这下可乐坏了，满眼都是家乡地地道道、正宗可口的吃食，沙龙笔记也没做得那么翔实全面了。先生似乎看出了什么，假装轻声咳了一下，轻轻看了我一眼，瞬间把我从满眼的小吃中拉回到沙龙学术里。讨论结束后，先生把他面前那一大盘好吃的悄悄推到我面前，挥挥手示意我敞开肚皮吃。事后，我马上向先生道歉。先生可能是怕我难为情，为维护我的面子没接话茬，反而饶有兴致地和我聊起广东潮汕地区和客家人的饮食习惯和风味小吃。末了，我俩还相约以后有机会去汕头吃米糕。是点滴的关爱，成就了先生对学生体面的最大维护。此时此刻的我，既愧疚又感动。这一邀约在不久之后去汕头大学调研，陈小红师姐带着我们去逛汕头老街时得以实现。当然，这是后话了。

先生知道我爱各种小吃，尤其是地方特色小吃，恨不得一有机会就去一饱口福。

于是，有一次上完课，先生说带我们去吃厦门地地道道的街头小吃沙茶面，指明去沙坡尾那一家叫"乌糖"的店。乌糖沙茶面号称是厦门沙茶面的始祖，每天生意都好得不得了，排队大摆长龙是常事。许琦红师妹开车把我们先送到店里，果然排着长长的队。我们先安顿好先生，其他几个师弟妹去排队。好不容易排到我们，点完单后我正要掏钱给老板娘，谁知远远坐着的先生不知何时已走到了收银台，从容地从钱包里抽出两张百元钞票，对老板娘说："收我的钱！"我们赶紧劝住先生，开始和先生抢单。先生不紧不慢地和老板娘说："我是老师，老师请学生吃，这是应该的啊。"最后先生成功买单。吃完之后，我们并没有马上离开。先生饶有兴致地给我们简要介绍了厦大始建之初沙坡尾的原貌和当时住在附近的名人教授（其中鲁迅先生也住附近）。一顿沙茶面下来，既满足了"吃货"对特色小吃的口腹之欲，又填补了厦大初建的历史发展知识。陪伴先生身边，这样的幸福时光实在太多。

还有一次我本要陪先生去上海开会，即将出发的前一天，我突然收到家人通知，父亲中风入院。情急之下我乱了手脚，一方面想赶紧回家探望生病的家人，另一方面又怕影响和耽误先生出行的行程安排。先生可能是从同门那里获知我家人生病入院的事情，深夜给我打来电话，先是抱歉说这么晚打电话打扰我休息，然后情真意切地问起父亲生病的情况，最后让我赶紧订机票回家探病。我直言说这样会影响先生去上海开会的行程安排，先生便说："家人比开会更重要，先回家看爸爸再说！"当时我眼泪直下，既感动又深感歉意。

2014 年元旦，刁瑜给潘先生拜年，潘先生的重孙小猪哥哥的礼物甚为贴心

现在回想，在厦门求学的这几年，是我人生阶段中如此幸福和惬意的时光。那是因为能在先生身边，课堂上如饥似渴地获取先生强大的学术滋养，得以在学术道路上慢慢摸索前行；生活中时时刻刻沉浸于先生的人格魅力中，得以学会如何做人，如何做一个心中有爱、眼中有光的人。

三、求学于异国

不少人亲自问过我，为何在厦大读了一个博士学位，还到国外再读一个。这纯粹是个机缘巧合，完全感恩于先生的鼓励与玉成。博士论文开题结束后，先生专门和我开了一个小会讨论博士论文进展与落实情况，他提到我是研究高等职业教育的，应该到世界职业教育发展得最好的国家之一——德国去实地考察、调研，增加博士论文的研究深度和广度。正巧当时厦大启动了一个研究生短期国（境）外交流访学的资助计划，我的申请顺利获得批准后，便马上在网上联系德国的一些科研院校和合作导师。当时柏林自由大学的一个教授对我的研究计划（proposal）很有兴趣，无奈当年他已招收了一个中国学生，考虑到学生来源的国际化和多元化，他没有给我提供录用函（offer），但非常乐意把我推荐给他在布鲁塞尔自由大学（Vrije Universiteit Brussel, VUB）合作项目的另外一个导师。就这样机缘巧合，我顺利拿到了布鲁塞尔自由大学教育系高等教育研究中心的 offer。接下来就是办理签证，整个流程可谓一波三折。

首先得需要雅思成绩。因为之前从没有过出国深造的想法和念头，自然也从没有过参加雅思、托福等外语考试的准备和经历。时间有限，赶紧网上报名选择最近的考试日期，所幸雅思考试在厦大有考点，免去舟车劳顿赴外地考场的不便。我也没太多复习准备的时间，买了一本真题集，每天做一套真题，不停纠错、改正再做，如此反复。临考前先生问我有没有信心，我很是心虚，底气严重不足。先生鼓励我不要有太多思想负担，轻松上阵，大不了这一次考不好还可以继续准备下一次的考试。之后又交代我答题的技巧和细节，如：有把握的题目先做，不肯定的不要花太多时间纠缠；写作文的时候不要写太潦草，字母之间的连笔也要注意；等等。先生的鼓励和开导如定海神针一般，给了我莫名的勇气和镇定的心态，于是轻松上考场。考试成绩出来的当天，我忐忑不安上网查成绩。总分还不错，超过外方学校规定的分数要求。我赶紧打电话告诉先生，他语气轻松愉快地说："我就说你没问题的，担心那么多干什

么。"实话说，自己的实力自己最清楚，如果没有先生的鼓励与宽慰，只有英语六级水平的我是绝对不可能在雅思考试中超常发挥的。

拿到外语成绩后的第二关就是 APS 审核。APS 在 2001 年创立之初的目的是防止国内学生申请材料作假，所以当初只需提交材料即可。可是随着留学欧洲的中国学生增多，学生资历参差不齐，德国方面发现中国留学生的毕业率不高，于是提高了审核要求，审核材料通过后，还需要面试。比利时随即也加入了德国对国内学生资质 APS 的审核机制中。当我把所有的审核材料都准备好提交到德国驻华使馆文化处和德国学术交流中心，接下来的是漫长的无回复的等待。

大概等了 3 个多月依然无果。先生问我申请进度，我直言不抱太多希望，准备放弃。先生似乎很是熟知德国式官僚主义低效拖沓的办事风格，在电邮不回、电话占线不通的情况下，建议我前往北京的德国驻华使馆咨询。在先生行动派的影响下，我马上订了第二天飞往北京的机票。到亮马河的德国大使馆教育处咨询，才发现他们已经找不到我的申请材料了（他们弄丢了？！），工作人员面无表情地让我二次提交材料。不久，接到让我去北京面试的电话通知。随即十个工作日之内，盼星星、盼月亮一般地终于拿到 APS 审核通知书。后来在知乎、小木虫等网站看了不少网友分享申请 APS 的经历，很多人没有半年到一年时间，根本拿不下审核通知书。惊觉自己有惊无险的好运气的同时，我心里泛起对先生的感激和感恩。如果没有先生的及时提点，我根本就不会去北京现场询问，我的申请材料估计永远都隐匿在一个不知名的小角落里静静地沾满了尘灰。

各项手续顺利办好后，很快拿到比利时签证。2014 年 1 月 17 日，我依依不舍地和先生、家人告别后，踏上出国留学之路。飞机安全落地后，马上打电话给先生报平安。先生在电话那头不厌其烦地交代各种生活细节，如：让我要注意保暖不要冻着（从春暖花开的厦门到冰天雪地的比利时的大幅温差）；室内的暖气一下不要开太大，太干了会流鼻血；身上不要带太多现金，备一些硬币上公交车投币用……手握电话的我，听着先生温暖关切的嘱托，身处异国他乡的不安与惶恐缓缓散去。

依据 VUB 学制安排，我顺利注册为 2014 级冬季入学的博士生，和学校签下培养合同。完成注册、和外导见面汇报进度安排、落实好新办公室、认识新同事后，我就迫不及待地给先生打越洋电话，汇报在这里的学术进度。

先生接起电话的第一句就是"你已经快半个月没给我来电话了……"。我的眼泪一下子就不争气地流了下来，哽咽地和先生说："先生对不起，我也很想你……"尽管在出国前给自己做了各种心理建设，为自己鼓气加油，异国求学的艰辛还是让人略有措手不及。一切的认知和经验都重新归零，一切的不易都不能简单粗暴地用文化差异进行归因。法语、荷兰语、德语、英语多语种的社会环境势必会带来多元文化背景冲突，置身其中，犹如黑暗中跌跌撞撞摸索而不得其解。每每我的惶恐、不安、孤独、焦虑等负面情绪上来的时候，先生就犹如黑暗中的一束光，及时出现了。先生的越洋电话每一次都甚为及时，在电话里，他关切我在比利时的一切，小到找房租房、超市买菜，大至学校办公室的安排、选课与教学活动、导师与课题组成员的互动，他根据自己以前在国外访学、教学、生活的经验，一一给我出谋划策，逐一化解初来乍到时的不安与惶恐，破解可能会遇到的学术难题。这一束光暖暖的，温暖着我在冬夜火车站等车回家的孤寒；这一束光亮亮的，照耀着连续数月雨雪交加不见阳光的冬日，隐隐中照亮我在异国他乡的求学之路。

2016 年 3 月 22 日，比利时布鲁塞尔发生 30 人死亡、250 余人受伤的连环爆炸恐袭事件。先生从国际新闻上获知后第一时间给我打电话，让我注意人身安全，实在觉得国外不安全就赶紧回厦大。在他心目中，我的人身安全远远比求学经历更重要。2020 年 2 月底至 3 月初，新冠疫情在欧洲大面积爆发，处于欧洲中心的比利时未能幸免，每天新增不少疑似病例，致死率直线上升。先生打来越洋电话，关切询问当地疫情状况，问我口罩、手套等防护物资是否充足，学校是否正常上课，实在不行赶紧买机票回国。本着对国内同胞生命健康的负责和对比利时医疗防护水平的信任，我每天老老实实待在家里办公，生活用品尽量网购，减少外出交叉感染的风险。如若必须外出，必然是口罩、手套全副武装，把自己包裹得严严实实再出门。我一一向先生汇报之后，先生还是不放心地再三交代叮嘱，戴口罩是有用的，能有效阻隔病毒对人体的侵害，不要因为害怕外国人笑话而不敢戴口罩，千万不要强撑，实在不行马上回国！历经了以往的恐袭事件和当下的疫情扩散，比利时民众以自己的生活态度和价值观来应对生活中的云云种种，文化冲突和制度差异再一次在突发公共安全事件中显现。我在电话里和先生说："我安好如故，就是很想你，心里时时刻刻记挂着你！"

2020 年 8 月 4 日是潘先生百岁华诞之日。全球化的新冠疫情让之前所有回国为先生庆生的计划与行程安排统统被打乱，民航局"五个一"政策更让布鲁塞尔飞北京的机票几近一票不可求。遥望祖国，思念起伏。于是找来我们系主任、高等教育研究中心主任 Tom Vanwing 教授，和他商量拍摄先生百岁寿诞的祝福视频。Tom 对先生的学术贡献与学术品格早就欣赏不已，一直在寻找合适的机会去中国拜会先生，于是他欣然应允下来。特意挑选在先生百岁寿辰的前一天——一个晴空万里、风和日丽的早上，请来专业的摄影师，并运用无人机拍摄手法，相约在校园里拍摄了一段来自欧洲心脏比利时布鲁塞尔的祝福视频，遥祝先生安康长寿，松柏常青！

2020 年 8 月 3 日遥祝潘先生百岁华诞暨从教 85 周年。中：Tom Vanwing，教育系主任、高等教育研究中心主任；右：张漫宇，教育系研究员

四、追光少年郎

如果说"一千个读者心中有一千个哈姆雷特"讲的是艺术接受的主体性，那"一千个学生心中就有一千个先生"则是受教育者的个体感受性。在开门弟子邬大光老师心中，先生是位集师者、长者身份于一身的学术掌门人；在余小波师兄心中，先生是"弘大学之道，扬理性之光"的一代宗师；在卢晓

中师兄心中，先生是位成人之美的人生导师；在廖益师兄心中，先生是位"仰之弥高、钻之弥坚"的恩师；在刘志文师兄心中，先生是"不言之教"的行君子之风的中国大学优秀教师的缩影；在冯晓玲师姐心中，先生是"敬爱的、可爱的、热爱的"大师；在朱乐平师弟心中，先生是位"大师常小事、大师无小事"由远及近的大师……在我心中，无论时光如何飞逝，岁月怎样流淌，先生依然是那一个鲜衣怒马、追求那一束光的少年郎。

先生的授课和文章，其中似乎蕴含着学术密码，每一个凹凸都是玄机，触摸它们就像是在感受它们跳动的脉搏。那些微妙的瞬间，刻印在了我的心里。原来黑暗与迷茫不清的世界似乎有了色彩，那是我心里学术天堂的颜色。在这样微妙的触觉中，我似乎在找寻学术的密码和节律，找寻着与世界的联系，指尖的触感转化成文字和思想，在心间流淌。这一束光，点亮了属于我个人特有的学术殿堂。

追光者终自成光束，助人打开心扉、启智增慧，安抚着每一颗迷惘的心灵，在黑暗中照亮我前行的道路，给我温柔的力量，教我勇敢地往外闯，赋予我翱翔在外的信念，让我的生活得以绽放光芒。这一束光，已然是我最终的信仰。

我怀念那一束光，不掺杂任何焦虑和抑郁，让我整个人都清澈起来并给予我不断前行的勇气，足以去抵御外边世界的残酷。时代发展得太快，大家都太着急，着急得都舍不得给自己留出一些慢慢沉淀、成长的时间。我们对世界的求知欲、好奇心却不可遏止地退化了。我们无法判断这是好抑或是坏，是对还是错，但可以确信的是，一定会失去很多乐趣。如若心中始终拥有那一束光，时刻安抚着自己，将不至于因孤独受伤而变得铁石心肠。先生告诉我："当你走过的路越多，你就对这个世界越谦逊。"写下这些温馨的片段，是为了纪念真正属于纯真的时光。

而我，至今都无法接受先生驾鹤仙去一事，固执地认为先生只是平移到了另外一个时空隧道里，在那里的学术天堂里继续去传道授业解惑。就如张应强师兄作为先生的学生代表在告别仪式上的发言："如有来世，我们再做您的学生。"下辈子，我依然会遵循自己的本心，步履不停地追随着那个追光少年！

刁瑜，厦门大学 2018 届博士，布鲁塞尔自由大学研究员。

潘懋元的校友观探赜

◎何志伟　石慧霞　韩菲尹

　　潘懋元先生是"高等教育学的中国符号"[①]，被国际学术界誉为"中国高等教育学之父"[②]，目前业内对他的教育思想研究颇为丰富。笔者在中国知网以"潘懋元"作为主题词进行检索（检索时间为 2021 年 12 月 31 日），发现相关文献 532 篇，剔除语录、题字、征稿启事、简介、会议通知、贺信、新闻报道等非学术性的研究文献 214 篇，剩余 318 篇均为潘先生教育思想的学术研究文献，主要从宏观、中观和微观三个维度展开。宏观有潘先生的高等教育管理、高等职业教育、民办高等教育、高等教育大众化等思想研究，中观有潘先生的教师发展观、教师教育、人才培养等思想研究，微观有潘先生的高等教育学科、课程体系、专业建设等思想研究。与此同时，笔者也对研究潘先生教育思想的著作进行了检索，发现从 1998 年厦门大学高教所编著的《潘懋元高等教育思想研究（1978—1998）》第一本著作开始，至今已有 20 余本著作对他的教育思想进行研究，其中包括挪威学者阿里·谢沃和加拿大许美德教授的研究。[③]可见，目前潘先生教育思想的研究成果已经非常丰硕。然而，纵览现有的研究文献，发现鲜有对潘先生的校友观进行探究的，这对潘先生教育思想的完整性、丰富性和体系化而言实为一件憾事。事实上，潘先生不但拥有非常丰富的校友工作实践经历，而且还具有敢为人先的校友理论研究创新精神。为此，笔者对他的校友观进行全面梳理、系统总结和高度提

---

①　邬大光.潘懋元：高等教育学的中国符号[J].高等教育研究，2020，41（7）：1-12.

②　韩延明.论潘懋元教育思想的生成、进路与贡献[J].大学教育科学，2020（3）：4.

③　阿里·谢沃.潘懋元：一位中国高等教育学科的创始人[M].高晓杰，赖铮，等译.北京：高等教育出版社，2006；许美德.潘懋元：中国高等教育研究的奠基人[M]//思想肖像：中国知名教育家的故事.周勇，等译.北京：教育科学出版社，2008：95-112.

炼，以期能够进一步丰富和完善他的教育思想体系。

一、潘懋元先生校友观形成的因素

潘懋元先生校友观的形成受到多种因素的影响，主要包括生命成长中"重要他人"的影响、教学研究过程中自觉意识的驱动和校友工作中实践经历的历练。

（一）生命成长中的"重要他人"

"重要他人"（significant others）是指对个体的自我发展有重要影响的人和群体，即对个人的智力、语言及思维方式的发展和对个人的行为习惯、生活方式及价值观的形成有重要影响的父母、教师、受崇拜的人物及同辈团体等。[①]潘先生有过于小学、中学、大学等不同阶段学校的学习、生活和工作经历，在校友研究方面关注校友的终身成长及校友与母校的可持续发展。这些观念受到多位"重要他人"的影响，如杨贤江的"全人生指导"思想，让潘先生重视校友的全方位教育，丰富校友工作的内容，满足他们的多样性需求，助力他们获取终身发展的能力。[②]还有一些"重要他人"多和厦门大学密切相关，代表性之人如陈嘉庚、萨本栋、王亚南等，这源于潘先生是土生土长的"厦大人"，他一生的时光大都扎根在厦大。陈嘉庚作为厦门大学的校主，倾其所有兴办厦大，这种兴学报国的高尚品德被凝练为"嘉庚精神"，获得了"厦大人"的高度认同，而且潘先生还参加了陈嘉庚视察厦门大学和捐建新校舍的各种活动，这些都潜移默化地影响了他之后的所作所为，在教书育人中帮助学生深刻领悟"嘉庚精神"的核心要义，以身作则设立"懋元奖"树立捐资兴学的典范，感召他们将来为母校发展做出力所能及的贡献。萨本栋是抗战时期厦门大学的校长，潘先生是他主持校政时期的学生。萨本栋拥有美国名校浸育成长的经历，他任职时期非常重视校友和校友会的发展，在极其艰苦的条件下提供办公场所和专项经费支持"旅汀厦大毕业同学会"开展工作，

---

① 教育大辞典编纂委员会.教育大辞典：第6卷［M］.上海：上海教育出版社，1992：462.

② 潘懋元.素质教育思想的先驱：杨贤江的"全人生指导"思想［J］.河北师范大学学报（教育科学版），2001（3）：5-6.

后来更名为厦门大学校友总会，做出重要决策时也会广泛听取校友意见。^①潘先生作为萨本栋舍身治校之艰苦历程的见证者，在他的精神感召下做了一名热爱教育事业的教师，通过关心校友发展和参加校友活动来建构他们对母校的高度认同。王亚南是新中国成立后厦门大学第一任校长，潘先生被他召回协助管理学校的教学工作事宜，此举让潘先生准确把握了王亚南"懂得人的价值"的育人精髓，不但按照人才规律培养校友，重视校友研究，而且通过树立人生典范提高准校友的大学认同感，培养他们反哺母校的感恩之心和回报之力。

（二）教学研究中的自觉意识

潘懋元先生在15岁时就已经投身教育事业，从20世纪40年代便开始深入钻研教育理论，投身高等教育研究事业，至今已有80余年的从教经历。他的经历诠释了作为"教师"、"研究者"和"知识分子"的多重角色与使命，同时也彰显了他从生命自觉、学术自觉到文化自觉的追求过程。^②作为一名教师，他爱生如子，践行着一位好老师的标准，被推选为"全国教书育人楷模"，也为厦门大学培养了大批高层次教育学人才，这些校友成为我国高等教育研究的主力军。作为一名研究者，他的座右铭是"板凳敢坐十年冷，文章不写半句空"，在高等教育研究中他发现校友是容易被忽视的知识和研究领域，关注校友发展及校友与大学关系等问题的研究和研究者不多。于是他提出了校友继续教育、大学与校友互动关系阶段论、校友会职能新论等一系列富有创新性的学术观点，还结合时代语境凝练出"世界一流大学建设校友支持不可或缺"的学术思想，引导校友研究成为一个拥有生命力的学术生长点。他还在育人治学时指导青年研究者进行相关主题的深入探究，如他担任课题研究专家指导中国高等教育学会高等教育科学研究"十三五"规划课题重大课题"高校校友教育教学资源研究与实践"^③。作为一名知识分子，他主张从国际学术视野去认识校友研究，既要敏锐把握时代发展变化趋势，又要不断丰

① 石慧霞.抗战烽火中的厦门大学［M］.郑州：河南大学出版社，2015：81-83.

② 陈兴德.从生命自觉、学术自觉到文化自觉："自觉意识"与潘懋元教育思想关系研究［J］.高教探索，2017（7）：5.

③ 韩延明.潘懋元文集：卷八·潘懋元教授纪事年表［M］.广州：广东高等教育出版社，2020：575-576.

富自我认知，研究主题注重"个人兴趣"与"本土现实"的有机结合，发展路径强调从"依附发展"走向"自主创新"，肩负起国家社会发展以及知识创新的理论责任，实现从总结中国经验到发出中国声音的转变。可见，潘先生在教学研究中对自身的角色与使命有着强烈的自觉意识，以便在此基础上更好地理解校友与大学的关系，建立坚实的理论基础、清晰的概念，以及研究方法来确保校友研究的发展。①

（三）校友工作中的实践经历

潘懋元先生既是一位著名的教育理论家，也是一位知名的教育活动家，通过梳理他关于校友会方面的社会任职与校友活动参与，可见他丰富的校友工作实践经历。在社会任职方面，潘先生于1949年2月任厦门大学校友总会文书干事，同年8月10日被推举为厦门大学校友总会校友中学筹备委员会委员②，1980年4月6日被推选为厦门大学校友总会副理事长③，2015年4月6日被聘为厦门大学校友总会第17届理事会荣誉理事④。除厦门大学校友总会的任职外，他在1989年2月、1992年2月和2007年5月被福建省厦门第一中学校友会分别聘为第二届名誉理事长、第三届校友会名誉会长和第五届理事会名誉会长，1993年2月4日被汕头厦门大学校友会聘请为名誉会长。⑤在校友活动参与方面，他积极参加校友议题方面的各种庆典仪式、工作会议和学术交流，如：1950年1月6日至8日以校友总会名义筹备并参加"陈嘉庚先生视察厦门大学欢迎大会"和其他活动；1980年4月2日参加厦门大学校友总会恢复活动，4月6日作为副校长、校友会副理事长做会务报告；1990年4月6日参加由菲律宾校友佘明培夫妇捐建的"厦门大学明培体育馆落成

---

① 韩延明.潘懋元文集：卷八·潘懋元教授纪事年表［M］.广州：广东高等教育出版社，2020：12-13.

② 韩延明.潘懋元文集：卷八·潘懋元教授纪事年表［M］.广州：广东高等教育出版社，2020：30-31.

③ 韩延明.潘懋元文集：卷八·潘懋元教授纪事年表［M］.广州：广东高等教育出版社，2020：83.

④ 韩延明.潘懋元文集：卷八·潘懋元教授纪事年表［M］.广州：广东高等教育出版社，2020：510.

⑤ 韩延明.潘懋元文集：卷八·潘懋元教授纪事年表［M］.广州：广东高等教育出版社，2020：155-356.

典礼"; 2001 年 3 月 17 日去鹭江职业大学（现厦门理工学院）参加北京师范大学校友会活动; 2007 年 5 月 13 日参加北京师范大学厦门校友会 2007 年年会并讲话，同年 11 月 20 日在厦门出席由全国高校校友工作研究会主办、厦门大学校友总会承办的第十四次全国高校校友工作研讨会开幕式并做主题发言; 2018 年 12 月 4 日出席在厦门大学召开的"2018 年第二期中国高校校友工作干部培训会"开幕式并做主题发言。[①] 此外，他还积极主动联系校友通过多种形式支持学校发展，如: 1986 年 4 月 8 日在厦门大学校庆 65 周年期间邀请回校的原教育系地下党老校友开座谈会，对师生进行光荣革命传统教育; 1987 年 6 月 17 日和 1988 年 4 月联系校友侯国光捐资设立"厦门大学国光高等教育科学研究奖"和"国光中青年科研奖"。[②] 同时，他也以校友身份躬体力行支持母校发展，如捐资设立"懋元奖"[③] 以大力支持学院的人才培养、科学研究和社会服务发展。

二、潘懋元先生校友观的具体内容

潘懋元先生校友观的具体内容是他对校友个体、校友资源、校友与大学的关系、校友会职能和大学评价等方面做出的理性认识，主要包括全生命周期的校友发展观、整体性的大校友资源观、动态发展的大学 – 校友互动观、研究旨向的校友会职能观和以校友作为"重要窗口"的大学评价观五个方面。

（一）全生命周期的校友发展观

校友是通过学缘与大学建立联系的群体，这个群体往往具有一些共同的

---

① 韩延明.潘懋元文集: 卷八·潘懋元教授纪事年表［M］.广州: 广东高等教育出版社，2020: 33-580.

② 韩延明.潘懋元文集: 卷八·潘懋元教授纪事年表［M］.广州: 广东高等教育出版社，2020: 134-147.

③ "懋元奖"（含奖教金、奖学金）由厦门大学潘懋元高等教育研究基金会设立，是厦门大学教育研究院最高奖教、奖学项目。评选对象为本院教职员工、在站博士后研究人员、在学研究生。"懋元奖"奖金设置: 一等奖每名 12000 元，二等奖每名 6000 元; "懋元管理服务奖": 每名 9000 元; "懋元团队奖": 国家级金奖，学生团队 30000 元，指导老师 20000 元; 国家级银奖或省级金奖，学生团队 10000 元，指导老师 5000 元; 国家级铜奖或省级银奖，学生团队 5000 元，指导老师 2500 元。详见: 厦门大学教育研究院.厦门大学教育研究院"懋元奖"评审细则［EB/OL］.（2023-05-25）［2023-11-13］.https://ihe.xmu.edu.cn/info/2241/24891.htm.

特征，如共同的身份、共同的经历、共同的记忆、共同的情结、共同的心愿等，这些共同的特征并不会随着时间的流逝而消失，反而经过时间沉淀组合形成一种独特的文化符号，以身份标签或文脉传承的形式伴随每个校友一生。故此，潘懋元先生认为，学生进入到一所大学接受教育，即使毕业他仍是这所大学的学生，这种身份关系是无法改变的。[①]也就是说，校友群体拥有区别于其他社会群体的身份标志，而且这种社会符号一旦形成便会伴随终身，并不会因为时空变化而发生改变。他指出，我们现在要彻底转变观念，需要对校友继续关心和教育，做到在学之时属于学校的学生，毕业离开之后仍然属于学校的学生。[②]这显然是对校友发展的一种全新思考和实践探索，他倡导的是一种全生命周期的校友发展观，要求我们转换思维，从校友入校到离校后的发展、成长、成熟和衰退整个周期去思考问题，不仅要对在校的准校友进行学历教育，也要对毕业离校的校友进行继续教育，尽可能满足他们全生命周期的学习需要，实现从一次性终结性学历教育向终身教育转变。尤其是在今天"人人皆学、处处能学、时时可学"的学习型社会中，随着知识更新周期的不断缩短，对人的素质和能力要求的不断提高，终身学习已成为人人之必须，终身教育也达成人人之共识，校友群体亦不例外，这就要求大学必须提前做好充分准备。然而，校友进行终身学习的时间和空间往往具有较多的不确定性，特别是在新一轮科技革命和产业变革助推学习方式与路径日益多元化的背景下，如何丰富终身教育资源供给，让校友再次选择母校作为接受终身学习的理想之地，这必然对未来校友工作提出新的挑战。基于此，潘先生适时提出校友继续教育应该是未来校友工作的一个方向，只有学校继续关心校友，他们回来学习进修的可能性才会更大。[③]

（二）整体性的大校友资源观

大校友资源观是一种校友资源观的迭代升级，与传统校友资源观相比，

---

① 何志伟.世界一流大学建设 校友支持不可或缺：访我国著名教育家潘懋元先生［J］.中国高等教育，2017（13/14）：46.

② 何志伟.世界一流大学建设 校友支持不可或缺：访我国著名教育家潘懋元先生［J］.中国高等教育，2017（13/14）：46.

③ 何志伟.世界一流大学建设 校友支持不可或缺：访我国著名教育家潘懋元先生［J］.中国高等教育，2017（13/14）：46.

存在形式与功能上的不同。从形式上来看它的覆盖范围更大，包括校友在经济、政治、文化、社会、生态等各领域所附有的有形和无形资源，这些资源之间可以相互转化和补充代替，其中校友本人是整个资源的核心。从功能上来看它的作用从被动开发转向主动支撑，注重与大学系统各要素之间的整体互动和共生发展。因为秉持整体性的大校友资源观，潘懋元先生认为校友支持母校发展的具体形式可以非常多样，如富裕的校友捐赠是支持，学校举办校庆校友回校参加是支持，或者校友任职于某个部门，这个部门能够对学校的发展提供帮助，这也是支持。①事实上，大学作为一种资源依赖性组织，维持基本生存与保持运行发展本身就需要足够充裕的资源，大学的资源短缺一直就是一种常态，这促使大学的发展需要争取更多资源的支持，校友资源自然而然成为大学发展所关注的重要潜在资源。而且，校友资源也具有蕴含校园文化基因的校本性、存在种类的丰富多样性、开发利用的可再生性等优势，容易成为大学重点关注和激烈争夺的资源对象。问题是现在部分大学过度关注校友的有形资源，尤其是以校友捐赠为主要形式的经济资源，忽略了校友所拥有的以智力资源为核心的无形资源，这样容易造成一种学校好于追求功利的不良形象，可能会影响校友资源的可持续发展。基于此，潘先生指出，校友是大学丰富的、潜在的教育资源，学校应更加重视校友的无形资源。比如，他自己就积极关注校友文化建设，认为校友文化是大学文化的延伸与发展，创建校友文化，能够更好地彰显大学文化，②实现利用校友文化资源促进大学文化建设的良好成效。

（三）动态发展的大学 – 校友互动观

国学大师钱穆先生说："伟大的校友，才能成就伟大的母校。"大学的发展需要校友的支持，校友的发展亦需要大学的支持，大学与校友的互动关系属于大学与社会互动关系中的重要组成，两者的良性互动预示着大学与校友之间相互持续造就而走向共同发展。因而，大学与校友互动关系的理论研究和实践探索备受关注，两者关系的有效治理成为研究者和实践者共同关注的话题。尽

---

① 何志伟.世界一流大学建设 校友支持不可或缺：访我国著名教育家潘懋元先生[J].中国高等教育，2017（13/14）：46.

② 罗志敏.校友文化与世界一流大学创建[M].杭州：浙江大学出版社，2013：序.

管一些大学校友工作者摸索出不同的治理路径，但大多缺乏相应的理论支撑，并未产生大范围的影响，也未形成广泛性的认同。潘懋元先生通过长期的教学研究和校友工作实践经历，发现大学与校友之间彼此联系、相互影响、相互作用，他把这种互动过程中产生的互动关系大致分为四个阶段：利用阶段、关心阶段、反馈阶段、研究阶段。四个阶段之前，还有一个二者无互动关系的自发阶段。[①] 由此，大学与校友之间的互动关系是存在逻辑顺序的，并且分为从低级到高级的发展阶段。而且，互动关系越是发展到高级阶段，大学与校友的关系就会愈发和谐，双方更能促进相互发展。故而，潘先生提出的大学–校友互动关系阶段论对于有效治理两者间的关系提供了一种全新的解释，他强调在探讨大学与校友之间的互动关系时必须基于两者关系的发展阶段，发展阶段不同，互动模式就会不同，采取的具体举措也会不尽相同。除此之外，两者的互动不能是单一主体的独立行为，需要双方主体的共同投入，表现为积极主动的共同互动行为，缺少任何一方的主动，互动都难以保持长效。

（四）研究旨向的校友会职能观

校友会是联系校友和母校的组织机构，被视作校友与母校的连接纽带和沟通桥梁，它在维护两者关系、促进双方发展方面扮演着不可或缺的角色，它的水平和能力甚至决定着一所学校校友工作的兴衰成败。正因校友会如此之重要，它的发展受到广泛关注。潘懋元先生拥有非常丰富的校友会任职经历，从基层普通工作者到高层管理者都有所涉及，这为他全面深入地认识校友会的职能作用奠定了坚实的基础。2007 年 11 月 20 日，在厦门举办的第十四次全国高校校友工作研讨会上他强调，校友会的工作是大学教育的继续，是为校友服务，而不只是作为募集捐款的机构。[②] 这是他对大学校友会职能进行的一次理性分析，具有良好的导向作用，避免校友会发展成为一种官僚化组织，失去了它本身存在的意义。之后，在"2018 年第二期中国高校校友工作干部培训会"上，他对大学校友会的作用和意义再次进行了与时俱进的阐释和解读，他指出校友会工作者自己要有认识，大学校友会的作用与意义

[①] 潘懋元，石慧霞.论大学与校友的互动关系［J］.中国高等教育，2020（9）：10-12.
[②] 韩延明.潘懋元文集：卷八·潘懋元教授纪事年表［M］.广州：广东高等教育出版社，2020：365.

不只是利用校友、关怀校友、反馈校友刚毕业时的意见，最重要的是研究我们培养的人才是不是符合社会的需求，在社会上能不能起作用。"研究在什么时候进行呢？对刚刚毕业的校友进行研究不是最佳时机，因为他还没有进入社会，或者刚进入社会。对在社会上工作五年之后的校友进行调研，征求意见也好，调查他们在社会上的工作情况也好，此项研究工作是我认为的校友会最高的任务，也是校友会最重要的作用与意义。"① 研究旨向的校友会职能观的提出，是他对我国校友研究所做出的重要理论贡献，能够倒逼校友会提升工作水平和业务能力，有效推动我国校友工作的高质量发展。

（五）以校友作为"重要窗口"的大学评价观

校友经常被人们喻为"母校的名片""学校最大的财富""学校最宝贵的资源"，从校友身上我们可以寻找到一所大学的"精气神"所在，毫不夸张地说，"让我看看你的校友，我就能说出这所大学的追求是什么"②。可见，校友之于一所大学的重要性，它可以成为人们评判这所大学办学水平和办学成就的重要标志。潘懋元先生早就认识到这点，他在 2002 年发表的《一流大学与排行榜》一文中就指出一流大学需要具备的几个特征之一就是毕业生的整体素质高于一般大学，并且有一批有突出贡献的著名校友。③ 他之所以将校友作为一流大学的特征之一，就是意识到校友不仅能够描述大学的显著特征，也能够辨别大学办学的好与不好，可以作为"重要窗口"来窥视一所大学。这对评价一所大学是否一流给出了非常重要的判断标准，即在办学过程中是否牢牢抓住了人才培养这个第一位的任务，也是针对当时大学热衷于围绕排行榜指标办学做出的理性思考。后来，他提出著名大学的三大标志之一就是它的毕业生的总体水平社会认可度、美誉度较高，其中有若干著名校友。④ 他还指出社会对一所大学的评价，最终是以这所大学所培养的毕业生的全面质量和对社会所做的贡献作为标尺，学校应对工作五年以上的校友进行调研，研究我们培养的人才是否

---

① 潘懋元.大学校友会的作用与意义［N］.厦门大学学报，2018-12-28（5）.

② 何志伟.校友资源与世界一流大学建设之关系研究［D］.金华：浙江师范大学，2018：46.

③ 潘懋元.一流大学与排行榜［J］.求是，2002（5）：58.

④ 韩延明.潘懋元文集：卷八·潘懋元教授纪事年表［M］.广州：广东高等教育出版社，2020：534.

符合社会的需求，考察校友在校所学与工作所用是否相契合，把校友作为检验学校办学成果的标尺，将调研成果作为促进母校立德树人、提高教学质量的依据。[①]可见，在潘先生的研究中以校友作为"重要窗口"不仅是大学评价不可或缺的要素，更是以评促改提高大学人才培养质量进而提升办学水平的有效手段。基于此，我们可以这样总结：无校友，不大学，没有以校友作为"重要窗口"来展示大学，就无法全面科学评价大学办得好与不好。

三、潘懋元先生校友观的启示

潘懋元先生的校友观是在遵循高等教育规律的基础上经过多年的深入研究、实践探索与经验积累逐渐形成的，已经非常成熟，得到了同行的广泛认同，也为我们提供了良多启示。

（一）坚持系统观念，培育构建校友-母校发展共同体

潘先生的大校友资源观鼓励我们从整体性视角出发去认识和发展校友资源，全生命周期的校友发展观指出我们要从校友终身学习的角度去理解和支持校友的发展，两者皆蕴含系统观念的思维原则，强调我们要从事物的构成要素和外部环境的关系维度来思考问题。对于大学组织而言，就是要在其越来越走近和融入社会中心的情况下培育构建校友-母校发展共同体，形成一个"温馨"的地方、一个温暖而又舒适的场所、一个家，能够时刻互相依靠并且温暖对方，促进双方的共同发展。[②]培育构建这种发展共同体的首要条件是加深在校学生对自己和母校之间终身性身份关系的理解，使他们认识到这是继血缘、地缘、业缘之后最具价值的社会网络。关键是将校友意识融入学校办学治校育人的各个环节之中，特别是开发利用好大校友资源来帮助学生实现自我认同，以此提升他们对于学校的认同感，进而建立一种"母与子"式的养育之情和反哺之恩，使得他们对于母校拥有表达深厚情感和主动支持的行动意愿，逐渐形成一种以感恩回报为核心价值理念的校友文化。另外，在此校友文化基础上结合终身学习的时代需要，推动母校和校友的双向融合，

① 韩延明.潘懋元文集：卷八·潘懋元教授纪事年表［M］.广州：广东高等教育出版社，2020：581.

② 何志伟."双一流"建设背景下校友资源的理性认识与有效利用［J］.中国高教研究，2018（6）：81.

形成"你中有我、我中有你"的新格局，实现双方共同发展。而且，在今天信息技术促使时间和空间被瓦解成单一范畴且无限扩展的背景下，大学已经变得没有明确边界界限和范围，进入社会中心成为一种必然，与之互动的对象也不再限于校内教师、学生和管理人员等利益相关者，校外的其他任何个体、群体和组织都有可能成为大学的利益相关者并与之进行常态化互动。显然，校友个群无疑是最优选择，因为他们自始至终都是大学最忠诚的支持者、最坚定的拥护者和最长久的守卫者。

（二）注重理论创新，提升校友研究的本土特质与国际影响

潘先生曾提出教育理论的源泉有三条途径：第一条是教育史研究；第二条是比较教育研究；第三条是现实的教育实践经验的总结和提高。[①] 对于校友研究来说，我们的首要任务是重视和研究校史。校史中蕴含校友弥足珍贵的集体记忆，校史研究有助于增强校友研究者的历史自觉意识和历史思维能力，进而从学校发展的历史脉动中挖掘影响校友成长的校本要素，从而在历史的实践中准确把握校友的教育经历和成长轨迹。其次是进行校友的比较研究，我国的校友研究同国外相比还有很大的进步空间，尤其在本土理论指导实践方面相对滞后，这就需要我们积极借鉴国外校友研究的先进经验，取其长以补己短，凝练出符合我国本土特质的个性化研究范式，探索出一条适合中国国情和校本实际的校友理论发展新路。最后是解决具体的校友问题，并对现实的校友实践经验进行总结和提高。要善于在众多校友问题中发现真问题，而且这个真问题必须具有重大意义，也就是说研究要立足现实基础，不能脱离时代语境，"要把论文写在祖国的大地上"。比如在研究具体的校友问题时，要把大学的整体发展与每一位校友的个人发展联系起来，尤其需要把校友问题研究与我国高等教育改革与发展的时代背景联系起来，即与实现高等教育高质量发展联系起来，与高水平人才培养体系建设联系起来，与当前我国把建设一流大学作为推进高等教育高质量发展的战略目标联系起来。[②] 唯有如此，才能在现实的实践中解决具体校友问题并对校友实践经验做出关键性的理论提升。可见，我们只有从历史和现实、国内和国外、理论和实践相

[①] 韩延明.潘懋元文集：卷八·潘懋元教授纪事年表[M].广州：广东高等教育出版社，2020：193.

[②] 罗志敏.大学校友问题研究：当代挑战与范式转换[J].教育研究，2014（6）：57.

结合的角度深入研究校友问题，并在丰富的实践基础上进行总结提高，才能实现理论创新，进而提升校友研究的本土特质与国际影响。

（三）提高校友会治理能力，促进校友工作高质量发展

潘先生提出校友会的最高任务是研究工作，这是对校友会职能的一种创新发展，同时他也指出大学与校友之间是一种动态发展的互动关系，其中包含由低阶到高阶的发展逻辑，这意味着校友工作必须以高质量发展来适应校友和大学的阶段性需要。众所周知，校友工作的开展主要通过校友会进行，而且每所大学都有一个校友会，它对大学的发展有可能发挥潜在的影响。[①] 基于以上观点和校友工作的现实情况，我们必须提高校友会的治理能力，以便促进校友工作高质量发展。一是提高专业化职业化水平，建设一支促进校友工作高质量发展的队伍。提高专业化水平是指校友工作者要养成精准思维的习惯，实现校友工作岗位的精细化管理，依靠建立专业标准而发展成专门性职业并获得相应的专业地位；提高职业化水平是指校友工作者的工作模式要标准化、制度化和规范化，并形成与之相匹配的职业素养，如职业价值观、职业知识、职业能力和职业行为习惯等。二是完善校友会内部治理体系，理顺校友与大学之间的关系并构建双方相互支持和监督制约的组织结构，建立全员参与、校院系联动和校内外协同的校友工作机制，加强他们的沟通、交流和互动，激发他们的参与热情，培养他们的参与意识，提升他们的参与能力，吸引更多校友参与和支持学校发展，创建一种校友工作高质量发展的文化氛围。三是通过信息化助推校友会治理效能的提升，主要是依靠大数据手段加强对校友数据的收集、分析和处理，通过掌握精确数据为校友提供精准服务，开展对校友的精细化管理，将校友会打造成跟踪校友发展、服务校友发展、支持校友发展的新型研究机构，以此推动大学和校友共同进步。

何志伟，厦门大学2016级访学博士生，浙江工业大学马克思主义学院讲师。
韩菲尹，教育学硕士，助教，浙江水利水电学院实设处职员。

---

① 约翰·范德格拉夫.学术权力：七国高等教育管理体制比较［M］.王承绪，等译.杭州：浙江教育出版社，2001：94.

由远及近的潘先生

◎朱乐平

一、记忆的需要就是历史的需要

2020 年，在潘懋元先生百岁华诞之际，厦门大学教育研究院开展了系列庆贺活动，其中学院官方公众号推出专栏"我和潘先生的故事"，广受学院学子们的好评与点赞，而且坊间还评出了男子组"冠军"篇、女子组"冠军"篇。"大咖"们在学期间的"欢乐与痛苦"、与潘先生交流和相处的画面跃然屏幕上。正如一首歌唱道："还是从前那个少年，没有一丝丝改变，时间只不过是考验，种在心中信念丝毫未减。"

潘先生在弟子们陪同下参加百岁华诞庆典

自 2017 年至 2020 年，我有幸担任潘先生博导助理一职，得以近距离接触潘先生，正所谓"近水楼台先得月"，记载收集了潘先生学术、工作及生活的些许资料。现在回想与厦门大学的缘分起始，特别是攻博的那段时光，犹如窥见了内心深处的"白月光"。漫步岁月的沙滩，捡拾属于记忆的贝壳，总是令人回味无穷，难以忘怀！

二、"厦大有一位潘老先生"

大学四年级时，我的导师晋玉老师在知晓我志愿报考厦门大学的研究生时，她开心地为我加油鼓劲："厦门大学很好，而且那里有一位泰斗级人物潘老先生。"其实，当时我对潘懋元先生与高等教育学并没有太多认知，唯一知道的是，厦门大学有魅力，是自己理想中的学府。后来得知自己获得了研究生复试机会，请教时任教师教育学院院长的吴秋芬老师，她也提到："乐平，厦门大学很不错，而且可以有机会遇到潘懋元先生这样的大师，好好准备。"也就是从那时起，在我的认知中，除了厦门大学，还有一位特殊的人物——潘懋元先生。这个名字不仅是我在《新编高等教育学》这本教材封面看到的汉字，更像是一座遥远的灯塔，为每一位志于航行的船只照亮前行的航线。所以，在厦门大学读书期间，每次与前来出差、学习、参会的老师或同学交流的时候，我都会竭尽所能，全面介绍潘先生，与他们分享从教材走向现实生活的潘先生。当然我也深知，即便如此，在他们的脑海中依然会有这样一个画面："厦大有一位潘老先生"，略显遥远。

三、一见倾心、再见定心的木棉花

厦大有这样一种说法：凤凰花开两季，一季迎新、一季送往。其实不尽然，如果我与厦大有缘，那么木棉花无疑就是那条眷佑有情人的红绳。2013年的阳春三月天，我第一次踏进心仪已久的厦园。学校最早的建筑——群贤楼群的五栋小洋房一字排开，从东至西依次为映雪楼、集美楼、群贤楼、同安楼、囊萤楼，"囊萤映雪""群贤毕至，少长咸集"等经典故事似乎将我带到古代，楼群安装的深红色门窗点缀在一眼望不到头的连廊边，不时传来教师的侃侃而谈、引经据典。我想，如果夕阳斜照进来，此情此景怕是对过

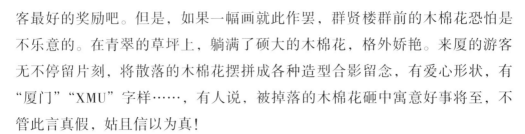

客最好的奖励吧。但是，如果一幅画就此作罢，群贤楼群前的木棉花恐怕是不乐意的。在青翠的草坪上，躺满了硕大的木棉花，格外娇艳。来厦的游客无不停留片刻，将散落的木棉花摆拼成各种造型合影留念，有爱心形状，有"厦门""XMU"字样……，有人说，被掉落的木棉花砸中寓意好事将至，不管此言真假，姑且信以为真！

2016 年的三月，我走进了厦大博士入学考试的考场。答完最后一道题，我望着室外庄汉水楼旁边的一棵木棉出了神儿。犹记得在 2013 年硕士研究生入学典礼上，潘先生做了题为"认识你自己"的致辞。后来方知，希腊戴尔菲神庙的入口处镌刻着一句话，就是"认识你自己"。潘先生刚一开口，我就内心一惊：原来 93 岁的老先生讲话可以如此底气十足、声如洪钟。他认为，不仅大学要研究自己，我们每个人也应该清楚地认识自己，鼓励大家在研究生教育阶段进行积极探索。潘先生精要而入里的讲话激励着我有志于走进高教研究的世界。突然，"啪"的一声将我拉回到了考场。木棉花坠落时分外豪气，如自我抽离般从枝头掉落，不带一丝犹豫，干净地在空中维持原状，优雅地旋转而下，落地有声。它估计是在与我这位决心读博的考生打招呼："加油少年，在读博道路上乘风破浪。"其实，读研期间我曾不止一次畅想："如果能够成为厦门大学潘懋元先生的博士生，该是一件多么令人激动的幸事。"

四、"我的报告被潘先生'表扬'了"

对于厦大教育研究院的每位博士生来说，潘先生开设的"高等教育学专题研究"是门必修课。在这门课的第一次见面会上，潘先生说："现在常听到'读博'的说法，其实这是不太准确的，而应该改成'攻博'。"一字之别，意义相差甚远。毋庸置疑，想顺利穿上红黑长袍、拿到紫色封面的学位证书，注定要经历一场持久战。单纯地就本门课程来看，可窥见"抗战"总体形势。本门课程采用"学习—研究—教学"三结合的方法，即通过广泛自学，进行专题研究，提出研究报告。每人任选两个与本课程有关的专题，做两次口头研究报告，报告时间不超过 30 分钟。每人应交两篇口头研究报告的书面报告、两篇读书报告、一篇自主选题的小论文（不得以旧作充数）。书面报告、读书报告与小论文要达到公开发表水平。无论如何，攻博者自身应该清楚地

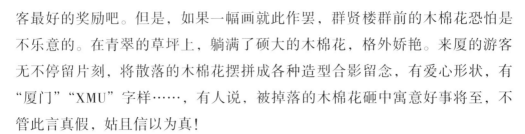

认识到，学术科研并不是一件轻而易举的事情，应该学会秉持"真人"①品格，走好一段"下坡路"②。

近两个月的摸索与遨游，终于到了在潘先生与各位同学面前展示的时候。虽然登台作汇报早就不是"新娘子上轿头一回"，但是台下坐着潘先生，说不紧张，那完全是自欺欺人。汇报人正式汇报之前，潘先生从棕褐色的包里取出《高等教育学专题研究》讲义，掏出红笔、黑笔，打开笔记本，拿出眼镜、学生的教育背景表格，微笑着看了看大家，面向班长问道："大家都到了吧？"在得到确认的信息之后，看了看墙上的钟表，说道："时间到了，我们开始上课，今天第一位汇报人是……"每天上午从 8:30 到 11:30，三位同学依次汇报，持续一个星期。每一轮汇报结束之后，同学们便会私下讨论潘先生对大家的点评。其中很有意思的一句话是："我的报告被潘先生'表扬'了，可是该报告明明问题不少啊。"特别是两轮汇报结束之后，更多的同学产生了这个疑惑。这个谜团一直持续到课程结课时才逐渐打开，潘先生说道："大家做研究要学会由博返约，深入浅出，每位同学的学习经历、思维方式不同，应该多交流、讨论。"我好像有所感悟，原来潘先生的点评很有深意："表扬"并不意味着完美无缺，"批评"并不意味着一无是处。每一位学生都是唯一的、独特的个体，潘先生则是根据学生的整体情况，因材施教。

五、"我的文字都是浅显易懂的"

我们时常看到一些专家学者讲的话、写的文章拗口生硬、晦涩难懂，好像专业性很强，但是普通老百姓总觉得缺少了点"烟火气息"，看不懂这些专业性很强的文字。在这次肆虐全球的新冠疫情期间，有一位来自上海的"硬核医生"火得一塌糊涂，他就是被称为"网红医生"的张文宏。无论是给居家的老百姓还是给远在海外的留学生提建议，他都是用最简单朴实、通俗易懂的语言，深得全国人民的点赞。正如柏拉图在《理想国》中，借助苏格拉底指出："复杂的音乐让人纵情，复杂的食品不利健康。质朴的音乐文艺教育会带来欲望的克制，同样的质朴的体育锻炼才能带来健康。"

---

① 别敦荣.从心所欲至真至善［EB/OL］.（2018-09-10）［2023-10-28］.https://ihe.xmu.edu.cn/_t2250/2018/0918/c16595a351655/ page.htm.2020-06-28.

② 邬大光.做研究高等教育的"得道真人"［EB/OL］.（2018-09-10）［2023-10-28］.https://ihe.xmu.edu.cn/_t2250/2018/0918/c16595a351664/page.htm.2020-06-28.

潘先生把批改好的文稿递给我之后，端起茶杯喝了口茶，说道："我写的东西一直都是比较浅显的，没有多么难懂的词汇，而且语句也不长。"听到此，我内心嘀咕道："坏了，潘先生在批评我了！"霎时间，全身发热，脸发烫，眼睛看着刚刚被我喝到见底的小茶杯，心想为什么没有剩余一些，也好有点看头儿。我来回搓着手里的笔，希望能够把身体里的热量能够传递出去一些。当时，我真想立马拿着文稿赶快消失。也许潘先生看到我一副紧张不堪的样子，他补充道："当然咯，这需要慢慢练习。"从潘先生家出来，坐上回厦大的公交车，环岛海景嗖嗖地往后跑。在回想潘先生话语的同时，我也在想："为什么我的文稿不能以简单易懂的方式写出来？为什么一些期刊文章通篇读下来看不懂说了什么，尽管每个字都认识？可能这就是不够火候的原因！就像做红烧肉一样，如果火候不到，那么这道菜是难以下咽的。每每阅读一些老师的文稿就像在阅读一篇篇优美的文学作品一般，读者不仅从中受益匪浅，而且能够实现视觉享受；抑或是看到文稿就像是走进这位老师的课堂，与他同频共振。"这或许就是古人所言的大道至简之理，难以言述的钦佩感油然而生。我看着文稿中潘先生用红笔做的批注，有的是对个别字使用有些欠缺的纠正，有的是对补充数据的要求。这些简单、微乎其微的调整与建议背后蕴含着特定的意义。后来，我逐渐意识到大师与小事的关系：大师常小事，大师无小事！

六、"既要掌握理论，也要把握实践"

博士入学一年有余，课后饭间，同学们不止一次地抛出这样的问题："我们发表或正在撰写的研究论文有何用？难道真的只是为了完成毕业指标、达到毕业要求？已经发表的文稿能否经得住实践的检验？"我相信这不仅是某个人的疑惑，人文社会科学领域的诸多博士生在读期间都经历过这样一个充满自我质疑的阶段，只是这些藏在内心深处的反思在"为了毕业"强大的现实面前变得不堪一击。或许正是这种基于理想与现实之间裂痕的思考激发了博士生在浩瀚无垠的知识海洋寻求解决问题的答案。

潘先生开创了高等教育学科的建设，引领了高等教育研究的开展，形成了特有的中国高等教育思想体系。基础理论与思想的拓展与他本人丰富的教育管理实践密不可分。潘先生不仅在中小学担任过教师、领导，而且还在大学与教育行政部门从事过教育管理工作。因此，当我向潘先生请教的时候，他看着我笑了笑，然后慢慢地谈道："我倡建高等教育学科，开展高等教育理论研究，比如我国高等教育大众化探究、应用型人才培养的理论分析、提出民办教育'第三条道路'，均是来源于我国迅速发展的高等教育实际。系统形成了高等教育理论之后，同样在我国高等教育政策制定、院校战略发展中产生了一定的影响。因此，既要掌握理论，也要把握实践。"在潘先生娓娓道来的时候，我赶紧将手机拿出来把录音功能打开，生怕错过一句重要的研判。听完潘先生的解答之后，我心中的浓雾逐渐散开。

七、"来家里吃饺子"

在北方传统习俗中，有"上车饺子，下车面"一说。实际上，对于很多家庭来说，无论是过节还是家里来客人，抑或是家里有点喜事，饺子都必不可少。即便是物质生活得到极大改善的现在，吃上一顿饺子已经不是"稀罕事儿"，可是人们只要提到吃饺子，嘴角依然会上扬，眼睛依然会放光。某种程度上而言，饺子已经被赋予了独特的含义——家的味道，这里面有温暖，有欢乐，有喜庆。

也许是某一次拜访潘先生，与其家人聊天时，我不经意间将对饺子的痴迷表现了出来，于是，博士在读的几年时光里，我时常被潘先生喊去享受这道美味。而且有几次，我与明维、亚克早早就到，大家边包边聊天。不管是韭菜馅，还是虾仁玉米馅，或者是猪肉芹菜馅，只要咬上一口热气腾腾的饺子，就会觉得这是潘先生看我们在校读书期间比较辛苦而给予的"营养品"。博士一二年级的时候，我还能够有幸与潘先生小酌几杯，真的是应验了那句"饺子就酒，越吃越有"的俗语。

在潘先生的鼓励与支持下，我申请获得了前往英国曼彻斯特大学（University of Manchester）访问交流的机会。少了期许和激动，犹如国内出差一样，我从太平洋西岸的鹭岛到达了大西洋东岸的工业革命发源地。临行前，潘先生嘱托："多了解一下英国的高等教育近况。"在那段难忘的英伦学习生活期间，每隔二十天左右，我便与潘先生微信视频通话一次，汇报最近的学习生活近况。在将要回国的一次通话中，最后潘先生说道："你回来之后，还来家里吃饺子。"相信大多数人都有过这样的经历：春节前夕，越是临

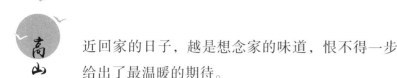

近回家的日子，越是想念家的味道，恨不得一步到家。恰恰在这时，潘先生给出了最温暖的期待。

八、"教师是最幸福的职业"

在皖北的农村，有成片成片的土地，似有一眼望不到边之势，夏末有风吹麦浪，仲秋有黄澄澄的玉米或大豆。然而，丰收喜悦仍旧无法抵挡当地农民面朝黄土背朝天的无奈之感：想逃离，却被身后的土地牢牢绊住。于是，长辈们擦了擦脸上的汗珠，就地取材对子女开展了一番教育："好好读书，今后当一名老师，风不打头雨不打脸，还有寒暑假，该有多好！"我想，这样的画面对于农村出身的孩子们来说再熟悉不过，这份所谓的教育就是农民内心深处对子女最朴实、最殷切的期盼，事实上，期盼背后蕴含着他们对读书改变命运的笃定和追求幸福生活的渴望。

曾经有一段时间，教师是一个并不为社会所尊重的职业。即便是现在，"钱少、事多、操心命"仍是一些人对教师给予的标签。对于大学教师而言，有人自嘲道："除了大年初一不工作，其他时间不是在工作就是在去工作的路上。"诚然，选择成为一名教师勇气可嘉，努力成长为一名桃李遍天下、令人敬仰的教师更属实难得。但是，当"厦大人"称号披肩，特别是成为潘先生的博士生之后，我开始深入思考：好教师是什么样子？教师做什么是有意义的？如何成为受人尊敬的老师？

在我的印象中，潘先生很少用语言教授我们如何成为一名优秀的教师，但是，他却用实际行动不断践行着"教书育人楷模"之形、之神！潘先生的"一言一行"切实触动了我的内心深处，好像在某一瞬间领略到师之魅力。"一言"来自一次采访。2018 年，潘先生接受中国教育在线网站陈志文总编辑采访，在被问及如何理解教师这一职业的时候，潘先生深情地说："教师是最幸福的职业。教师面对的是天真烂漫的孩子和朝气蓬勃的年轻人。为人师最重要的职业素养就是三个字：爱学生。学生是教师的幸福源泉。"[①]"一行"来自一次上课。2016 年秋季学期，受超强台风"莫兰蒂"影响，接送潘先生的车辆无法直达到学院楼下。我们也劝说潘先生等道路通行后再上课。但是

① 陈志文，朱乐平. 高等教育的历史、现实与未来：访中国高等教育学科创始人潘懋元[J]. 世界教育信息，2019，32（12）：3-8.

潘先生认为已经与教育博士（Ed.D.）们确定好了上课时间、地点，就应当按原计划进行。当天我们从外文学院处下车，96岁的老先生拄着拐杖，在我们的搀扶下，拾级而上，中间歇息两次，最终准点到达教室。

事实上，读书期间，我对教师的理解更多是看自己的老师做了什么、怎么做、做得如何。当走上讲台，看着一双双望着你的眼睛，阅读学生关于自己教学表现的反馈，收到指导的学生发来的成绩信息，我方才深刻理解"教师是最幸福的职业"这句话的真正内涵。2022年秋季学期末，一位学生给我发邮件，其中一句话令我动容："我好像能看到您的言谈举止之间有潘老先生的影子，真好！"确实，我也成了一名爱学生的老师。

九、小　结

不知道以上能否称得上"故事"，但是，最起码是我在听闻、拜见、追随潘先生过程中所发生的真真切切之点滴小事，正是这些看上去很生活化的"点滴小事"成为我在厦大的硕博七年生活的主要组成部分。行文至此，或许有读者认为，"点滴小事"是不是就要结束了，而我倒不这样认为，追随潘先生的脚步并不会停止。

见证了诸多故事的建南大会堂

朱乐平，厦门大学2020届博士，苏州大学讲师。

由远及近的潘先生

潘懋元先生对高等教育史学发展的贡献

◎罗菊芳

潘懋元先生是高等教育史学科建设与学术研究的倡导者和先驱人物之一。他不仅是教育史研究的行家，亦是高等教育史研究的引导者。于高等教育科学体系而言，高等教育史学科有其独特的地位和作用："高等教育史有如高等教育学这棵大树的根，根深才能枝繁叶茂。"[①] 建设高等教育史学科、开展高等教育史研究，是完善高等教育学学科体系的必由之路。早在高等教育学创建之初，潘懋元先生就深刻认识到这一点。几十年来，他在高等教育史学科建设和学术研究上不遗余力，成果卓著。其一，他从教育人物起步，深掘大学校长之教育思想，影响甚远，深钻大学校史，观点独到。其二，他竭力推进高等教育史学科建设，牵头编纂资料，搭建研究平台。其三，他首开高等教育史课程，编写教材，致力于培养专业人才，形成学术梯队和后备力量。总之，潘懋元先生开研究之先、奠学科之基、育学科之才，为高等教育史学科建设与发展做出了不可磨灭的贡献。

一、开研究之先：率先步入高等教育史研究

在高等教育史研究领域，潘懋元先生始终立于前沿。他以"板凳敢坐十年冷"的勇气和决心，从教育人物起步，深入挖掘近、现代大学校长的教育思想及其教育家精神，为现代高等教育教学与管理觅得经验；同时，面对校史问题争论不休的现状，他勇于发声、发出新声，为校史研究注入全新的思路与观点。

---

① 刘海峰.高等教育史学科建设初探［J］.高等教育研究，1993（2）：22-25，29.

（一）聚焦近现代大学校长研究，服务高等教育实践

几十年来，潘懋元先生深入研究了众多教育名家的思想。在高等教育领域，他尤为关注大学校长的教育思想。近现代大学校长的教育思想及其治校方略，来源于近现代中国革命、建设、改革的不同发展阶段，历经实践检验且不断调整完善，带有本土化特征，可以为办成、办好中国特色的高等学校提供镜鉴，为我国高等教育强国的建设与建成助力。探索过去大学校长治校的经验与规律，是为了启示现在和未来的高等教育治理。这是潘懋元研究大学校长群体的初衷所在，也是意义所在。

近代大学校长中，潘懋元对蔡元培所费功夫最深。众所周知，蔡元培对当时及后世的教育界影响极为深远，理清他的教育思想及实践，便能大致勾勒出近代大学教育的基本轮廓。因此，潘懋元"花了很多时间阅读了大量资料，研究蔡元培的教育思想，弄清楚蔡元培教育思想的哲学根源"[①]。50年代中期，他撰写长文《蔡元培教育思想》，发表于《厦门大学学报》1955年第4期，从政治活动和教育活动引入其基本思想与根源，进而勾画蔡元培整个教育思想体系，最后引出他关于高等教育的若干主张，环环相扣、层层深入，较为全面地展现了蔡元培教育思想尤其是高等教育思想的概貌。该文发表后，引起其他研究者的关注。1980年，国内蔡元培研究的权威高平叔先生，先后赠他《蔡元培年谱》和《蔡元培教育文选》各一册。借助新史料，潘懋元潜心修改前文，并发表于《辽宁高等教育研究》（1982年第1期），全文近3万字，注释多达60余条。其用功之深，不言自明。《蔡元培教育文集》和《蔡元培年谱长编》相继出版后，主编高平叔特邀他撰写读后感。潘懋元对两本著作评价甚高，亦再次强调，"中国教育问题的研究，绕不开中国教育历史的探讨，而研究中国教育历史，绕不开蔡元培的教育思想与实践"[②]。

实际上，出生于1920年的潘懋元，恰恰成长于民国大学校长的熏陶和教诲之下，是近代高等教育的亲历者和见证者。1941年，他考入国立厦门大学教育系，目睹时任校长萨本栋"舍身办学"，力使东南半壁的高等教育不至于

---

① 潘懋元，肖海涛，殷小平.潘懋元教育口述史[M].北京：北京师范大学出版社，2007：119.

② 潘懋元.《蔡元培教育论集》读后[J].江苏高教，1989（2）：2-3.

消亡，使东南部的青年不因战争而失学，更是呕心沥血使得厦门大学得以成为"加尔各答以东最好的大学"。青年时期的潘懋元，对于何为一流大学、如何办一流大学等问题有着切身感悟。几十年后，他撰文肯定私立厦门大学校长林文庆在长校十六年间苦心经营、鞠躬尽瘁、广邀名师、英才辈出，使厦门大学成为"南方之强"[①]；并实事求是地表明长汀精神就是本栋精神[②]。同时，他毫不吝惜地赞扬近代大学校长靠着"教育救国"的理想，矢志不渝，奔波于动荡的社会和连绵战火之中，在夹缝中为学校求生存、谋发展，为近现代社会培养了一批栋梁之材，可谓"功在百年"。从而进一步阐明近代大学校长"教育家精神"在于："在那样复杂艰难的历史条件下，他们所取得的办学实绩、办学经验和他们所表现的办学精神乃至任何力量，也就显得难能可贵"[③]，指出这是今天学界研究他们的意义所在。

现代大学校长中，潘懋元对王亚南着墨最多。王亚南是新中国成立后厦门大学首任校长，长校将近 20 年。潘懋元认为，亦师亦友的王亚南对自己的影响可谓是"醍醐灌顶"。从师生到同事，从最初接触到后期共事，他对王亚南的了解和理解不断加深。1944 年，正读大三的潘懋元选修了王亚南开设的"高等经济学"课程。彼时的王亚南教授便要求学生用研究的方法进行学习，这门课让潘懋元自感收获颇大。新中国成立之初，在王亚南校长的支持下，潘懋元先后赴中国人民大学和北京师范大学进修研究生。学成返回后，他立刻投身于厦大的教学改革。这段独特的经历为潘懋元日后开展高等教育学研究积累了宝贵的实践经验。50 年代院系调整时，厦门大学教育系并入福建师院。在潘懋元左右为难、去留难决之际，亦是王亚南校长建议他留在本校，结合行政工作研究高等学校的教育。这一提议不仅让他逐步学会驾驭行政、教学、科研的"三套车"，更启发了他未来的研究方向——高等教育学。因此，潘懋元从 50 年代便转向高等教育研究，提倡开展理论研究、编写高等教育学讲义。改革开放后，他又在较短的时间内迅速建立高等教育学科，使厦门大学成为全国高等教育研究的策源地。

1979 年，潘懋元著文《王亚南教授是如何以研究的态度来进行教学的》，

---

① 潘懋元.《一生真伪有谁知：大学校长林文庆》序[M]//潘懋元文集：卷五·序文.广州：广东高等教育出版社，2010：482.

② 潘懋元.潘懋元口述史[M].郑宏，整理.武汉：华中科技大学出版社，2019：6.

③ 潘懋元.中国近代高等教育的开拓者：《百年之功》序[J].中国高教研究，1993（5）：89-90.

以此启发高等学校的教学工作如何将教学与研究进行结合。1987年，他在《王亚南的教育思想》一文中，从宏观和微观两个层面高度概括其教育思想的精髓，指出王亚南深刻理解教育与经济发展、教育与科技发展、自然科学教育与社会科学教育的内在关系，懂得人才的价值，并善于按规律培养人才。[①]在王亚南看来，大学科学研究是引导大学的根本，是办出高水平大学的关键。正是在此思想指导下，王亚南时代的厦大学术氛围特别浓厚，每年都要举行一次全校性的学术讨论会，无论文理，各院系都有自己的学术活动。同时，也有了全国最早三家大学学报之一的《厦门大学学报》和供青年学者发声的《学术论坛》的创办、数学家陈景润的成材。潘懋元先生学习吸纳了王亚南校长经常邀请学生到家里探讨学术的教学形式，才有了他自50年代以来便坚持进行、至今仍被全国高教圈津津乐道的周末家庭学术沙龙，这种研讨型教学模式还获得了国家级教学成果二等奖。在《王亚南文集》第五卷"文化与教育"出版时，潘懋元撰文高度评价其以"广阔的视野、严谨的学风"开展研究与教学工作。直至今日，王亚南的思想及实践乃至科学精神依然影响着厦门大学，被视为"四大精神"之一，为当今的高等学校教育教学工作的开展输送营养。

蔡元培、萨本栋、王亚南等大学校长"既是潘懋元模仿和推崇的对象，也是潘懋元个人人生的真实写照；他们对潘懋元影响直接而巨伟，是潘懋元经常向学生提起的校长榜样"[②]。无疑，教育家型校长亦是潘懋元所极力倡导的。他曾在1978—1984年担任厦门大学副校长，深知教育家型校长对一校治理之重要影响。因此，对于将大学办出特色的当代校长们，潘懋元亦不吝赞扬与推广。几十年来，他多次为这些大学校长的论著作序，肯定他们的工作与成绩，并期待高校能找准定位、科学发展。如福州大学前校长黄金陵的《八年大学校长》、天津大学前校长吴咏诗的《吴咏诗高等教育文集》、吉林工业大学前副校长陈谟开的《陈谟开教育文集》、泉州幼高专前校长陈雅芳的《树人之道——在百年女校里探索》和《治校之道——女校长的管理文化与心理素质》等著作，他均一丝不苟地认真点评并介绍，加深了读者和研究者对诸位校长办学理念的认识。他肯定吴咏诗办出中国第一个高等教育管理双学士学位班，带领一批热心高教的老师，研究高等工程教育，促进天津大学向综合性、研究型、开放式的方向发展；亦嘱咐陈雅芳任何时候都不可抛开女子教育、幼师教育的特色。

① 潘懋元.王亚南的教育思想[J].厦门大学学报（哲学社会科学版），1987（2）：14-16，13.
② 田建荣.潘懋元的校长思想及其理论基础[J].山东高等教育，2016，4（1）：71-82，2.

潘懋元先生对高等教育史学发展的贡献

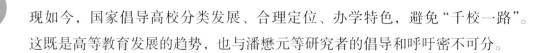

现如今，国家倡导高校分类发展、合理定位、办学特色，避免"千校一路"。这既是高等教育发展的趋势，也与潘懋元等研究者的倡导和呼吁密不可分。

（二）深耕近现代大学校史研究，丰富校史领域理论成果

一校之历史地位及其影响应当如何评说，一校之确切建校时间以何为标准，向来是学界争论不休的问题。潘懋元对大学校史研究的重视由来已久。他对中国第一所近代高等学校的论述与考证自成一家之言。1998年4月，潘懋元《福建船政学堂的历史地位及其影响》发表在《汕头大学学报》（1998年第2期）；其《福建船政学堂的历史地位与中西文化交流》发表在《东南学术》（1998年第4期）。针对当时京师同文馆或天津中西学堂或京师大学堂是中国近代第一所高等学校这三种流行的观点，他分别从创办时间、设置专业、课程体系三个维度，将福建船政学堂与之一一比对，指出"一所高等学校的历史，创办时间排序第一或前列，固然有它的历史意义，标明它的风气之先，起先驱作用。当更重要的是看它在历史上的影响，对推动中国高等教育事业的发展，以致在文化、经济、政治近代化发展中所起的积极作用"①，进而阐明福建船政学堂在建立高等教育体制、为国家培养高级专门人才、促进中西文化交流等方面，较之清末的许多高等学校影响更深。在这个意义上，福建船政学堂或许可以说是中国近代第一所高等学校。此观点视角独特、论证充分，为中国近代第一所高校之争提供了新思路。

对于大学建校时间的界定，他坚持"信史"，在大学校史的标准争论不休的阶段发声，为学界的校史研究注入了新观点。他以教育史研究者的责任感指出，编写校史的意义在于昭示后人、勿忘前人筚路蓝缕之功，发扬光荣传统以加强凝聚力，总结经验以探讨办学规律。在南开大学80周年校庆纪念会上，他称赞该校在校史问题上实事求是，从1919年南开大学举行开学典礼算起，不盲目追溯至1904年创办的敬业中学堂。同时，他更以一贯严谨的风格提出追溯大学校史要坚持"信史"，"以当时的文书档案为准绳，而不能以同处一地或有某种人事关系为凭"②。此外，他极为重视史料编撰，在主编的《中

---

① 潘懋元.福建船政学堂的历史地位及其影响［J］.教育研究，1998（8）：3-5.

② 潘懋元.南开信史八十年［M］//潘懋元文集：卷四·历史与比较研究.广州：广东高等教育出版社，2010：302.

国近代教育史资料汇编·高等教育》一书中整理编纂了京师大学堂、北洋大学堂、山西大学堂等大学堂以及高等农工商实业学堂的校史材料，在《中国高等教育百年》一书中对京师同文馆、福建船政学堂、厦门大学、西北联大与西南联大等校史问题着墨甚多。

值得一提的是，潘懋元对抗战时期的大学史亦有研究，尤其是对于多年来几近被忽视的西北联大。长期以来关于两大联校的研究呈失衡之态势，西南联大热潮不减，西北联大门庭冷落。2012 年 9 月，在西北大学隆重举办了"首届西北联大与中国高等教育发展论坛"，潘懋元以"薪火传承 文化中坚"为题发言。他指出，大学是一个国家的标杆、丰碑、灯塔，西北联大扎根在西北，形成了西北尤其是西安的高等教育体系，这个体系一直影响到今天。观今宜鉴古，面对教育实践的问题，潘懋元常谦虚道："每有求于教育史，希望能从历史研究中了解教育发展的规律与经验，获得某些启示与论据。"[①] 如今，作为经济弱省的陕西却是高等教育强省，其中西安的高等教育在全国尤为突出。究其原因，或许正是"西北联大所开辟的高等教育体系，深深地塑造了整个西北、整个陕西的高等教育，尤其是对西安地区的高等教育产生了深远影响"[②]。在潘懋元看来，西北联大的意义在于发挥了"薪火传承 文化中坚"的作用。2013 年，潘懋元撰写文章（与张亚群合作），重点阐明西北联大的办学特色及其启示，肯定了西北联大对西部高等教育的不可磨灭的贡献，重申了其在中国近代高等教育史上的应有地位，强调西部依靠大师同样可以办出一流学府，呼吁加强西部学科建设与师资建设[③]。这些观点在当今西部大开发、支援西部高等教育、建设高等教育强国的背景下，具有特殊意义。

二、奠学科之基：推动高等教育史学科的建设与发展

潘懋元一直将高等教育史学科建设的重要性纳入建设高等教育学科乃至中国特色教育体系的范畴来看。高等教育学科创立之初，高等教育史是较为薄弱的领域。究其原因：一是未意识到解决相关问题对高等教育学科建设的作用；二是未厘清高等教育理论与高等教育历史、高教改革实践与高等教育历史两对

---

① 潘懋元.致《教育史研究》编辑部的信［M］//潘懋元论高等教育.福州：福建教育出版社，2007：519.

② 潘懋元.薪火传承 文化中坚［N］.光明日报，2012-09-19（14）.

③ 潘懋元，张亚群.薪火传承 文化中坚：西北联大的办学特色及其启示［J］.西北大学学报（哲学社会科学版），2013，43（1）：5-11.

重要关系，容易坐而论道、脱离实际；三是高等教育史资料匮乏，亦未形成专门的研究队伍与平台。在此情形下，潘懋元率先提出高等教育史学科领域诸多待解之现实问题，大力倡导开展相关理论研究，并力挑重担，耗费十余年编纂资料、编写专著和教材、组织学会，壮大全国高等教育史的研究力量和队伍。

（一）率先指出高等教育史学科领域的待垦荒地，引导学者解决实际问题

作为国内最早聚焦高等教育史研究的学者之一，潘懋元率先提出高等教育史学科领域诸多亟待解决的问题。他表明："在高等教育理论研究过程中，我更加清楚地认识到教育史，尤其是高等教育史研究的重要性。"[①]1984年11月，刚刚改名的厦门大学高教所主持召开了"全国教育史研究会第二届理事会"。当理事会谈及教育史年会的研讨主题，潘懋元一口气提出高等教育改革中亟待解决的诸多教育史问题，如"传统教育与现代教育的关系、教育观的历史演变、功利主义与人文主义教育思想的发展及其影响、大学职能的演变、大学在创造与发展文化上的历史作用、通才教育概念的演变、大学科学教育发展的历史、中外古今启发式教学的比较、学位制的历史演变、学分制的历史演变、私立大学的产生发展及其作用、中国留学教育在社会发展中起的作用及其经验教训等等"。但遗憾的是，这些问题在当时未引起理事会重视，也未能被列为年会中心课题。但他并未放弃，反而坚定了他不断拓宽拓深研究的决心。实践证明，他的眼光精准长远且深邃独到，几十年后，不仅高等教育学成为"显学"，这些高等教育史的选题，也早已成为该领域的热门问题和焦点问题。提出问题往往比解决问题更难且更有价值。在这个层面上，潘懋元先生于高等教育史研究之引导作用不容忽视。

（二）理顺历史与理论关系，率先厘定高等教育史在高等教育学学科体系中的地位

潘懋元严谨地论证了高教理论与高教历史、高教实践与高教历史的关系，指出教育史研究、比较教育研究、现实的教育实践经验是教育理论的三大源

---

① 潘懋元.中国高等教育研究的历史与未来[J].中国地质大学学报（社会科学版），2006，6（5）：1-6.

泉，从而厘定高等教育史学科在高等教育学科群中的地位。在埋头高等教育理论研究的过程中，潘懋元先生甚为关注高等教育学科群分支学科的建设，高等教育史学科便是其中之一。1991年，他指出："人们认识教育规律不外乎三条途径：第一，纵观教育历史的演变所推论出来的；第二，从国际教育比较研究所概括出来的；第三，从现实的教育实践经验所总结出来的。"①1992年，在《高等历史与高教研究》（与刘海峰合作）一文中，他首次系统论述了高教理论与高教历史、高教改革实践与高教历史的关系，将前者的关系概括为"论从史出"，将后者的关系总结为"鉴古知今"，提倡"以论论史"，并阐明"学习和研究高等教育发展史有助于我们深刻理解和掌握高等教育客观规律，提高理论研究水平"②。1994年，在全国首届高等教育史研讨会上，他明确提出"高等教育史是高等教育理论建设的源泉之一"③，从而奠定了高等教育史在高等教育学科体系中的基础地位。

有学者认为：理论源于实际，高于实际是潘懋元高等教育思想的特色④；潘懋元的高等教育史学理论是"论从史出"与"以论治史"的辩证统一⑤。恰是因为，在潘懋元看来，"历史的观点，最能从宏观上把握高等教育的本质、功能和规律"⑥。历史有太多的相似之处，因此，从历史中获得的理论和规律自有其非凡意义。正是意识到教育规律一般可以从教育史上总结和揭示出来，潘懋元才多次强调研究高等教育理论需要有一定的高等教育史知识，方能增强研究的深度与广度，避免浮于表面的就事论事。譬如，1988年潘懋元先生在华中理工大学做题为"教育基本关系规律及其相互关系"的报告时，多次举例中西方古代学校教育制度、文化传统、近代大学职能等进行相关问题的论证和阐释，从而加强了论述的深度和说服力。

　　① 潘懋元.比较高等教育的产生、发展与问题[J].上海高教研究，1991（3）：29-36.
　　② 潘懋元，刘海峰.高教历史与高教研究[J].高等教育研究，1992（1）：5-8，43.
　　③ 潘懋元.从高等教育理论建设看高等教育史研究的重要性：在高等教育史研讨会上的发言[J].中国高教研究，1994（6）：14-16.
　　④ 张亚群.理论源于实际，高于实际：论潘懋元高等教育思想的特色[J].机械工业高教研究，1999（3）：3-5.
　　⑤ 田建荣.论从史出与"以论治史"的辩证统一：潘懋元的高等教育史学理论[M]//王伟廉，杨广云.潘懋元与中国高等教育科学.北京：中国华侨出版社，2000：246-254.
　　⑥ 潘懋元.多学科的观点的高等教育研究[M].上海：上海教育出版社，2001：8.

（三）牵头整理编写高等教育史料与专著，夯实高等教育史研究的根基

史料是开展史学研究的重要基础。然而，潘懋元先生在开展高等教育史研究的过程中，多次面临史料不足的境况，因而他的早期研究成果不得不历经几十年反复填补、修改，方逐渐完善。为了解决史料匮乏的问题，他牵头整理高等教育相关史料，支持创办高等教育刊物，通过以下途径夯实了中外高等教育史研究的基础。

第一，面对中国高等教育史资料极为匮乏的现状，1984 年 5 月，厦门大学高教所应上海教育出版社之邀，与华东师大、杭州大学、福建师大等单位，合编由陈元晖主编的多卷本《中国近代教育史资料》，高教所承担编辑高等教育卷。1993 年 12 月，潘懋元与刘海峰主编的《中国近代教育史资料汇编·高等教育》由上海教育出版社出版。该卷资料耗费近十年之久，收辑了 1902 年至 1921 年间有关中国高等教育制度与实况的资料，包括各类学堂、学校的介绍及高等教育统计和评论等，共 857 页、67 万余字，颇为厚重。其书内容丰富、囊括大量的一手资料，实为研究中国近代高等教育史不可多得的宝库。2007 年 4 月，该书经补充完善后再版。第二，2003 年，潘懋元先生主编的《中国高等教育百年》出版。该书分历史、体制、理念三编，汇集了一批从事高等教育研究的专家学者的真知灼见，兼顾教育发展的时序性和学科发展的系统性，从不同视角呈现了中国高等教育的百年嬗变。《复旦教育论坛》高度评价此书将历史理性与当代现实统一起来。张慧洁称它"开拓了学科研究的新视野，是一部学科方法论上的创新之作……作者在资料奇缺的情况下，克服困难，完成写作……这对于学科建设和发展具有非常重要的意义"[①]。第三，面对外国高等教育史资料极为稀少的情况，1978 年 10 月，刚成立 5 个月的厦门大学高等教育科学研究室创办了《外国高等教育资料》，既发给本校教师干部作参考资料，亦向外校单位寄发一百多份作为交流资料。这本资料成为"文革"后第一份外国高等教育研究的刊物和"文革"后高等教育研究最早的刊物之一，具有非凡的开创性意义。90 年代，潘懋元组织一批中青年研究者，编写相关教材。2003 年，他指导的 1995 级博士生黄福涛主编的《外国高

---

① 张慧洁，之颖，轻言.历史理性与当代现实的统一：评潘懋元主编《中国高等教育百年》[J].复旦教育论坛，2004（3）：79-80.

等教育史》一书，由上海教育出版社出版。这是潘懋元主编的"新世纪高等教育研究丛书"中的一册，也是国内第一部外国高等教育史专著。正如潘懋元所评：作者精通英、日、法诸国文字并粗通德、俄语，使得该书史料充实；又分清历史源流，解决了前人未能理清的近代大学如何形成与发展的历史问题；注重课程演变，阐明了课程改革是中世纪大学嬗变为近代大学的核心。该书的出版，是我国外国高等教育研究领域的重大突破。[①]

（四）倡办专门研究机构，开办学术论坛，搭建高教史的学科建设与发展的平台

1985 年 3 月，厦门大学高教所最初设置的四个教研室中就包含高教理论与历史研究室，突出了高等教育史的重要地位。2010 年 1 月，厦门大学教育研究院教育史研究所正式成立，进一步强化了高等教育史研究优势，促进了学科建设与发展，其科举学研究、中国近现代高等教育史研究、高等教育考试研究，在全国处于领先地位。毋庸置疑，这些成就的取得与早期的沉淀和积累密不可分。高等教育史学科领域有诸多不同观点存在，难免"百家争鸣"，因而"很有必要开展学术交流，让各地学者有机会聚集在一起深入探讨问题"[②]，促进高教史研究的繁荣。在潘先生的努力下，1984 年，首届中国大学校史学术研讨会在厦门大学高教所举办，同年，全国教育史研究会第二届理事会在高教所召开。1994 年 10 月，在潘懋元和刘海峰的倡导下，厦门大学高教所主持召开了首届全国高等教育史学术讨论会。潘懋元向与会学者报告了《从高等教育理论建设看高等教育史研究的重要性》，表明高等教育理论的建设需要高等教育史研究的支持，希冀高等教育理论工作者与高等教育史专家的紧密合作。这次会议有力推动了国内高等教育史研究的进一步深化。

新世纪之初，潘懋元已然看到"随着高等教育史研究的逐步深入，该学科对丰富和完善高等教育学科具有积极意义，同时将对进一步推进高等教育理论发展发挥重要的作用"[③]。2012 年 11 月，厦门大学教育研究院主办了"鉴古知今的教育史研究：第六届两岸四地教育史论坛"，潘懋元先生再次强调

---

① 潘懋元. 序［M］// 黄福涛. 外国高等教育史. 上海：上海教育出版社，2003：2.
② 刘海峰. 高等教育史学科建设再探［J］. 高等教育研究，1995（1）：39-44.
③ 潘懋元，陈兴德. 高等教育理论呼唤高等教育史研究［J］. 教育研究，2004（10）：28-32.

"教育史是教育理论的源泉"，鉴古知今，方能更好地相互理解并相互促进；2014 年，中国高等教育学会校史研究分会第十三届学术年会在厦门大学召开；2018 年 11 月，第十二届海峡两岸暨港澳地区教育史论坛在厦门大学召开……厦门大学教育研究院的教育史研究不断获得国内外同行的认可，正是潘懋元等众位研究者多年努力的结果，也是高教史学科不断完善的现实写照。

三、育学科之才：重视培养高等教育史学科专门人才

人才培养是学科建设的核心要义和最终目的所在，拥有一支专门的研究队伍，对建设学科至关重要。为此，潘懋元首开课程、编写讲义，并指导硕博研究生对高等教育史领域的一些核心问题进行专题研究，不仅填补了诸多空白，有着开荒之义，更重要的是形成了学术梯队，为学科的持续发展注入动力。

（一）首开高等教育史课程并编写讲义，列其为学位课程，开全国风气之先

课程与教材是开展教学活动的重要载体。1982 年 1 月，厦门大学高教研究室制定的《一九八一年第二学期入学研究生第一学期培养计划》将"中外教育史"作为教育系的四门基础课程之一，以此培养硕士研究生。1983 年的新方案又将"高等教育发展史"作为六大限制性选修课之一。这种设置，与潘懋元将其作为三大源泉之一的理念基本吻合。1985 年，他主编的国内第一本《高等教育学》（下册）出版，其中专列一章讲述高等教育发展简史，包括古代高等教育、外国近现代高等教育、中国近现代高等教育三个部分。当时，该著不但是高教所硕士生所用教材，更是国内多所院校教师和干部学习高等教育理论的教材。1986 年，潘懋元在厦门大学高教所开设"高等教育史"课程，这是全国高校最早开设的"高等教育史"硕士学位课程，潘懋元是首位开设此课的学者[①]。此时高教所已获批博士点，这门课程也成为硕士和博士的必修课。同时，他组织编写了内部讲义，作为高等教育史课程的教材，在高

---

① 李均.开拓历史通往现实之路：潘懋元先生在高等教育史研究上的建树[J].教育发展研究，1999（3）：3-5.

教所试用。据 1988 级硕士生班余小波回忆，"高等教育发展史"课程，先由潘先生讲完绪论，再由刘海峰和邬大光两位青年教师分别讲授中国高等教育史和外国高等教育史。

"高等教育史"课程的开设和讲义的编写，为其他院校开展高等教育学研究生教育提供了镜鉴，也使高等教育史学科受到了应有的重视，该课程作为高等教育学的固定课程延续下来。至今，厦门大学教育研究院依旧开设"中国高等教育史"和"外国高等教育史"两门研究生学位必修课程，且有"中国近代高等教育专题研究"和"教育史学"作为选修课程，实是与潘懋元先生早期的实践一脉相承。

（二）指导学生开展高等教育史专题研究，填补领域空白，形成学术梯队

自 20 世纪 80 年代以来，潘懋元指导一批硕博研究生，从高等教育史领域选题，撰写学位论文，触及了古今中外高等教育史的各个方面，开垦了高等教育史的不少荒地（见表 2）。这与潘懋元"一边进行研究，一边培养研究生，师生共同创建新学科"的策略高度一致。其中不少选题是潘懋元在 80 年代便提出的待解问题，如私立高等教育、大学文化、近代科学、教育思想与实践、世界高等教育历史、学制演变等等。同时，一些关键性选题前后相连，考察了教育实践和学科建设的需要，并非只凭一时兴趣。譬如，对高等教育近代化的专题研究，既有朱国仁、刘少雪分别从西学东渐和书院改制出发，探讨中国高等教育近代化的历程，又有黄福涛着眼欧洲高等教育近代化的历史。潘懋元指导朱国仁、黄福涛同时开展中国和西方高等教育近代化研究，"一是高等教育学科建设的需要，一是当前教育改革借鉴的需要"①，从而形成中外对比与互鉴。再如，指导李均研究"中国高等教育研究史"这样极具挑战性的问题，著成学科自身发展的专门史。同时，不忘立足自身环境，指导学生对厦门大学的文化进行历史探索与解读、聚焦抗日战争时期的厦门大学谈民族认同问题等等。

---

① 潘懋元. 潘懋元文集：卷五·序文 [M]. 广州：广东高等教育出版社，2010：117.

表2　潘懋元指导（含合作指导）的高等教育史选题学位论文统计

学生姓名	指导教师	论文题目	培养层次	完成时间
张宝昆	潘懋元	《蔡元培高等教育改革实践与高等教育思想的探讨》	硕士	1988 年
朱新涛	潘懋元	《民国时期私立高等教育浅探》	硕士	1990 年
朱建新	潘懋元　刘海峰	《练兵处奏议与清末军事学堂》	硕士	1991 年
胡振敏	潘懋元	《世界高等教育研究的历史、组织课程、文献、课题和方法》	硕士	1992 年
赵叶珠	潘懋元　刘海峰	《建国后我国女性接受高等教育之研究》	硕士	1993 年
朱国仁	潘懋元　刘海峰	《西学东渐与中国高等教育近代化》	博士	1995 年
黄福涛	潘懋元	《欧洲高等教育近代化的历史研究和理论探讨：近代法、英、德高等教育的形成与发展》	博士	1995 年
刘少雪	潘懋元　刘海峰	《书院改制与中国高等教育近代化》	博士	1998 年
何云坤	潘懋元　王伟廉	《科学进步与高等教育变革》	博士	1999 年
李均	潘懋元　刘海峰	《中国高等教育研究史》	博士	2004 年
郑若玲	潘懋元　刘海峰	《考试与社会之关系研究：以科举、高考为例》	博士	2006 年
郑宏	潘懋元	《厦门大学文化的历史与解读》	博士	2008 年
石慧霞	潘懋元	《民族危机中的大学认同——以抗战时期的厦门大学为例（1937—1945）》	博士	2010 年

资料来源：厦门大学教育研究院资料室：《历年硕博士论文》（1985—2020 年）

　　潘懋元非常注重与国内外相关领域知名学者合作指导学生，使学生得以博采众长、开拓视野，提高研究水平。譬如，硕士生张宝昆撰写蔡元培高等教育思想与实践，他便请高平叔指点，从而获得了大量一手资料，使论文有了较高的质量，得以公开出版。博士生黄福涛研究欧洲高等教育近代化，曾在长春专门学习日语一年，在厦门大学高教所和日本广岛大学大学教育研究中心各两年，得到了潘懋元与关正夫、有本章、大塚丰等日本知名学者的联合指导。加上黄福涛多年勤耕，才产出《欧洲高等教育近代化》和《外国高等教育史》这样颇有分量的专著。再如，他与刘海峰合作指导博士生研究中国高等教育近代化，先后有朱国仁、刘少雪、张亚群，分别从西学东渐、书院改制、科举革废等直接撼动近代高等教育根基的代表性事件出发，较为全面地呈现了国内高等教育近代化的曲折之路。"当一门学科发展到一定阶段的时候，进行自身学术史的回顾便显得必要"①，高等教育学科创建二十余年后，

---

① 　刘海峰. 序二［M］// 李均. 中国高等教育研究史. 广州：广东高等教育出版社，2005：4.

他与刘海峰再度合作，指导博士生李均著成《中国高等教育研究史》。这是我国第一部高等教育学史专著，论证了中国教育学科的创立与发展走的是自主创新的道路，其意义和地位非同一般。现如今，凡欲了解中国高等教育学科的发展历程，均难以绕开此著作。对于 80 年代就提出的大学文化问题，潘懋元指导博士生郑宏作了系统研究；对于亲历的抗战时期的厦门大学，他站在民族认同的高度审视，指导博士生石慧霞展开专题研究，向后世呈现更为生动、真实的长汀精神和本栋精神。

潘懋元始终不忘提携后进，支持、鼓励他们的研究工作。每逢弟子有高教史著作出版之际，或学界后学有相关成果面世之前，均盛邀他赐序。先生均欣然应允，并深入点评、提出自己的见解和对研究的期许。在周川等人所著的《百年之功——中国近代大学校长的教育家精神》（1994 年出版）的序中，潘懋元深入解析："近代"一词，既是时代标志，更包含着此群体的基本政治属性，即新兴资产阶级教育家；"近代"也把他们与古代、现代的大学校长区分开来，"指明了他们在近代高等教育发展中作为开拓者的历史地位以及筚路蓝缕之功"[①]。同时，他肯定了作者以校长就职先后为序、并每篇附录"教育言论要目"、大量搜集著作、传记、校史档案和旁稽回忆、纪念文章的用心，期待他们能在再版时补充资料，加深叙述，使其更加完善。再如，朱国仁《西学东渐与中国高等教育现代化》（1996 年出版）和黄福涛《欧洲高等教育近代化》（1998 年出版），均是在 1995 年完成的博士论文基础上，精心修改后得以出版。朱国仁聚焦传统文化与中国高等教育近代化的关系，黄福涛主要讨论欧洲中世纪大学如何嬗变为近代大学。潘懋元一直主张，课程的近代化是高等教育近代化的核心，其主要标志是近代科学进入中国高等教育的课程之中并占据主要地位[②]；而科学技术进入大学课程，是中世纪大学嬗变为近代大学的核心[③]。这个全新的观点无疑为两本著作的构思与撰写提供了关键思路，亦成为两部专著的特色所在。黄福涛面对"高等教育制度史易写而高等教育课程史难写"的情形，牢记潘懋元"课程是教育活动的核心，只有

---

① 潘懋元.中国近代高等教育的开拓者：《百年之功》序［J］.中国高教研究，1993（5）：89-90.

② 潘懋元.序［M］//朱国仁.西学东渐与中国高等教育近代化.厦门：厦门大学出版社，1996：2.

③ 潘懋元.序［M］//黄福涛.欧洲高等教育近代化.厦门：厦门大学出版社，1998：2.

课程能直接反映科学技术的发展，间接反映生产力的提高"①的观点，全力攻克此难题，才使另一大作《外国高等教育史》（2003 年出版）不仅史料充实、分清了历史源流，最突出的是重视课程演变，亦使此著在诸多的外国教育史专著中独树一帜。李均的《高等教育研究史》，亦是在博士论文基础上修改而成。从硕士到博士，李均一直在厦大高教所这个高等教育学的策源地生活学习，许多文献资料不仅存在于资料室，更存在于诸多学者和学生的头脑中，使他得以搜集到大量手稿、书信、记录、口述信息等珍贵的一手资料，使得该著作有了特殊的意义和价值。潘先生肯定他"以翔实的资料证明了中国高等教育理论，并非依附理论"②。

潘懋元先生对学生总能因材施教、因题施教、因时而教。既及时予以鼓励，肯定研究的价值所在；又不乏指导，严谨准确地指出其应当努力的方向。譬如，对朱国仁所著《西学东渐与中国高等教育现代化》（1996 年出版），提出该书对"留学教育、教会大学、女子高等教育等与中国高等教育近代化的关系，尚未论及"③，期待作者继续研究并完善。对黄福涛之著作《欧洲高等教育近代化》（1998 年出版）所得结论，谨慎地表明："这一结论是否正确，是否足以全面地解释从中世纪大学到近代大学嬗变的过程，还有待于读者的鉴定、认可。"④ 如此谦虚严谨，是对后学的身教言传，是治学之品质，亦是做人之榜样，可谓经师与人师的有机统一，对高等教育史学科建设、学者群体及治学精神的形成，无疑有着潜移默化的影响。几十年来，在以潘懋元为代表的教师群体的努力下，从厦门大学高教所走出去的一批学者，已经成为国内高等教育史研究的中流砥柱。他们遍布全国高校，在各自的工作岗位，开设高等教育史课程，为学科发展培养后备人才，以壮大研究队伍；他们开展高等教育史研究，不断取得新的突破性成果，丰富高等教育史的理论与实践宝库，为高等教育学科的发展贡献自己的力量。

诚然，"只有系统学习和深入探究潘懋元的教育史学与高等教育史研究成果，才能全面认识和准确理解其高等教育思想的形成过程、发展脉络与理

---

① 潘懋元.序［M］// 黄福涛.外国高等教育史.上海：上海教育出版社，2003：2.
② 潘懋元.序一［M］// 李均.中国高等教育研究史.广州：广东高等教育出版社，2005：3.
③ 潘懋元.序［M］// 朱国仁.西学东渐与中国高等教育近代化.厦门：厦门大学出版社，1996：2.
④ 潘懋元.序［M］// 黄福涛.欧洲高等教育近代化.厦门：厦门大学出版社，1998：2.

论精髓"①。有学者统计，潘先生在教育史方面的成果，除了 10 余部有关教育史的编著、专著外，上百篇的论文、序文、演讲报告被收入《高等教育文集》（1991 年出版）、《潘懋元论高等教育》（2000 年出版）、八卷本的《潘懋元文集》（2010 年出版）等书目中，未被收入的尚有 20 多篇。②潘懋元先生成就如此斐然，"中国高等教育史学科建设的重要倡导者之一"③的评价名副其实。

通读《潘懋元教育口述史》，便知潘懋元先生能取得如此斐然成就，实为他扎实的学术功底和史学理论的外在表现。幼年承自父兄的传统教育、青年接受的西方教育以及后来马克思主义教育思想的熏陶，形成了他雄厚的知识基础和长远的目光。大学期间，潘懋元系统修读中国教育史和西洋教育史，选修中国史、西洋史、经济思想史、因明学（逻辑学）等课程，培养了扎实的专业能力，并扩宽了学术视野。他本科的导师是中国教育史大家陈景磐先生。在厦门大学任助教期间，他开始有意识地研究教育史，曾写过《中国历代教育公费考》这类有分量的文章并发表在《大公报》。新中国成立后，潘懋元亲历过种种磨难，亲见因不遵循教育规律而遭受重创的中国高等教育。"行万里路"的人生经历，让潘先生对于高教史研究的重要性与必要性有着极为深刻的见解，对学科的发展有着强烈的希冀。2019 年，《教育史研究》正式创刊，潘懋元先生嘱咐该刊要"为我们教育理论工作者提供更多去伪存真、由表及里的信史"，深切表达了他对教育史包括高等教育史学科的期望。至今，潘先生仍不断告诫高教史研究者：高等教育史学科建设必须突出高等教育的特点。唯有系统了解潘懋元先生参与建设高等教育史学科的历程，方能深入认识他对学科发展的贡献、体悟他对学科可持续发展的期待和后继研究者的嘱托。

罗菊芳，厦门大学 2019 级博士研究生。

---

① 张亚群 . 潘懋元高等教育史学思想初探［J］. 山东高等教育，2015，3（9）：82-92，2.

② 张亚群 . 潘懋元高等教育史学思想初探［J］. 山东高等教育，2015，3（9）：82-92，2.

③ 李均 . 潘懋元与高等教育史研究［M］// 王伟廉，杨广云 . 潘懋元与中国高等教育科学 . 北京：中国华侨出版社，2000：264.

缅怀潘先生

◎朱晨曦

潘先生走了，去天国教书了。

我第一次见到先生是在 2020 年 8 月 4 日举办的"潘懋元教授从教八十五周年暨新时代中国高等教育改革与发展高峰论坛"上。2020 年也是先生一百岁华诞。尽管如此高龄，先生在讲话中依然精神矍铄，声音洪亮，条理清晰。作为中国高等教育学学科体系的奠基人，先生对于初入高等教育学领域的我来说"犹天之不可阶而升也"。论坛期间，我准备了《潘懋元文集》，想向先生要个签名作为纪念，奈何没有寻到合适的机会，只能作罢。此事便成为心中一大遗憾。我远远望着先生，在心中默默祝福后，便匆匆结束了访厦之旅。

我相信命运总对我有所优待。半个月后，我收到了厦门大学教育研究院的访学通知，于 2021 年 3 月开始为期半年的访学。第二次来到厦门，也与先生有了更多接触。在我访学期间，101 岁高龄的先生出行已是十分不便，但为了指导学生，先生通过网络在线参加每周学术例会，几乎从未缺席。从先生严谨、犀利的点评中，我获益良多。在院庆活动周期间，先生亲临教育研究院五楼会议室，进行学术汇报。我在楼梯间遇到先生一行人。看到苍苍白发的先生，我深深鞠躬。先生轻轻点头回我以微笑。音容笑貌，宛然在目。

访学逐渐进入尾声，按照要求，每位访学生需以一次公开汇报作为结尾。我以"'从何处来，往何处去'——中国近代留法大学女教师文化身份建构"为题进行汇报。这个题目系访学前撰写的一篇小论文，因主题不受关注而遭到不少诟病。由于早就知道先生也会参加，我在准备讲稿时格外认真，恨不得把汇报中要说的每一句话都写下来。从开场白到结束语，半个小时的汇报我练习了无数遍。汇报当天因为紧张，具体情境如梦似幻，在记忆中已经有些模糊了。只记得在回答完提问后，我长长呼出一口气，努力平复心态，期待着先生的点评。无论是之前参加论坛还是聆听报告，先生在我心中都是一位令人敬畏的学界泰斗形象。

但这一次，先生不再遥远——先生的点评语速不快，一字一句仿佛落在我的心上："选题非常好，研究非常有深度，特别是能够举一些例子，尤其是大家所知道的冯沅君的例子。还可补充一点就是习总书记最近对文史哲的一些讲话，你可以查一查。你讲的很有深度，但是语速快了点。如果你上课这样的话，学生的思维跟不上，所以我们上课要注意速度。其他没有什么意见，很好。"先生曾说，他这一生最为欣慰的是，他的名字排在教师的行列里。无论何时，先生都将教师的身份放在首位。所以，先生在报告中首先考虑学生思维能不能跟上；所以，先生百岁高龄仍在指导学生上亲力亲为。行文至此，潸然泪下，情难自禁。

桃李不言，下自成蹊。回忆起访学期间与先生的点滴，才发觉先生在我心中早已成为亲切、温暖的恩师。在我怀疑选题，感到无比迷茫的时候，先生的肯定就像一束阳光照亮天空，随之雨收云断，阴霾散去。先生走了，留下我们继续在漫漫学海中求索。希望今后的自己也能学到几分恩师的样子。

2021 年 7 月 5 日，朱晨曦于厦门大学教育研究院公开汇报时与潘先生在线合影

朱晨曦，厦门大学 2021 级访学博士生，浙江师范大学教师教育学院高等教育学博士生。

专访潘懋元先生：我的根始终在厦大

◎张璐阳　石慧霞

感受厦大情怀，致敬厦大百年。2019 年 7 月 14 日，"厦大档案人"采访组对潘懋元先生进行了访谈。潘先生结合自身经历，围绕高校人才大战、大学认同、档案工作与高等教育未来展望等主题阐述了许多耐人深思的真知灼见。让我们一起走近潘懋元先生，听他讲述近 80 年的厦大情缘。现将 2019 年的访谈辑录如下。

"我和厦大的关系，时间是很长的，从 1941 年开始我就基本在厦大，我的人生和厦大息息相关。"潘先生如是说。从朝气蓬勃的青年到精神矍铄的老者，一路走来，先生已与厦大共同走过 78 个寒暑。近 80 年的坚守，源于先生对厦大的情感认同，以及学者的一颗赤诚初心。

2006 年 4 月 5 日，潘先生在厦大校门口

一、结缘长汀厦大

1937 年抗战爆发后，为延续和保存教育文化命脉，培养战后各方面建设人才，大部分高校纷纷迁往内地。刚刚转为国立的厦门大学，在萨本栋校长的带领下，内迁闽西山城——长汀，成为祖国东南区域唯一一所国立大学，为东南学子求学提供了便利。潘先生回忆，在迁校事宜上，与其他迁到西南或西北大后方的高校不同，萨本栋校长提出 3 个原则，即"要留在东南前线福建省内，以免东南青年向隅；要设在交通比较通达的地点，以便利闽浙赣粤学生之负笈；新校址的环境要比较优良，以使员生得安心于教导与求学"。

先生是广东人，原本计划报考本省大学，但当时中山大学迁到了韶关，后来随着战火逼近，迁得更远。在这一特殊历史背景和现实条件下，报考厦大成为先生当时最理想的选择。于是，先生怀抱求学梦，与其他两位同伴历时一周，从粤东徒步走到长汀，追寻自己的青春梦想。先生报考厦大，并不是一帆风顺的。当时先生从中等师范学校毕业，未曾学习外语，数理化成绩也不理想，第一年遗憾落榜。但由于家乡已经沦陷，先生无法返乡，恰巧当时福建省为了培养内迁的初中教师，在永安创办了一所中等师资养成所，不仅学杂费全免，还提供基本的衣被、饭食、生活费等，先生出于现实的考虑，入此就读。但先生始终心系厦大，第二年再次报考厦大。功夫不负有心人，1941 年先生如愿考入厦门大学教育系，从此与厦大结下了至深情缘。

在长汀学习的日子，苦中有乐。虽然学习、生活条件异常艰苦，但正是在这种困苦磨砺中，厦大长汀师生团结一心、互相关爱，形成了强烈而深刻的厦大认同感和归属感。先生说："总体上，对厦大认同感最高的，是抗战时期在长汀毕业的那些老校友。我进入厦大后，很快就对学校有了认同感，对厦大有了很深的感情。"

二、"我的根始终在厦大"

刻在心底的长汀时光以及因此而形成的厦大认同感，对先生的影响深远而持久。先生从厦大毕业后，又在厦大担任过附属小学校长、教务处处长、副校长、顾问等职务，并一直从教至今。虽然曾借调到外地一段时间，也曾面临去留厦大的抉择，但先生说："我的根始终在厦大，到现在也是这样。"

1945 年先生从厦大毕业后，同夫人龚延娇一起到江西南昌葆龄女子中学任教，后兼任教务主任，当时已被学校确定为校长接任者。可是没多久，一封来自厦大的电报，改变了先生的人生轨迹。1946 年 10 月，时任厦大校长的汪德耀教授和教育系主任李培囿教授邀请先生前来筹备厦大附属小学复建事宜，并任附小校长。先生欣然应允母校的召唤，回到厦大任职。（厦门大学建校之初就创办了附属小学，后因抗战时期内迁长汀，附属小学也随之撤销。）先生出于对教学科研的热爱，提出希望同时能在教育系任助教，学校同意了先生的请求。自此，厦大成为先生终生为之奉献的地方。

从 1964 年开始，先生曾先后被借调到中央教科所，下放到安徽凤阳五七干校、云南科教组劳动或工作。从厦门到北京，从北京到安徽，从安徽到云南，不论何时何地，先生始终心系厦大与高等教育学发展。直到 1973 年，在时任厦大革委会主任曾鸣的积极推动下，先生正式调回厦大，为恢复教学秩序贡献智慧和力量，同时，他积极倡导高等教育学学科的创建，并深入研究高等教育理论和现实问题。

随着先生学术影响力的不断增强，有些高校慕名向先生抛来橄榄枝。20 世纪八九十年代，广东省高教局局长林川得知先生在研究高等教育学，特邀他为广东的大学领导和教务处处长开设高等教育学讲座。其后，广东的有关领导也曾邀请他出任广东高等师范专科学校（广州大学前身）校长一职，先生对厦大有着深厚的感情积淀，始终不舍得离去。后来，汕头大学曾以丰厚的科研经费吸引先生前去任教，但汕头大学当时尚未成为博士学位授予单位，即使先生当时已获得高等教育学博士研究生导师招生资格，也不能招收博士生，于是，先生又一次选择了留下。为此，汕头大学只有特聘先生为高等教育研究所兼职教授。那段时间，先生经常在厦门汕头两地奔波，多位早期入学的博士生，经常追随其到汕头上课求教或写论文。跨越时间和空间的距离，先生内心对厦大的坚守和热爱不曾改变。

三、"真正的学者应该是为国家、为科学、为真理献身的人"

在高职位、高薪的吸引下，先生选择了坚守。除了对厦大的情感认同外，这种选择还源于先生始终保有着学者的一颗初心。这一点，从先生对当前人才大战的看法中可见一斑。

先生认为，当前愈演愈烈的人才大战现象，有利有弊。利的一面是，整个社会越来越重视人才、尊重人才，无疑可以提高知识分子的身价；不利的一面是，如果知识分子仅仅奔着高薪而去，那他的思想、理念和素质是有限的、真正的学者应该是为国家、为科学、为真理献身的人。先生表示，现在国家对于高知识水平人才的待遇不错，自己经历过吃不饱饭的穷苦日子，认为工资待遇能够使家人衣食无忧已完全足够。

先生提到，在大学教师发展心理方面，用提高待遇、职称等外部动力激发教师工作积极性虽然有其现实的必要性，但更可贵的是，教师能将外部动力转化为内部动力。自我认为教师是最幸福的职业，这是教师实现自我发展的最高境界。

先生曾说："我一生最为欣慰的是，我的名字排在教师的行列里。"2014年，先生被评为"全国教书育人楷模"，主办方给出的推荐语是"人不下鞍，马不停蹄"，这可谓是对先生为教育事业倾其一生的最好注解。

先生坚守厦大不仅身体力行，还用言传身教影响身边的年轻学者，希望他们能够保持定力，沉下心来，专心学术，以对教学的热爱和科研的专注为百年厦大做出贡献。

四、"我们要增强师生的大学认同感"

对于大学认同感，先生自然有着切身体会，对于大学认同感的构建，先生也有着独到的见解，并竭力躬行。

每年厦大校庆日，先生都会出席教育研究院校庆大会，与师生一起唱校歌、讲校史，颁发潘懋元奖学金。每年春节初一上午，先生亲自组织教育研究院师生和退休教师、教师家属的团拜会，大家一起分享新年心得与收获。依照中国传统风俗，先生每年都给参加团拜会的师生、院友和家属发红包。点点滴滴，先生的一言一行对许多师生、校友的厦大认同感产生了长久深远的影响。

先生坦言，与构建校友的大学认同感相比，构建教师的大学认同感更加不易。学生一进校，就已经打上了这所学校的烙印，而教师存在较大流动性，加之受到一些外部因素如社会关系的影响，构建教师的大学认同感是不容易的。因此，他认为大学认同感主要是指校友的认同感。学校最重要的任务是培养人才，学校的荣耀实际上最终也是来源于校友。学校和各学院要特别重视校友工作，使校友与大学保持紧密的情感联系。

先生还表示，厦大档案馆承载着厦大的历史和精神文化，对于构建大学认同感起着非常重要的作用。为此，先生对档案馆做好此项工作，提出了几点深刻的建议。一是档案馆应从校友的视角挖掘馆藏资源，使其更加了解厦大历史、文化、精神，培养其大学认同感，然后，通过校友认同感，带动影响教师、学生的认同感。二是"观今宜鉴古，无古不成今"。档案馆是保存历史的地方，没有历史档案资料，就不知道今后如何发展。因此，档案馆不应只是怀古，还应通过举办展览、发表文章等多种形式表达对厦大未来的展望。三是在校史馆的建设方面，要更多运用现代信息技术手段，站在国际视野，做好厦大历史文化的传播。

五、展望未来

厦门大学即将迎来下一个百年，谈及对新百年征程的期望，先生直言，进入网络时代，社会发展太快、变化太大，无法进行预测，但从整个高等教育的发展趋势来讲，希望与挑战并存，大学不应只是培养自然人，还要培养机器人，让机器人做自然人不能做的事。当前，机器人已经懂知识、会思考，今后还要培养机器人有伦理思想、美育思想和法律思想等。此外，先生还提到了当前我国高等教育在脑科学研究方面较落后，未来是否可能通过仿照人脑的神经组织重造人脑？这既是先生对高等教育发展的超前思考，也是他对下一个百年高等教育的发展与机遇并存的深厚期许。

78 个寒暑，先生扎根在厦大这片沃土上辛勤耕耘，与厦大共沐风雨、同向阳光。作为厦大百年精神文化的坚定守护者、传承者和践行者，先生对高等教育的执着与坚守正影响和激励着厦大人在新百年征程中砥砺奋进，逐梦前行。

张璐阳，南开大学 2015 届硕士，厦门大学档案馆馆员。

蝶恋花·悼潘懋元先生

◎周海亮

巨擘先生乘鹤走。忆旧长思，伟绩相传授。
学术谨严倾所有，桃李献祭梨花酒。

师道尊严名泰斗。探索先行，创学科魁首。
业业兢兢期颐寿，天堂执教重霄九。

——作于农历壬寅年十一月十四　大雪

2021年12月27日，周海亮（左）、方晓（右）伉俪与潘先生的最后一次合影

　　周海亮，英国赫尔大学2002届硕士、原国际办公室开发经理，厦门市水产研究所原副所长。

悼念著名教育家潘懋元先生

◎宋有荣

一、七律

五老峰哀鹭岛悲，潘公驾鹤玉仙归。

杏坛泰斗名华夏，高教宗师贯亚非。

学为人师称楷模，德行世范树丰碑。

辉煌百载永赓续，桃李芬芳日月晖。

祖孙同乐——1984年，潘先生和夫人龚延娇与孙子们在厦门大学东村9号楼客厅

二、沁园春

鼓浪悲哀，

五峰垂首，

鹭江呜咽。

悼杏坛泰斗，

鸿儒硕学，

教师榜样，

懿德魁元。

十五为师，

毕生从教，

一代宗师蜚校园。

率先创，

高等教育学，

擘画宏篇。

呕心血沥脾肝，

引无数学人敬圣贤。

忆峥嵘岁月，

辉煌灿烂；

潮头勇立，

敢为人先；

彰德留言，

著书撰卷；

桃李芬芳遍世间。

巍巍矣，

品学昭后辈，

气薄云天。

宋有荣，中国人民解放军原总参谋部动员部局长，中国长城学会副秘书长，《华北诗苑》主编。

七律·缅怀潘懋元先生

◎ 肖海涛

2000 年，深圳大学赠匾祝贺潘先生 80 寿庆暨从教 65 周年（由肖海涛用典并经办）

忠诚教育应时中，铸就师魂君子风。

板凳敢坐十年冷，文章不写半句空。

两条规律奠基础，多种经方融汇通。

桃李芬芳成懋业，学科之父纪元功。

——2022 年 12 月 7 日于深圳半塘斋

肖海涛，华中科技大学 2000 届博士，厦门大学 2004 级博士后，深圳大学教授。

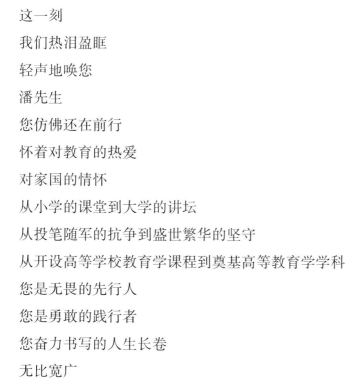

永远的光亮
——缅怀敬爱的潘先生

◎许琦红

这一刻

我们热泪盈眶

轻声地唤您

潘先生

您仿佛还在前行

怀着对教育的热爱

对家国的情怀

从小学的课堂到大学的讲坛

从投笔随军的抗争到盛世繁华的坚守

从开设高等学校教育学课程到奠基高等教育学学科

您是无畏的先行人

您是勇敢的践行者

您奋力书写的人生长卷

无比宽广

无比厚重

这一刻

我们无限深情

哽咽地唤您

潘先生

您仿佛还在伏案

带着对学生的关爱

对未来的期待

作业上为我们一字一句的修改

沙龙上给我们自由平等的对待

学术上带我们孜孜不倦地求索

您是睿智的启迪者

您是无私的领路人

您为我们筑好的精神家园

如此心安

如此温暖

敬爱的潘先生

您教我们学问

板凳敢坐十年冷

文章不写半句空

您教我们做人

心怀人间有大爱

细微之处见真情

在追寻真理的路上

我们会像您一样

怀揣建设高等教育强国的理想

无忧无惧 继续前往

这一刻

我们热泪盈眶

这一刻

我们无限深情

这一刻

我们不忍道别

最敬爱的潘先生

您是我们的方向

是前行路上永远的光亮

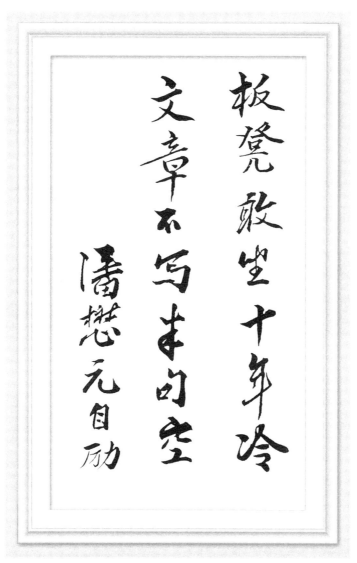

潘先生在 2006 年的提铭自励

许琦红，厦门大学 2022 届博士，泉州师范学院国际交流与合作处处长，研究员。

潘先生谈"民办高等教育"专用术语的来历与辨析

——在首届潘懋元教育思想研讨会上的讲话

在 1987 年 1 月 29 日到 2 月 10 日期间，也就是中国阴历除夕过年的时间，联合国教科文组织亚太办事处主任王一兵，邀请我到日本广岛大学参加会议，会议主题为"亚洲高等教育系统中的公立和私立体制的问题与展望"。我们知道在世界许多国家私立学校办得比公立学校要好，有许多私立学校办学质量不亚于拿政府资助的，因为政府资助，学校就要受它管了，如果是私人自己投资，自己筹款，自己办私立大学，可以按照自己的理念办学，自由发展。

潘先生出席首届潘懋元教育思想研讨会并发表即兴讲话

因此，世界有许多名牌大学是私立的，而不是公立的。例如，哈佛大学就是私立大学。那次会议就讨论这个问题，究竟私立学校好还是公立学校好？我当时向王一兵说，中国只有公立的学校，没有私立学校。他说，那就讲公立的学校。所以，我在那次会上就做了公立学校方面的报告。这个会议之前我已做了一些研究：并不是社会主义国家不能有私立学校，刚解放的时候，国务院的前身政务院还专门颁布了一个《私立学校规程》，说明并不是社会主义国家不能有私立。因此我在那个会上留下一句话，就是私立学校在中国的再现不是不可能的。回来后我继续研究，发现中国可以有私立学校。因为中国的宪法规定了所有制的问题，以公有制为基础，集体所有制和个体所有制都是其组成部分。在法律规定范围内的个体经济、私营经济等非公有制经济，是社会主义市场经济的组成部分。既然有个体经济、私营经济等非公有制经济，那么就可以有私立大学。但是，当时我要发表这篇文章的时候，考虑到用私立大学、私立高等学校太惹眼了，因为当时很怕的就是一个"私"字，所以我就把它改为"民办"。为什么呢？改为"民办"，我是有依据的，老解放区就有农村学校叫民办小学，现在我叫"民办高等学校"也是可以的。因此，现在国外叫私立学校，我们就叫民办学校。我把这些意见、这些想法、这些构思作了一些研究，中国之所以当时曾经没有民办学校，是因为当时的对私改造，私有经济不存在了，以私有经济为基础的民办私立学校也就不可能出现。现在《宪法》已经修改了，个体经济、私营经济等非公有制经济是社会主义市场经济的重要组成部分。既然有非公有制经济，那么就可以有民办的学校存在，不叫私立学校，叫民办学校，所以民办学校就这么叫出来了。我把这些意见写成一篇论文，在国家教委的一个国际论坛，我就与当时论坛的负责人郝克明同志商量，说我要发表这样的一篇报告行不行？她说可以，你想讲什么就讲什么。我就把我的论文于 1988 年 6 月 21 日，在国家教委教育发展政策研究中心所召开的高等教育政策研讨会上作重点发言。《光明日报》编辑部同志看了我这篇论文，说要发表，我说可以，但请他们等我做完报告后再发表。《光明日报》在 1988 年 6 月 22 日发表了这篇文章，发表后引起轰动，大家争相报道，包括《新华文摘》都转载了，所以就把"民办高等教育"这个概念定下来了。

民办高等教育在中国高等教育大发展的前夕，抓住了机遇，发展得非常迅速，而且名正言顺地发展。这是当年的历史，我们办民办教育的，对当时的这一段历史最好能够有所了解。

但现在民办教育又遇到了困难，该如何应对？现在对民办教育明确要进行类别化管理，分为两类登记：一种是营利性的民办学校，一种是非营利性的民办学校。登记为营利性的民办学校，目前没有相关的配套政策，怎么办？土地、税收政策没有配套，就要按公司法来购买土地、缴税，但教育事业又是公益性事业！登记为非营利性的民办学校，学校的产权为集体所有制，个人的投资没有保证，所以现在进退两难。那么，这个问题该怎么研究？但是现在大家都在等，都在观望。怎么办？本来这个管理办法已经公布了，六个月内进行类别登记，因为大家都在观望，所以改为五年之内登记完。现五年时间快到了，怎么办？这是一个敏感的问题。我个人的考虑，是不是可以用地方的决定来解决这个问题。比如说，登记营利性的，由于教育是公益事业，不能按照公司法来对待，在土地费、交税等方面应该给予一些优惠政策；登记为非营利性的民办学校，要保证投入资金、产权还是投入者的，而不是集体所有制的。这里面留下许多问题，还有待进一步研究。现在，别敦荣教授正在进一步研究这个问题。

2020 年 11 月 27 日，潘懋元教授和方晓博士向厦门南洋职业学院潘懋元教育思想研究所赠书

（本文是潘懋元先生 2020 年 11 月 27 日在厦门南洋职业学院召开的全国首届潘懋元教育思想研讨会上的即兴讲话，由雷志忠根据录音整理、康乃美校正，并经潘懋元先生审定。）

把潘先生教育思想做成一门学问

——在首届潘懋元教育思想研讨会上的讲话

◎ 别敦荣

敬爱的潘先生,

各位领导、各位老师、各位同学:

大家上午好!

非常高兴参加这次研讨会。这可能是在厦大之外,第一次不是由厦大组织召开的潘先生教育思想研讨会。看到这么多领导、老师和同学参加这次研讨会,我真的很高兴。

作为本次研讨会的支持单位,首先我代表厦门大学教育研究院全体师生对南洋学院建校 20 周年表示最热烈的祝贺,对校庆期间南洋学院筹备组织举办本次研讨会表示衷心感谢!

借这个机会,我主要讲三个意思:

第一,潘先生教育思想博大精深,需要深入研究。

潘先生一生从教,没有第二份职业。他的教育思想源远流长,在他现有的百年人生中,上学、从事教育、研究教育、管理教育贯穿了他八十多年的生涯。他的教育思想既体现在他丰富的著述中,又反映在他的教育实践中。研究潘先生的教育思想,既需要深刻研究他一生各个时期撰写的各类著述,又需要考察他从事小中大各级学校教育的亲身经历和实践。不仅要理解和阐释他说了什么、写了什么,还要挖掘他在教育实践中抱着什么教育理想,践行了什么教育信念。只有将他著述中的教育思想和教育实践中的教育信念和理想结合起来,才能准确和深刻地把握潘先生教育思想的精神实质。南洋学院成立潘懋元教育思想研究所是一个重要契机,这是全国最早成立的潘先生教育思想研究机构，责任重大，意义深远。

去年，泉州职业技术大学吴滨如校长提出要建立潘先生教育馆，我是拥护和积极支持的。我非常希望她能够坚持下去，把这个教育馆建起来。教育馆最重要的任务不是收藏潘先生已经发表和出版的文章著作，更重要的是，把散布在全国各地有关领导、专家学者、院友们手上与潘先生相关的教育历史文物收集起来，保管好，还要把潘先生在全国各地高校演讲报告、指导办学、指导年轻干部教师发展的史料搜集起来。这些都是研究潘先生教育思想的第一手资料。从这个意义上说，鲁加升校长成立的潘先生教育思想研究所和吴滨如校长要建的潘先生教育馆异曲同工，对做好潘先生教育思想研究具有特别重要的意义。

第二，厦门大学教育研究院和院友们有责任弘扬潘先生教育思想。

潘先生是厦大的，潘先生又是中国的，还是世界的。世界上已经有人研究潘先生了，但是，中国还没有人出版研究潘先生教育思想的专著。当然，大家也可以说，不是已经出版几本了吗？说实话，那些都只能算专书，但不能算专著。专著是一个学者针对某一个主题所撰写的著作。挪威学者阿里·谢沃先生写出了关于潘先生的专著，令人钦佩，也令我们这些弟子汗颜。

讲好潘先生的故事，做好潘先生教育思想研究，是厦门大学教育研究院师生的责任。潘先生是厦大教育研究院的精神支柱，是灵魂。潘先生的教育思想既是我们的精神财富，更是我们不可或缺的研究对象。我们召开了几次潘先生教育思想研讨会，组织师生和院友们撰写了研究文章，这是必要的，但如果仅仅做这些工作，是远远不够的。研究院还要做更多工作，要组织师生做更有成效的研究工作，把潘先生教育思想做成一门学问。

厦大教育研究院院友是潘先生教育思想研究的主力军。院友们对潘先生都有深厚的感情，在今年上半年的各种庆祝活动中，院友表现出了高昂的激情、真诚的感情、深厚的爱戴，把对潘先生的尊敬和无限的爱戴表达得淋漓尽致。研究潘先生的教育思想，我

别敦荣师从潘先生

们还要继续动员院友的力量，大家一起努力，把潘先生教育思想研究工作做好。当然，我们也知道，仅仅依靠厦大教育研究院师生和院友是远远不够的，因为潘先生的教育实践和学术思想不只属于厦大，也不只影响了厦大，我们希望有更多的同行学者参加进来，一起研究潘先生教育思想。

第三，办好厦大教育研究院是对潘先生教育思想最好的注解。

厦大教育研究院是潘先生一手创建起来的。在它40多年的发展中，潘先生倾注了最多心血，寄予了最大希望。潘先生教育思想是一个时代的精神宝库，厦大教育研究院是潘先生教育实践的辉煌成就。办好教育研究院有特殊的意义。

教育研究院与其他学院和研究院不同，它不单是一个学科领地，更是一片精神领地。它是在潘先生带领下师生共同开拓出来的一片精神家园，是每一个从教育研究院走出去的人最恋恋不舍、最难以忘怀、寄情最深的地方。

研究潘先生教育思想，更要办好教育研究院。所以，在这里我要向大家倡议，大家共同努力，办好教育研究院，守护好我们的精神家园，为潘先生教育思想做最好的注解。

最后，祝本次研讨会圆满成功！

希望研讨会一届一届办下去，明年我们还与潘先生一起欢聚一堂，交流学术，畅叙情谊！

谢谢大家！

别敦荣，厦门大学1997届博士，厦门大学教育研究院院长，教授、博士生导师。

把潘先生教育思想做成一门学问

潘懋元与高等职业教育

◎杨天松

一

潘懋元先生 1920 年出生于广东省汕头市，祖籍揭阳。百岁老人仍孜孜于教育事业，仍然在培养高等教育研究人才。潘懋元先生早已著作等身，也早已名满大江南北。孔子在《论语·雍也》里说"知者乐，仁者寿"，潘先生既是智者，也是仁者。潘先生在高等教育领域的成就，是很值得我们学习的。

作为一个已过期颐之年的长者，又是一个杰出的高等教育研究专家，潘先生自身的经历是值得我们了解的。潘先生说过："我的家庭出身，既非书香门第，更谈不上是名门望族，而是一个普通而贫穷的小商贩之家。"[①] 潘先生的父亲潘镜耀小时候就从揭阳县榕城镇跑到汕头谋生，"经过辛苦劳作和勤俭持家，他从一个脚夫走贩慢慢变成一个小商贩，在汕头站稳了脚跟。"[②] 潘先生说："我的父亲很勤劳，有点小精明，待人很和气。"[③] 潘先生的母亲梁韵清在嫁给丈夫之前，是给有钱人家梳头的，潘先生说："我母亲为人善良，不识字，话不多，是个典型的中国旧式妇女，任劳任怨，操持家务，抚育孩

---

① 潘懋元. 潘懋元教育口述史［M］. 肖海涛，殷小平，整理. 北京：北京师范大学出版社，2007：3.

② 潘懋元. 潘懋元教育口述史［M］. 肖海涛，殷小平，整理. 北京：北京师范大学出版社，2007：6.

③ 潘懋元. 潘懋元教育口述史［M］. 肖海涛，殷小平，整理. 北京：北京师范大学出版社，2007：8.

子。"①潘先生的父母亲共生了十个子女，七男三女，最后只有三个孩子活了下来。

了解到这种家庭状况，就不难理解潘先生后来的人生取向了。潘先生的父母亲因为自己没有多少文化，因此特别注重子女的教育。此外，潘先生有个非常优秀的哥哥。他的哥哥叫潘载和，小名叫连熙，也是潘懋元先生的启蒙老师。潘载和尽管 21 岁因肺病英年早逝，但留下了《潮汕检音字表》《潮州府志略》等专著，以及许多诗文，这些诗文由潘懋元先生的堂侄潘可琪整理为《听雁楼诗文集》，于 2000 年出版。②

1935 年，潘懋元先生初中毕业后，有过一段短暂的教书经历。他当时担任老家揭阳树德小学三年级的国文和算术老师。潘先生有很好的文学功底和数学基础，所以很能够胜任这份工作。一年后，潘先生继续上高中。此后又就读汕头海滨师范学校。1938 年 9 月开始，潘懋元先后在普宁锲金小学和高埕公学任教。由于抗战形势的不断发展，潘懋元因为参加进步活动受到阻力，于是打算继续求学深造。经过两次高考，终于考上迁入长汀办学的厦门大学教育系，这是潘懋元此后至今从事高等教育研究的起点。

二

潘懋元先生的高等教育研究始于对教育史的研究，他于 1949 年春回到厦门大学教育系做助教后，就开始研究教育史。实际上，我们做任何学问的研究，对所研究对象的历史都应当非常熟悉，从研究学科历史入手，往往能够有出其不意的成果。潘先生的教育研究就是从研究教育史开始的，他是新中国成立后第一个研究现代教育家杨贤江的学者，后来出了专著《马克思主义教育理论家杨贤江》（与宋恩荣、罗杞秀合作），他还编写了第一本《高等教育学讲义》。从 1983 年至今，潘懋元先生的著作不断出版，构成了他独特的高等教育研究系列成果，他因此成为当代高等教育研究大师级的人物。

潘懋元先生不仅致力于高等教育研究，而且还是高等教育学的创始人。在他创建高等教育学的过程中，有几个非常重要的关键点：1978 年，潘先生

① 潘懋元.潘懋元教育口述史［M］.肖海涛，殷小平，整理.北京：北京师范大学出版社，2007：8—9.

② 潘懋元.潘懋元教育口述史［M］.肖海涛，殷小平，整理.北京：北京师范大学出版社，2007：12—18.

创建了厦门大学高等教育科学研究室，这是我国第一个高等教育研究机构；1981年，厦门大学高等教育科学研究室招收了全国第一批高等教育学专业硕士研究生，潘懋元先生也成为我国第一个高等教育学硕士研究生导师；1984年，厦门大学高等教育科学研究室改为厦门大学高等教育科学研究所；1983年，高等教育学被国务院学位委员会确定为教育学二级学科；1984年，厦门大学高等教育科学研究所被批准为中国第一个高等教育学硕士授权单位；1986年，厦门大学高等教育研究所被批准为中国第一个高等教育学博士点，潘懋元先生成为中国第一位高等教育学科博士生导师；2004年，在厦门大学高等教育科学研究所的基础上，厦门大学教育研究院成立。数十年来，高等教育学研究不断发展进步，这里面蕴含了潘懋元先生对高等教育研究的执着追求和不懈努力。可以毫不夸张地说，潘懋元先生是中国当代高等教育研究的开拓者，也是高等教育研究的深耕者，同时也是高等教育研究的指路人。

从《潘懋元教育口述史》一书来看，潘懋元先生对高等教育有着深入的研究，这些研究涉及高等教育诸多方面，诸如高等教育与商品经济或市场经济、高等教育与传统文化、大学素质教育、高等学校教学原则、高等教育地方化研究、高等教育大众化研究、民办高等教育研究、高职教育研究等领域。这些方面的研究，都值得我们深入学习。

三

潘先生是研究高等教育的大家，他除了主要研究高等教育的宏观问题、除了研究本科教育问题以外，对高职教育尤其是民办高职教育也作了深入的研究。

潘先生开始研究民办教育，始于1987年初他受联合国教科文组织亚太地区办事处邀请，到日本参加亚洲第三届国际高等教育研讨会，这次研讨会的议程是"亚洲高等教育系统中的公立和私立体制——问题与展望"。当时中国的私立（民办）高等教育可以说刚刚开始起步，在很多关键问题上还不是很令人满意，这种状况，稍微熟悉中国当代高等教育发展情况的人都是了解的。在这次会议上，潘先生主要谈中国公立高等教育，关于民办高等教育，他只说了一句话："随着中国经济体制的改革，民办高教的重视不是不可能的。"①

---

① 潘懋元.潘懋元教育口述史［M］.肖海涛，殷小平，整理.北京：北京师范大学出版社，2007：223.

这是一个非常有远见的预见。正是这次会议，使潘先生认识到民办高等教育是发展高等教育不容忽视的一支重要力量。

亚洲第三届国际高等教育研讨会后，潘先生开始着手研究中外私立高等教育发展史，开始研究中国民办高等教育问题。

1988年，潘先生在《光明日报》上发表文章，指出民办高等教育存在三个有利于：有利于鼓励社会各方面力量集资办学、广开财路、增办高校；有利于调整高等教育结构，适应社会主义现代化建设的需要；有利于开发智力资源，征聘所需师资[①]。

毋庸讳言，当代中国民办教育发展并非一帆风顺，这固然是由于改革开放后，人们的思想观念一时还不能够很快地适应新情况的需要，同时也由于教育问题本身错综复杂，教育事业并不是那么容易看得见效果的事业。教育事业的发展是百年大计、千年大计，需要一步一个脚印，需要润物无声的慢节奏步伐，才能真正起到推动社会进步的作用。

在《高等教育研究》1999年第4期上，潘懋元先生发表了《民办高等教育的若干理论问题》，在这篇文章里，潘先生主要阐发了四个问题：民办（私立）高等教育的定位问题、发展民办高等教育是中国高等教育大众化的必由之路、民办高等学校的产业化问题、民办高校的质量问题。探讨这些问题对当时刚刚开始要扩招的中国高等教育以及相对发展缓慢的民办高等教育面临的问题具有非常重要的指导意义。以民办高等教育的定位问题为例，虽然1993年国家教委发布的《民办高等学校设置暂行规定》表明民办高等教育的定位是"我国高等教育事业的组成部分"，但由于当前中国民办高校办学时间短、大多数学校的师资、经费、设备等条件远不如公立高校，因此民办高校主要还是专科层次的高等职业技术教育。潘先生认为，尽管这种做法符合当前实际情况，但似乎不宜把民办高校都定位于专科层次与职业技术教育。因为把民办高校都定位于专科层次与职业技术教育，会限制民办高校进一步发展与提高。从潘先生的这些观点看，他对当时民办高校发展定位于高职高专实际上表达了他的忧虑，他之所以忧虑，是因为他非常熟悉中外私立高等教育史。事实上，很多国家和地区的私立高校都办得非常好，即使是民国时期的私立高校，也都有非常高的办学水平和办学成就。

---

① 潘懋元.潘懋元教育口述史[M].肖海涛，殷小平，整理.北京：北京师范大学出版社，2007：223.

潘懋元先生一方面对中国民办高等教育发展存在的问题保持了清醒的认识，另一方面又对中国民办高等教育发展保持了乐观的态度。民办高等教育存在的问题，按照潘先生的看法，一方面是外部环境问题，主要包括招生问题、师生待遇问题、评估问题、行政管理问题、优惠政策不到位问题；另一方面还存在民办高校发展中的问题，如生源问题、师资问题、资金问题、质量问题、办学思想与学校管理问题。① 民办高校发展中存在的问题的确比较多，这里面最重要的是生源问题、师资问题、资金问题、待遇问题，在这几个问题中，资金是比较核心的问题。毕竟，从目前的体制来看，民办高校的资金对于很多学校来说，主要还是来自学费收入，政府方面的资助少之又少。资金问题如果不解决，其他问题也比较不容易解决。

尽管如此，潘先生对民办高等教育发展仍然看好，在《民办高等教育大有作为》一文中，即有非常乐观的观点。在这篇文章里，潘先生说：

> 中国民办高等教育重新起步于20世纪80年代，经过20多年的发展，已经成为中国高等教育事业的重要组成部分。随着中国全面建设更高水平小康社会的需要和高等教育大众化的进程，在未来的15年内，民办高等教育必将有更大的发展。未来的发展包括两个部分：其一是数量的增长，可能从当前约占高等学校总数的41%和在校生总数的18%，增长到一半以上；其二是在民办高等教育总体质量逐步提高的同时，将有一批办学理念先进、师资阵容强大、资金实力雄厚、声誉良好的优秀民办高校脱颖而出，成为各自类型的一流大学。②

十五年过去了，中国民办高校发展没有完全实现潘先生的预言，但比较而言，中国民办高校还是取得了很大的发展，已经出现了一批优秀的民办高校，这说明潘先生对中国民办高校发展的预测有一定的科学性。

不知道是有意还是无意，潘先生在2020年——恰好是他《民办高等教育大有作为》一文发表十五年——和他的博士生林莉合作发表了《2020：中国民办高等教育的前瞻》一文。在这篇文章里，潘先生主要讲了两个方面的问题：一是从宏观环境看中国民办高等教育的机遇，二是从中外比较看中国民

---

① 潘懋元.民办高等教育持续发展问题［J］.浙江树人大学学报，2006（4）：1-4，8.

② 潘懋元.民办高等教育大有作为［J］.浙江树人大学学报，2005（5）：1-2.

办高等教育的未来发展。从文章里面的论述来看，潘先生对中国民办高等教育发展仍然是乐观的。

改革开放以来，民办学校尤其是中国民办高校的发展取得了很大的成绩，但是，制约民办高校进一步发展的问题依然存在，在这些问题中，民办高校的发展模式显得尤为重要。在这方面，潘先生和邬大光、别敦荣在《高等教育研究》2012年第4期联合发表了《中国民办高等教育发展的第三条道路》。在这篇文章里，潘先生等提出有关民办高校发展第三条道路的方案。根据民办高校三种不同发展道路，实际上也就把中国民办高校分为三种：第一种是捐资举办的民办高校，第二种是营利性民办高校，而第三种就是投资举办但不要求取得回报的民办高校和要求取得合理回报但又不是营利性的民办高校。他们提出的中国民办高校第三条道路这一命题，"是基于我国民办高等教育产生的特殊背景和现阶段遇到的特殊问题"，同时，"也是兼顾国外私立大学法政的经验"。

的确，民办高校如何健康发展，是当前乃至今后相当长的一个时期值得探讨和研究的问题，因为这关系到民办高校自身的发展，关系到中国民办高等教育的质量问题，关系到民办高校全体师生生存和发展的问题。

在历史上，中国有非常深厚的私学传统，即使是近代以来到20世纪前半叶，中国也存在过一批非常好的私立大学，这些私立大学如复旦公学、光华大学、中国公学、南开大学、厦门大学、燕京大学、齐鲁大学、东吴大学、上海圣约翰大学、福建协和大学、辅仁大学等等。诚实地说，中国当前还没有产生像上述这些非常好的私立大学一样的民办大学。我想，在潘先生看来，中国民办高校还有非常漫长的道路要走，还需要解决非常多的各种各样的问题。当然我们也相信，随着时代的不断发展，中国民办高等教育一定会有一个光明的未来。

杨天松，副教授，厦门南洋职业学院人文社科学院原执行院长。

潘先生谈"高考有利于培养个性化创新创业人才吗？"

——在第二届潘懋元教育思想研讨会上的讲话

2021 年 11 月 27 日，在第二届潘懋元教育思想研讨会上，厦门大学教育研究院名誉院长、著名教育学家潘懋元教授发问："高考有利于培养个性化创新创业人才吗？"潘先生之问语惊四座，让线下线上 600 多位参会者陷入了沉思。

过去潘先生也认为，全国统一高考是中国一道特殊的风景线。每年到了高考的时候，全国各高考考点附近都要禁行，到处都是警察维持秩序，以保障考生能顺利参加高考，为了防止作弊，连考场附近的网络都关闭了。在高等教育精英化阶段是这样，大众化阶段还是这样，到了普及化阶段，还应该这样吗？

2021 年 11 月 27 日，潘先生视频出席第二届潘懋元教育思想研讨会并演讲

按照世界公认的马丁·特罗高等教育发展阶段理论：毛入学率在15%以下，上大学是特权；毛入学率从15%上升到50%，上大学是学生的权利；毛入学率达到50%以上，上大学是学生的义务。马丁·特罗还特别提出，在高等教育普及化阶段，学生受教育的形式是多种多样的，高考制度也应该适应多样化的高等教育发展要求。

我国高等教育发展形势已经发生了深刻的变化，实施全国统一高考的条件已然有了重要改变。高等教育毛入学率已经超过了50%，2020年达到了54.4%，2021年虽然还没有具体数据，但估计还会更高。接受高等教育已经成为年轻人的义务，是他们必须完成的义务。但是，我们也知道，完成义务并不是许多年轻人都想要的，因为读书毕竟是很辛苦的事情，有许多年轻人并不想上大学，而是想去打工，因为打工可以早早有收入。高考制度导致了中小学的应试教育，孩子们从小学开始，一天到晚背书。孩子们没有办法按照他们的天性去玩耍、去发展，在小学学算术、背语文，到中学学数学、物理、化学，考什么就要背什么。这种考试制度落后了，阻碍了中国青少年的发展，使得我们的孩子从小就不能够很好地按照他们的天性，快快乐乐地去玩，快快乐乐地成长。现在，我们提倡教育要发展孩子的天性，培养人的个性，统一高考不是与教育的要求背道而驰吗？

高考曾经是一种先进的高等教育招生考试制度，特别是改革开放以来曾发挥了重大的历史性作用。但是，现在是普及化阶段了，高等教育毛入学率还会不断提高。环境条件变了，还搞"唯分数论"就不合适了，中央要求的"破五唯"就为高考改革指明了方向。

我们的教育要把年轻一代培养成为个性化创新创业人才。教育要发展学生的高级智能，要培养他们成为创新创业型全面发展的人，曾经是靓丽风景的高考是不是应该顺应时代要求而有所改变，而不是背离新形势、墨守成规呢？

讲话中，潘先生戏称自己的想法是"胡思乱想"。他希望抛砖引玉，就进高校还要不要高考的问题请教大家。

"潘懋元之问"振聋发聩，发人深思。

（本文由厦门大学2018级博士研究生王亚克整理供稿，原文2022年3月17日发表于《河北师范大学学报（教育科学版）》

潘先生谈『高考有利于培养个性化创新创业人才吗？』

潘懋元现代终身教育思想研究的创新特色

◎陈宜安

  厦门大学百岁教授潘懋元先生是我国著名的教育家，尤其在我国高等教育学科的创建和发展方面功勋卓著。但不容忽视的是，潘先生还是一位"活到老，学到老"的终身学习理念践行者，也是现代终身教育理论与实践的潜心研究者。[①]

  潘懋元先生很早就十分关注现代终身教育思想在国内外的传播和发展，不仅在日常的研究生教学中常有涉及终身教育的思想火花，而且还完成了两项专门的终身教育的项目研究，取得了令人瞩目的成果：一是教育部人文社科重点研究基地重大项目"在终身教育体系平台上的多种教育模式研究"（2009—2012 年）；二是教育部哲学社会科学普及读物项目"现代终身教育理论与中国教育发展"（2012—2014 年）。本文不揣谫陋，尝试通过考察这两项成果的研究过程，并结合他在《终身教育》杂志上发表的相关论文以及他接受该杂志的访谈记录等[②]，对潘懋元先生关于终身教育研究的创新特色，做一点初步探讨。

一、以深邃的历史眼光，洞察西方现代终身教育思潮的本质属性

  20 世纪 60 年代前后在西方兴起的终身教育思潮，随着知识经济的发生发展，在 80 年代前后传入我国，并引发了我国学者对终身教育和终身学习的研究热潮，相关的各种图书和论文可谓数不胜数，投身各种推介演说的人士

---

① 李国强.现代终身教育：人类可持续发展的基础工程：潘懋元终身教育思想解读［J］.终身教育，2020（7）：10-15.

② 访谈录以及相关文章，参见《终身教育》2020 年第 7 期。

也层出不穷。有的学者致力于直接的引进，有的学者根据自己的理解介绍终身教育的基本思想和不同观念，有的分析终身教育的发生发展背景，有的则探讨终身教育的意义和影响等，及至后来，又有不少学者和实践者致力于在我国普及终身教育观念或在实践层面推展终身学习的理念、发展学习型组织、推进社会层面的终身教育等，理论的研究反而薄弱了。这些研究和实践活动，尽管都为我国的终身教育理论研究和实践发展做出了很大的贡献，也成为后续更多学者进一步研究的基础，但理论研究方面终归还是让人感到有些空泛，难以把握更深层次的东西。

潘懋元先生及其研究团队的终身教育研究，也是从引进推介西方现代终身教育思潮，分析其发生发展背景开始的，但他们没有停留于此，也没有滑向实践层面的推展研究，而是跳出终身教育思潮本身，跳出单一的教育视域之外，尤其与哲学、社会学及心理学等多种学科密切结合，以深邃的历史眼光，直接洞察西方现代终身教育思潮的本质属性。

首先，潘懋元教授认为，现代"终身教育、终身学习"思想与"活到老、学到老"的古代格言相比，虽然都是在强调人的一生要不断学习和进步，但是，现代"终身教育、终身学习"背后包含着的"教育平等、教育民主、教育自由"等价值观念，即现代终身教育的社会学、政治学意义，是古人观点中所不具备的。[①] 这种见解，让我们清楚地看到了古代的"终身学习观"和现代终身教育／终身学习思潮的本质区别。而一些人将二者混淆，认为现代的终身学习思潮的本质不过是古代"学到老"观念在新形势下的重复或翻版，从而认为终身学习理论也不过如此，显然是没有把握现代终身学习理念的本源和实质。潘先生说："如何将西方的终身教育与我国古代终身教育相结合，值得我们进行深入研究。"[②] 这可以说是他开展西方现代终身教育思潮研究的目标之一。

其次，从人的发展及其与教育的关系的角度，潘先生及其团队的研究认为现代终身教育思潮"是人本主义教育思潮的延续；以人为本、关注学习者的生命过程是其核心内涵；终身教育的本质即促进人的持续发展和不断走向

①　李国强．现代终身教育：人类可持续发展的基础工程：潘懋元终身教育思想解读［J］．终身教育，2020（7）：10-15.

②　陈宜安，陈斌，郑宏．推动终身教育创新发展 服务全民学习社会建设：专访厦门大学资深教授潘懋元先生［J］．终身教育，2020（7）：1-6.

潘懋元现代终身教育思想研究的创新特色

完善"[①]。这一认识，可以说是回归了历史上的人本主义教育宗旨，又用这种历史上的人本主义的观念审视和分析了现代终身教育思潮的基本特征，找到了它们之间的历史联系，揭示了现代终身教育思潮对人类自身发展完善的重要意义，从而把终身教育的理论研究，从实用主义的需要论提升至人性完善论的层面，拓展了研究的空间。

再次，潘先生及其团队关于终身教育思潮本质属性的研究，并没有停留在上述的人本主义教育视野内，而是在研究中不断深化扩充，从人类社会的发展全局观察终身教育发生发展的实质。所谓人类社会发展的全局，就是不满足于仅仅用教育的眼光，仅仅在教育的范畴内谈论终身教育和终身学习，而是要用马克思主义的哲学，特别是社会学、政治学、经济学等各种人类社会的思想成果，联系社会发展、知识增长的实际进行分析归纳，进而得出科学的结论。同时也不满足于横向的铺陈，而是要关注纵向的历史变迁，洞察其来龙去脉。

潘先生及其研究团队力求站在这样的高度分析理解现代西方终身教育思潮。他们认为，西方现代终身教育思潮一方面与"教育平等、教育民主、教育自由"等价值观念有着密切的联系，这些价值观念是现代西方终身教育思潮的灵魂，追求的是个人的生命意义与价值，另一方面，这一思潮也是根据知识经济时代的生产力和生产关系特点，致力于解决西方社会工业化进程中发生的各种社会问题，从而形成了终身教育、终身学习、学习型社会等基本思想[②]。由此，可以认为潘先生及其研究团队向我们强调了现代终身教育思潮是西方价值观念和西方社会需求相结合的产物，具有鲜明的西方思维特点和思想文化特质。

二、以动态的辩证观念，分析现代终身教育的发生发展

在 20 世纪 80 年代以后国内一度热闹非凡的终身教育研究中，对西方现代终身教育思潮的介绍分析不胜枚举，但大多论述的是这一思潮的背景、动力、内容和实施，而探索其动态发展过程的研究只是少数。潘懋元先生及其研究团队的研究就是这样的少数之一。其基本认识是：几十年来西方现代终

---

① 潘懋元，李国强.正规教育融入终身教育体系：一项亟待研究的课题[J].终身教育，2010（4）：6-12.

② 潘懋元，李国强.现代终身教育理论与中国教育发展[M].北京：高等教育出版社，2017.

身教育思潮经历了一个不断发展的多阶段变化过程，在各个发展阶段都有着自己的阶段性特征。

西方现代终身教育思想的流行，起始于法国教育家保罗·朗格朗在联合国教科文组织提出终身教育问题之时。一般认为，朗格朗提出终身教育观念，主要是基于人类知识量的骤增而要求人们在接受学校教育之后继续不断学习，以紧跟知识经济社会的发展步伐。而潘懋元教授进一步认为，西方现代终身教育思想，还是"在批判欧洲传统学校教育的封闭性与保守性、反对人与人之间的不平等关系的过程中产生的教育思想"[1]。所以这一时期终身教育思想内核中，也包括有较强的"民主、自由、平等、解放"观念，这一特点尤其被 1970 年代以后的南美、非洲等地的终身教育思想家加以强调和加以实践，从而在第三世界国家中产生了深远的影响。

西方终身教育思想流行的第二阶段，是以 1972 年联合国教科文组织出版的《学会生存》为标志的。原因在于经过 20 世纪 60、70 年代的斗争和发展，到 1970 年代以后教育更加普及，教育的民主化得到了很大发展，一些发达国家中教育的差异也有所减小，所以这一时期，从《学会生存》开始，西方终身教育思潮中有了新的思想元素，那就是逐渐更多探讨学习化社会、人的全面发展、科学技术与人道主义的关系等等。

到了 20 世纪 90 年代以后，西方现代终身教育思潮中关于"社会责任""个人自由与他人利益"的观点得到更多的分析，特别是 1996 年联合国教科文组织出版的《学习：财富蕴藏其中》就突出了所谓学习的"四大支柱"：学会求知、学会做事、学会共同生活（学会合作）、学会生存。在要求"深入挖掘每一个人的潜能"的同时，展现了平衡个体与集体等紧张关系的"平衡教育观"和"和谐教育观"，学习不再仅仅是个人的事，也不仅仅是知识的学习，更是要学会在复杂的社会中做事、做人、生存和生活得好。这就是这一时期西方终身教育思潮中不同于过去阶段的地方。

潘懋元先生领导其研究团队打破静态观察和分析的局限，展现了西方现代终身教育思潮生动变化的发展历程，也让人们对西方现代终身教育思潮的理解更加丰富和深刻起来。

---

① 李国强.现代终身教育：人类可持续发展的基础工程：潘懋元终身教育思想解读[J].终身教育，2020（7）：10-15.

三、以批判的比较分析，提出我国发展终身教育的可行建议

服务自己国家的发展，是我们学术研究的题中应有之义，也是我们研究者的共识。但如何真正做到、如何做得更好，需要研究者们各尽其责，各显其能。潘懋元先生将对现代西方终身教育思潮的研究成果运用于我国的发展实际，也有自己的特色和贡献。

一是摒弃泛泛而谈，直指现实中的认识偏差。例如，他很早就反对把终身教育等同于成人教育、继续教育，强调终身教育体系的整体性和复杂性，要求必须弄清各级各类教育之间的关系以及它们作为终身教育组成部分如何更好地融为一体的路径方法。对此他曾明确指出"我国目前的终身教育体系建设路径着重于发展成人教育、继续教育、网络教育，对以终身教育理念变革正规学校教育体系还显得不够重视，导致很多人误认为终身教育体系建设只是发展成人教育与继续教育的一种措施"①。潘先生还举例说"你要是去问台湾的大学校长，你这里有没有从事终身教育的，他肯定会说'有'。台湾地区的大学首先强调要培养学生终身教育的理念，其次要在教学中培养他们终身学习的能力。但是，你要是问大陆某所大学的校领导有没有终身教育，他肯定会请所属的继续教育学院（成人教育学院）的院长跟你聊聊"，这说明中国大陆的终身教育并没有被高等学校广泛认识和重视，只是被看成是成人教育或继续教育，这就是认识上的偏差。潘先生在自己的研究中多次提到这点，并作为需要研究解决的重要内容之一。

潘先生还指出，现代终身教育思想也不能简单理解为"人们为了跟上时代发展的步伐而被动地更新自己的知识和技能"，更不能如应试教育那样只注重书本知识的积累甚至只注重分数。他指出现代终身教育思潮提倡的是一种自我觉醒式的主动学习，是要主动追求自我完善乃至人类共同幸福的理想。应试教育只重分数无视儿童自身成长，造成了教育中的"人的缺失"现象，必须予以纠正。要强调终身教育思潮中以人的全面发展为目标的思想，吸收其中的人本主义思想要素。这些都反映了潘先生的研究团队对于终身教育课题研究，是十分重视基本概念的完整的，并极力避免和克服现实中的认识偏差。

---

① 陈宜安，陈斌，郑宏．推动终身教育创新发展 服务全民学习社会建设：专访厦门大学资深教授潘懋元先生［J］．终身教育，2020（7）：1-6．

二是切实针对当前我们的教育改革和发展中急需处理好的问题进行研究，弄清如何利用西方现代终身教育的理念帮助我们解决这些问题。例如我们教育教学改革中的师生关系和地位问题，学历教育与非学历教育、正规教育与非正规教育、普通教育与职业教育问题，以及中国特色终身教育体系的构建问题等，都是潘先生的终身教育研究团队关注的现实问题。针对这些问题，他们注意从西方现代终身教育的理念中汲取可资借鉴的东西。

针对终身教育在我国的发展情况，潘先生领导的研究团队还极为关注终身教育观念的社会普及，认为这也是急需解决的基本问题。他们对比国内外终身教育的发展，提出必须在社会大众层面切实宣传终身教育和终身学习的基本理念的要求。因为人民群众意识到终身教育对个人发展和社会发展的重要意义，是有效发展终身教育的必要前提。"如果人们还没有意识到终身教育的重要意义，那我们面临的可能不仅是终身教育政策'喊空话'或教育改革发展缓慢的问题，更有可能因为我国现代教育体系不能有效发挥其促进个体发展与社会发展的功能，导致社会主义现代化建设进程缓慢。"[1] 这些有实际针对性的认识成果，对我们进一步推展终身教育和终身学习，在实践层面落实终身教育理念，至今仍然有着重要的现实意义。

三是针对西方现代终身教育思潮具有的西方文化特色实质的问题，提出我们对于这种西方思潮必须进行"中国化"批判性改造，不能轻易照搬的见解。他曾在接受《终身教育》总编辑采访的时候重申了在《现代终身教育理论与中国教育发展》一书中的观点："我国教育学界对现代终身教育关心不够、认识还比较模糊、研究有待进一步深入，尤其是要对现代西方终身教育理论进行适应中国现实的本土化改造。"[2] 尤其是西方现代终身教育理论所包含的"民主、自由、平等、解放"等价值观念元素，是基于西方历史经验而形成的，对其内涵有必要进行"中国化"改造，深刻解析其中的思想元素，总结国外终身教育发展中的经验和教训，批判性吸收，以适应中国的历史经验和现实条件。

　① 陈宜安，陈斌，郑宏. 推动终身教育创新发展 服务全民学习社会建设：专访厦门大学资深教授潘懋元先生［J］. 终身教育，2020（7）：1-6.

　② 陈宜安，陈斌，郑宏. 推动终身教育创新发展 服务全民学习社会建设：专访厦门大学资深教授潘懋元先生［J］. 终身教育，2020（7）：1-6.

潘懋元现代终身教育思想研究的创新特色

四、以终身教育研究平台培育新人，打造高水平科研队伍

在对西方现代终身教育思潮的研究中，潘懋元先生还积极组织自己所在单位的博士生（包括自己的学生）形成研究集体，通过研究实践，创造各种机会，培育壮大后辈人才队伍。

例如针对教育部人文社科重点研究基地重大项目"在终身教育体系平台上的多种教育模式研究"，潘先生就组建了包括两位博士后研究人员和六位博士研究生在内的攻关团队。根据项目研究的需要，也为了培养团队成员，在总课题下分设了 5 个子课题，由各研究人员分工负责，给予他们独立主持研究任务的锻炼机会。同时为了合作研究的需要和交流互助，潘先生还邀约研究团队成员在他主持的家庭周末学术沙龙两次讨论写作计划，多次交流研究中的心得和问题。经过近三年的集体攻关，研究团队不仅很好地完成了项目研究任务，而且几位博士生也高质量完成了相应的毕业论文，博士后人员也按时完成了出站报告，此外还有多篇期刊论文得以正式发表。人才成长和科研成果都可谓硕果累累。

又如在教育部哲学社会科学普及读物项目"现代终身教育理论和中国教育发展"研究中，他还让李国强等研究人员和学生参与研究和成果的撰写，从而让他们得到了极大的提高。李国强在自己的文章中就曾说："这 5 年间，笔者蒙潘先生厚爱，协助及跟随他一起进行研究设计、组织课题研讨，聆听先生教诲并共同撰写著作文章，在深刻感受潘先生敏锐思维和学术洞察力的同时，自己也在艰苦紧张的科研过程中提升了理论涵养""从 2012 年 9 月到 2014 年 7 月，在潘懋元教授时时耳提面命、指导研究和写作的基础上，我们一起完成了书稿"[①]。该研究成果在 2017 年 8 月由高等教育出版社正式出版。除此之外他还和潘先生共同署名发表了多篇期刊论文，收获极大。

福建和台湾岛仅仅一水之隔，交流便利而频繁，潘先生认为这也给福建终身教育的发展和研究带来了独特优势，因为台湾地区的终身教育起步稍早，做得比较好，有制度、有执行，还有监督[②]。他的研究队伍中就安排有来自台

---

① 李国强. 现代终身教育：人类可持续发展的基础工程：潘懋元终身教育思想解读[J]. 终身教育，2020（7）：10-15.

② 陈宜安，陈斌，郑宏. 推动终身教育创新发展 服务全民学习社会建设：专访厦门大学资深教授潘懋元先生[J]. 终身教育，2020（7）：1-6.

湾的研究生负责研究台湾地区终身学习机构的监督工作。他认为在研究过程中，一方面我们可以邀请台湾地区专门从事终身教育的专业人员来介绍他们的经验，另一方面也可以选派部分人员包括自己现在指导的博士生到台湾地区去了解、学习台湾地区终身教育的具体做法。这也是锻炼研究队伍、提升研究水平的重要途径。

在研究工作中，潘先生还以自己与时俱进的"学习人生"激励研究队伍的学习和成长。他不仅经常带领学生们聚会研讨学术问题，还鼓励他们开动脑筋不断学习。他说："我今年已经 100 岁，为什么我现在还是目明耳聪，就是因为我仍在不断学习中。也就是说，脑袋还在不断地思考问题，不断地运动。我曾经说过，要保持健康，身体要运动，但如果只是身体运动而脑袋不运动，人很快就会衰老。"[1]他还说："我一生最为欣慰的是，我的名字排在教师的行列里。"[2]潘懋元先生就是这样以自己热爱学习、热爱育人工作、热爱钻研问题的言行作为榜样，展现了崇高境界，极大地激励了包括他的众多学生在内的莘莘学子和教育工作者不断前进。可以说，潘懋元先生在对终身教育和终身学习的研究中，确实以自己的实践，贯彻了自己"一边进行研究，一边培养学生"的初衷，实现了"理论教学相交，师生情理交融"的理想。

综上所述，在对西方现代终身教育思潮的研究中，潘懋元先生及其率领的研究团队展现了自己的鲜明创新特色，从而极大地深化了对西方现代终身教育思潮的理解，提升了这一问题的整体研究水准，同时也锻炼培育了一支高质量的终身教育／终身学习的研究队伍。他们的研究，对于我们更好地构建服务全民终身学习、具有中国特色的终身教育体系，无疑做出了重要的贡献。

陈宜安，研究员，福建省社会主义学院原副院长，《终身教育》杂志总编。

① 　陈宜安，陈斌，郑宏.推动终身教育创新发展 服务全民学习社会建设：专访厦门大学资深教授潘懋元先生［J］.终身教育，2020（7）：1-6.

② 　佚名.潘懋元教授荣获"全国教书育人楷模"："我一生最欣慰的是：我的名字排在教师的行列里"［J］.中国高教研究，2014（10）：2.

潘懋元现代终身教育思想研究的创新特色

潘懋元"素质质量观"的南洋实践与探索

◎鲁晓芹　钟石根　雷志忠

厦门南洋学院与潘懋元先生有着不解之缘。潘先生不仅是南洋学院主要创办者、董事长鲁加升先生的导师，而且学校创办不久，即应邀到校悉心指导，提供无私帮助，不计租赁而来的教室的简陋与条件的艰苦，毅然为第一届南洋学子讲学授课。20多年来，他还多次率团到校参观、调研、指导，先后出席 10 周年、20 周年校庆活动。正是在这种润物无声的潜移默化中，南洋的办学工作悄无声息地实践并将持续不断地探索潘先生的民办高校"素质质量观"。

一、"素质质量观"的内涵解读

概言之，潘懋元先生的民办高校"素质质量观"，就是对民办高校的教育教学质量和人才培养水平的看法、主张与观点。他认为，民办高校教育质量不如公办高校的简单、笼统说法是传统教育质量观和人才培养观的偏见所致，这既不客观，也有失公允。于教育而言，因培养层次、培养目标和社会需求的不同，教育质量水平和人才规格标准也相应不同。对于民办高校，只要能够抓住社会实际需要，能够培养出"适销对路"的高级专门人才，培养出来的毕业生比较受欢迎，经过多年努力办出了自己的特色，就应当认定这样的民办高校具有较好、较高的教育质量。他主张，"要改变以往给学生灌输多少知识为衡量标准的传统教育质量观，树立高素质的人才观和包括知识、能力在内的素质教育观"[①]。

早在 1988 年，潘先生在其《关于民办高等教育体制的探讨》一文中提

[①]　潘懋元. 对发展民办高等教育若干问题的认识[J]. 中国高等教育，1999(13/14)：21-23.

出，要通过建立严格的管理制度来规范、约束民办高校办学行为，促进民办高等教育教学水平及其人才培养质量的提升，"如果没有严格的管理，则有些私立高等学校的质量，可能达不到最低规格……因此，国家必须有相应的质量管理措施。至于在严格管理下出现多种质量规格（多规格不等于无规格），则未尝不是好事，可以适应社会的不同需要。总之，质量偏低不是民办高等学校的必然现象"①。先生同时认为，民办高校应自觉、主动履职担责，不宜以质量标准的不同放弃质量的提升，特别是在"应用型人才"培养方面要有大作为、做好文章、刷新表现，有条件的还要在学术科研方面搭平台、求建树、找突破。

1999年，潘懋元先生在《对发展民办高等教育若干问题的认识》一文中明确指出，对于民办高等教育质量，应该有一个公正的说法或态度。"从传统的知识观来看，由于民办高校生源较低，设备较差，教师兼职多且流动性较大，当前民办高校总体知识水平，显然不如公办高校。因此，也就不能简单地以公办高校的知识水平为标准来评价一般民办高校的质量。"②

2001年，潘懋元先生主张精英教育与大众教育应互补发展，在《精英教育与大众教育》一文中，他针对高等学校定位不明、分工不清的状况提到："中国社会主义现代化的建设不仅仅需要研究高深学问的专门人才，而且需要数以万计的专业性的、应用性的、职业性的技术人才、管理人才、服务人才。"③先生认为，研究型大学不应分散有限的教育资源，挤占大众化教育，而普通高等学校（包括新办的高专高职学校）不应把本科教育、研究生教育等精英教育定为目标，而应定位于培养应用型人才，承担大众化教育。

直至2020年，潘懋元先生再次说到，高等教育要公办、民办多元并存，在《新时代中国高等教育改革与发展的今天、明天与后天》的主题讲话中，他指出，要激发高等教育系统的活力，建设"双一流"高校，不应只仅仅着眼于传统的研究型或学术型大学，而应激发不同类型的高校争创各种一流，运用多种质量观，统筹兼顾，多元发展。④

———————

① 潘懋元.关于民办高等教育体制的探讨[J].上海高教研究，1988（3）：35-40.

② 潘懋元.对发展民办高等教育若干问题的认识[J].中国高等教育，1999（13/14）：21-23.

③ 潘懋元.精英教育与大众教育[J].中国高教研究，2001（12）：16.

④ 潘懋元.新时代中国高等教育改革与发展：今天、明天与后天[J].高等教育研究，2020，41（9）：1-3.

二、"素质质量观"的南洋实践

因应形势需要，中国现代民办高校在上世纪90年代末至本世纪初高歌猛进，全国各地大学城如雨后春笋遍地崛起，民办高校确实因市场化因素和市场化行为的影响而致办学质量良莠不齐，办学水平高低有别。厦门南洋学院创办者在党的领导下，贯彻党的教育方针，以服务地方经济社会发展为宗旨，积极实践潘懋元民办教育"素质质量观"，坚持"高等与职业"教育定位，坚持教育理念与教育实践的创新，坚持以质量与特色取胜，坚持以就业为导向办学，依法规范管理，特色示范引领，教育教学水平和人才培养质量稳步提升，在培养和输送一批又一批技术技能型人才的同时，努力朝着建设应用型大学和培养应用型人才的目标砥砺前行。重点从以下六个方面着手发力。

（一）严抓队伍建设确保办学质量

学校牢牢抓住"人"这个关键因素，将队伍建设贯彻始终，确保办学质量的稳步提升。学校重点建设三支队伍，即"双师型"教师队伍、高素质管理干部队伍和训练有素的思想政治工作队伍，以良好的师资队伍、管理队伍和思政队伍，保障教育教学质量的提升与特色的融入。

一是采取"外引内培"，有计划地从其他高校或行业企业引进高素质"双师型"专业人才，给每个专业配一或两名高职称、"双师型"专业带头人，聘请企业专业技术人员和能工巧匠到学校担任兼职教师。同时注重培养学校骨干教师，安排教师到企业实践锻炼，参与企业科研，了解企业需求。具体做法是：成立教师发展中心，搭建教师职业发展规划、培训、学术交流、教学改革与研究平台；加大企业师资招聘力度，动态维持专任教师中有企业工作两年以上经历的占比达到三分之一；开展各种教学技能竞赛，促进教师教学能力和职业水平不断提升；通过构建教坛新秀、双师型教师、骨干教师、教学名师、南洋学者教师发展"五阶梯"，促进教师自我发展、主动提升；重点建设技能、学识齐备的"双师型"教师队伍，其人数占专业课教师的比例达到六成以上。教师的职务职称实行评聘制，坚持评聘标准，统一用人标准，实行双向选择，人随岗走，薪随岗变，做到评聘分离。

二是竞聘行政管理人员，建设高素质管理干部队伍。人是学校人文环境的重要组成部分，选拔干部看气质，看修养，以图在管理育人的同时，以干部良好的素质影响、带动学生。学校校级领导以下的所有人员（包括后勤人员）实行全员竞聘制，每三年开展一次"全员竞聘"。通过定岗定编、自愿报名、组织审查、参加竞争、群众评议、公示反馈、择优录用等程序，最终确定各岗位的录用人员。竞聘过程中，不论资格，无论亲疏，"能者上，庸者下"，增强教职工的危机意识和竞争意识，调动大家的主观能动性、工作积极性和潜在创造性。

三是党建思政队伍时刻在线，确保意识形态与思政状态向上、向善、向好。坚持党对学校思想政治工作的领导，以党建带团建，抓基层、打基础、强根本，成为促进南洋恒久发展的坚强基石。学校要求并做到，师生员工同一食堂，辅导员与学生同吃同住同活动，中层以上干部长年坚持随机听课，从校领导到教职工的手机，全天候为学生开放服务。推行成长导师制和学生助理制：每位干部职工担任20名学生的成长导师，定期与他们交流，了解情况，解决问题，引导他们健康成长；每位干部教师至少配备一名学生助理，选配优秀学生做行政助理和公寓管理助理，让学生体验工作岗位实景，增强职场角色转换能力。

（二）厚植竞争优势打造办学特色

南洋参与竞争靠的就是特色，首先是抓好学生的综合素质的培养与训练。学校注重培养学生的习惯、作风，以成长导师制促进习惯养成教育。其次是加强学生的综合能力的培养与训练。设立勤工俭学机构和劳动实践学分，建设勤工助学平台及其信息系统，有计划地组织学生利用节假日到合作企业勤工助学。建议学生第一份工作到四星、五星级酒店任餐厅服务生，培养服务气质、劳动意识和生活习惯，第二份工作到大商场或广告公司当营销员，培养竞争观念、奋斗精神，培养更多更好的创新型、复合型、应用型"三型"人才。

（三）前置职业规划稳定就业水准

学校强化职业教育把"职业"放在第一位的意识，强化招生招工一体化思维，将就业工作提前到学生进校以前，根据学生的兴趣、爱好、职业取向，帮助学生选择适合的专业，以此深入开展生活、生存、生涯"三生"劳动实践教育，制订适宜的职业生涯发展规划。学校专业教师大多有企业工作经验，与企业有着千丝万缕的联系，他们开展案例教学、实践教学、实习、实训，使学生与企业岗位更契合甚至是"零距离"。

学校突出"做事，要先学会做人""招生想着就业时"，将"人本"与"市场"结合，将素质与技能融会贯通，确保实现职业教育目标。把就业工作作为"一把手工程"，系统策划，对毕业生就业工作实施统一领导、分工负责。全校各部门都依据各自职责，全力促使"以服务为宗旨、以就业为导向"育人机制的有效运行，科学调配、挖掘校内外各种资源，满足毕业生就业的需求，通过保就业、保创业，促招生、促教学、促管理、促服务。学校每年举办 4 次大型校园招聘会，保障毕业生就业率、创业率长期在高位运行。

（四）坚守办学定位推进校企育人

学校全面落实立德树人根本任务，坚持职业教育的办学定位，以服务为宗旨、以就业为导向、以质量为重点，深入推进产教融合校企合作，做到每个二级学院都有合作企业，要求每个专业都能对接一个行业，每个学生在校期间都要到 3～5 家企事业顶岗实习或勤工助学。学校与包括世界 500 强在内的 300 多家企业签订协议开展合作，"入企办学"，陆续引进 20 多家企业到校共建产业学院或实训基地，"引企入校"。校企双主体育人、招生招工一体化取得显著成效。

学校深化产教融合、校企合作办学模式，积极探索深度合作方式，吸引社会广泛参与学校建设和专业设置，与行业、企业、协会共建"无人机学院""橱柜学院""电影产业学院""轨道交通学院"，设立现代学徒制专班，开展订单式培养。企业参与专业建设，教学生产性实训基地遍布校园，全面对接厦门市重点产业或特色产业，与动漫设计、电子商务、物联网、特种机器人、无人机等相关领域的 6 家产教融合型优质企业建立合作关系，共同开展专业调研、预测和动态调整工作，共同建立校内实习基地、虚拟教学的生产性实训基地和校外实习实训基地，如：与中国移动动漫基地合作共建手机动漫工作室与高质量物联网实验实训室，在校内设立手机动漫制作中心和手机应用软件研发中心，承担手机动漫制作、手机漫画创作及手机应用软件的开发；与企业共建全省第一批 VR/AR（虚拟现实技术/增强现实技术）职业教育实训基地，努力构建"五纵五横"高水平专业群建设体系。在校企双方的共同努力下，学校先后开设物联网应用技术、机电一体化、工程造价、服装设计、酒店管理等 50 多个专业，建有国家骨干专业、省级示范专业、省服务产业特色专业群、多元投资主体职业教育集团、省级现代学徒制试点专业、省级试点产业学院等共计 14 个，建成各专业实训室 113 个，生产性实训基地10 个，涵盖装备制造、土木建筑、电子信息、财经商贸、旅游、文化艺术等高职教育专业大类，形成了先进制造技术、电子信息技术、现代服务与管理、文化艺术、土建、财经、商贸等七大专业群。其中，物联网应用技术专业群被评为福建省高水平专业群，立项建设"物联网＋智能制造福建省高校应用技术工程中心"，投资 2000 多万元与中信重工开诚智能设备公司在校共建"高水平特种机器人及自动化设备产学研用厦门基地"。

深化校企合作，实行企业副院长制度，聘请 10 家合作企业的高级主管或高级技术人才兼任二级学院副院长，参与制订专业建设规划、人才培养方案、课程标准，参与师资队伍和校内外实训基地建设，协同推进校企合作、工学结合的教育教学改革，提高人才培养与企业需求的契合度。学校斥资近 2 亿元，新建面积 3 万多平方米、可同时容纳 6000 多名学生上课的实训大楼，新建 VBSE（虚拟商业社会环境）财务综合实践教学场所，添置航空舱等各类模拟生产实际场景的高端设备，均领先全省高职院校。

坚持学历教育与培训并重，实施"1+X"证书制度，高等职业教育与职业资格培训并行开展，毕业生"双证书"（毕业证书、职业资格证书）获取比例达到 90% 以上。学校与政府部门和社会企事业单位合作，为近百家单位培训大量合格人员。

（五）适切类型教育推进教研创新

课程开发教学改革与时俱进，基于职业教育人才培养目标实际，学校坚持与福建省民用无人机协会、福建省橱柜商会、中信重工等多家合作企业单位共同推进教学改革及其课程开发，采用现代学徒制等多种实践教育教学方式，以真实生产项目、真实工作岗位、典型工作任务、真实案例等为载体，组织各教学单元。教材采用新型活页式、工作手册式等多样化形式，同时配套开发信息化资源，打破传统单向知识传输的教育方式，强化教学实践，既提升教师参与教材改革的主动性、有效性和职业能力，又提高学生学习的自觉性、参与性和实践技能。课堂通过案例分析、项目设计、小组讨论、教学观摩、教学反思、技能展示等灵活方式，多层次多角度地渗透和强化教学方法和理念，做到"课程思政"与"思政课程"齐头并进。

教育教学评价制度不断健全，严格对标一师一优课、一师一优企、一师一竞赛、一师一成果、一师一社团"五个一工程"。在全面贯彻国家教育教学标准的基础上，参照行业企业有关生产标准，重点加强"做中学、学中做、做中创"理论与实践一体化教学评价，实行宽松弹性实践教学评价办法，鼓励师生多深入企业开展教学实践，学习技能，学习创业，掌握最新理论知识和技术技能。建立学生、督导、同行三方教学质量评价体系，实行过程性与终结性考核相结合的评价方式，主动接受第三方评价机构评价。

学校持续加大科研创新投入，成立学术指导委员会和科学研究指导委员会，专门设立职能部门科研处，单独设立教育科学研究院，设置自动化科技创新、信息技术创新、精密仪器仪表等 5 个研发中心和潘懋元教育思想研究所、勤工助学研究所、高职学生思想政治教育研究所、成长学研究所、职业伦理教育研究所、海峡旅游研究所、美育研究所等 17 个研究所。

（六）共享资源信息建设智慧校园

学校围绕基础设施、数字资源和应用服务等 3 个方向开展信息化建设，建有实用、高速、运行稳定可靠以及安全可控的校园网络，校际和校内二级学院间的数字教学资源能充分共享、有效应用，数字教学资源中心运营、网络课程管理与共享服务、校际资源共享服务都能顺畅进行。教师可运用现代信息技术改进教学方法，推进虚拟工厂等网络学习空间建设和普遍应用，已形成 5 个网络学习活动和项目教案。

学校注重提高信息化教育治理水平，发挥信息化在学校建设与改革中的支撑引领作用，"智慧校园"提升建设水平，125 间多媒体教室重新修缮，网络基础设施进一步改善，信息化基础平台更加健全，"智慧学习、智慧办公、智慧生活、智慧外联"四大校园场景基本呈现，校园精致化、数字化、现代化程度增进，办学硬核更硬，发展潜力增强。

三、"素质教育观"的南洋探索

教育教学质量与人才培养质量，这是民办高校长远发展的两大关键要素，这二者都是动态概念，要与时俱进、不断演进，不能一成不变，也难一蹴而就，更无一劳永逸。南洋学院坚持教育理念与教育实践的创新，处处渗透、彰显"以人为本"，因材施教，关爱学生，包括校园设计与建设，处处实践以学生为本、以环境育人的理念，在潘懋元先生"素质教育观"的实践基础上不断探索，不断创新，打造出以"创新"为核、以"创新"为魂的办学特色与格局。具体体现在六个层面。

（一）确立一个愿景

以"办一所负责任的职业大学"为愿景，立足建设"一所不一样的大学"，秉持"以人为本，特色办学，全面育人"的办学理念，传承"勤奋、求实、拼搏、向上"的校训，基于职业教育是类型教育、高职学生是类型学生的认识，为他们树立信心，提供适合的教育，重点培养长于创意、创新、创业的多层次、高质量技术技能型企业人才，坚信"人人皆可成才""人人皆可学习成才"，坚持"把每一个学生当作自己的孩子"，突出以"爱心、责任、创新、奋斗"为主元素的类型教育，坚持"把每一个学生当作自己的孩子，为农村有志青年提供一个命运转折的机会，为城镇有志青年提供一个成长成才的希望"。重点培养具有理论素养、长于创意创新创业的技术技能型人才，着力孵化实干家、实业家、劳动者、奋斗者。

（二）构建"双师型"师资队伍

学校笃信人是校园环境的一部分，所以在选才用人上坚持标准、严格把关，不唯职称学历论，招聘教师要求首先要有爱心，其次要有较强的教学能力。学校招聘每一位教职员工，主要校领导都要亲自面试考核，确保招聘质量和人才标准。实施"四有"好老师发展规划，重点建设技能、学识齐备的"双师型"教师队伍。

（三）推进"三三制"模式创新

学校长期开展以勤工助学活动为主要形式和重要途径的劳动教育，逐步形成学校、企业（行业）、学生"三元制"人才培养模式，产教融合校企合作得到深化，学生的综合素质与综合能力得到锻炼、培养、提升。

坚持开展创意、创新、创业"三创"教育与实践，设立"三创"学院，开设"三创"教育课程，建设"三创"教育实践基地。遴选创业教师、创业校友组建创业导师团队，开展教学和实践活动，并支持学生组建创意圈、创业社，培养学生的创新意识、创新精神和创业素质。把"三创"导向作为教育教学着重点，有计划地教授知识，组织训练，以优秀校友的榜样引导，培育"三创"理念文化，强化"三创"意识。在全国民办高职院校中率先设立"大学生创业基金"，对在校生和毕业生给予创业资金支持。设立"校长特别奖"，鼓励在校生一边学习，一边创业，在学习中创业，在创业中学习。学校的健康发展与不断提升，既是"素质质量观"的指导与影响，又是创新源动力与原创力的本质驱动，学校也因此形成创新型、创业型、开放型"三型"办学特色。

（四）形成"四育人"模式

学校推行以提升学生综合能力与素质为总目标的培养模式，提出教书育人、管理育人、服务育人和环境育人等"四个育人"理念，引导学生既要读书，更要学习，强调课堂授课、课本学习、常规考试只是学生日常学习的一部分，更重要的是要向社会学，向实践学，向老师学，向同学学，学习做人，学习做事，学习思维方式，学习学习方式，全面培养、锻炼、提升综合能力与综合素质。

学校全面构建起以提升专业知识技能为中心的第一课堂，引导学生积极参与学生社团、课外文体活动的第二课堂和校内外勤工助学、志愿者服务、社会实践的第三课堂。实行弹性学制和灵活多样的考试考核办法，设立创新创业学分、社会实践学分和勤工助学学分。

（五）强化五大引领

学校注重以提质培优、增值赋能，创新教育、开放办学，在区域性行业中形成五大引领：一是勤工助学模式被复制到厦门众多高校，已成为企业的一种临时用工模式和高校重要的勤工助学模式，也成为学子们提前就业捷径和创业门径。二是"三创"教育影响长远，学校创客家园被评为"福建省众创空间"，新华社厦门创客大学落地学校，涌现出一批成功创业的毕业生明星，毕业生创办的全国第一家"互联网＋家政"公司引领家政行业走上"互联网＋"的道路，其标准化服务助推规模化发展，被国家发改委作为典型案例向全国推广。三是校园建设广受赞誉，建成占地近600亩的"最美民办校园"，建筑简欧风格、教学大楼与实训大楼的连体规模在全国高校均属罕见，被评为厦门市花园式单位和福建省文明校园，被外宾誉为"夏威夷大学"，长年成为厦门影视拍摄基地。四是师资队伍建设获评全国典型，学校双师型教师队伍建设典型案例数位居全国高职院校第十六、民办高职院校第一。五是党建思政工作突出，学校成为全国民办高校德育研究分会常务理事单位，承办全国民办高校党建论坛并被授予"特别贡献奖"，思想政治工作成果连续两年分别被评为全国特等奖、一等奖，入列建设全省首批"高校党建工作示范点"和"非公企业和社会组织党建工作实训基地"，连续两年被推荐申报建设全国"高校党建工作示范点"。

（六）沉淀"六个坚持"

南洋20多年办学，沉淀出坚持高等职业教育的定位，坚持教育理念与教育实践的创新，坚持以质量和特色取胜，坚持以就业为导向办学，坚持党对学校思想政治工作的领导，坚持开放式、国际化办学等"六个坚持"的治校方略。

"素质质量观"是职业教育的本义与本质的真实反映，符合时代的要求与受众的需要，指导了南洋办学的过去，也将影响南洋办学的未来。

鲁晓芹，副研究员，厦门南洋职业学院执行董事长、副校长。

钟石根，教授，厦门南洋职业学院执行校长。

雷志忠，副研究员，厦门南洋职业学院教科院副院长。

潘懋元『素质质量观』的南洋实践与探索

后　记

　　2022 年 12 月 6 日，一个平常而不平静的日子。平常的是，大街上依然车水马龙、人来人往，天际乌云低垂、日色微暗；不平静的是，我们敬爱的导师——潘懋元先生以 103 岁的高龄驾鹤远去。我虽有思想准备，但噩耗传来之时，还是一如晴天霹雳，冷不丁地打了个寒战，霎时缓不过神来，漫长哀思从此开启。

　　若自 1980 年代读大学时无意间在报纸上拜读到导师的文章算起，我与导师的遇见、相识、相聚计时超过 40 载。37 年前，我开始读导师的专著；1989年，我赴厦门大学参会聆听导师的讲话，与导师有了人生第一次交集；48 岁时，我为了能成为导师的学生，先到他身边做高级访问学者；半百之年，我开始报考导师的博士，连续考了 3 年，终于成为他的学生。我读书时和导师的年龄加起来超过 160 岁，这可能成为中华教育史上的美谈，也可能创下世界在教在读师生年龄之和的第一。

　　我深知，导师这次真的离我远去，去得很远很远，远得无边无际。于是，我一边安排人员抓紧时间向导师的家属及所在单位发慰问电，一边极力思忖着要为远去的导师再做点什么。参加完 12 月 10 日庄重肃穆的导师告别会，我的这种感觉愈加浓重、强烈。

　　师生情未尽，到底意难平；此身不定，心何以静！

　　陷入思索的同时，我看到导师的一些亲友弟子已陆续在网上推送出许多缅怀文章、悼词、挽联、珍贵照片等。我转念一想，除了自己写点悼念小文，何不依托"潘懋元教育思想研究所"这个导师曾经亲历揭牌的宝贵平台，依靠导师遍布五洲四海的亲朋好友、门生高徒将其精神发扬光大，将其平生爱国、爱校、爱生、爱教的作为公之于世?

在众多师生亲友的鼓励下,由我校潘懋元教育思想研究所起草的一纸《潘懋元先生纪念文集》征文启事即于 2022 年 12 月 12 日传播开来,明确此文集之编辑初衷,就是出于对导师的景仰、纪念、学习、传承,为岁月立言、存影、留痕,更好地实现导师遗志,激励后辈晚生,开启事业新篇。

承蒙导师广大亲朋好友、门生高徒的支持与加持,征文工作进展顺利且成果丰硕,甚至涌现一人同时投 4 篇文稿之数量及热情,截至 2023 年 8 月份,共收到海内外各类文稿 200 余篇,总字数 50 余万,各类照片 600 余张。其中大多为缅怀悼念文稿,少数为鸿篇巨制般的专题研究论文,虽然成文时间不一,文体及照片各异,但字里行间,句读之处,点滴小事,饱含的都是对导师的真情厚爱,折射的都是先生的精神气节,萃取的都是导师的高风傲骨。上至耄耋老者,下至青涩少年,一众作者用心之切,赋情之殷,着力之深,日月可鉴。

编辑时,我们陷入两难,若全部收录成书,势必卷帙浩繁、粗细难分,且篇数不均;若精简选择,又恐盛情难却,失了人心,是故前期经历了"照单全收的扩容—侧重新作的瘦身—倾向文字的扩容—着力提质的瘦身"这样许多次反复,先后 12 次易稿,最后经征询专家建议和各方意见,定下如下六原则:一是总体结构分为追思、亲友、弟子、潘所等 4 大篇;二是已经在同类书中刊发的文章不再选入;三是确保入选的每位作者 1 篇文稿编入书内;四是弟子篇的文章遵循博士、硕士毕业时间,兼顾年龄职务的办法编排;五是挽联、唁电暂不编入;六是照片使用尽可能紧扣行文需要,不重复,不偏袒。

据此仓促成书,心中犹有余悸。妥当与否,且待行家里手、方家同仁继续批评指正。

导师虽已逝去,精神万古长存。我们的导师,是著名的中国高等教育学学科开拓者与奠基人,也是伟大的中国民办高等教育的指引者。他活到老、学到老、干到老、永不停步的奋斗精神,他不畏干扰、潜心研究、痴迷教育的专业精神,他不畏艰难、勇于探险、勇攀高峰的探索精神,他热爱学生、热爱教育、热爱研究的博爱精神,都永远值得我们后辈致敬、学习、传承、光大。

诚如教育部副部长吴岩博士 2020 年 8 月 4 日在厦门大学举办的"潘懋元先生从教 85 周年庆祝大会"上所说:"……成为先生的学生,是我这辈子最

后记

337

骄傲、最幸福、最得意的事！"我辈心有同感，或可推而广之。因为，只要我们切实弘扬导师精神，一切的一切，皆可所向披靡，迎刃而解，包括本书编辑过程中的不足、不妥、不对之处，作者诸君亦当大体包容、积极指点，如此，编者则有所释然矣！

衷心感谢导师的全体亲朋好友、门生高徒和"潘研所"成员的积极赐稿、供图与大力支持！衷心感谢敬爱的顾明远大先生欣然应允赐序！衷心感谢潘懋元先生子女潘凯伦、潘世墨、潘世平、潘世建姐弟的热情支持并提供珍贵照片！衷心感谢邬大光教授、别敦荣教授的专业指导与宝贵建议！衷心感谢康乃美博士在书名确定、资料搜集等工作的亲历亲为！衷心感谢英国赫尔大学方晓博士的热心赞助、对全过程工作的参与并提供珍贵照片！衷心感谢方澄为修复照片提供技术支持和帮助！衷心感谢鲁晓芹、钟石根、雷志忠等厦门南洋学院同志在出版印制、意见征询等方面的辛勤付出！衷心感谢厦门大学出版社的大力支持与帮助！

我们更加坚信：有国家日新月异的发展，在大家的共同守护与努力下，导师毕生研究、关注、奉献的中国高等教育事业定会更加蒸蒸日上、欣欣向荣！

而本书，可作管窥导师的一扇窗口！

2023 年 9 月 20 日